영유아 다문화교육의 이해와 실천

권경숙 · 이승숙 · 황인애

KNOWLEDGE COMMUNITY 공동체

21세기 한국 사회는 급속한 세계화와 국제적 교류의 증가, 다양한 배경의 이주민 유입 등으로 본격적인 다문화사회로 접어들었습니다. 국제결혼, 외국인 근로자, 이주여성, 난민, 유학생 등 다양한 문화적 배경을 지닌 인구가 늘어나면서 다문화는 더 이상 낯선 개념이 아니며, 교육, 복지, 고용, 정치 등 사회 전반에 걸쳐 중요한 화두가 되고 있습니다. 이러한 변화는 영유아기 아동을 위한 교육현장에도 커다란 영향을 미치고 있습니다.

영유아기는 인지, 정서, 언어, 사회성 등 인간 발달의 기초가 형성되는 결정적인 시기로, 이 시기의 경험은 한 개인의 삶 전체에 걸쳐 지대한 영향을 미칩니다. 따라서 다양한 문화적 배경을 가진 영유아가 긍정적인 자아정체감을 형성하고, 자신과 타인을 존중하며, 문화 간 차이를 자연스럽게 받아들이는 포용적 태도를 기를 수 있도록 돕는 다문화교육과 이를 지원하는 영유아교사의 책무 중요성은 그 어느 때보다도 강조되고 있습니다. 이는 다문화가족 출신 아동에 대한 지원에 국한되지 않으며, 모든 영유아가 다양성과 공존의 가치를 체화할 수 있도록 교육 환경을 조성하는 데 핵심적인 과제이기도 합니다.

이러한 배경에서 본서는 다문화사회를 살아가는 유아교사들이 다문화사회와 다문화가족, 그리고 다문화교육의 이론과 실제를 종합적으로 이해하고, 향후 교육현장에서 이를 효과적으로 실천할 수 있는 역량을 함양할 수 있도록 돕는 데 중점을 두고 구성하였습니다. 본서의 구성은 다음과 같이 체계적으로 이루어져 있습니다.

Part 1의 다문화사회와 다문화가족에서는 다문화와 다문화사회의 개념, 이론적 기반, 한국 사회에서의 다문화 현실을 고찰하고, 다문화가족의 특성과 정책적 지원 체계를 종합적으로 살펴봅니다. 이를 통해 영유아교사들은 다문화적 상황에서의 사회적 맥락과 제도적 기반을 이해하게 됩니다.

Part 2의 다문화가족 영유아의 이해에서는 다문화가족 영유아의 발달 특성과 이에 영향을 미치는 요인을 중심으로, 건강, 인지, 언어, 사회정서발달의 측면을 구체적으로 분석합니다. 또한 영유아교육기관 내에서의 생활 적응과 초등학교 입학 준비 과정에서 알아야 할 사항을 탐색함으로써 다문화 영유아에 대한 통합적 이해와 지원방안 실제를 이해하게 됩니다.

Part 3의 다문화사회 영유아교사의 역할에서는 다문화적 감수성과 전문성을 갖춘 교사로서의 역할을 조명합니다. 특히 다문화가정 아동의 언어발달 평가와 이중언어 지도에 대한 실제적인 접근법을 통해 예비 영유아교사들이 언어교육의 실제에 대한 이해를 높이고 교수전략을 구체화할 수 있도록 돕습니다.

Part 4의 영유아 다문화교육의 이해에서는 다문화교육의 이론적 틀을 정리하고, 개정 누리과정 및 표준보육과정과 연계된 다문화교육의 방향을 설명합니다. 더불어 영유아 다문화교육 프로그램의 설계 원리, 환경구성, 활동 운영 사례 등을 통해 다문화교육을 실천하는 교육자로서의 기초를 다지게 됩니다.

Part 5의 다문화가족 부모상담 및 교육에서는 다문화가정의 부모와 효과적으로 소통하고 협력하기 위한 상담 및 교육전략을 다루며, 가정과 교육기관 간의 연계를 강화하는 방법을 제시합니다. 이는 유아교육에서 가족 중심 접근을 실현하는 데 중요한 기초가 됩니다.

Part 6의 특수한 요구를 가진 다문화가족과 영유아에서는 다문화 한부모가정, 장애를 가진 영유아가 속한 다문화가정 등 보다 섬세한 지원이 필요한 다문화가족 상황에 대한 이해와 지원방안을 고찰함으로써 예비 영유아교사들의 교육적 포용성을 높이고자 하였습니다.

본서는 예비 영유아교사들이 다문화적 감수성과 비판적 사고를 바탕으로, 다양한 문화적 배경을 지닌 영유아와 가족을 이해하고, 그들에게 적절한 교육적 대응을 할 수 있는 전문성을 함양하는 데 중점을 두었습니다. 단순한 지식 전달을 넘어 다양한 사례와 정책,

교육 실천의 방향을 통합적으로 다루어 향후 교직에 진입할 여러분이 다문화사회 속 교육자로서 주체적으로 성장하는 데 실질적인 도움이 되기를 바랍니다.

더불어 본서가 영유아교육현장에서 문화적 다양성의 가치를 실현하는 첫걸음이 되기를, 그리고 미래 영유아교사로서 여러분 한 사람 한 사람이 아이들에게 '다름'을 존중하는 교육의 의미를 전할 수 있는 기반이 되기를 진심으로 기대합니다.

2024년 12월

저자 일동

제3부 다문화사회 영유아교사의 역할

제4부 영유아 다문화교육의 이해

제1부

다문화사회와 다문화가족

CHAPTER 1

다문화와 다문화사회

오늘의 이야기

다문화 다양성을 존중하는 사회

단일민족 사회였던 한국에 외국인 근로자와 학생, 결혼이민자가 급증하면서 다양한 문화를 포용하고 공존하는 것이 한국 사회의 핵심적인 이슈로 떠올랐다. 2020년 기준 한국에 거주하는 외국인은 총인구의 3.3%이며, 이 중 중국 국적이 46%를 차지한다. 한국 전체 혼인 중 다문화 혼인의 비중은 2021년 기준 7.2%에 달한다. 서로 다른 국적이나 인종을 지닌 사람으로 구성된 다문화가구원은 109만 명을 넘어섰다.

한국은 2008년 다문화가족구성원이 안정적인 생활을 영위할 수 있도록 지원하는 「다문화가족지원법」을 제정했으며, 전국에 230개의 다문화가족지원센터를 운영하고 있다. 센터에서는 주로 결혼이민자들이 한국에 쉽게 적응할 수 있도록 한국어 교육과 심리 상담 등의 프로그램을 진행하며, 취업도 지원하고 있다. 또한 다문화가족 자녀가 공교육 시스템에 잘 적응하여 당당한 사회 구성원으로 성장할 수 있도록 다양한 지원정책을 추진하고 있다.

한편, 2001년 '유네스코 문화다양성 선언' 이후 문화다양성, 즉 서로 다른 생각·표현의 차이를 이해하고 존중하여 인류 공동의 풍요를 추구하는 것의 중요성이 글로벌 이슈로 떠올랐다. 이에 발맞춰 한국은 2014년 「문화다양성 보호와 증진에 관한 법률」을 제정하고, 매년 '문화다양성의 날(5월 21일)'로부터 1주간을 문화다양성 주간으로 정해 다양한 프로그램을 운영하고 있다. 또한 코로나19 팬데믹으로 확대된 차별과 혐오의 정서를 없애고 여러 문화가 어우러져 더욱 창의적인 문화를 창출할 수 있도록 2021년 「문화다양성 보호 및 증진 기본계획」을 수립했다.

주필리핀 한국문화원(2024). 홈페이지 '한국 소개' 내용 일부 발췌.
https://phil.korean-culture.org/ko/1816/korea/1253

1. 다문화에 대한 이해

4차 산업혁명이 주도하게 될 미래 사회의 거대 경향 중 하나는 다원화이다. 다원화는 다양한 근원을 의미하는 개념으로 어떤 사물을 구성하는 근원적인 요소가 여러 갈래로 나뉘게 되는 것을 말한다(다음백과, 2025). 즉, 사회 변화에 영향을 미치는 제도적・의식적 근원이 다양해지면서 동일한 시대에 살면서도 다양한 가치와 관점이 공존하는 사회로 변화되어 가는 현상을 말한다. 이러한 변화를 반영하여 유네스코(UNESCO)에서는 미래 교육의 방향이 인권 존중, 미래 세대에 대한 존중, 문화다양성 존중, 생태다양성 존중 등이 강조되어야 함을 밝히고 있다. 따라서 미래 사회 변화에 따른 적응이 잘 이루어지기 위해서는 '자신'을 비롯한 주변의 다양한 사람과 문화, 각기 다른 문화가 가진 독특성을 이해하고 존중하는 자세를 가져야 한다. 본 장은 다원화되어 가는 미래 사회의 변화 이해를 돕기 위한 장으로, 문화와 다문화에 대한 이해와 다문화사회에 대한 이론적 기초를 탐색한다.

1) 문화의 개념

인간은 살아가는 과정에서 삶을 유지하고 지속하기 위하여 독특한 행위 양식과 규범들을 탄생시켰는데, 이를 문화라고 한다. 문화는 사회 구성원들이 공동의 삶을 유지하는 데 필요한 사고 양식과 행동양식을 포괄하는 개념으로 삶과 인간 생활의 다양한 모습을 포함하고 있어서 단순하게 정의하기가 어렵다.

먼저 사전적 정의를 살펴보면, 문화는 자연 상태에서 벗어나 삶을 풍요롭고 편리하고 아름답게 만들어 가고자 사회 구성원에 의해 습득, 공유, 전달되는 행동양식 또는 생활양식의 과정이며 그 과정에서 이뤄낸 물질적・정신적 소산을 통틀어 이르는 말로 의식주를 포함하여 언어, 풍습, 도덕, 종교, 학문, 예술 및 각종 제도 따위를 모두 포함하는(다음백과, 2025) '사회 전반의 생활양식'을 말한다. 조용환(2002)은 문화인류학적 관점에서 문화란 인간이 환경에 적응하는 과정이자 산물이며, 인간이 자연을 길들여 자연으로부터 취하여 얻은 것으로 정의하고 있다. 구체적으로 인간이 함께 살아가는 과정에서 의식주를 해결하고자 자연을 이용하여 농사를 짓고 동물을 키우며 자연 상황을 활용하여 집을 짓고 옷을 만드는 행위 등이 그 사회에서 의미

있는 형태로 굳어지게 된 것으로 농사짓는 방식, 먹는 방식, 입는 방식, 상호 소통하는 방식 등과 같은 서로 다른 '생활방식'을 문화라 할 수 있다. 유네스코(UNESCO)는 2002년 '문화를 한 사회 또는 사회적 집단에서 나타나는 예술, 문학, 생활양식, 더부살이, 가치관, 전통, 신념 등의 독특한 정신적·물질적·지적 특징'으로 정의하였다.

Berry 등(1992)은 문화를 일반적 특성, 음식과 옷, 주택과 기술, 경제와 교통, 개인 활동과 가족 활동, 지역사회와 정부, 복지, 종교, 과학, 성과 생활주기의 범주로 나누어 설명하고 있다. 또한 문화는 종교적 구분, 언어적 구분, 지역적 구분, 기타 등 여러 기준에 의해 분류되기도 한다(위키백과, 2025). 첫째, 종교적 구분은 한 사회의 대다수가 믿는 종교에 따라 문화를 구분하는 방법으로 이슬람 문화, 기독교 문화, 불교 문화, 힌두교 문화 등으로 분류한다. 둘째, 언어적 구분은 사용되는 언어에 따라 문화를 구분하는 방법으로 영어 문화권, 프랑스어 문화권, 스페인어 문화권, 아랍어 문화권 등으로 분류한다. 셋째, 지역적 구분은 역사적·정치적 의미에 의해 동아시아 문화, 중동 문화, 유럽 문화와 같이 지역을 기준으로 분류한다. 넷째, 기타로 젓가락 문화권, 유목 문화권과 같이 생활양식을 기준으로 구분하기도 한다.

이를 통해 볼 때 문화는 공동체 생활을 유지·존속시키는 데 필요한 생활양식의 총체적 표현이며 그들의 정체성과 소속감을 형성하는 매개체임을 알 수 있다.

2) 문화의 특성

문화 없는 사회는 존재할 수 없으며, 사회집단의 특성에 따라 문화는 매우 다양하게 형성되어 있다. 왜냐하면 문화는 각 사회의 역사적 배경, 지리적 조건, 경제적 상황 등과 밀접하게 연결되어 있기 때문이다. 그럼에도 불구하고 모든 문화는 보편적이고 일반적인 특성을 가진다. 학자들의 이론과 연구를 바탕으로 문화의 특성을 알아보면 다음과 같다.

- 문화는 공유적 특성을 가진다. 한 사회의 구성원들은 타 사회 구성원들과 차별성 있는 그들만의 독특하고 고유한 문화를 공유한다. 따라서 사회 구성원들은 언어, 음식, 의복 등 공통된 사고방식과 행동을 취한다. 이처럼 문화는 특정 사회의 구성원들이 공유하는 집단적 특성을 지니기 때문에 공통된 사고방식을 가지고 행동을 취하며 사람 간 상호작용을

통해서 형성된다. 또한 문화는 한 사회 안에서 지역 또는 개인의 차이에 따라 다르게 나타날 수 있지만 큰 테두리 내에서는 공유되는 문화가 존재한다.

- 문화는 학습성의 특성을 가진다. 즉, 문화는 선천적으로 주어지는 것이 아니라 개인이 사회에서 경험하고 학습하는 과정을 통해 형성된다는 것이다. 대표적인 것이 각 나라의 언어이다. 한국인이라 할지라도 외국에서 태어나 자랐을 때, 한국어를 구사하지 못하는 사례를 보면 문화는 비유전적인 수단에 의해 습득된다고 할 수 있다. 이처럼 언어와 가치관, 사회적 규범과 행동양식, 관습 등은 태어나면서 사회에서 자연스럽게 배워서 내면화하게 된다.
- 문화는 변동성의 특성을 지닌다. 문화는 고정되고 불변하는 것이 아니라 시간이 지남에 따라 변화하고 발전할 수 있다. 또한 외부 환경이나 사회적 요구에 따라 얼마든지 변화될 수 있다. 즉, 다양한 경험 및 학습과 축적으로 전수된 문화라도 새로운 기술, 경제적 변화, 정치적 변동 등의 변화와 같은 내부적 혁신과 타문화와의 접촉이라는 외부적 자극으로 새로운 문화적 요소가 추가되거나 기존의 요소가 사라질 수도 있으며 새로운 문화적 형태를 만들어 내기도 한다.
- 문화는 상징을 통해 표현되는 특성을 가진다. 문화는 언어, 예술, 의례 등과 같은 문화적 상징에 의해 표현된다. 따라서 문화적 상징은 사람들이 의미를 부여하는 방식에 따라 달라지며 사회적 규범이나 가치관에 따라 다르게 해석될 수 있다. 또한 그 사회의 가치관과 신념을 전달하는 중요한 역할을 한다.
- 문화는 다양성의 특성을 가진다. 문화는 지역, 민족, 종교, 계층 등에 따라 다양한 형태로 나타나며 그 사회가 속한 지역의 역사적 배경, 자연환경, 사회적 요구 등에 따라 다르게 발전한다. 따라서 문화는 절대적인 기준으로 판단할 수 없으며, 각 문화는 그 자체로 의미를 가짐을 이해하고 다양한 문화를 존중하는 태도가 필요하다.
- 문화는 전체성의 특성을 가진다. 문화에는 정신적·물질적·제도적 차원의 다양한 요소들이 포함된다. 예술, 언어, 종교, 경제, 법, 도덕, 의식주, 예절 등 수많은 문화의 요소들이 각각 독립적으로 존재하는 것처럼 보이지만, 실제로는 복합적으로 얽혀 있는 총체적인 시스템이 문화이다. 이러한 문화의 다양한 구성요소가 상호 영향을 주고받으며 하나의 문화

를 형성해 가는 것이다.

- 문화는 축적성의 특성을 가진다. 인간은 언어와 문자라는 상징체계를 가지고 있기 때문에 한 세대의 지식을 다음 세대로 수월하게 전할 수 있다. 특히 문자의 사용은 엄청난 양의 지식을 선대에서 후대로 전할 수 있게 하고 있다. 문화는 이처럼 여러 세대에 걸쳐 축적된 생활양식과 지식의 총체이며 새로운 지식이 생기고 경험이 축적되면서 발전해 나가는 과정이 문화의 특징에 포함된다.

3) 단일문화와 다문화의 개념과 특성

문화는 사람들의 삶을 구성하는 필수적인 요소이다. 사람들이 사회에서 함께 살아가기 위해서는 문화적 규범과 가치가 필요하며, 문화는 사람들이 사회적 존재로 기능할 수 있도록 돕는다. 따라서 문화가 없으면 사람들은 공동체 안에서 원활하게 상호작용하거나 존재할 수 없다. 그러나 문화적 가치와 규범은 사회적 상황에 따라 다르며 특정한 하나의 가치가 지배되는 단일문화를 지양하는 사회가 있는가 하면 다양한 가치가 공존하는 다문화를 지양하는 사회도 있다. 단일문화와 다문화는 사회나 집단에서 사람들의 문화적 특성과 상호작용 방식을 다르게 설명하는 개념으로 각각의 특성은 다음과 같다.

(1) 단일문화

단일문화는 한 사회나 집단 내에서 공유되는 문화적 가치, 신념, 규범, 관습 등이 거의 동일하거나 일관되게 유지되는 상태를 의미한다. 따라서 단일문화 사회에서는 대부분의 사람들이 같은 언어, 전통, 가치관 등을 공유하며, 사회적 통합이 중요하게 여겨지는 특징이 있다.

또한 국가나 민족이 강력한 동질성을 가지고 있다는 것을 전제로 하여 단일민족주의, 순혈주의, 자민족중심주의 등의 특징이 나타난다. 단일문화가 가지는 특성을 알아보면 다음과 같다(구정화 · 박윤경 · 설규주, 2010). 첫째, 사회적 동질화이다. 단일문화를 가진 사회는 동일한 문화를 학습하고 공유함으로써 동질성을 유지하려고 한다. 따라서 한 사회는 문화의 학습과 세대 간 전수를 통해 동질성을 안정적으로 유지할 수 있다. 둘째, 인종적 · 민족적 기반이다. 문화는 대체로 인종과 민족에 따라 구별되는 특징을 지니고 있다. 셋째, 외부와의 경계이다. 단일문화에서는 다른 공동체, 인종, 민족 등 외부에 대해 분리주의적 태도를 취하고, 특정한 민족의 문화는 타문화로부터 구분되도록 경계를 설정한다.

단일문화는 전통적인 농업사회나 일부 국가에서 흔하게 나타날 수 있으며 사회적 안정감과 응집력이 강화된다는 장점이 있다. 또한 상호 문화적 충돌이 적고, 사회적 통합이 쉬운 경향이 있다. 그러나 문화적 다양성이나 차이를 인정하지 않기 때문에 외부 문화나 새로운 아이디어를 받아들이는 데 어려움이 있을 수 있으며, 문화적 변화에 대한 저항이 커서 사회적 발전이 더디거나 제한될 수 있다.

또한 단일문화는 동질성을 기반으로 타문화 공동체로부터는 독립적인 형태를 지니게 된다. 이처럼 높은 동질성을 바탕으로 하는 단일문화사회는 하나의 민족이나 국가가 하나의 문화만을 가진다는 전제로 출발하지만, 현실적으로 현대 사회에서는 소수 민족 공동체를 제외하고는 거의 찾아보기 어렵다. 우리나라도 한민족, 단일민족국가라는 말로 사회 전체가 거대한 친밀한 공동체를 형성하고 있었다. 그러나 결혼이민자와 노동자, 유학생 등의 외국인 유입으로 우리 사회도 다원화 세계로 점차 변화되고 있다.

(2) 다문화

다문화는 하나의 국가 안에 다양한 문화적 배경을 지닌 사람들이 함께 살아가면서 다양한 문화의 공존을 추구하는 것을 의미한다. 즉, 문화의 우열을 가리지 않고 서로의 문화를 그대로 인정하면서 다양한 민족과 인종이 어우러져 더 나은 미래를 열 수 있는 사회를 만들 수 있으리라는 기대에서 출발하고 있는 개념이라 하겠다. 다문화가 가지는 특성을 알아보면 다음과 같다(이도영 외, 2024). 첫째, 문화가 다양하다는 것이다. 다문화 특성을 가진 사회에서는 다양한 민족, 언어, 종교, 전통을 가진 사람들이 함께 살고 각 문화가 상호작용하고 공존하면서도 각 문화는 자신만의 고유성을 유지한다. 둘째, 문화적 차이의 존중이다. 다문화사회는 서로 간의 문화적 차이를 인정하고 존중하는 태도를 중요시한다. 각 문화는 고유한 특성을 가지지만 상호 문화를 이해하고 배려하는 것이 핵심이다. 셋째, 상호 문화 간 상호작용과 융화이다. 다문화 특성의 사회는 서로 다른 문화들이 상호작용하면서 다양한 문화적 요소들이 융화되기도 하며 이를 통해 새로운 문화적 형태가 만들어지기도 한다. 다문화 특성을 가진 대표적인 나라로 미국과 캐나다를 들 수 있다. 미국은 다양한 민족과 인종이 공존하는 대표적인 다문화사회로 각기 다른 배경을 가진 사람들이 함께 살아가며 서로 다른 문화를 존중하고 경험을 공유한다. 캐나다는 다문화 정책을 기조로 다양한 민족과 문화가 공존하는 사회를 지향한다.

다문화 특성을 가진 사회는 다양한 문화적 관점과 경험에 더하여 사회의 풍부함을 준다는 장점이 있다. 또한 서로 다른 배경을 가진 사람들이 만나 상호작용하면서 새로운 아이디어와 해결책을 만드는 등의 과정을 통해 창의성과 혁신이 촉진될 수 있다. 무엇보다도 다문화 특성을 가진 사회는 문화적 다양성을 인정하고 존중하기 때문에 인권과 평등을 중시하는 사회적 분위기가 형성될 수 있다. 그러나 다문화적 특성의 사회에서는 문화적 충돌이 일어날 수도 있으며 이를 해결하기 위한 비용과 시간이 필요하다. 또한 일부 집단은 차별이나 배제의 경험을 할 수 있으며 이는 사회적 불평등을 초래하여 집단 간 갈등을 발생시키고, 사회문화적 통합을 어렵게 할 수도 있다는 단점이 있다.

2. 다문화사회에 대한 이해

1) 다문화사회의 개념

다문화사회(Multicultural Society)는 다양한 민족, 인종, 문화적 배경을 가진 사람들이 함께 살며, 각 문화가 독립적으로 존재하고 상호작용하는 사회를 의미한다. 서종남(2010)은 다문화를 인종, 민족, 언어, 종교, 성, 장애 등을 포괄하는 용어로서 여러 유형의 이질적인 문화가 하나의 제도권 안에서 상호 교류를 통해 형성되는 것으로 정의하고 있다. 또한 다문화사회는 급속한 세계화의 추세와 국제적 경제이동, 자유로운 여행 및 난민 증가로 다양한 인종이 함께하는 사회와 그러한 인종들이 만들어 낸 다양한 가치와 문화를 존중하고 인정하는 다양성의 사회가 복합적으로 내포된 사회로 설명할 수 있다(김경식 외, 2022). 따라서 다문화사회는 여러 문화가 공존하며, 다양한 문화적 배경을 가진 사람들이 상호 존중과 이해를 바탕으로 살아가는 사회적 특성을 보인다.

결론적으로 다문화사회는 단일문화사회와 달리 여러 문화가 동일한 사회 내에서 평등하게 존재하고 존중받는 환경 속에서 함께 살아가는 사회를 말한다. 즉, 다문화사회는 한 사회에서 함께 살고 있는 모든 시민이 인종이나 민족, 종교, 언어 등의 민족적·문화적 배경으로 인해 차별받지 않고 동등하게 자신의 권리를 누릴 수 있는 법과 제도가 마련되고 관련 서비스와 시설이 증가하는 사회이다.

2) 다문화사회의 주요 특징

다문화사회는 다양한 민족, 문화, 언어, 종교적 배경을 가진 사람들이 함께 살아가며, 상호 존중과 이해를 바탕으로 공존하는 사회이다. 다문화사회에서는 문화적 다양성과 상호작용을 통해 사회적 풍요로움과 창의성을 촉진하기도 하지만, 문화적 갈등이나 사회적 통합이 어려운 상황 등도 존재한다. 따라서 다문화사회가 잘 유지되기 위해서는 다양한 문화를 상호 이해하고 협력하는 자세가 중요하며, 정책적 지원과 사회적 노력도 필요하다. 이에 대한 구체적인 내용을 알아보면 다음과 같다(이순형 외, 2011).

- **민족, 인종, 문화 등에 근거하는 다양성** : 다문화사회에서는 다양한 민족, 인종, 언어, 종교, 가치관 등을 가진 사람들이 함께 상호작용하며 살아가는 특성을 가진다. 미국, 캐나다, 호주와 같은 국가들은 다양한 민족적 배경을 가진 사람들이 공존하는 다문화사회로 알려져 있다.
- **다문화사회 안의 개인의 문화적응 경험** : 다문화사회 안에서 서로 다른 문화를 경험하면서 일어나는 적응의 과정을 경험한다. 이는 사회의 기존 구성원이나 새로 유입된 구성원 모두에게 새로운 적응의 과정이다.
- **문화 간 상호작용** : 다문화사회는 여러 문화가 상호작용하면서 새로운 문화적 융합을 이루어낼 수 있는 가능성을 가진다. 서로 다른 문화들이 교류하고 융합됨으로써 새로운 문화적 양상을 만들어 낼 수 있다.
- **다양한 문화 집단 간의 갈등** : 다양한 문화가 공존하는 사회에서 집단 간 욕구 충돌로 인해 갈등이 생길 수 있다. 특히 이주민 유입으로 인한 다문화 현상은 기존의 내국인과 새로 유입된 집단 간의 욕구 충족 및 가치관 차이로 인해 갈등 상황이 발생할 수 있다.
- **유입 집단에 대한 고정관념 형성 및 확산** : 다양한 문화적 배경을 가진 사람들이 함께 살아가는 사회로의 전이로 인해 기존 집단이 새로 유입한 집단에 대한 편견이나 고정관념을

형성할 수 있다. 이주민, 난민, 유학생 등으로 인한 새로운 문화와 종교 등의 이질 문화 유입은 기존 사회 구성원 집단에게 유입된 집단에 대한 편견과 고정관념을 형성하여 이주자 개인에 대한 의식적·제도적 차별로 발전할 가능성을 가진다.

- **사회적 통합의 도전과 노력** : 다문화사회는 문화적 다양성으로 인해 통합과 조화를 이루는 데 도전이 있을 수 있다. 따라서 변화하는 다문화사회의 특성을 이해하고 갈등을 예방, 조율하기 위한 노력이 필요하다. 정부를 비롯한 지방자치단체, 개인 수준에서 다문화교육을 중심으로 문화적 배경이 다양한 집단 간의 갈등이나 차별 발생을 최소화하고 사회적 통합을 촉진하기 위해 노력한다.

3. 다문화사회의 이론적 기초

1) 다문화사회에 대한 관점

다문화사회를 어떻게 이해할 것인가? 다문화사회를 바라보는 관점은 사회적·문화적 맥락에 따라 다르게 구분될 수 있으며 시대적 흐름에 따라 다문화사회를 바라보는 관점 또한 변화되어 왔다. 초기 다문화사회에 대한 관점은 배척주의(nativism), 동화주의(assimilation), 용광로주의(melting pot) 등으로 대변되었다. 이러한 관점은 다문화주의에서 추구하는 이념과 맞지 않는 방향으로 흘러간다는 비판이 거세지면서 1970년 중반 이후부터 다문화사회에 대한 관점도 변화되었다. 또한 학자들마다도 다문화사회를 바라보는 견해가 다양하게 분류되고 있다. 이순형 등(2011)은 다문화사회에서 추구하는 다문화 정책의 목표와 시행 방법을 획일화와 다양화라는 축을 중심으로 하여 차별적 배제주의 관점, 동화주의 관점, 다문화주의 관점으로 구분하고 있다. 김경식 등(2022)은 배척주의 관점, 동화주의적 관점, 용광로주의적 관점, 샐러드 볼·모자이크 이론, 다문화주의적 관점으로 분류하고 있으며, 신재흡(2024)은 동화주의(assimilation), 문화 다원주의(cultural pluralism), 다문화주의(multiculturalism), 상호문화주의(interculturalism)로 분류하고 있다. 다문화사회를 바라보는 관점은 옳고 그름으로 판단되기보다는 문화 간 상호작용과 문화적 통합 정도에 따라 적절한지 이해할 필요가 있다. 본서에서는 다문화사회를 바라보는 학자들의 분류 유형에 따라 차별적 배제주의 관점, 동화주의 관점, 다문화주의 관점, 상호문화주의 관점으로 분류하여 고찰하고자 한다(김경식 외, 2022; 신재흡, 2024; 이순형 외, 2010).

(1) 차별적 배제주의 관점

차별적 배제주의(differential exclusionary) 관점은 전체 사회 안에서 다수 또는 주류 집단만을 인정하고 소수, 비주류 집단, 특히 유입 집단(이주민, 난민, 소수 민족 등)을 주류사회로부터 의도적이거나 구조적으로 배제하는 관점을 의미한다. 이 관점은 문화적 다양성을 인정하기보다는 특정 집단을 차별하고, 그들의 사회적·경제적·정치적 참여를 제한하는 데 초점을 둔다. 유입 집단의 사회적 배제는 사회적 상호작용, 네트워크, 자원, 고용 등 접근에서의 배제를 의미한다. 이들은 주류사회의 중요한 사회적 기관(교육, 의료, 주거, 고용 등)에서 차별을 경험하며, 사회적 고립을 느끼게 된다. 또한 투표권, 정치 참여, 정책 결정 과정에서 소외되는 정치적 배제로 인해 유입 집단의 목소리가 정책과 법률에 반영되지 않으며, 그들의 권익이 보호받지 못할 가능성이 있다. 유입 집단의 문화와 언어, 종교는 주류사회에서 인정받지 못하거나 무시되어 그들의 문화적 정체성은 억압되고, 종종 부정적인 고정관념과 편견의 대상이 되기도 한다. 이처럼 차별적 배제주의는 다문화사회의 조화와 통합을 저해하는 주요 요소가 되므로 이를 극복하기 위한 다양한 사회적·정책적 노력이 필요하다.

(2) 동화주의 관점

동화주의(assimilation)는 다문화사회에서 유입 집단(이주민, 난민, 소수 민족 등)이 기존 주류사회의 문화, 언어, 가치관, 사회 규범에 완전히 동화되기를 기대하는 관점이다. 동화주의 관점에서는 한 사회가 단일하고 동질적인 문화로 구성되어야 안정적으로 발전할 수 있다는 전제하에 주류문화를 중심으로 소수문화를 주류문화 안으로 흡수, 편입시키려고 한다. 따라서 동화주의 관점에서는 문화 간에 우열 관계를 설정하고 유입 집단의 문화적 정체성을 희생하거나 포기하도록 요구하며, 주류사회와 동일한 문화적 정체성을 형성시키려는 목표를 가진다. 따라서 동화주의 관점의 다문화사회에서는 주류 집단의 문화와 비주류 집단의 소수문화를 용광로에 모두 녹여서 새로운 문화를 만들어 냄으로써 사회를 통합하려는 것(이순형 외, 2011)에 비유하여 용광로 이론(melting pot theory)이라고 표현한다. 용광로 이론은 미국이 다양한 인종과 문화를 흡수하는 사회라는 개념으로 사용되어 미국이라는 사회를 하나의 거대한 용광로로 보고 수많은 이민자를 철광석에 비유하여 그들이 미국 사회에 정착하는 과정에서 주류문화에 용해되어 미국인이라는 새로운 인종으로 바뀐다는 것이다(서종남, 2010). 용광로 이론은 다양한 문화적 배경을 가진 집단이 하나로 융합되면서, 문화적 차이를 넘어선 사회적 연대를 강화할 수 있다는 장점이 있지만 개별 집단의 고유한 문화적 정체성이 사라지거나 희석될 수 있으며 주류 집단의 문화와 소수집단의 문화가 융합되는 과정에서 소수집단이 차별이나 불평등을 경험할 수 있다고 비판을 받는다. 현대 사회에서는 용광로 이론이 이상적이지 않을 수 있다는 비판이 제기되며, 문화적 다양성을 인정하고 존중하는 다문화주의 접근이 더 널리 수용되고 있다. 그러나 용광로 이론은 여전히 문화적 융합과 통합의 중요한 모델로 간주되며, 특정 국가나 지역에서 통합 과정을 설명하는 데 유용하게 활용되고 있다.

(3) 다문화주의 관점

다문화주의(multiculturalism)는 상이한 여러 집단의 문화가 상호 공존하면서 각각의 색깔과 향기를 지니고 조화로운 통합에 이상을 두는 관점이다. 즉, 한 사회 안에서 다양한 민족적·문화적·종교적 집단이 공존하면서, 각 집단의 고유한 문화와 정체성을 상호 인정하고 존중하는 접근방식을 의미한다. 이에 다문화주의 관점에서는 각기 다른 문화들이 독립적으로 존재하면서도 상호 존중과 조화를 이루는 상태를 지향한다. 따라서 다문화주의적 관점의 다문화사회에서는 주류 집단이 소수집단의 문화를 동등한 가치를 지닌 것으로 간주함으로써 문화적 정체성과 다양성을 인정하고 보존하려는 정책을 편다. 다문화주의는 미국에서 용광로에 비유된 동화주의 관점에 대한 비판으로 등장한 관점으로, 이민자들이 자신의 문화와 언어를 유지하면서 미국 사회의 일원으로 정착하는 것을 지지하는 정책이다(서종남, 2010).

이처럼 다문화주의는 사회적 소수집단의 정체성과 문화적 이해를 공공영역에서 적극적으로 인정하려는 일련의 흐름으로(김남국, 2005), 급속히 통합되는 현대 세계사회에서 여러 국가의 문화를 자유롭게 접하며 문화의 다양성을 이해하고 수용할 필요가 커지게 됨에 따라 대두되고 있는 관점으로 샐러드볼 이론(salad bowl)이라고도 표현된다. 각각의 재료가 하나의 볼(bowl)에 담겨 하나의 음식이 되는 것처럼 샐러드볼 이론은 한 사회 내에 여러 인종과 민족이 섞여 살아가는 과정에서 개별 민족의 특성을 보존하면서도 전체적으로 조화를 꾀하는 것을 지향하고자 한다. 다문화주의가 지니는 다양성을 고려하여 다문화주의를 세 가지 측면에서 정의하면 다음과 같다(설규주, 2004).

첫째, 사회의 다문화 공존 현상을 인정한다. 다문화주의는 하나의 사회 공간 내에 복수의 문화가 공존하는 것을 인정하는 것이다.

둘째, 개인의 문화 차이를 수용한다. 다문화주의는 각 문화권과 그 사회에 속한 사람들을 대할 때 서로 다른 문화적 차이를 고려하는 것이다.

셋째, 문화적 다양성을 존중한다. 다문화주의는 소수자의 권리를 존중하고 정치적·법적·경제적·사회적 측면에서 불평등을 겪지 않도록 하기 위한 것으로 타인에 대한 존중이 전제된 문화적 다양성을 존중하는 것이다.

다문화주의 관점은 한 사회에 다양한 문화가 공존하면서 모든 구성원이 자신의 정체성을 유지하면서도 사회에 기여할 수 있는 환경을 제공하고자 하며 차별을 방지하고 집단 간 갈등을 줄일 수 있다는 장점이 있다. 그러나 각 집단의 정체성을 지나치게 강조하면 집단 간 통합이 어렵고 주류사회와의 충돌 발생 가능성을 가진다는 단점이 있다. 이러한 단점을 최소화하고 효과적인 다문화주의를 구현하기 위해서는 집단 간의 균형을 유지하고, 모든 구성원이 상호 존중하며 협력할 수 있는 환경을 조성하는 것이 중요하다.

(4) 상호문화주의 관점

세계화 시대 들어 초-국가적 이주가 일상화되고 이주와 일시적 체류가 반복되는 등 기존의 이민 질서와는 다른 성격의 '신-이민 현상'이 본격화됨에 따라 각국에서는 새로운 사회통합의 방향을 찾기 위해 고심하기 시작하였다. 2000년대 들어 국제사회에서 전통적인 이민자 사회통합 모델을 대표하는 동화주의와 다문화주의의 한계를 극복하기 위한 대안적 패러다임으로서 상호문화주의(interculturalism)가 주목받기 시작하였다.

상호문화주의는 문화에 대한 이해와 더불어 문화 간의 만남과 문화적 다양성에 대한 행동적 차원에 비중을 두며 구체적인 실천을 강조한다(김정숙, 2012). 즉, 개인이나 집단이 자신의 고유성을 발견한 후, 나, 우리, 그들과 어떻게 관계를 맺으며 공존의 길을 걸어갈지를 교육을 통해 모색하는 것이다(원진숙 외, 2018). 상호문화주의가 다문화주의와 다른 점은, 다문화주의는 문화적 차이를 인정하고 보호하는 데 중점을 두지만, 상호문화주의는 문화 간 활발한 대화와 협력을 통해 새로운 공동체를 만들어 가는 데 초점을 둔다는 점이다. 예를 들어, 다문화주의는 각 문화가 독립적으로 존재하는 것을 허용한다면, 상호문화주의는 서로 다른 문화가 상호작용하며 새로운 문화적 창조물을 만들어 내는 과정을 중요시한다. 또한 다문화주의가 평등, 정의, 민주주의, 시민성을 강조하는 데 반해 상호문화주의는 이질성, 표상, 편견, 고정관념, 정체성 문제를 강조한다(장한업, 2014). 이처럼 상호문화주의는 단순히 다원성을 인정하는 것을 넘어 문화적 다양성을 통해 사회적 유대를 강화하고 창의성을 촉진할 수 있는 방향으로 나아갈 것을 기대한다. 유네스코(UNESCO)는 상호문화주의를 "사회적 결속과 지속가능한 발전을 위한 필수적인 접근방식"이라고 평가하며(UNESCO, 2009), 이를 통해 문화 간의 갈등을 예방하고 평화로운 공존을 촉진할 수 있다고 제안하기도 했다.

2) 다문화사회에서의 문화적응과 정체성

(1) 다문화사회에서의 문화적응 갈등

문화적응 갈등은 이주민이나 소수 민족이 새로운 문화적 환경에 적응하는 과정에서 발생하는 다양한 형태의 갈등을 의미한다. 이는 주로 새로운 이주민과 주류사회 간의 문화적 차이와 상호 이해 부족에서 기인한다. 즉, 기존의 주류문화 구성원 입장에서는 새롭게 유입된 이주자들에게서 발생되는 타문화에 대해 충격을 받을 수 있으며, 기존 전통문화에 미칠 영향을 걱정하게 된다. 따라서 이들은 이주민들이 기존 주류사회의 문화와 규칙, 관습 및 생활양식을 존중하고 기존 사회문화에 적응해 주기를 바란다. 한편 새로 유입되는 이주자들의 입장에서는 기존 문화 구성원과 동등한 자격을 가지고 동등하게 인정받기를 원한다. 또한 이들은 자신의 문화정체성을 인정받고 새로운 사회에서도 자신들의 전통을 유지하려는 욕구를 가진다. 이처럼 문화 갈등은 한 문화와 다른 문화가 접촉하면서 발생하는데, 문화 간 접촉이 빈번해지는 다문화사회에서는 상호 간 문화를 존중하고 적응하는 과정이 중요하다.

문화적응 갈등은 문화적 차이에서 올 수 있다. 기존의 주류문화와 새롭게 유입된 문화 간에 서로 다른 언어, 종교, 생활방식 등이 공존하게 되면서 상호 오해와 갈등이 발생할 수 있다. 또한 기존에 있던 주류사회가 이주민이나 새로 유입되는 소수집단에 대해 편견을 가지거나, 반대로 이주민이 기존의 주류사회를 불신하는 경우 갈등이 발생할 수 있다. 그리고 사회적 배제로 인해 문화적응 갈등이 발생할 수 있다. 즉, 새로 유입된 이주민이나 소수집단은 교육이나 고용, 의료 등에서 차별받는다는 불만을 가지고, 기존 주류 집단은 외국인 근로자나 유학생이 자신들의 일자리를 차지하게 된다는 부정적 인식을 가질 경우 갈등이 발생한다. 다문화사회에서의 문화적응 갈등은 필연적일 수 있으나, 이를 적절히 관리하고 해결하는 것은 사회통합과 발전에 필수적이다.

(2) 다문화사회에서의 문화정체성

다문화사회로 진입하고 있는 많은 국가들은 개인과 공동체의 정체성 형성이라는 중요한 과제를 가지게 되었다. 이주민 2세대나 다문화가정에서 자란 사람들은 부모 세대의 문화와 자신이 자란 환경의 문화를 동시에 경험하게 되는 과정에서 이중문화를 통합하여 정체성을 형성할 수도 있지만 때로는 갈등을 겪을 수도 있기 때문이다.

문화정체성은 타민족이나 집단의 문화와 구별되는 특정한 문화적 의미와 실천을 공유하는 집단이 느끼는 일상성이나 귀속감을 말한다(박은혜, 2009). 또한 정체성 형성은 가정 내 양육태도와 또래와 교사를 비롯한 주변인과의 관계로부터 영향을 받는다(이도영 외, 2024). 이런 측면에서 볼 때 문화정체성은 자기 가족의 과거와 현재, 미래와 더불어 국가나 민족, 전통 등의 광범위한 환경에서 자신의 위치에 대한 인식과 관련되어 형성된다(Keats, 1997). 다문화사회에서 문화정체성이 잘 형성된다면, 다문화적 배경을 기반으로 폭넓은 관점을 가지게 되어 유연한 사고가 가능하며, 이러한 결과는 글로벌 사회에서 중요한 자산이 될 수 있다. 반면에 정체성 혼란을 겪거나 정체성 형성 어려움을 가질 경우 다문화사회의 구성원으로 소속감을 느끼지 못하거나 차별을 경험할 수 있다. 다문화사회에서 문화정체성이 잘 형성되기 위해서는 개인과 사회의 노력이 필요하다. 개인적인 측면에서는 자신의 문화적 뿌리가 무엇인지를 이해하여 존중하는 동시에 새로운 환경과 문화에 적응하려는 열린 자세를 가지는 것이 중요하다. 사회적으로는 다문화성을 장려하고, 이를 통해 다양성이 존중받는 문화를 만드는 분위기를 조성해야 한다. 무엇보다도 다문화사회는 현대 사회에서 피할 수 없는 현상이며 이를 긍정적으로 발전시키기 위해서는 개인과 사회 모두의 책임임을 인지하고 서로 다른 문화를 존중하고 이해하며 조화로운 사회를 만들려는 노력이 중요하다.

4. 한국 다문화사회의 현실과 갈등

1) 한국 다문화사회 발전 과정

OECD는 해당 국가에 체류하고 있는 외국인 비중이 5%를 넘으면 '다인종·다문화 국가'로 규정하고 있는데, 한국은 2024년 4월 아시아 국가 중 최초로 '다인종·다문화 국가'가 되었다. 이는 한국도 완전한 다문화사회가 되었음을 의미하는 것이다. 한국은 전통적으로 단일민족국가로서의 정체성이 강했으나 1990년대 이후 국제결혼과 외국인 노동자의 유입이 증가하면서 다문화사회로 빠르게 변화하기 시작하였으며, 국제결혼의 양상도 달라지기 시작하였다. 1990년대 이전까지는 한국인이 국제결혼을 위해 미국이나 일본으로 이주하는 경향이 많고 외국인과 결혼해서 국내에서 사는 경우는 드물었다. 그러나 1990년대 이후 특히 1992년 한중 수교부터 국내로의 이주 절반 이상이 중국으로부터 이루어져(황갑진, 2016), 한국인이 국제결혼을 위해 해외로 이주하는 숫자보다 외국인이 결혼하여 한국으로 이주하는 숫자가 더 많아졌다. 특히, 농촌 지역에서 국제결혼으로 외국인 배우자가 유입되는 사례가 증가함에 따라 외국인 인구가 급격히 늘어났다. 김영미(2009)는 이 시기를 '다문화사회의 초기 형성기'로 정의하며, 이 시기의 다문화 현상은 주로 경제적 필요에서 비롯된 것으로 나타났음을 주장하였다.

2000년대 들어 한국은 정부 차원에서 다문화사회와 관련된 제도적 기반을 마련하기 시작하였다. 2006년 '여성 결혼이민자 가족 및 혼혈인·이주자 사회통합 지원방안'을 발표하고 여성가족부를 중심으로 다문화가족지원센터를 설립하여 다문화가정을 위한 언어교육, 문화적응교육 등의 다양한 정책과 프로그램들을 마련하였다. 교육인적자원부도 '다문화가정 자녀 교육지원대책'을 마련하고 구체적인 계획을 세워 다문화가정 학생을 위한 다문화교육을 실시하였다. 또한 「외국인근로자고용법」 제정을 통해 외국인 노동자의 권리 보호와 관련한 법적 체계를 마련했으며, 2008년에는 「다문화가족지원법」을 제정하고 다문화가족지원정책 기본계획을 수립하여 제4차 다문화가족지원정책 기본계획을 수립하고 실행하고 있다.

이제 한국의 다문화사회는 단순히 외국인 노동자와 국제결혼 가정의 지원을 넘어 이주민 2세대와 다문화가정 아이들의 정체성을 포함하는 포괄적 담론으로 발전하고 있다. 또한 정치적·사회적 차원에서 다문화의 가치를 인정하려는 다양한 시도가 이루어지고 있으며, 교육,

문화, 정책 등 다양한 분야에서 다문화주의를 통합하려는 노력이 확대되고 있다.

2) 한국 다문화사회 특성

(1) 역사적 · 사회문화적 요소에 의한 특성

한국은 서구의 여러 나라의 다문화사회와는 구분되는 특성을 가지고 있다. 다문화주의를 강조하는 캐나다, 호주, 미국 등의 국가들은 원주민이 먼저 거주하고 있었던 지역에 이민 국가를 형성하였고, 상호문화주의를 강조하는 유럽의 서구 식민제국들은 식민지 이주민들의 공동체를 통해 다문화사회가 발달했다는 특성을 가진다. 한국 다문화사회도 정치와 경제, 사회와 문화, 역사와 지리적 특성 등의 다양한 요소들에 의해 결정되었는데, 이를 통해 나타난 특성은 다음과 같다(황갑진, 2016).

첫째, 한국은 역사적으로 많은 이주가 이루어져 왔으나 문화적으로는 단일민족을 이루어 왔고 이주를 가는 국가에서 1980년대 이후 이주를 오는 국가로 변화하였다. 둘째, 지리적으로는 동북아시아에 위치하여 중국을 비롯한 동아시아인의 이주가 대부분으로 비교적 인종과 문화적 측면에서 동질성의 정도가 높다는 특성이 있다. 셋째, 정치와 경제적 측면에서 한국은 식민제국들과는 구분되는 후발 산업발달 국가이며 1980년대 이후 민주화 및 한중 수교와 함께 국내로의 이주가 이루어지기 시작하였다. 넷째, 사회문화적 측면에서 인종 및 종교 갈등의 오랜 역사를 가진 서구와는 달리 인종 및 종교 갈등이 적었고, 단일민족과 혈통주의를 강조한다는 특성이 있다.

(2) 다문화 정책과 외국인 거주 실태로 보는 특성

한국은 짧은 기간 동안 외국인, 이주노동자, 결혼이민자들이 급격하게 늘어나면서 자연스럽게 다문화사회로 진입하게 되었다. 이에 2000년대에 들어서면서 정부 차원에서 다문화주의에 대한 논의가 이루어지고 이들을 지원하기 위한 정책들이 모색되었다. 이러한 정책과 외국인들의 거주 실태를 통한 한국 다문화사회의 현실적인 특성을 알아보면 다음과 같다(김경식 외, 2022; 신재흡, 2024).

첫째, 다문화 정책 주체들 간의 교류가 부족하다는 점이다. 다문화사회로의 빠른 진입과 다문화가족의 급격한 증가에 부합하는 다문화 정책을 계획하여 집행하고 각 정부 부처와 지방자치단체별로 다문화 관련 정책을 추진하다 보니 주체들 간의 교류가 부족하여 사업 간 유사 또는 중복되는 문제와 이에 따른 자원 낭비의 문제가 발생하였다. 이러한 문제를 해결하기 위해서는 다문화 정책을 위로부터, 즉 중앙정부로부터 추진하는 것이 아니라 아래로부터, 즉 지역에서부터 추진하는 것이 필요하다. 둘째, 외국인의 증가 속도가 빠르다는 점이다. UN(2010) 자료에 따르면 OECD 국가들과 비교해 볼 때 한국에 거주하는 외국인의 증가 속도가 매우 빠르다는 특성이 있다(신재흡, 2024). 천재지변과 중동 내전으로 인한 난민 문제가 덜한 시점에서 OECD 19개국의 평균 증가율은 5.89%이나 한국은 19.86%로서 외국인의 증가 속도가 매우 높은 수준임을 알 수 있다. 셋째, 단순 기능 인력 종사자가 많다는 점이다. 체류 외국인 취업자격을 보면, 2023년에도 단순 기능 인력에 종사하는 이주민의 유입이 두드러짐을 알 수 있다. 넷째, 외국인 범죄가 늘어나고 있다는 점이다. 체류 외국인 범죄율 자체는 아직 상대적으로 낮은 수준이나 최근 몇 년간 빠르게 증가하고 있다. 2009년 기준 체류 외국인 범죄율은 2% 수준으로 내국인 범죄율인 4%보다 낮았으나 외국인 범죄는 증가하는 추세이다. 2024년 경찰청 범죄 통계에서 외국인 범죄 통계 결과를 보면 교통사범(6,101명), 폭력(4,934명), 지능범(3,378명), 절도(2,273명) 등의 순으로 나타났다.

3) 한국 다문화사회와 다문화수용성

(1) 다문화수용성의 개념

한국은 오랜 시간 동안 단일민족국가로서 존재하였을 뿐만 아니라 다문화사회로의 진입이 가파르게 이루어짐으로써 다문화사회와 다문화민족에 대한 수용 과정에서 사회적 갈등이 많이 드러난다. 이러한 갈등은 오랜 역사 속에서 만들어지며 굳어진 국민적 태도이기에 쉽게 변하기 어렵고, 타문화를 인정하거나 문화다양성을 인정하는 데 있어서도 매우 편협한 태도를 보이게 한다. 한국의 다문화주의에 대한 논의는 1990년대를 시작으로 폭발적으로 이루어졌으나 국민의 다문화수용이 더 나아지고 있다는 지표는 발견하기 어렵다(이용승, 2016). 다문화사회를 수용하고 다문화 이주민이나 가족들의 갈등을 줄이기 위한 방안들이 2003년 이후 꾸준히 연구되고 시행되어 왔으나 실질적으로 그들과의 소통을 위한 핵심적 논의는 다문화 이주민이나 가족 등 다문화 구성원들을 대상으로 하는 교육적·물리적 방향과 틀을 찾는 방향에서만 이루어졌다는 한계가 있다. 2022년 통계청의 '이민자 체류실태 및 고용조사'에 의하면 이민자의 20%는 한국에서 차별을 받고 있다고 응답했으며, 차별의 주된 원인으로는 이주민의 국적으로 조사되었다(통계청, 2022).

다문화수용성은 나와 다른 문화와 그 문화권의 구성원을 인정하고 존중하는 가치와 태도를 말한다. 따라서 다문화수용성은 기존 한국인 정체성에 이주민을 어떻게 삽입 또는 통합할 것인가의 차원이 아니라 한국인 정체성의 재구성과 그 안에 내재하는 모순 및 새로운 가능성을 보여줄 수 있어야 한다(황정미, 2010). 즉, 다문화수용성은 사회통합 문제와 떨어져 생각할 수 없는 개념으로 타문화를 이해하여 긍정적으로 받아들이고 사회 참여자들이 적극적으로 협력하는 것이다. 결론적으로 다문화수용성은 서로 다른 문화의 차이를 인정하고, 상호 간의 문화를 수용함으로써 조화로운 공존을 가능하게 해주는 중요 요소이다.

(2) 한국의 다문화수용성

다문화수용성은 한국 사회에서 특권과 통합을 어떻게 받아들일 준비가 있는지 평가하는 기준으로 작용한다. 그러나 일부 연구에서는 한국 사회의 다문화수용성이 다른 다문화사회에 비해 상대적으로 낮은 수준임을 주장하고 있다. 박경태(2008)는 한국 사회는 전통적으로 단일민족 중심의 사고를 강조해 왔기 때문에 다문화적 사고를 받아들이는 데 어려움을 겪을 것이라고 하였다. 또한 한국은 다문화사회로 진입했지만, 문화 간 차이를 포용하는 태도보다는 이주민이 한국 사회에 동화되는 것을 우선시하는 경향이 있다고 주장하였다.

이에 한국에서는 제3차 다문화가족정책 기본계획(2018~2022)에서 '다문화수용성' 개념을 공식적으로 채택하고 '상호존중에 기반한 다문화수용성 제고; 다문화사회의 모든 구성원에게 요구되는 자질로써 상호존중에 기반한 다문화이해교육 확대 및 수용성 제고를 위한 미디어 환경 조성'이라는 목표하에 다문화수용성 조사, 다문화이해교육, 홍보, 지역사회 교류 등의 사업을 추진하였다.

<표 1-1> 제3차 다문화가족정책 기본계획(2018~2022) 다문화수용성 관련 정책과제

○ 인권 및 다양성이 존중되는 사회환경 조성
– 차별적 법·제도 이슈 발굴 및 개선
– 다문화수용 조사 및 다문화가족 실태조사를 통해 정책 현황에 대한 주기적 모니터링 및 환류 추진
○ 다문화이해교육 활성화
– 부처 간 다문화이해교육의 협업 체계 강화
– 유아교육 및 공교육 기관의 다문화이해교육 강화
– 교원의 다문화역량 제고 및 학교현장의 다문화교육 활성화 지원
– 일반국민 대상 찾아가는 다문화이해교육 활성화
– 대민 서비스 제공자에 대한 다문화이해교육 강화
○ 수용성 제고를 위한 미디어 환경 조성
– 방송통신심의위원회 심의 기능 강화
– 다문화수용성 제고를 위한 미디어 콘텐츠 개발 및 가이드라인 제공
– 미디어 모니터링단 운영 및 개선 사례 발굴
– 다문화수용성 제고를 위한 홍보사업 다각화
○ 지역환경 조성 및 참여·교류 프로그램 활성화
– 지역사회 다문화프로그램 발굴 및 확산
– 다문화 공존을 위한 사회적 공감대 형성 프로그램 발굴, 운영
– 문화시설(도서관, 박물관 등) 내에서 다문화프로그램 확대

출처 : 여성가족부(2018). 제3차 다문화가족정책기본계획(안)(2018~2022).

여성가족부를 중심으로 2012년부터 「국민 다문화수용성 조사」를 3년 주기로 실시하여 국민의 다문화수용성 정도를 파악하고 있으며 이를 정책수립의 기초자료로 활용한다. <표 1-2>는 2021년에 실시된 「국민 다문화수용성 조사」에 대한 개요 내용이다.

<표 1-2> 2021년 「국민 다문화수용성 조사」에 대한 개요 내용

○ 조사주기 : 3년(2012년부터 시작)
○ 조사대상 : 성인(19~72세) 5천 명, 청소년(중·고교 학생) 5천 명
○ 조사구성 : 8개 구성요소

	차 원	하위 구성요소	내 용
구성요소	다양성	① 문화개방성	다양한 배경의 이주민 유입 및 정주에 대해 인정
		② 국민정체성	국민 됨의 자격기준에 대해 다양성 인정
		③ 고정관념 및 차별	외국 이주민에 대한 선입관이나 부정적 지식
	관계성	④ 일방적 동화 기대	이주민이 한국문화에 동화 및 순응을 기대
		⑤ 거부·회피 정서	이주민 접촉 상황에서 비합리적인 부정적 정서
		⑥ 교류행동의지	이주민과의 친교관계를 맺고자 하는 의지
	보편성	⑦ 이중적 평가	경제개발 수준, 문화적 배경 등에 등급을 둠
		⑧ 세계시민 행동의지	인류애와 같은 보편적 가치 추구 및 실천 의지
다문화수용성 지수			위 8개 구성요소별 측정값의 종합

2021년 「국민 다문화수용성 조사」의 주요 결과는 <표 1-3>과 같다.

<표 1-3> 2021년 국민 다문화수용성 지수

구 분	2018년	2021년	증 감
격 차	18.41	19.12	▲0.71
성인(점)	52.81	52.27	▽0.54
청소년(점)	71.22	71.39	▲0.17

2021년 성인의 다문화수용성은 100점 만점에 52.27점으로 71.39점인 청소년에 비해 19.12점 낮게 나타났다. 2018년에 비해 성인은 낮아지고, 청소년은 소폭 상승하여 그 격차(2018년 18.14점 → 2021년 19.12점)는 0.71점 더 확대되었다. 즉, 최근 국민 다문화수용성 조사 결과를 보면 성인의 다문화수용성은 하락하는 추세이나 청소년은 점차 상승하면서 2012년 조사 실시 이래로 가장 높은 점수를 나타냈다. 연령대가 낮을수록 다문화수용성이 높은 것으로 나타났다.

성인의 다문화교육 참여율은 5.2%로 2018년에 비해 0.6% 증가하였으며, 청소년은 지난 1년간 다문화교육을 받은 적이 있다는 응답이 2018년 대비 20% 이상 증가한 것으로 나타나 다문화교육 활동이 다문화수용성을 높이는 데 기여했음을 알 수 있다. 이는 성인과 청소년 모두 다문화교육 참여자의 수용성 점수가 미참여자보다 높게 나타나 2018년에 이어 다문화교육 참여가 수용성에 긍정적인 영향을 미치는 것을 다시 확인할 수 있었다.

다문화행사, 자원봉사·동호회 등 다문화활동 참여 여부별 수용성 격차가 5점 이상으로 크게 나타나 다문화활동의 참여가 성인의 수용성 제고에 도움이 되는 것으로 나타났다.

이러한 조사 결과를 통해 볼 때 다문화수용성을 높이기 위해서는 선주민(주류 집단)과 다문화가족 간 교류의 기회를 제공하고 수준 높은 다문화이해의 확대와 다문화사회에 대한 국민 인식 개선을 위한 노력이 필요하며 이를 위한 구체적인 내용은 다음과 같다.

- **교육 및 인식 개선 측면** : 초중등학교와 지역사회에서 다문화교육을 의무화하거나 확대하는 프로그램 운영이 필요하다.
- **법적·제도적 지원 측면** : 다문화가족과 외국인 주민의 권익을 보호하고, 사회에 적응할 수 있도록 지원하는 다양하고 장기적인 제도가 마련될 필요가 있다.
- **문화 교육프로그램 개발 및 운영 측면** : 지역 커뮤니티와 문화 축제 등을 통해 한국인과 외국인이 서로의 문화를 이해하고 교류할 기회를 제공함으로써 상호 간의 문화와 배경을 이해하고 한국 사회의 구성원으로 인정하는 자세를 지니도록 도울 필요가 있다.

CHAPTER

2

다문화가족 현황과 지원 정책

오늘의 이야기

'다문화가정에 대한 인식, 어느 정도 왔을까?'

전국의 만 19~59세 남녀 1,000명을 대상으로 '2024 다문화사회(가정) 관련 인식 조사'를 실시한 결과, 일상생활에서 외국인들을 자주 접한다는 응답이 이전 조사 대비 소폭 증가한 가운데(46.4%(2017) → 49.2%(2022) → 57.8%(2024)), 현재 한국 사회는 다문화사회에 속하는 편이라는 의견이 지배적이었다(이미 다문화사회에 속함 21.3%, 어느 정도 다문화사회에 속함 60.4%).

한국 사회가 점차 다문화사회로 변모할 것을 전망하는 것과는 대조적으로 다문화가정에 대한 이미지는 여전히 편향적인 것으로 나타났다.

자녀가 다양한 문화권 사람들과 낯설지 않게 지내고(87.0%, 동의율), 다문화가정의 아이들과 잘 지냈으면 좋겠다(86.5%)는 응답도 높은 수준으로 평가되고 있어, 다문화가정과의 교류나 교감에 대해서는 개방적인 태도를 보이고 있음을 엿볼 수 있었다.

아직까지 다문화가정 및 인종에 대한 편견을 완전히 극복하지는 못했으나, 점진적으로 나아지는 모습을 보이고 있는 만큼 이들이 사회 구성원으로 자리 잡을 수 있도록 더욱 적극적인 관심과 정책적 지원이 필요해 보인다.

사례뉴스 윤민영 기자(2024. 7. 25). 일부 발췌.
https://www.casenews.co.kr/news/articleView.html?idxno=16006

1. 다문화가족 현황

1) 다문화가정의 유형

한국의 다문화가정은 다양한 사회적·문화적 배경을 가진 사람들이 결혼이나 가족구성원으로 연결된 가정을 의미하며, 한국 사회의 변화와 국제화의 흐름 속에서 점차 증가하고 있다. 즉, 국제결혼과 유학, 외국인 노동자 및 난민 유입 등 다문화가정은 그 형태와 구성원 배경에 따라 다양한 유형으로 나눌 수 있는데, 한국 다문화가정의 주요 유형은 다음과 같다.

(1) 결혼이민자 가정

결혼이민자 가정은 한국인 배우자와 외국 국적을 가진 결혼이민자가 결혼하여 이루어진 가정을 말한다. 즉, 한국인 아버지와 외국인 어머니가 결혼하여 이루어진 가정과 한국인 어머니와 외국인 아버지의 결혼으로 이루어진 가정을 의미한다. 1980년대 말부터 한국의 여성들이 농어촌 남성을 결혼 대상으로 기피하면서 '농어촌 총각 장가보내기 운동'의 일환으로 국제결혼이 본격화되었다. 이 시기 결혼이민자의 국적은 베트남, 중국, 필리핀 등 동남아시아 국가 출신이 많은 비율을 차지하였다. 1990년대 중반부터 국제결혼은 지방자치단체, 종교단체, 결혼중개업체 등 다양한 주체들에 의해 추진되었으며 혼인 대상 국가도 중국, 베트남, 필리핀은 물론 일본, 몽골, 태국 등을 포함하는 여러 나라로 확대되었다. 한국 남성과 결혼이주여성의 국제결혼 가정은 수적으로 많은 데다 그들 자녀의 출생지가 대부분 한국이고 한국에서 교육을 받으며 성장한다는 특성이 있다. 또한 우리나라 여성과 외국인 남성과의 결혼도 꾸준히 진행되고 있을 뿐 아니라 부모가 한국에 입국하기 전에 외국에서 태어난 후, 부모 중 1명이 한국인과 결혼하여 우리나라에 입국한 중도입국 가정과 그 가정의 자녀 수도 꾸준히 증가하고 있다.

(2) 외국인 노동자 가정

외국인 노동자 가정은 외국인 근로자가 한국에 정착하여 가족을 구성한 경우를 말한다. 즉, 제조업, 건설업, 농업 등에서 일하기 위해 한국에 온 외국인 노동자들이 가족을 초청하거나 한국에서 결혼하여 형성된 가정을 의미한다. 한국은 1988년 서울 올림픽을 개최하면서 국제사회의 관심을 받게 되었다. 또한 산업의 발전으로 제조업의 인력난이 심하게 되면서 외국인 노동자가 유입되기 시작하였다. 1992년 한국과 중국의 공식 수교로 중국동포의 이주노동이 시작되었고, 이후에도 정부는 1993년 산업기술연수생제도와 2004년 고용허가제 등을 실시하여 산업계의 부족한 일손을 외국인 노동자들로 충당하려는 정책을 수립하였다. 외국인 노동자는 자국보다 우리나라에서 상대적으로 높은 임금을 받기 위해 중개업자에게 수수료를 지불하고 오기도 하지만, 외국인 근로자의 가장 큰 근로문제는 임금체불이며 이와 관련하여 법적·제도적·구조적·문화적 이슈가 다양하게 존재한다(이인경·유선경, 2020). 따라서 불안정한 체류 자격을 가진 외국인 노동자 가정의 문제나 경제적 어려움을 가진 가정, 이들을 한국 사회로 통합하는 문제 등은 우리 사회가 해결해야 할 문제의 하나로 지적되고 있다. 또한 외국인 노동자 가정의 경우 부모 모두가 외국인이고 그들의 자녀를 학교에 보낼 경우 그들의 자녀 교육과 지원을 위한 정책 마련도 시급히 이루어져야 할 문제이다.

(3) 북한이탈주민 가정

북한이탈주민 가정은 북한이탈주민이 북한에서 이탈하여 한국에 정착한 사람들이 구성한 가정을 말하며, 이들은 한국 사회의 독특한 다문화적 특성을 드러내는 사례 중 하나이다. 즉, 이들은 북한이탈주민의 정착과 사회적 통합 과정에서 결혼을 통해 형성된 가족으로, 정착 초기 문화적 차이와 경제적 어려움 및 사회적 낙인 등으로 어려움을 가질 수도 있다. 북한이탈주민은 1990년대 후반 이후 규모가 급격하게 증가하였고, 이때는 경제난민의 성격을 가졌다. 따라서 한국 정부는 북한이탈주민이 한국 사회의 일원으로 자립·자활 의지를 가지고 안정적으로 정착하도록 1997년 1월 「북한이탈주민의 보호 및 정착지원에 관한 법률」을 제정하여 정책적 지원을 하고 있다. 북한이탈주민의 규모는 꾸준히 증가하여 2003년에서 2011년 사이 연간 입국 인원이 2,000~3,000명 수준에 이르렀다가 2012년 이후 입국 인원이 점차 줄어들고 있다(남북하나재단, 2021; 통일부, 2021).

2) 다문화가족의 정의

다문화가족은 국적, 문화, 인종 등 서로 다른 배경을 가진 사람들이 결혼이나 혈연, 입양 등을 통해 가족을 이루는 형태를 의미한다. 한국에서는 주로 한국인과 외국인 배우자 간에 형성된 가정을 중심으로 다문화가족이 정의된다.

또한 다문화가족의 정의는 2020년 시행된 「다문화가족지원법」 제2조를 통해서도 알 수 있다. 이 법에 따르면 '다문화가족'을 국민과 혼인한 적이 있거나 혼인관계에 있는 재한 외국인을 의미한다. 즉, '결혼이민자와 그 배우자로 이루어진 가족', '귀화허가를 받은 자(즉, 한국 국적을 취득한 외국인)와 그 배우자로 이루어진 가족'이 다문화가족에 해당된다.

또한 흔히 법에서 지정한 '다문화가족' 용어와 정책적으로 사용하는 '다문화가정' 용어는 다음과 같이 차이를 구별하여 알아둘 필요가 있다.

- 다문화가족은 출생 시부터 대한민국 국적을 취득한 자와 결혼이민자 또는 귀화를 통한 대한민국 국적 취득자로 이루어진 가족을 의미한다(다문화가족지원법 제2조제1호. 여성가족부)
- 다문화가정은 다문화가족지원법에 의거한 다문화가족, 외국인 노동자 가정, 북한이탈주민 가정 및 난민 가정 등 유엔아동권리협약에 따라 교육의 권리를 가지고 있는 가정을 아울러서 표현하는 정책적 용어를 의미한다.

<표 2-1> 다문화가족지원법 제2조

제2조(정의) 이 법에서 사용하는 용어의 뜻은 다음과 같다. <개정 2011. 4. 4., 2015. 12. 1.>

1. "다문화가족"이란 다음 각 목의 어느 하나에 해당하는 가족을 말한다.
   가. 「재한외국인 처우 기본법」 제2조제3호의 결혼이민자와 「국적법」 제2조부터 제4조까지의 규정에 따라 대한민국 국적을 취득한 자로 이루어진 가족
   나. 「국적법」 제3조 및 제4조에 따라 대한민국 국적을 취득한 자와 같은 법 제2조부터 제4조까지의 규정에 따라 대한민국 국적을 취득한 자로 이루어진 가족
2. "결혼이민자등"이란 다문화가족의 구성원으로서 다음 각 목의 어느 하나에 해당하는 자를 말한다.
   가. 「재한외국인 처우 기본법」 제2조제3호의 결혼이민자
   나. 「국적법」 제4조에 따라 귀화허가를 받은 자
3. "아동·청소년"이란 24세 이하인 사람을 말한다.

3) 다문화가족의 현황

다문화가족은 다양한 문화와 배경을 가진 구성원들로 이루어진 가족으로, 현대 사회에서 점점 그 비중이 커지고 있으며, 문화적 융합과 조화의 상징적인 존재로 인식되고 있다. 2023년에 실시된 「다문화 인구동태 통계」 조사(통계청, 2024) 결과를 토대로 우리나라 다문화가족의 현황을 알아보면 다음과 같다.

(1) 다문화 혼인

「2023년 다문화 인구동태 통계」 결과(통계청, 2024)에 따르면 2023년 다문화 혼인은 20,431건으로 전년 대비 17.2%(3,003건) 증가하였으며, 이는 우리나라 전체 혼인 중 10.6%에 해당되는 수치로 전년 대비 1.5% 증가한 수치이다.

다문화 혼인의 유형은 외국인 아내는 69.8%, 외국인 남편은 17.9%, 귀화자 12.3%의 순으로 나타났다. 전년 대비 외국인 아내와의 혼인 비중은 3.0% 증가한 반면에 외국인 남편은 2.1% 감소하였다. 다문화 혼인을 한 남편의 평균 초혼 연령은 37.2세, 아내 29.5세이며 다문화 혼인 부부의 연령차는 남편 연상부부가 76.1%로 가장 많고, 남편이 10세 이상 연상인 부부는 38.1%로 전년 대비 3.1% 증가하였다.

|그림 2-1| 다문화 혼인 추이

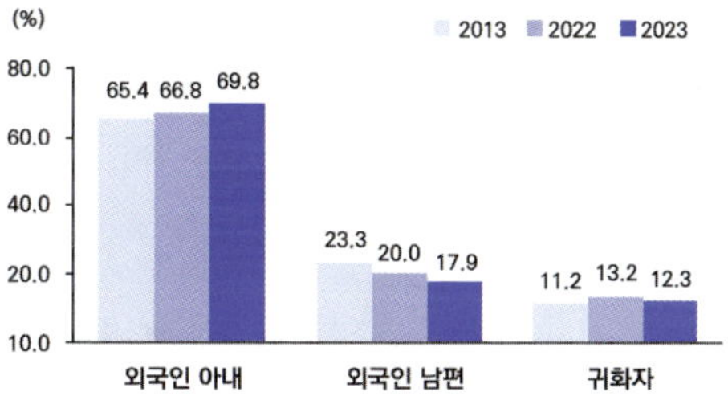

|그림 2-2| 다문화 혼인 유형별 비중

출처 : 통계청(2024). 2023년 다문화 인구동태 통계.

다문화 혼인을 한 외국인 및 귀화자 아내의 출신 국적 비중은 베트남(27.9%), 중국(17.4%), 태국(9.9%) 순으로 나타났다. 이는 전년 대비 베트남의 비중은 4.9% 증가하였으며 중국의 비중은 0.4%, 태국의 비중은 0.2% 감소한 수치이다. 다문화 혼인을 한 외국인 또는 귀화자 남편의 출신국은 중국과 미국이 6.9%, 베트남이 3.9% 순으로 나타났다. 또 지역별로는 경기가 6,018건으로 가장 많았고 서울 3,816건, 인천 1,245건 등의 순으로 많았다.

(2) 다문화 이혼

「2023년 다문화 인구동태 통계」 결과(통계청, 2024)에 따르면 2023년 다문화 이혼은 8,158건으로 전년 대비 3.9%(305건) 증가하였으며, 이는 우리나라 전체 이혼 중 다문화 이혼의 비중은 8.8%에 해당되는 수치로 전년 대비 0.4%가 증가한 수치이다.

다문화 이혼의 유형은 외국인 아내(48.5%), 귀화자(34.8%), 외국인 남편(16.6%) 순으로 나타났으며, 이는 전년 대비 외국인 아내와의 이혼 비중은 0.4% 증가하였고, 외국인 남편, 귀화자와의 이혼 비중은 각각 0.3%, 0.2% 감소한 수치이다.

다문화 이혼을 한 남편의 평균 이혼 연령은 50.3세였으며, 아내의 연령은 평균 41.3세로 전년 대비 남편은 0.2세 증가하였고, 아내는 유사함을 알 수 있다. 다문화 이혼을 한 부부의 평균 결혼생활 기간은 10.1년으로 전년 대비 0.1년 증가하였다.

다문화 이혼을 한 외국인 및 귀화자 아내의 출신 국적 비중은 중국 32.1%, 베트남 26.4%, 태국 4.7% 순으로 나타났다. 이는 전년 대비 중국의 비중은 1.7% 감소한 수치이며 베트남은 1.1%, 태국은 0.5% 증가한 수치이다. 다문화 이혼을 한 외국 출신의 남편 국적은 중국이 13.1%로 가장 많고, 일본 4.3%, 미국 3.8% 순으로 많았다.

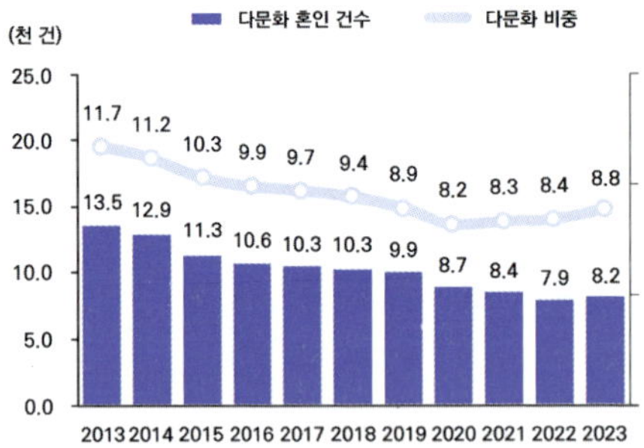

|그림 2-3| 다문화 이혼 추이

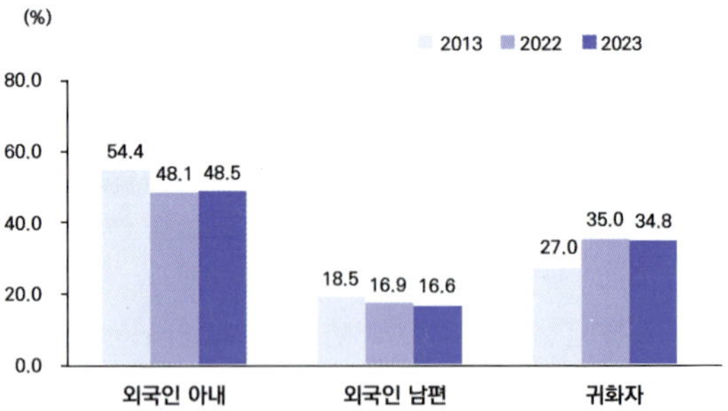

|그림 2-4| 다문화 이혼 유형별 비중

출처 : 통계청(2024). 2023년 다문화 인구동태 통계.

(3) 다문화 출생

「2023년 다문화 인구동태 통계」 결과(통계청, 2024)에 따르면 2023년 다문화 출생아는 12,150명으로 전년 대비 3%(376명) 감소하였다. 그러나 2023년 우리나라 전체 출생이 23만 명으로 전년보다 7.7% 감소한 데 비해, 다문화 부모의 출생아는 3.0% 감소하여 상대적으로 작은 폭으로 감소하였다. 전체 출생에서 다문화 출생의 비중은 5.3%로 전년 대비 0.3% 증가한 수치로 다문화가족 출생아에 대해 보다 많은 관심을 가져야 한다.

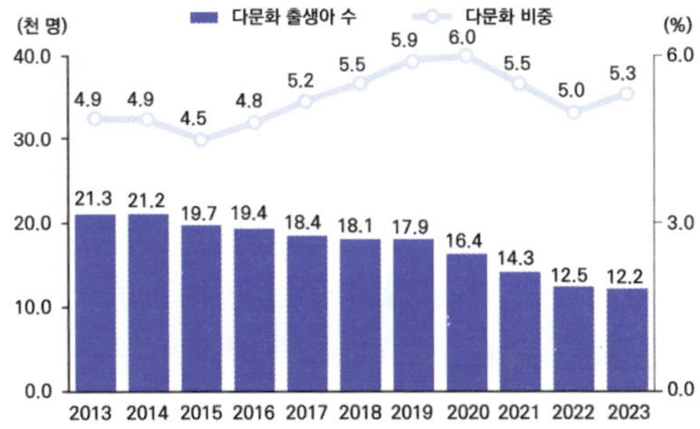

|그림 2-5| 다문화 출생 추이

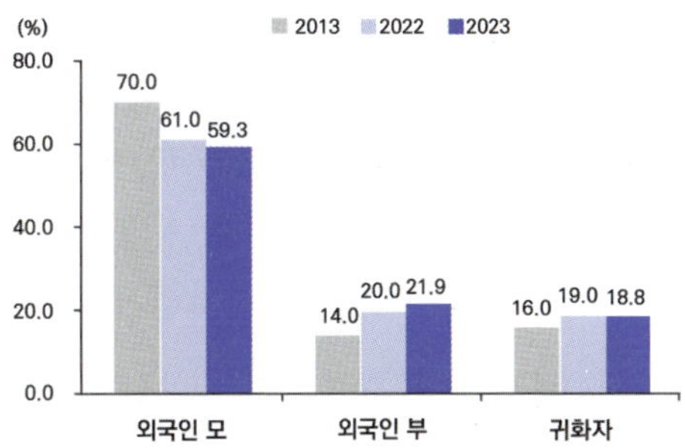

|그림 2-6| 다문화 출생 유형별 비중

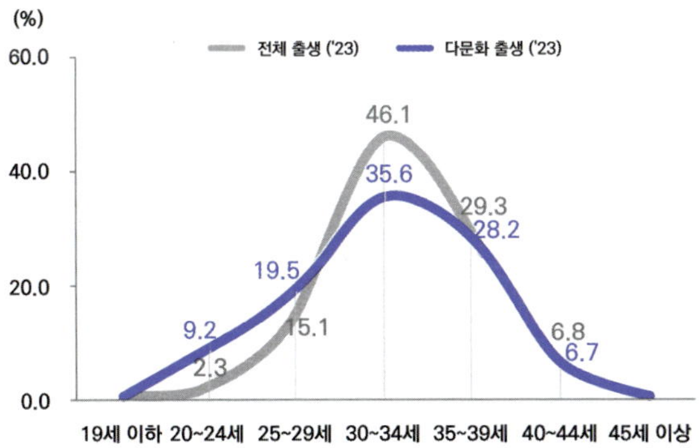

|그림 2-7| 모의 연령별 출생아 비중(2023년)

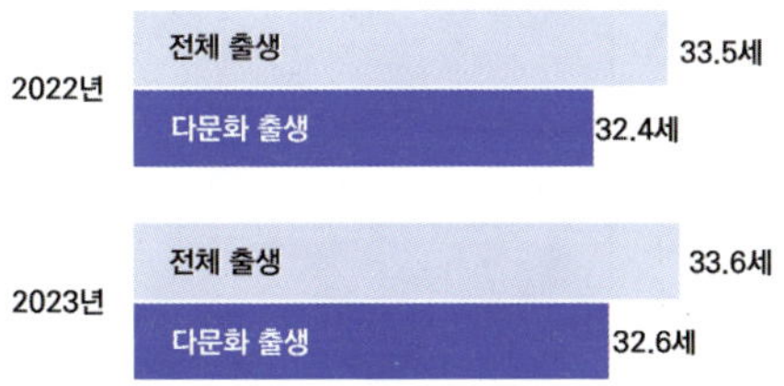

|그림 2-8| 모의 평균 출산연령(2022년, 2023년)

출처 : 통계청(2024). 2023년 다문화 인구동태 통계.

다문화 출생의 유형은 외국인 모 59.3%, 외국인 부 21.9%, 귀화자 18.8% 순이었다. 전년 대비 외국인 모 및 귀화자는 각각 1.7%, 0.2% 감소한 반면 외국인 부는 1.9% 증가하였다.

다문화 모의 연령별 출산은 30대 초반이 35.6%로 가장 많고, 30대 후반 28.2%, 20대 후반 19.5% 순이었으며, 외국인 및 귀화자 모의 출신 국적 비중은 베트남 27.4%, 중국 14.2%, 태국 5.8% 순으로 나타났다. 지역별 다문화 출생아 수는 경기가 3,533명으로 가장 많고 서울 2,042명, 인천 805명이었다.

(4) 다문화 학생 현황

「2024년 교육기본통계」 조사 결과(교육부, 2024)에 의하면 초등학교부터 고등학교까지 재학 중인 다문화 학생은 193,814명으로 전체 학생의 3.8%를 차지하는 것으로 나타났으며 이는 전년 대비 12,636(7%)명 증가한 수치이다. 학교 급별로 알아보면, 초등학교는 117,459명으로 전년 대비 1,820(1.6%)명, 중학교는 47,910명으로 전년 대비 4,212(9.6%)명 증가한 것으로 나타났다. 고등학교도 27,673명으로 전년 대비 6,483명(30.6%), 기타 각종 학교 772명으로 전년 대비 121명(18.6%) 증가한 것으로 나타났다. 이처럼 우리나라 다문화 학생의 수는 2015년부터 현재까지 꾸준히 증가하고 있어 교육현장에서 다문화 학생이 차지하는 비중이 지속적으로 확대되고 있음을 알 수 있다.

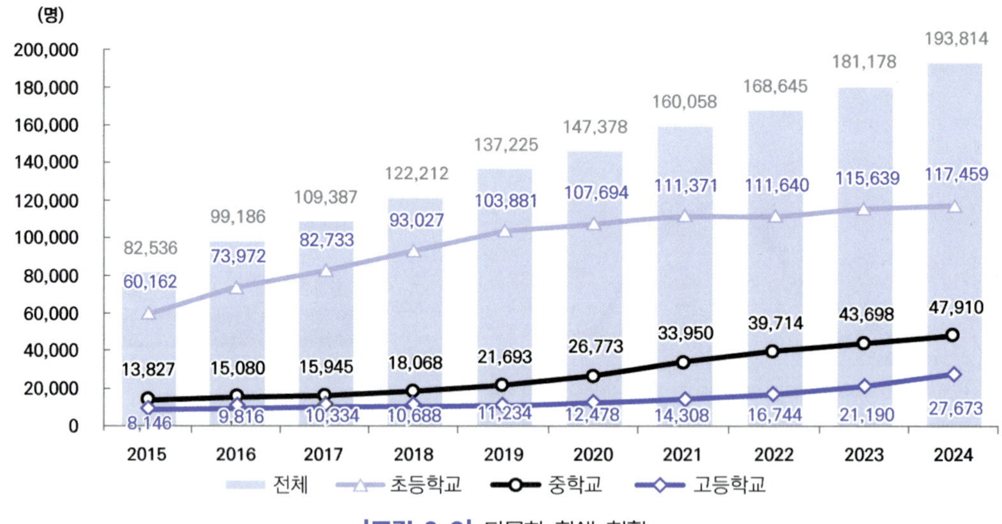

|그림 2-9| 다문화 학생 현황

출처 : 교육부(2024). 2024년 교육기본통계.

2024년 유형별 다문화 학생 비율 현황은 <표 2-2>와 같다. 표에서 보는 바와 같이 국제결혼 가정(국내출생)이 134,817명(69.6%)으로 가장 많은 비율을 차지하고 있으며, 외국인가정 47,010명(24.3%), 중도입국 11,987명(6.2%) 순으로 나타나 국내출생 학생 수가 가장 큰 비중을 차지하고 있음을 알 수 있다.

<표 2-2> 2024년 유형별 다문화 학생 비율 현황

연 도	국제결혼 가정 (국내출생)	국제결혼 가정 (중도입국)	외국인가정	합 계
2024	134,817	11,987	47,010	193,814
2023	129,910	10,896	40,372	181,178
2022	126,029	9,938	32,678	168,645
2021	122,095	9,427	28,536	160,058
2020	113,774	9,151	24,453	147,378

출처 : 교육부(2024). 2024년 교육기본통계.

2. 다문화가족의 특성

1) 다문화가족의 일반적인 특성

한국의 다문화가족은 다양한 국적과 문화적 배경을 가진 구성원으로 이루어져 있으며, 사회적·경제적·문화적 특징에서 독특한 양상을 보인다. 이러한 특성은 다문화가족의 구성 방식과 한국 사회의 특수한 배경에서 비롯된 것으로, 다음과 같은 일반적인 특성을 가진다.

(1) 국적과 출신국의 다양성

한국의 다문화가족구성원은 주로 동남아시아, 중국, 몽골 등 다양한 국적과 문화적 배경을 가지고 있다. 다문화가족을 구성하는 결혼이민자의 출신국은 베트남, 중국, 필리핀, 태국, 캄보디아 등이 대표적이며, 특히 베트남 출신 결혼이민자 비율이 가장 높다는 특성이 있다. 2023년 다문화 인구동태 통계 조사(통계청, 2024)에 따르면 혼인으로 이루어진 다문화가족의 결혼

이민자 출신국 중 베트남이 27.9%로 가장 많은 비중을 차지하고 있음을 알 수 있다. 또한 외국인 아내가 69.8%이고, 외국인 남편 17%로 여성 결혼이민자가 더 많은 비중을 차지하고 있다. 이러한 출신국의 다양성은 다문화가족이 다양한 언어, 종교, 관습을 가지고 있다는 특성을 지님을 의미한다.

(2) 경제적 계층과 직업 분포

다문화가족은 대체로 경제적 취약계층에 속하는 경우가 많으며, 생계유지가 주요 과제 중 하나로 나타난다. 한국인 배우자는 농어촌 지역의 농업 종사자, 단순 노무직, 중소기업 근로자인 경우가 많으며, 외국인 배우자는 주로 가정 내 육아와 가사 노동에 집중하는 형태로 이루어져 있다. 즉, 단순 노무직 종사자가 32.4%로 일반 국민보다 단순 노무 종사자 비율이 월등히 높은 반면에 관리자와 전문가 직종은 상대적으로 낮은 것으로 나타났으며, 다문화가족의 60% 이상이 월평균 소득 200만 원 이하의 저소득 가구로 분류되고 있음을 알 수 있다(여성가족부, 2022).

(3) 농어촌 지역의 높은 비율

우리나라 다문화가족 형성의 시작은 1980년대 '농촌 총각 장가보내기' 운동에서 시작되어 2000년대 초반부터 국제결혼이 급증하면서 농어촌 지역의 다문화가족 비율은 눈에 띄게 높아졌다. 농어촌의 여성 결혼이민자 수는 2006년에 최고를 기록한 후 매년 대략 7~8천 명 수준에 (박대식·마상진, 2012) 다다름에 따라 현재까지도 다문화가족은 주로 농어촌 지역에서 많이 형성된다는 특성이 있다.

2) 다문화가족의 어려움

한국은 다문화사회로의 전이가 뒤늦게 시작되었을 뿐 아니라, 오랜 역사와 단일민족이라는 민족혈통의 순수성에 대한 자부심이 외국인에 대한 배타적 경향으로 나타나기도 하였다. 이러한 과정에서 다문화가족은 언어 장벽, 경제적 불안정, 사회적 차별, 자녀 교육 문제 등의 어려움을 겪게 되는데, 구체적인 내용은 다음과 같다.

(1) 언어문제 및 문화적 차이

다문화가족이 겪는 가장 큰 문제 중 하나는 언어 장벽과 문화적 차이이다. 김영순과 김선정(2020)에 의하면, 결혼이민자의 70% 이상이 언어문제로 인해 소외감을 느끼고 사회적 고립을 경험하는 것으로 나타났다. 특히 결혼이민여성이 자신의 모국어로 자녀를 양육하는 것을 반대할 경우, 원활하지 않은 한국어로 인하여 자녀를 양육할 때 겪는 어려움은 더할 것이며 자녀의 언어발달에도 부정적인 영향을 주게 된다. 2018년 전국보육실태조사에 의하면 다문화가족 영유아가 직면한 가장 큰 어려움으로는 언어발달 지연의 문제가 46.6%로 가장 높게 나타나(육아정책연구소, 2019), 다문화가족 결혼이주민여성의 언어문제는 자녀 언어문제를 야기하는 원인이 됨을 알 수 있다.

또한 다문화가정에서는 배우자 간의 문화적 차이로 인해 갈등이 발생할 수 있다. 예를 들어, 자녀 양육방식, 가사 분담, 명절 문화 등의 차이는 부부간 갈등의 원인이 되어 다문화가족 모두에게 스트레스를 줄 수 있다. 특히 결혼이민자들에게 한국 특유의 가부장적인 문화와 가족 내 며느리의 위치, 한국인 남성과 시어머니의 관계 등은 이해하기 어려운 문화인 것으로 나타났다(한건수, 2006). 즉, 남편 가족 중심의 문화, 연장자 존중 등의 개념이 일부 국가의 문화와 다를 수 있는데, 이러한 문화적 차이가 결혼이민자 여성의 적응 스트레스가 되고 있다는 것이다. 북한이탈주민도 의사소통 방식의 차이나 문화와 생활방식의 차이로 인해 어려움을 겪는다. 북한 말투 때문에 차별을 받거나 생활방식과 교육 문화 차이 등으로 심리적으로 위축되고, 정서적으로 불안감을 가지는 경우가 많다(신재흡, 2024). 이는 동일한 언어와 문화권이라 여기고 있던 북한이탈주민조차도 우리나라에서 가족을 이루어 살아가는 과정에서 언어와 문화적 차이로 인해 어려움을 겪고 있음을 의미한다.

(2) 자녀 양육의 어려움

한국으로 이주해 온 결혼이민여성들은 두세 명 정도의 자녀를 출산하고자 하였는데 이는 한국의 일반가정에 비해 자녀 수가 많은 편에 속한다(구정화 외, 2009). 2023년 다문화가정의 출생아는 12,150명으로 전년보다(12,526명) 3% 감소하였으나, 2023년 전체 출생이 23만 명으로 전년보다 7.7% 감소한 데 비해 상대적으로 감소 폭이 작은 것으로 나타났으며, 전체 출생에서 다문화 출생이 차지하는 비중은 5.3%로 전년 대비 다소 증가하였다(통계청, 2024). 다문화가족의 영유아들은 다양한 이유로 내국인 자녀에 비해 한국어 구사 능력이 떨어지고 또래 집단과의 사회성이 부족한 경우가 많다. 왜냐하면 다문화가족의 많은 비중을 차지하고 있는 결혼이주여성들이 부족한 한국어로 자녀를 양육하다 보니 양육에 대한 자신감도 부족하고 자녀와 소통이 원만하게 이루어지지 않기 때문이다. 다문화가정의 자녀들은 부모와 원활한 한국어 소통이 어렵거나, 가정 내에서 한국어 교육이 충분히 이루어지지 않을 경우 학업성취도가 낮아질 가능성이 높다. 실제로 한국교육개발원(2022)의 연구에 따르면, 다문화가정 학생들의 학업성취도는 일반가정 학생들보다 낮으며, 중도 탈락률도 약 2배 이상 높은 것으로 보고되었다.

(3) 사회적 편견

사회적 차별과 편견도 다문화가족의 삶을 어렵게 만드는 요소 중 하나다. 다문화가정의 자녀들은 다문화라는 이유로 따돌림의 대상이 되거나 자신과는 상관없는 다문화에 대한 주변 사람들의 고정관념으로 차별받는 경우가 있는 것으로 나타났다(이수민 · 양난미 · 이아라, 2021). 2020년 전국다문화가족 실태조사에 의하면 다문화가족 자녀를 차별하는 사람으로는 친구(69.2%), 선생님(20.2%), 이웃(18.7%) 순으로 나타났다.

이러한 현상은 한국 사회 구성원들이 다문화사회를 살아가는 데 적합한 인식을 함양하였는지를 알아보기 위해 세계가치관조사협회에서 실시한 '세계 가치관 조사(2017~2021)' 통계를 통해서도 알아볼 수 있다. 우리나라는 이주자 및 외국인 노동자가 자신의 이웃이 되는 것에 대해 '원함'이 78%로 독일(95.7%), 뉴질랜드(95.3%), 호주(91.1%), 미국(85.8%)에 비해 낮게 나와 다소 부정적인 인식이 있음이 확인되었다. 또한 나와 다른 국적을 가진 사람들을 얼마만큼 신뢰하냐는 질문에 '절대 신뢰할 수 없다'고 응답한 사람의 비율은 한국이 22.3%로 가장 높게 나타났다. 이는 우리나라 사람들이 이주민이나 외국인 노동자에 대한 선입견과 편견이 많이 있으며 다문화가족을 바라보는 우리나라 주류사회 시선이 아직은 다소 부정적인 모습을 보이고 있다는 것을 의미한다.

(4) 경제적 어려움

다문화가족의 상당수가 저소득층에 속하며, 안정적인 일자리를 구하는 데 어려움을 겪는다.

다문화가정의 부모, 특히 외국 출신 부모는 부족한 한국어 실력과 출신국에서의 학력이나 경력이 인정되지 않는 경우가 많아서 안정적인 일자리를 구하는 게 어렵기 때문이다. 또한 일부 고용주들의 다문화가족에 대한 편견으로 인해 취업 기회가 적어지거나 불안정한 비정규직 일자리에 고용되기 때문이다. 여성가족부(2022)에 따르면, 결혼이주민의 근무 형태는 임시근로자와 일용근로자가 35.9%로 일반 국민(21.5%)의 수준을 크게 상회하며, 임금수준도 절반(47.8%)이 150만~250만 원을 받고, 26.5%는 150만 원 미만을 받으며, 5.3%는 임금이 없는 것으로 나타났다. 이처럼 다문화가족 결혼이주민의 상당수가 저임금과 고용 불안정성에 시달리고, 이는 경제적 어려움 초래의 원인이 된다.

3) 다문화가족 아동의 특성

다문화가정 아동은 다양한 문화적 배경 속에서 성장하며, 일반가정의 아동과는 다른 특성을 보일 수 있다. 이들은 부모의 출신국, 가정의 경제적 상황, 한국 사회에서의 경험 등에 따라 성장 과정에서 독특한 특성을 형성하기도 한다. 이에 대해 구체적으로 알아보면 다음과 같다.

- **언어발달 차이에서의 특성** : 다문화가족 아동은 가정에서 부모의 모국어와 한국어를 함께 접하는 경우가 많아 언어발달에서 차이를 보일 수 있다. 즉, 부모의 모국어와 한국어를 동시에 배울 수 있는 이중언어 환경이지만 자칫 한국어가 늦게 발달하여 의사소통의 문제를 가질 수도 있다. 이러한 언어적 차이는 학령기의 학업성취도와 사회성 발달에 부정적인 영향을 미치고, 이는 다시 학교생활 부적응 문제를 발생시킬 가능성을 가지게 한다.
- **문화와 정체성 형성 과정에서의 특성** : 다문화가족 아동은 부모의 출신국 문화와 한국문화를 동시에 접하면서 정체성을 형성한다. 다문화가족 아동은 한국 사회에서 한국인으로 인정받지 못하거나, 서로 다른 인종과 국적을 가진 부모의 모국 문화를 이해하기 어려워 혼란을 겪거나 정체성 혼란을 겪을 수 있다. 또한 부와 모의 두 언어와 문화, 행동과 가치관의 차이로 인해 문화적 갈등을 경험할 수도 있다. 그러나 이중문화 환경에서 성장하며 다양한 문화를 자연스럽게 받아들이는 문화수용력이 향상될 수 있다는 장점도 있다.

- **학업 및 교육 환경 차이에서의 특성** : 다문화가족 아동은 가정의 경제적 수준, 부모의 교육 수준, 언어능력 등에 따라 학업성취도에 차이가 날 수 있다. 특히 부모가 결혼이나 노동으로 이주해 온 경우 한국 교육 시스템에 익숙하지 않아 학습 지원이 부족할 수 있다. 또한 사회적 편견으로 인해 일부 교우관계나 학교 환경에서 다문화가족이라는 이유로 차별을 경험할 수도 있다.
- **사회 관계적 특성** : 다문화가족 아동은 또래 친구들과의 관계 형성에서 장점과 어려움을 동시에 경험할 수 있다. 즉, 다문화가족 아동은 다양한 문화적 경험을 바탕으로 개방적인 사고방식을 가질 가능성이 높은 반면에 일반가정의 친구들과의 문화적 차이로 인해 소외감을 느낄 수도 있다. 또한 이들은 외모나 언어, 문화적 차이로 인해 차별을 경험할 가능성이 있으며, 이에 따라 자존감이 낮아질 수 있다.
- **가정환경에서의 특성** : 다문화가족 아동은 부모의 취업 불안정이나 낮은 소득수준으로 인하여 주거 및 교육 환경이 열악할 수 있다. 또한 부모가 한국어를 원활하게 구사하지 못할 경우, 의사소통에 어려움을 겪을 수 있으며 외국인 부모의 모국 문화를 반영한 가정 내 생활방식이 한국 사회의 문화와 차이를 보일 수 있다.

이처럼 다문화가족 아동은 언어, 문화, 교육, 가정환경, 사회적 관계 등의 다양한 측면에서 독특한 특성을 가진다. 다문화가족 아동들이 건강하게 성장하고 한국 사회에 잘 적응하기 위해서는 가정, 학교, 지역사회 차원의 적극적인 지원과 이해가 필요하다.

3. 다문화가족 관련 정책 및 지원 현황

한국은 2024년 4월 기준 외국인 총 260만 명(전체 인구의 5%)으로 아시아 최초의 '다인종・다문화' 국가가 되었다. 그러므로 다문화사회에 맞는 여러 가지 정책과 제도 등이 시급히 마련되어야 한다. 이에 본 절에서는 다문화가족 관련 정책과 지원 현황 및 법적・제도적 장치 등을 고찰하고자 한다.

1) 다문화가족지원법

한국은 1960년대 이후 자본주의의 급속한 발달과 88올림픽과 민주화로 한국에 대한 국제사회의 관심이 증가하여 해외로 이주 가는 국가에서 국내로 이주 오는 국가로 변화하였다. 국내로의 이주의 대표적인 형태는 국제결혼과 이주노동에 의한 이주자의 유입이다. 국제결혼은 종교적인 목적과 농촌 총각 장가보내기 사업에서 출발하여 2000년대 들어서 급증하였으며, 2005년 전체 결혼 건의 13.7%에 이르러 최고치에 도달, 그 후 지속적으로 감소하여 2014년 전체 결혼 건의 7.6%를 차지하다가 2023년에 8.7%로 다시 증가하고 있다(통계청, 2024).

국제결혼의 증가로 인한 다문화가족 지원을 위해 정부에서는 2006년 '여성 결혼이민자 가족 및 혼혈인 이주자 사회통합 지원방안'을 발표하고 2008년 「다문화가족지원법」을 제정하였다.

(1) 다문화가족지원법 개정 과정

「다문화가족지원법」은 다문화가족의 안정적인 정착과 생활을 지원하고 삶의 질 향상에 목적을 두고 제정되었다. 즉, 「다문화가족지원법」은 다문화가족구성원들이 한국 사회에서 차별받지 않고 평등한 삶을 누릴 수 있도록 다양한 지원을 규정하고 있으며 여러 차례 개정을 거치면서 다문화가정에 대한 지원을 강화해 왔다. 최근에는 다문화가족의 지원 범위를 확대하고, 다문화가정 자녀의 교육 및 사회 적응을 보다 체계적으로 지원하는 방향으로 법이 개정되었다. 「다문화가족지원법」 개정 과정의 흐름은 |그림 2-10|과 같다.

2012년 개정	다문화가족지원센터 운영 확대 및 교육 지원 강화
2018년 개정	다문화가족 자녀 지원 확대 및 국적 취득 요건 완화
2022년 개정	다문화가정 폭력 예방 및 피해자 보호 강화, 결혼이민자 취업 지원 확대

|그림 2-10| 다문화가족지원법 개정 과정 흐름도

(2) 다문화가족지원법의 목적

「다문화가족지원법」의 목적은 제1조(목적) '이 법은 다문화가족구성원이 안정적인 가족생활을 영위하고 사회 구성원으로서의 역할과 책임을 다할 수 있도록 함으로써 이들의 삶의 질 향상과 사회통합에 이바지함을 목적으로 한다.'라고 규정되어 있다.

이에 기반하여 다문화가족지원법의 목적을 정리해 보면 다음과 같다. 첫째, 다문화가족의 사회・경제적 안정을 지원하는 데 있다. 둘째, 다문화가정 구성원의 인권을 보호하고 차별을 해소하는 데 있다. 셋째, 다문화가족 자녀의 건강한 성장과 교육을 지원하는 데 있다.

(3) 다문화가족지원법의 기본 원칙

「다문화가족지원법」의 기본 원칙은 다음과 같다. 첫째, 다문화가족구성원들의 기본적인 권리 보장, 둘째, 차별과 편견 없이 한국 사회 구성원으로서 평등한 대우, 셋째, 다문화가족을 위한 맞춤형 지원 정책 시행이다.

(4) 다문화가족지원법 주요 내용

「다문화가족지원법」에서 규정하고 있는 주요 내용 및 지원 정책은 다문화가족 지원을 위한 기본계획의 수립(제3조의2), 다문화가족에 대한 이해 증진(제5조), 생활정보 제공 및 교육 지원(제6조), 평등한 가족관계의 유지를 위한 조치(제7조), 가정폭력 피해자에 대한 보호・지원(제8조), 의료 및 건강관리를 위한 지원(제9조), 아동・청소년 보육・교육(제10조), 다국어에 의한 서비스 제공(제11조)이다. 이에 기반하여 다문화가족 지원 정책의 구체적인 내용을 알아보면 다음과 같다.

- **한국어 교육 지원**(제6조, 제13조) : 결혼이민자와 다문화가정 구성원들이 한국어를 익혀 원활한 소통이 가능하도록 무료 한국어 교육 제공, 온・오프라인 한국어 교육 과정을 운영할 수 있다.
- **자녀 교육 지원**(제14조) : 다문화가정 자녀의 교육 격차 해소를 위해 학습 지원 및 장학금 지급, 학교 내 다문화 학생을 위한 맞춤형 교육 및 멘토링 프로그램을 운영할 수 있다.
- **가족 상담 및 생활 지원**(제8조, 제9조) : 결혼이민자 및 다문화가족을 위한 심리 상담 및 법률 지원, 다문화가정 폭력 예방 및 보호 대책을 마련할 수 있다.

- **다문화 인식 개선 및 사회통합 지원**(제16조, 제17조) : 다문화 사회의 긍정적인 인식을 확대하기 위해 교육 및 홍보 활동 시행, 공공기관 및 기업 내 다문화 친화적 환경조성을 장려한다.
- **결혼이민자 및 외국인 주민의 경제적 자립 지원**(제15조) : 결혼이민자의 취업 및 창업 지원을 위한 직업훈련 제공, 노동시장 내 차별 방지 및 일자리 연계하여 지원할 수 있다.
- **국적 취득 및 체류 지원**(제7조) : 귀화 절차 간소화 및 사회통합 프로그램 운영, 다문화가정 배우자 및 자녀가 안정적으로 체류하도록 지원한다.

2) 다문화가족지원센터

다문화가족지원센터는 다문화가족의 안정적인 정착과 삶의 질 향상을 지원하기 위해 설립한 기관으로 2008년 「다문화가족지원법」 제정과 함께 전국적으로 설치되었다. 다문화가족지원센터는 「다문화가족지원법」 제12조 '국가 또는 지방자치단체는 다문화가족지원센터를 설치·운영할 수 있다.'에 의거하여 전국에 약 200개 이상이 설치되어 여성가족부의 주관 아래 지방자치단체 및 민간단체가 운영하고 있다. 「2021년 가족사업 안내」 개정에 따라 다문화가족지원센터는 가족센터로 명칭이 변경·통합되어 운영되고 있다.

(1) 다문화가족지원센터의 역할

다문화가족지원센터의 역할은 다음과 같다. 첫째, 다문화가족의 한국 정착을 지원한다. 둘째, 다문화가정 자녀의 교육 및 성장을 지원하는 역할을 한다. 셋째, 다문화가족의 사회·경제적 자립을 지원한다. 넷째, 다문화 인식 및 다문화 친화 사회를 조성하는 역할을 한다.

(2) 다문화가족지원센터의 주요 서비스

다문화가족지원센터에서 실시하는 주요 서비스 및 지원 프로그램은 전국 다문화가족지원센터마다 지역적 특성에 따라 다양하게 제공되는데, 일반적인 서비스 내용은 다음과 같다.

- **한국어 교육 지원** : 한국 사회 정착에 필수적인 언어능력 배양을 위해 결혼이민자 및 다문화가족 대상으로 무료로 한국어를 교육하는 서비스를 제공하며 다문화가족의 특성에 맞게 선택할 수 있도록 온라인 및 오프라인으로 제공하고 있다.

- **자녀 교육 및 성장 지원 :** 다문화가족지원센터에서는 다문화가정 자녀의 학습을 지원하고 방과 후 학습 프로그램 운영, 멘토링 및 심리 상담 지원 서비스를 제공한다.
- **가족 상담 및 생활 지원 :** 다문화가족 대상 심리 상담 및 정서적 지원 서비스를 제공하고 부부 갈등 및 양육 문제 상담으로 다문화가족을 지원한다. 또한 가정폭력 피해 결혼이민자를 보호하고 법률적 지원 서비스를 제공한다.
- **취업 및 경제적 자립 지원 :** 결혼이민자 및 다문화가족 대상 직업훈련 서비스를 제공하고 취업을 알선하거나 창업을 지원하는 서비스를 제공한다. 또한 다문화가족의 결혼이민자가 노동시장 내에서 차별받지 않도록 예방 교육을 실시한다.
- **사회통합 및 다문화이해교육 :** 다문화가족지원센터에서는 다문화 인식 개선을 위한 교육 및 캠페인을 진행하고 공공기관 및 기업 대상으로 다문화 친화 교육도 실시한다. 또한 지역사회 내 다문화공동체 형성을 지원함으로써 다문화가족이 사회 일원으로 잘 적응하도록 지원하는 서비스를 제공한다.
- **다문화가족 프로그램 운영 :** 다문화가족 간 네트워크를 형성하고 활발한 교류를 지원하는 기회를 제공하고 한국 전통문화 체험 프로그램 운영 및 다문화 축제, 문화교류 행사 개최 등을 통해 다문화가족이 한국문화를 이해하는 시간을 제공한다.

(3) 다문화가족센터 이용 대상

다문화가족지원센터 이용 대상은 결혼이민자 및 귀화자, 다문화가족(배우자 및 자녀 포함), 외국인 노동자 및 다문화가정 청소년이다. 또한 다문화가족지원센터 이용은 홈페이지 또는 방문 접수, 회원가입 후 필요한 서비스 신청, 센터에서 제공하는 교육 및 프로그램 참여 등의 다양한 경로로 이용할 수 있다.

이와 같이 다문화가족지원센터는 결혼이민자를 비롯한 다문화가족이 한국 사회에 안정적으로 정착하고, 차별 없이 살아갈 수 있도록 종합적인 지원을 제공하는 중요한 기관이다.

3) 다문화가정정책 기본계획

(1) 다문화가정정책 기본계획의 변천과 목표

다문화가정정책 기본계획은 다문화가정과 외국인 주민의 안정적인 정착과 사회통합을 위해 정부가 수립하는 중·장기 계획이다. 이 계획은 「다문화가족지원법」 및 「외국인정책 기본법」 등에 근거하여 5년 단위로 수립되며, 여성가족부, 법무부, 교육부 등 여러 부처가 협력하여 추진한다. 2006년 제1차 다문화가정정책 기본계획(2008~2012)이 발표되어 실행되었으며 이후 제2차 다문화가족정책 기본계획(2013~2017), 제3차 다문화가족정책 기본계획(2018~2022), 제4차 다문화가족정책 기본계획(2023~2027)이 수립되어 실행되었다. 다문화가족정책 기본계획의 변화 흐름은 |그림 2-11|과 같다.

차 수	비 전	목 표
제1차 (2008~2012년)	열린 다문화사회로 성숙한 세계국가 구현	- 다문화가족 삶의 질 향상과 안정적인 정착 지원 - 다문화가족 자녀에 대한 지원 강화 및 글로벌 인재 육성
제2차 (2013~2017년)	활기찬 다문화가족, 함께하는 사회	- 사회발전 동력으로서의 다문화가족 역량 강화 - 다양성이 존중되는 다문화사회 구현
제3차 (2018~2022년)	참여와 공존의 열린 다문화사회	- 모두가 존중받는 차별 없는 다문화사회 구현 - 다문화가족의 사회·경제적 참여 확대 - 다문화가족 자녀의 건강한 성장 도모
제4차 (2023~2027년)	다문화가족과 함께 성장하는 조화로운 사회	- 다문화아동·청소년의 동등한 출발선 보장 - 다문화가족의 안정적 생활환경 조성

|그림 2-11| 다문화가족정책 기본계획 변화 흐름도

(2) 다문화가족정책 기본계획의 주요 내용 및 추진 과제

① 제1차 다문화가정정책 기본계획(2008~2012) : 다문화가족 지원정책 추진체계 정비, 국제결혼중개 관리 및 입국 전 검증시스템 강화, 결혼이민자 정착 지원 및 자립역량 강화, 다문

화가족 자녀의 건강한 성장환경 조성, 다문화에 대한 사회적 이해 제고의 다섯 가지로 구성하여 관련 정책을 수립하여 실행하였다.

② **제2차 다문화가족정책 기본계획**(2013~2017) : 다양한 문화가 있는 다문화가족 구현, 안정적인 가족생활 기반 구축, 결혼이민자 사회·경제적 진출 확대, 다문화가족에 대한 사회적 수용성 제고, 정책 추진체계 정비의 다섯 가지로 구성하여 관련 정책을 수립하여 실행하였다.

③ **제3차 다문화가족정책 기본계획**(2018~2022) : 다문화가족 장기정착 지원, 결혼이민자 다양한 사회참여 확대, 다문화가족 자녀의 안정적 성장지원과 역량 강화, 상호존중에 기반한 다문화수용성 제고, 협력적 다문화가족 정책 운영을 위한 추진체계 강화의 다섯 가지로 구성하여 관련 정책을 수립하여 실행하였다.

④ **제4차 다문화가족정책 기본계획**(2023~2027) : 다문화아동·청소년 성장단계별 맞춤형 지원, 결혼이민자 정착주기별 지원, 상호존중에 기반한 다문화수용성 제고, 다문화가족정책 추진기반 강화의 네 가지로 구성하여 관련 정책을 수립하여 실행하고 있다.

(3) 제4차(2023~2027년) 다문화가족정책 기본계획

제4차 다문화가족정책 기본계획은 「다문화가족지원법」 제3조의2(다문화가족 지원을 위한 기본계획의 수립)에 따라 제3차 다문화가족정책 기본계획의 개선 필요 사항에 근거하여 2022년에 수립되었다. 즉, 다변화되는 다문화가족의 수요를 반영하고 증가하는 다문화아동·청소년의 학교생활 부적응 및 학력 격차 해소 방안 마련의 필요성에 따라 제4차 다문화가족정책 기본계획이 수립되었다. 제4차 다문화가족정책 기본계획의 비전은 '다문화가족과 함께 성장하는 조화로운 사회'이며 '다문화아동·청소년의 동등한 출발선 보장'과 '다문화가족의 안정적 생활환경 조성'의 목표 아래 4영역의 대과제와 14가지의 중과제를 수립하여 제시하고 있다.

제4차 다문화가족정책 기본계획의 네 가지 대과제를 살펴보면 다음과 같다.

① '다문화아동·청소년 성장단계별 맞춤형 지원'이며, 이에 따른 중과제는 영유아 자녀양육 지원, 학령기 다문화아동 학습역량 제고, 다문화 청소년 진로개발 지원, 다문화아동·청소년의 정서안정 기반 조성의 네 가지이다.

- 영유아 자녀양육 지원을 위해 단계별 부모교육을 제공하고 지역사회 내 돌봄품앗이 활동 지원 및 공동육아나눔터 확대 등의 자녀돌봄 지원 및 생활지도, 언어교육 서비스를 제공한다.
- 학령기 다문화아동 학습역량 제고를 위해서는 초등학교 입학 전·후 기초학습 지원 확대 및 서비스 접근성을 제고하고 학교 내 한국어 교육 강화 및 학교 공지·가정통신문에 대한 통번역 서비스 등을 제공한다.
- 다문화 청소년 진로개발 지원을 위해 진로컨설팅 확대 및 다문화청소년 진로프로그램을 다양화하고 다문화청소년 우수학습자를 인재DB에 등재하여 적재적소에 활용하는 등의 지원 서비스를 제공한다.
- 다문화아동·청소년 정서안정 기반 조성을 위해 다문화 또래상담 프로그램 보급 및 학교 안팎 심리상담 지원을 강화하고 교원의 다문화교육 역량 강화를 통해 차별 없는 학교환경 조성 등의 내용을 제시하고 있다.

② '결혼이민자 정착주기별 지원'이며, 이에 따른 중과제는 건전한 국제결혼 환경조성, 다문화가족 가구상황별 맞춤형 지원, 결혼이민자 경제활동 참여 확대, 가정폭력 예방 및 피해자 보호의 네 가지이다.

- 건전한 국제결혼 환경조성을 위해 국제결혼중개업체의 온라인상 인권침해성 표시·광고를 점검하는 법적 근거를 마련하고 상시 점검체계를 강화하고 국제결혼중개업체 종사자에 대한 다문화이해 증진·인권 교육의 내용을 제시하고 있다.
- 다문화가족 가구상황별 맞춤형 지원은 결혼이민자 초기 적응부터 장기정착까지 맞춤형 지원 서비스를 제공하고 다문화 한부모·본국 귀환 가족의 현지 생활 등의 취약가족 지원의 내용을 담고 있다.
- 결혼이민자 경제활동 참여 확대를 위해 K-MOOC플랫폼을 통한 직업훈련 및 직업역량 강화, 결혼이민자 맞춤형 일자리 발굴·연계, 창업 지원 등을 제시하고 있다.
- 가정폭력 예방 및 피해자 보호를 위해 다누리콜센터 등의 다기관 협업을 통한 긴급지원 및 폭력피해 이주여성 보호시설을 통한 보호·법률·의료·자립지원 강화 등을 제시하고 있다.

③ '상호존중에 기반한 다문화수용성 제고'이며, 이에 따른 중과제는 다문화이해교육 확대, 다양성 존중 인식 확산, 다문화가족 사회참여 활성화의 세 가지이다.

- 다문화이해교육 확대를 위해 기업·학교 등으로 찾아가는 교육 실행 및 고령층·학부모·보육교직원 등의 연령별·대상별 맞춤형 교육과정 개발 등을 제시하고 있다.
- 다양성 존중 인식 확산을 위해 정부 주요 정책, 간행물 등에 대한 다문화가족 차별 요소 점검·컨설팅 실시, 인종·문화 차별적 방송내용에 대한 심의 강화 등의 내용을 제시하고 있다.
- 다문화가족 사회참여 활성화를 위해 다문화가족과 지역 주민 간 교류·소통공간 확대 및 상호교류 프로그램 운영, 결혼이민자의 다문화이해교육 강사 활용을 통한 다문화 친화활동 활성화 등의 내용을 제시하고 있다.

④ '다문화가족정책 추진기반 강화'이며, 이에 따른 중과제는 다문화가족정책 환류 시스템 구축·운영, 다문화가족 지원 서비스 접근성 제고, 다문화가족정책 협력체계 강화의 세 가지이다.

- 다문화가족정책 환류 시스템 구축·운영을 위해 3년 주기 다문화가족 실태조사를 통해 기본계획 및 각종 대책 수립 시 활용하고 다문화가족 지원 현장 간담회 등을 통한 의견수렴 강화 등을 제시하고 있다.
- 다문화가족 지원 서비스 접근성 제고를 위해 입국자 정보 연계 강화, 찾아가는 가족센터 운영, 다문화가족 지원 서비스 신청을 위한 정부24, 복지로 등의 플랫폼을 통한 시스템 연계 추진 등을 제시하고 있다.
- 다문화가족정책 협력체계 강화를 위해 중앙정부－지방정부 간 소통 강화, 지역자원을 활용한 지역 특화 서비스 발굴·공유, 결혼이민자 인권침해예방을 위한 국제협력 강화 및 결혼이민자 다수 국가 대상 파견 확대 추진 등을 제시하고 있다.

제 2 부

다문화가족 영유아의 이해

CHAPTER

3 다문화가족 영유아 발달 특성 및 지원방안

오늘의 이야기

다문화가구 영유아 건강검진율 저조…"건강 격차 심화 우려"

12일 국회 보건복지위원회 소속 최혜영 의원이 보건복지부로부터 제출받은 영유아 건강검진 수검 현황에 따르면 최근 3년 동안 다문화가구 영유아 건강검진 수검률은 일반 가구 영유아 수검률보다 매년 10%포인트 이상 낮았다. <중략>

심지어 취약계층인 의료수급권자보다 다문화가구 영유아 건강검진 수검률이 연도별로 5~12%포인트가량 낮은 것으로 나타났다. <중략> 영유아의 월령이 낮을수록 다문화가구와 일반 가구의 수검률은 차이가 큰 것으로 조사됐다. 생후 14~35일과 4~6개월 된 다문화가구 영유아 수검률은 일반 가구와 비교해 각각 27%포인트, 29.5%포인트나 낮았다. <중략> 최혜영 의원은 "다문화가구는 언어 장벽이나 경제적 여건 등으로 일반 가구보다 건강관리에 더욱 취약하다"면서 "이는 발달 지연이나 질병의 조기 발견과 치료를 어렵게 해 일반 가구와의 건강 및 경제 격차를 심화시킬 수 있다"고 지적했다.

최 의원은 "출산을 앞둔 다문화가구 부모를 대상으로 한 영유아 건강검진의 필요성과 검진 기관에 대한 정보 제공, 이용 절차 안내 등 전반적인 개선이 필요하다"며 보건복지부와 국민건강보험공단에 획기적인 방안을 시급히 마련할 것을 주문했다.

연합뉴스 김호천 기자(2022. 10. 12). 일부 발췌.
https://www.yna.co.kr/view/AKR20221012145300371?section=search

1. 다문화가족 영유아 발달에 미치는 영향 요인

최근 한국 사회에서 초저출산 현상으로 출생아 수가 급감하면서 전체 출생아 수 대비 다문화가족의 출생아 비율은 점차 높아지는 추세를 보인다(통계청, 2020). 다문화 출생 비중 증가의 가장 중요한 함의는 향후 우리 사회에서 이주 배경 특성을 가진 집단의 비중이 급속히 팽창될 것이며, 이는 현재 다문화가족에서 성장하는 아이들이 우리 사회의 주요 인구학적 배경 특성을 가진 집단으로 성장할 것을 전망하게 한다(여성가족부, 2022b). 이에 다문화가족이 갖는 특성을 이해하고 다문화가족에서 출생하는 아이들이 건강하게 성장할 수 있도록 이들의 성장단계에서부터 적절한 지원이 이루어질 필요가 있다.

1) 다문화가족의 사회 · 경제적 배경 및 부모역할 특성

(1) 사회 · 경제적 배경

개인의 건강은 인간의 생애에서 중요하고 핵심적인 조건으로, 개인이 속해 있는 사회경제적 환경과 밀접한 연관성을 가진다. 교육 수준이나 소득수준, 직업 등으로 대표되는 사회경제적 지위는 그 자체로 건강 수준의 주요한 결정요인이 될 뿐만 아니라 의료서비스 접근과 이용의 차이를 심화시키는 요인으로 작용한다(김도영, 2015).

다문화가구의 경제상태에 대한 조사에서(여성가족부, 2022a), 다문화가구의 월평균 가구소득은 200만~300만 원 미만이 24.8%, 300만~400만 원 미만이 22.7%이며, 이를 기준으로 양극단으로 비율이 낮아지는 경향을 보이는 것으로 나타났다. 또한 100만 원 미만의 저소득층 비율도 계속 증가하는 추세를 보여 다문화가구 내에서도 소득의 양극화가 진행되는 것으로 분석하였다. 특히 다문화가족의 사회 · 경제적 수준은 자녀의 발달이나 교육에 영향을 미치는 요인이 된다. 경제적 수준에 있어 월소득이 높을수록 어머니가 긍정적 양육행동을 보이며, 기본생활습관을 가르치는 행동이 더 많은 것으로 나타났으며, 아버지의 경우에도 월소득이 높을수록 부의 양육참여가 높고 공부를 돌봐주는 등의 행동을 더 많이 하는 것으로 나타났다(박신규 · 이성희, 2015). 이와 함께 소득수준은 의료필요가 있을 때 실질적으로 의료서비스로의 접근을 용이하게 하는 대표적 요인으로 소득수준이 높을수록 의료서비스 이용이 증가하며 낮은 경제적 수준은 의료접근성을 저해하는 주요한 요인이 된다(김도영, 2015). 따라서 다문화가족의 사회・경제적 특성을 이해하고, 특히 사회・경제적으로 취약한 다문화가족 자녀가 건강하게 성장할 수 있도록 우선적인 의료서비스가 지원될 필요가 있다.

(2) 부모역할 특성

다문화가족 어머니의 역할 미숙 및 문화적 스트레스, 부모권리의 부재는 자녀의 성장발달에 부정적 영향을 미치며, 다문화가정 아버지 역시 가장으로서의 아버지 역할과 함께 한국말과 문화에 서툰 아내 역할의 일부분을 감당하며 어려움과 스트레스를 경험한다. 이처럼 부모역할을 수행하며 겪게 되는 어려움은 양육스트레스를 가져오며, 자녀의 건강에도 부정적 영향을 미치게 된다(안옥희 외, 2021).

다문화가족의 결혼이민자 어머니는 언어적 의사소통이 미숙하고, 한국 사회에 대한 이해가 충분하지 않은 시기에 어린 영유아기 자녀를 양육해야 하는 상황에 직면하게 된다(박형신 외, 2012). 한국 사회에 대한 이해가 부족한 결혼이민자 어머니들이 이주한 사회에 적응하는 과정은 스트레스를 유발하는 요인이 되며, 문화적응과정에서의 스트레스는 부모의 양육효능감이나 부모 양육행동에 영향을 주는 요인이 된다(노보람, 2024; 송지은・임정하, 2023). 더욱이 다문화가족 어머니들의 대다수가 자녀 양육을 가장 어려운 문제로 지목하고 있다(여성가족부, 2022a)는 점에서 다문화가족 어머니의 자녀 양육 상황의 어려움에 관심을 가질 필요가 있다. 한편 다문화가족 아버지 또한 일반가정의 아버지와 달리, 배우자의 한국문화에 대한 이해 부족과 언어적 소통의 한계를 보완하여 자녀 양육의 상당 부분을 감당해야 하는 다중적인 역할을 수행하는 과정에서 양육스트레스가 더욱 가중될 수 있다(김영춘・이미나, 2022; 이은숙・박형신, 2016).

부모의 양육특성은 영유아 발달에 유의미한 영향을 미치며, 부모가 갖는 높은 수준의 양육스트레스는 자녀의 발달에 부정적 영향을 미치게 된다(김은경, 2022; 이선애・최현정, 2016)는 점에서 다문화가족 영유아의 발달에 영향을 미치는 부모 양육이 긍정적으로 실행되고 부모의 양육스트레스를 조절할 수 있는 지원방안이 요구된다.

2) 다문화가족 어머니 : 결혼이주여성의 특성

(1) 어머니 됨에 대한 준비 부족

어머니 됨이란 어머니 역할에 대해 배우고 알게 되면서 어머니로서의 새로운 역할과 관계 및 아기에 대한 인지적 재구성을 통하여 어머니로서의 정체성을 형성하는 것이다(Mercer, 2004). 어머니 됨은 본능적이고 자연적으로 이루어지는 것이 아니라 어머니 역할에 대한 학습을 통해 이루어진다. 어머니가 되는 것에 대한 준비가 되지 않은 상태에서 아기에 대해 일차적인 책임을 진다는 것은 어머니 됨을 지연시키고 스트레스나 우울 등의 문제를 초래할 수 있으며, 결과적으로 자녀의 신체적·사회적 발달 지연을 초래할 수 있다(Beck, 2001; McGrath, Records, & Rice, 2008, 채현주·김 수, 2011 재인용). 즉, 어머니 됨을 준비하는 것은 어머니의 건강 및 자녀의 건강을 도모하는 데 중요한 영향을 미치게 되므로 다문화가족 형성과정에서 결혼이민자 어머니들의 어머니 됨에 대한 준비가 필요하다.

그러나 결혼이민자 가구의 어머니들은 충분한 이주 준비 없이 입국하는 경우가 대부분으로 짧은 기간에 한국으로 이주하고 가정을 형성하게 된다(설동훈 외, 2005; 황정미, 2009). 결혼이주여성은 대부분 한국 정착 초기, 문화적·언어적 장애를 겪는 상태에서 임신을 하게 되고, 결혼 후 첫 임신까지의 기간은 평균 6.3개월이며 1년 미만인 경우도 86.3%인 것으로 나타나(김혜련 외, 2012), 결혼이주여성의 상당수가 결혼과 동시에 자녀를 출산하는 것으로 이해할 수 있다. 결혼이주여성들은 한국에 입국하기 전이나 입국 후에도 자녀 출산이나 육아에 대한 교육을 제대로 받지 못한 상태에서 임신, 출산을 경험하게 된다(김혜련·황나미, 2008). 특히 산전 관리는 산모 건강, 태아·출산아의 건강과 더 나아가 영아기 건강에 있어서 매우 중요함에도 불구하고(나 현·전경숙, 2017), 임신 과정 중 경험하는 자신의 신체 및 정서 변화에 대한 사전 지식이 없어 스트레스 및 불안감을 경험하며 출산 후에도 자녀 양육의 어려움을 겪게 된다(조미영·주영은, 2013). 다문화가족 돌봄의 주 역할을 담당하는 어머니들이 임신이나 출산 및 건강과 관련한 정보나 지식을 습득할 기회를 충분하게 갖지 못한다는 것은 다문화가족 어머니의 건강뿐 아니라 자녀의 건강한 성장을 어렵게 하는 요인이 될 수 있다.

(2) 인구사회학적 배경

결혼이민자 어머니들은 출신 국가의 보건 의료환경의 차이 및 결혼 후 초기 정착과 적응 단계에서 식문화 적응의 어려움, 한국 식재료에 대한 이해 부족 및 한국어 능력 부족과 문화의 차이로 인하여 건강 및 영양에 대한 정보 습득의 어려움, 가족 식생활 관리의 어려움 등을 경험한다(김혜련, 2013). 즉, 다문화가족 및 자녀 돌봄에 주 역할을 하는 결혼이민자 어머니들의 출신 국적 및 생활습관, 건강에 대한 인식, 한국어 이해 부족 등은 가족의 건강관리 및 자녀 발달에 영향을 미치는 요인이 된다.

2021년 결혼이민자・귀화자의 출신 국적별 배우자 분포를 살펴보면, 한국 출신 남편과 혼인한 결혼이민자・귀화자의 출신 국적은 베트남(34.1%)이 가장 많고, 중국(한국계)(18.6%), 중국(17.9%) 3개 국가가 70.6%를 차지하며, 필리핀(8.1%), 일본(5.5%), 캄보디아(3.3%) 순으로 높게 나타났다(여성가족부, 2022a). 이와 같이 한국문화가 아닌 다른 문화권에서 성장한 결혼이민자 어머니들의 배경은 가족의 건강관리에도 영향을 미치는 요인이 된다.

<응급처치에 대한 문화 차이>

여기 한국은 열나면 옷 벗어야 돼. 근데 중국은 열나면 더 입어야 돼. 집에서 우리 엄마는 녹차, 설탕. 이게 이렇게 같이 이렇게 섞어서, 이렇게 차가운 물 해서 이렇게 먹어요. (그리고) 이불 두꺼웁게 덮어서 땀 빼라고. 땀 빼면 땀 싹 다 빼면 감기 낫는 거예요. 근데 (한국 의사) 선생님은 우리 애기 이렇게 열이 나서 옷보고 벗으라고. 근데 맨 처음에 이해 못 했는 거야. 막 화나 속상해. 왜 선생님 우리 애기 열이 나는데 왜 옷 벗으라고 하는지... (공○○, 중국한족)

<한국의료 세부분 '과'에 대한 이해 부족>

안과 가야 했는데, 캄보디아에서는 그냥 (어린이 환자) 다 같이 봐요. 안과든 소아과든. 근데 여기는 달라요. 그래도 제가 무조건 소아과 가요. 갔더니 눈, 눈 아픈데. 그러면 "아니에요 여기 오시는 거 아니에요" 그래서... 이비인후과 그거 가야 된대요. 그래도 저는 몰라요. 적어주세요 하면 메모해 주면(글씨로 적어줌) 찾아가요. (김○○, 캄보디아)

출처 : 김윤영・조일동(2016). 결혼이주여성들의 문화차이에 따른 의료경험 : 경기도 안산시 원곡동 주민들의 사례를 중심으로.

> 처음에 왔을 때 콩밥 같은 거는 안 먹어봤었으니까. 몽골은 고기랑 밀가루랑이 주식이니까 나물 이런 거 먹으라고 하니까 먹을 게 없는 거예요. 몽골은 감자 같은 거는 있어도 거의 고기가 주식이니까. 처음에 콩 먹으라고 했을 때 깨보고 벌려보고 못 먹을 거 같다고. 지금은 그냥 몸에 좋다니까. 아이들은 저도 안 먹는 음식을 해주기는 해줘요. 청국장 이런 것도 해주는데 내가 안 먹으니까 "엄마가 왜 안 먹는 거예요?" 물어보고 애들도 그냥 안 먹을 때가 많아요. (몽골, B 어머니)
>
> 일본에서는 식사 후에 녹차와 과자를 디저트처럼 먹어요. 한국은 그런 거 없더라고요. 과자를 즐겨 먹는 나라에요 일본은. 한국은 후식을 먹는 문화가 없고 드라마에서 보니까 후식으로 과일만 먹고 안 먹어서 아이들에게 알려주고 싶은데 남편은 또 싫어해서 그런 문화와 식사 후 습관을 알려 줄 수가 없어요. (일본, A 어머니)

출처 : 김다소미(2021). 다문화 가정 어머니의 기본생활습관 지도에 대한 어려움과 요구.

이처럼 국가별로 다른 문화적 배경은 가족 건강과 관련한 다양한 문제 및 가족 간 갈등을 야기하는 원인이 된다. 이에 다문화가족의 건강지원은 결혼이민자 어머니들의 출신 국가별 문화적 배경을 이해하고 이에 기반한 차별화된 지원이 요구된다.

또한 결혼이민자 어머니의 건강에 대한 인식은 자녀 양육 및 건강관리에도 영향을 미치는 요인이 된다. 결혼이민자 어머니들의 주관적인 건강 상태 및 우울감 경험을 결혼이민자 어머니들의 배경에 기반하여 살펴보면 다음과 같다(여성가족부, 2022a).

결혼이민자 어머니들의 건강 상태에 대한 인식에 영향을 주는 요인은 연령, 국내 거주기간, 교육 수준, 가구소득, 출신 국적, 우울감 경험 등으로 살펴볼 수 있다. 이를 세부적으로 살펴보면 결혼이민자 어머니들의 연령이 낮고 국내 거주기간이 짧을수록 건강 상태가 좋다고 느끼며, 교육 수준이 높고 가구소득이 높을수록 자신의 건강 상태를 긍정적으로 평가하였다. 또한 결혼이민자 어머니들의 출신 국적별로는 미주·유럽·대양주, 기타 출신의 어머니들의 건강 상태에 대한 인식이 높은 데 비해, 한국계 중국, 중국 출신의 순으로 자신의 건강 상태를 가장 낮게 인식하는 것으로 나타났다. 이와 함께 일상생활이 어려울 정도로 슬프거나 절망감을 느끼는 우울감 경험은 여성 이민자가 남성 이민자보다 우울감을 많이 경험하며, 연령이 높고 국내 거주기간이 길수록, 학력이 낮을수록, 가구소득수준이 낮을수록 우울감 경험이 많은 것으로 나타났다.

또한 출신 국적별로 동남아 국가, 필리핀 출신이 미주·유럽·대양주 출신에 비해 우울감 경험이 높은 것으로 나타났다. 결혼이민자 어머니들이 스스로의 건강 상태를 나쁘게 인식하는 경우는 자녀와의 관계에서 불만족하거나 낮은 양육효능감을 보이게 되며(채덕희·강경화, 2021), 어머니의 우울감은 다문화가족 영유아의 건강 상태에 좋지 않은 영향을 미치게 된다(최윤경 외, 2011).

이와 함께 결혼이민자 어머니들의 한국어에 대한 이해 부족도 가족의 건강 및 자녀 발달지원에 영향을 미치는 요인이 될 수 있다.

<소통의 문제와 해결방법>

병원, 병원 가~도 안 들어가. 들어가서 뭐 해 말도 안 나오고 그냥... 말 하나도 모르고. 그냥 참는 거 많아요. (근데) 애기 아파서 계속해서 열이 나고 기침 나고 그건 못 참어. (근데) 본인은 거의 다 참았었어요. (공○○, 중국 한족)

근데 또 가서도 저기 그냥... 모, 모, 몸, 몸짓, 몸짓으로... 아이가 아플 때 수첩 가져가서 예방접종 같은 거 수첩 이렇게 그냥 쓰는 거 보여줘요. ... 그러면 선생님들 간호사들 보고 해줘요. (김○○, 캄보디아)

출처 : 김윤영·조일동(2016). 결혼이주여성들의 문화차이에 따른 의료경험 : 경기도 안산시 원곡동 주민들의 사례를 중심으로.

<소극적이고 자신감 없는 반응과 영아의 말(언어)에 의존하려는 경향>

진호와 엄마가 그림책을 보다가 해마 그림이 나오자 관찰자를 쳐다본다. 관찰자가 "해마요." 하고 이야기하자, 책을 보며 영아에게 "이건 해마." 하고 이야기하며 다시 책을 본다. 그러다가 다시 백조 그림이 나오자, 자신 없는 목소리로 "백조? 오리?" 하며 관찰자를 쳐다본다. 관찰자가 "백조 맞아요." 하고 이야기하자 진호에게 "백조. 백조야." 하고 말한다. (2012. 9. 14. 진호네 관찰/몽골 출신 결혼이민자 어머니)

출처 : 권경숙(2013). 다문화 가정 어머니들의 영아 양육에 대한 문화기술적 연구.

결혼이민자 어머니들의 한국어에 대한 자신감 부족은 의료서비스를 이용하는 데 있어 걸림돌이 될 수 있어 본인의 건강이나 자녀의 건강관리를 어렵게 할 수 있다. 또한 서툰 한국어로 소통하는 자녀와의 상호작용은 어머니 자신의 양육방식에 대한 자신감을 떨어뜨리고, 영유아기 자녀의 발달지원을 어렵게 하는 영향 요인이 될 수 있다. 이처럼 다문화가족 영유아의 건강 및 발달 상태에 어머니 특성이 유의한 영향을 미칠 수 있다는 점에서 결혼이민자 어머니들의 인구사회학적 배경에 대한 이해가 요구된다.

2. 다문화가족 영유아 건강 및 신체발달 특성 및 지원방안

신체발달은 생의 초기에 급속한 성장을 이루며, 다른 발달영역과 같이 부모에게서 물려받은 유전적 요인과 환경적 요인의 지속적인 상호작용을 통해 일어난다. 신체발달은 인지·사회적 행동, 성격 등을 포함하는 발달의 다양한 측면에 중요한 영향을 미치며(Kail, 2016), 이후의 성장과 발달의 기초가 된다. 이에 다문화가족 영유아들의 건강 및 신체발달 상태를 이해하고 보다 나은 발달을 위한 적극적인 지원이 마련되어야 한다.

1) 다문화가족 영유아의 건강 및 신체발달 특성

(1) 다문화가족 어머니의 건강 실태 및 자녀 건강에 대한 요구

영유아의 발달에는 다양한 요인들이 영향을 미친다. 특히 생의 초기, 영유아기일수록 환경의 영향을 쉽게 받게 된다. 이러한 의미에서 출생과 동시에 경험하게 되는 영유아의 가정환경은 행동의 기초 및 전반적인 발달에 영향을 미치는 주요 요인이 된다. 이는 다문화가족 영유아의 경우도 다르지 않을 것이며, 다문화가족 영유아 자녀 돌봄 역할이 대부분 결혼이민자 어머니가 담당하고 있다는 점에서 선행연구들에서 보고하고 있는 내용을 중심으로 다문화가족 어머니의 건강 실태 및 요구를 살펴보고자 한다.

① 다문화가족 어머니의 건강 실태

- 식생활 안정성, 식습관 및 영양 · 식생활 지식(김혜련 외, 2012)
  - 결혼이주여성의 식생활 형편은 원하는 만큼 충분히, 다양한 음식을 먹는 경우(59.2%), 양은 충분하나 다양한 음식을 먹지 못하는 경우(30.4%), 경제적으로 어려워 가끔 먹을 것이 부족한 경우(8.5%), 경제적으로 어려워 자주 먹을 것이 부족한 경우(2.0%)로 나타나 전체적으로 조사대상 다문화가족 중 약 10%가 경제적으로 어려워 식량안정(food security)에 어려움이 있는 것으로 나타남
  - 결혼이주여성의 식습관은 거의 매일 한끼는 거른다(24.2%), 주 2~3회 거른다(17.3%), 거의 기르지 않는다(58.4%)로 나타남. 특히 베트남 출신의 경우, 다른 출신 국가보다 매일 한 끼는 거르는 경우가 많은 것으로 나타남. 또한 식사의 규칙 정도의 경우, 불규칙한 경우가 11.0%, 가끔 불규칙이 42.5%로 식사의 불규칙성이 높게 나타남
  - 식사 끼니를 거르는 주 이유는 '음식이 입맛에 맞지 않아서', '바빠서', '습관이 되어서', '고향의 풍습이라서' 등의 응답이 나타나 식문화의 차이에서 비롯된 것으로 이해할 수 있음
  - 영양 · 식생활 지식 정도는 50점 만점(문항 간 5점 척도)에 34.13점으로 나타났으며, 베트남, 캄보디아 출신의 영양 · 식생활 지식 정도가 낮았으며 연령이 낮은 결혼이주여성의 영양 · 식생활 지식 정도가 낮게 나타남

※ 영양 · 식생활 지식 관련 문항

- 균형 잡힌 식사하기
- 건강에 좋은 간식 선택
- 짜게 먹는 것이 건강에 미치는 영향
- 인스턴트 음식의 장단점
- 올바른 식사 습관
- 아침 식사의 중요성
- 불량식품의 나쁜 점
- 음식이 건강이나 질병에 미치는 영향
- 식품의 유통기간과 위생적인 보관
- 내 키에 맞는 건강 체중

- 의료시설 이용의 어려움(여성가족부, 2022a)
  - 2018년 조사에 비해 결혼이민자 어머니들의 의료시설에 대한 접근성은 상당 부분 개선되었으나 여전히 의료시설 이용에 어려움을 경험하는 것으로 나타남
  - 결혼이민자 어머니들이 남성 이민자에 비해 병원에 가지 못하는 경험이 많고 소득별로 200만 원 미만 층이 200만 원 이상 층보다 병원에 가지 못한 경험이 2배가량 높은 것으로 나타남
  - 결혼이민자 어머니들이 병원에 가지 못하는 이유는 치료비 부담, 직장일·육아/가사 부담, 의사소통의 어려움 등으로 나타남

② 자녀 양육에서의 건강 요구(김혜련, 2013; 김혜련 외, 2012)

- 결혼이주여성들은 자녀 양육 시 겪는 어려운 점 중에서 '아동의 건강관리에 대한 어려움'을 가장 많이 호소하고 있는 것으로 나타남
- 다문화가족 어머니들은 아동의 발달단계에 필요한 건강관리 소홀, 자녀 양육에 대한 지식 부족으로 인한 아동기 적절한 건강관리 부족, 적기 예방접종의 지연, 불충분한 영양섭취와 편식, 아동 구강건강 상태 열악 등으로 자녀의 건강관리에서 어려움을 겪고 있음
- 다문화가족 어머니들의 자녀 양육에 대한 건강정보 요구가 높은 것으로 나타남

③ 다문화가족 어머니의 건강정보 이용 실태 및 요구

- 건강정보 습득(대인 및 미디어) 실태(정의철, 2020)

<결혼이주여성들의 건강정보 습득 채널 : 대인>

건강정보에 대해 이야기 나누는 대상은 가족, 친구, 직장 동료들이에요. 가장 신뢰할 수 있는 사람은 가족, 남편과 시부모예요. (베트남, 통번역지원사, 27세)

집에 있으면 남편과 이야기하겠죠. 일 같이 하는 사람들하고 많이 이야기해요. <후략> (중국, 통번역지원사, 36세)

내 남편이요. 한국에서는 가장 영향력 있는 사람이에요. 남편하고 나의 친부모, 내 동생, 시부모님과 건강에 대해 이야기 나눠요. 보통 가족들이랑 얘기해요. (필리핀, 주부, 36세)

무료건강검진, 아이도 하고 부모(우리)도 하는 무료건강검진을 받을 수 있으면 좋겠어요. 이런 정보를 얻을 수 있으면 좋겠어요. 보통은 여기서(다문화건강가정지원센터) 문자 보내주면 알아요. (필리핀, 주부, 36세)

- 결혼이주여성을 포함한 이주민이 건강정보를 접하는 대인 채널은 가족, 자국 친구, 종교단체 동료의 순으로 나타남
- 직업이 없는 결혼이주여성의 경우 주로 남편이나 시댁 식구 및 같은 동네에 있는 친구들과 질병이나 증상에 대한 이야기를 나누는 것으로 나타났으며, 직업이 있는 경우에는 가족에 이어 직장 동료를 통해서도 건강정보를 습득하는 것으로 나타남
- 결혼이주여성의 경우 다문화가족지원센터 등의 활동에 참여하는 기회를 통해 건강에 관한 정보를 받게 되는 것으로 나타남

<결혼이주여성들의 건강정보 습득 채널 : 미디어>

텔레비전이요. 요리 어떻게 하는지 요리 어떻게 만들어졌는지 그런 프로그램이요. 건강 프로그램이죠. Food 프로그램이요. 노년기 고혈압에 대해서도 텔레비전에서 봤어요. (일본, 다문화강사, 39세)

영양플러스, 금요일마다 하는 프로그램 생로병사의 비밀, 남편이랑 같이 봐요. (베트남, 주부, 30세)

인터넷을 통해서 봐요. TV에는 건강정보가 없어요. 제가 몸에 이상이 있으면 인터넷에서 무슨 문제, 어떤 원인, 제 증상들을 찾아요. <후략> (필리핀, 주부, 36세)

(건강에 관한 공익광고) 자주 접해요. 근데 지금 생각나는 건 없는데요. (중국, 다문화강사, 37세)

- 결혼이주여성을 포함한 이주민들이 건강정보를 주로 얻는 미디어 채널은 TV(48.2%), 인터넷(37.5%)의 순으로 나타났으며, 그 외 신문(5.4%), 라디오(1.8%)를 통해 정보를 습득하는 것으로 나타남
- 미디어 채널을 통한 정보 내용은 식습관, 건강식품, 음주운전 등의 생활습관 등을 가장 많이 접하는 것으로 나타났으며, 결혼이주여성의 경우 출산과 육아와 관련된 건강정보

를 자주 접하는 것으로 나타남

- 결혼이주여성들이 건강에 관한 공익광고를 접하면서도 주제를 기억하지 못하는 것은 사회에서 소외되고, 주변화된 계층의 경우 정부나 의료기관이 주도하는 건강캠페인을 자신의 이슈로 생각하지 않고 주목하지 않는 경향으로 이해할 수 있음

- 건강정보 이용(온라인 건강정보) 특성 및 요구(손현미 외, 2017)

<결혼이주여성의 온라인 영유아 건강정보 이용 특성>

건강정보 주 획득방법	• 인터넷이나 스마트폰 애플리케이션(45.4%) • 주변 사람(부모, 친구, 이웃)(28.3%) • 전문가(의사, 간호사, 유아전문가)(9.8%) • 책, 신문, 잡지(8.6%)
온라인 정보검색 횟수	• 주 2~3회(36.8%) • 주 1회(19.6%) • 매일 1회 이상(16.0%) • 월 1회 이하(15.1%)
정보검색 언어	• 한글(62.6%) • 모국어(23.3%) • 영어(14.1%)
정보검색 방법	• 인터넷 검색 엔진(53.8%) • 건강정보 웹사이트(15.8%) • 커뮤니티(11.9%) • SNS(7.6%)

- 결혼이주여성의 온라인을 통한 자녀의 건강정보 요구는 질병관리, 신체성장, 영양관리에 대한 요구가 높은 것으로 나타났으며, 예방접종, 영유아 건강검진, 응급처치의 경우 상대적으로 낮은 요구도를 보임
- 예방접종, 영유아 건강검진, 응급처치 정보는 찾기 어려우나 도움이 되는 정보라고 응답하였으며, 신체성장의 경우 요구도는 높으나 도움이 되지 않는 정보가 많은 것으로 응답함

– 결혼이주여성들의 필수정보에 대한 낮은 요구는 중요성에 대한 인식 및 동기부여의 부족 등으로 고려해 볼 수 있음
– 결혼이주여성들이 건강관련 정보들을 도움이 되는 정보이나 찾기 어려운 정보로 인식하는 것은 정보의 접근성에 대한 고려가 필요함. 올바른 정보라 하더라도 정보의 접근성이 떨어질 경우 활용하기 어려우므로 건강정보 제공 시 접근성을 높이기 위한 전략이 필요하며, 건강정보 제공 시 쉽게 활용할 수 있는 방식으로 제공될 필요가 있음

다문화가족 어머니의 자녀 건강에 대한 높은 이해는 자녀 양육의 효능감을 높이고 자녀의 건강관리에 긍정적 영향을 미치게 된다. 다문화가족 어머니들이 주로 남편이나 가족, 주변 지인을 통해 건강정보를 습득하고 있다는 점에서 보다 정확하고 전문적인 건강정보를 습득할 수 있는 지원방안이 마련되어야 할 것이다. 또한 쉽게 이용할 수 있는 온라인을 통한 건강정보에 대한 접근이 용이할 수 있도록 신뢰성 있는 온라인 정보탐색 및 온라인 사용 등에 대한 교육지원도 고려되어야 할 것이다.

(2) 다문화가족 영유아의 건강 및 신체발달과 영향

다문화가족 영유아들의 건강 및 신체발달은 개인의 건강한 성장과 함께 발달의 다양한 측면에 영향을 미친다는 점에서 의미를 갖는다. 관련 연구를 중심으로 다문화가족 영유아의 건강 및 신체발달 특성과 영향을 살펴보고자 한다.

① 다문화가족 영유아의 건강 및 신체발달(박신규 · 이성희, 2015)

- 대다수 다문화가족 영유아가(조사 대상 97%) 질병과 장애가 없는 것으로 나타남
- 질병 관련 본부와 대한 소아과학회가 제시한 소아 청소년 표준 성장 도표를 이용하여, 다문화가족 영유아의 키와 몸무게를 교차 비교해 보았을 때, 86%의 영유아가 정상으로 분류됨
- 비정상군에 속하는 영역으로, 허약군(3.7%)보다는 비만군(5~10%)의 비율이 높게 나타남
- 다문화가족 영유아의 전반적인 발달 상태를 일반 영유아의 발달 상태와 비교해 볼 때, 다문화가족 어머니들은 자녀가 또래보다 비슷하거나 조금 빠른 것으로 평정하고, 일반 영유아에 비해 신체발달영역이 상대적으로 지연되는 것으로 평정함. 이에 비해 다문화가족 영

유아를 담당하는 교사들은 다문화가족 영유아의 신체발달영역을 높게 평정하고 인지영역과 언어영역을 또래보다 지연되는 영역으로 평가함

② 다문화가족 영유아의 건강 및 신체발달의 영향(최양미 · 김보현, 2020)

- 다문화가족 유아 중 신체발달이 낮은 유아는 유아교육기관에서의 공격행동을 더 많이 하며, 불안행동, 산만행동이 높은 것으로 나타남
- 유아기 신체발달 수준은 자아개념 형성에 중요한 역할을 하며, 자아개념은 자기조절 및 사회적 관계 형성에 영향을 주게 됨. 또래와 다른 외모 및 서툰 언어적 표현력을 가진 다문화가족 유아의 경우 주변 사람들과의 상호작용 속에서 자신에 대한 부정적 개념을 형성하게 되며, 이로 인해 유아교육기관에서 부적응 행동을 나타낼 가능성이 높아짐
- 유아기 신체발달 수준이 자아개념 형성과 밀접한 관련이 있음을 고려할 때 신체발달 수준의 차이는 일반아동과 다른 신체적 특징을 가지고 있는 다문화가족 유아의 유아교육기관 적응여부를 결정하는 요인이 될 수 있음

다문화가족 영유아는 앞으로 우리 사회의 주요 구성원으로 성장하게 된다. 따라서 다문화가족 영유아의 건강한 성장과 발달 증진에 우리 모두가 관심을 가지고 힘써야 한다. 과거에 비해 다문화가족 영유아의 건강 및 신체발달은 양호한 수준으로 일반 가정의 영유아와 비교해 볼 때 큰 차이가 나타나지 않는 것으로 보고되고 있으나(김영희, 2015; 박신규, 2015), 일반가정에 비해 취약한 계층에 속한 다문화가족이 많다는 점에서 다문화가족 영유아의 건강 및 신체발달 특성에 대한 보다 광범위하고 체계적인 조사와 이해가 필요하며, 이에 기반한 적극적인 지원방안 마련이 필요하다.

2) 다문화가족 영유아의 건강 및 신체발달 지원방안

다문화가족 어머니와 영유아의 건강 실태를 파악하고 적절한 지원 정책을 마련하는 것은 향후 건강 형평성과 인구자질 및 장래 질병 부담에 대처하기 위해 중요한 과제로 인식될 필요가 있다(김혜련, 2013). 이에 다문화가족 어머니와 영유아의 건강 및 신체발달을 비롯한 발달 전반에 대한 정보, 다문화가족 어머니의 사회적응과 양육 역량 지원을 위한 정보 제공 사례와

다문화가족 영유아의 건강 및 신체발달을 위한 지원방안을 살펴보고자 한다.

(1) 다문화가족 영유아의 건강 및 신체발달 지원

다문화가족 영유아의 건강 및 신체발달 지원은 다문화가족지원포털 '다누리'에서 제공하는 건강 관련 서비스 내용에 기반하여 살펴보고자 한다.

① 다문화가족지원포털 '다누리' 홈페이지(https://liveinkorea.kr/portal/main/intro.do) 〉 한국생활 안내 〉 건강과 의료

- '건강과 의료'에는 건강보험, 의료급여제도, 의료기관, 보건소에 대한 정보가 안내됨
- '건강과 의료 > 의료기관'에는 의료기관 유형, 진료분야와 진료과목, 의료기관 이용절차, 응급상황대처법, 약국, 의약품 등에 대한 정보가 안내됨
- '건강과 의료 > 보건소'에는 보건소의 일반진료 분야 및 보건소 방문 건강관리사업, 무료 정신건강서비스 및 이용절차방법에 대한 정보가 안내됨

② 다문화가족지원포털 '다누리' 홈페이지(https://liveinkorea.kr/portal/main/intro.do) 〉 한국생활 안내 〉 임신과 육아

- '임신과 육아'에는 임신과 출산, 영유아 건강관리, 영유아보육 및 유아교육에 대한 정보가 안내됨
- '임신과 육아 > 임신과 출산'에는 아기를 위한 준비, 임산부가 받아야 할 검사, 건강한 아기 출산을 위한 주의점, 임산부를 위한 보건소 서비스, 첫만남 이용권 지원 등에 대한 정보가 안내됨
- '임신과 육아 > 영유아 건강관리'에는 아이의 발달단계, 예방접종, 어린이 국가예방접종 지원에 대한 정보가 안내됨
- '임신과 육아 > 영유아보육 및 유아교육'에는 보육 및 유아교육(기관과 운영특성), 보육료·유아학비·부모급여·가정양육수당 지원에 대한 정보가 안내됨

(2) 다문화가족 영유아의 건강 및 신체발달 지원방안

다문화가족 영유아의 건강 및 신체발달 지원방안은 다문화가족이 갖는 특성을 이해하고 이

들의 요구를 반영하여 마련되어야 한다. 따라서 다문화가족 형성과정에서의 지원과 함께 생애주기적 관점에서의 지원 및 가족 특성을 반영한 지원이 이루어져야 할 것이며, 다문화가족의 의료적 접근을 용이하게 할 수 있는 지원방안 마련도 필요하다.

김영혜(2018) 및 김혜련 등(2012)이 제안한 다문화가족 건강지원을 위한 정책 개선 방안에 기반하여 다문화가족 영유아의 건강 및 신체발달 지원방안을 제시하면 다음과 같다.

① **생애주기적 관점에서의 건강관리서비스 제공** : 입국 및 이주 정착 단계에서 필요한 건강 관련 과제를 중심으로 지원방안 마련

- 입국초기단계 : 결혼이주여성의 한국 적응을 위한 정신건강, 건강검진, 임신, 출산 지원
- 자녀출산양육기 : 자녀 양육에서의 건강관리, 식생활과 영양관리, 아동의 건강한 성장을 위한 건강서비스 제공
- 정착기 및 역량 강화기 : 체류기간과 연령 증가에 따른 중년, 장년기에 이른 대상자에 대한 건강관리 제공

② **다문화 친화적 보건의료서비스 제공** : 다문화가족의 의료 용어에 대한 이해 부족, 의료기관 이용에서의 의사소통 장벽을 완화시킬 수 있도록 다각적인 장애요인 해소를 위한 적극적 대책 마련

- 의료 용어에 대한 이해도 향상을 위한 교육 기회 제공 및 자국어 의료 자료 보급
- 보건의료 인력의 다문화감수성 제고와 역량 개발
- 보건소나 의료기관에 의료통역인력 확보 및 상담 제공
- 소외된 결혼이주여성의 정신적 스트레스, 우울 등 정신과 상담을 위한 방문서비스 지원

③ **유용한 소셜 네트워크를 통한 검진서비스 정보 제공** : 건강검진, 예방접종 등 필수적 의료서비스에 대한 접근성을 높일 수 있는 대책 마련

- 밴드, 카톡, 페이스북, 문자 메시지 등 다문화가족 각자에게 유용한 소셜 네트워크를 통한 건강검진서비스 관련 정보 제공

④ **교육기관과 가정연계를 통한 다문화가족 건강증진서비스 제공** : 다문화가족 건강증진을 위한 교사의 건강지원역량 강화 및 역할 지원

- 다문화가족 출신국의 문화, 임신, 출산, 양육방식에 대한 이해 필요
- 다문화가족 아동의 건강, 신체발달 상태 파악 및 적절한 정보 제공
- 다문화가족 아동의 올바른 식습관 등 기본생활습관 형성 지도 및 부모교육 실천
- 다문화가족 어머니에게 임신, 출산, 양육 등과 관련한 정보 제공
- 다문화가족 어머니의 정서적 도움을 줄 수 있는 사회적 지지자로서의 역할 수행

3) 교육기관에서의 다문화가족 영유아 건강·영양관리

다문화사회로의 진입과 함께 어린이집이나 유치원에도 다문화가족 영유아들이 증가하고 있다. 다문화가족 영유아들이 건강하게 성장하고 발달하기 위해서는 영유아들이 다니고 있는 교육기관과 가정과의 연계가 중요하다. 유아교육기관에서는 다문화가족 영유아들이 기관에 입소하는 시기부터 재원하는 전 과정을 통해 다문화가족 영유아의 건강·영양관리에 힘써야 하며, 동시에 다문화가족 부모들에게 자녀의 건강·영양관리를 위한 지원방안을 안내할 필요가 있다.

(1) 다문화가족 영유아 건강관리

교육기관에서 실행할 수 있는 다문화가족 영유아 건강관리를 ‘예방접종’, ‘영유아 건강검진’, ‘투약’, ‘응급조치’, ‘건강한 생활습관’으로 구분하여 살펴보고자 한다.

① 예방접종

교육기관에서는 예방접종증명서 또는 이에 준하는 증명자료(아기수첩 등)를 받아 확인하고 확인 결과 예방접종을 받지 아니한 영유아에게는 필요한 예방접종을 받도록 보호자에게 안내한다.

- 어린이 국가예방접종사업 안내문(12개 국어)
  - 질병관리청 예방접종도우미 홈페이지(https://nip.kdca.go.kr/irhp/index.jsp) > 예방접종관리 > 관련자료다운로드

    : 다문화가족 영유아의 예방접종관리를 위해 12개 국어로 번안되어 제공됨

- 어린이 예방접종 보호자 가이드
  - 질병관리청 예방접종도우미 홈페이지(https://nip.kdca.go.kr/irhp/index.jsp) > 예방접종 관리 > 관련자료다운로드
    : 예방접종의 일반원칙, 예방접종 종류, 예방접종 단계별 주의사항, 백신별 예방접종 안내, 예방접종 관련 질의응답 등의 내용이 안내됨

② 영유아 건강검진

영유아의 건강 상태를 파악하고 적절한 조치와 질병 예방을 위한 것으로 연 1회 이상 실시하여야 한다. 유아교육기관에서는 영유아 건강검진 실시기준을 부모에게 안내하고 검사결과 통보서를 제출받아 치료를 요하는 영유아에 대해서는 보호자와 협의하여 필요한 조치를 하여야 한다.

- 다국어 영유아 건강가이드북「도담도담」
  - 국민건강보험 홈페이지(https://www.nhis.or.kr) > 건강모아(건강in) > 건강자료실 > 건강전자도서 > 다국어 영유아 건강가이드북「도담도담」
    : 영유아 건강검진, 발달선별검사(K-DST), 발달정밀검사, 건강지원 등에 대한 정보를 제공(한국어, 영어, 일본어, 중국어, 베트남어, 필리핀어, 태국어, 캄보디아어 번역)

③ 교육기관에서의 영유아에 대한 투약

유아교육기관에서는 영유아가 가져온 약을 투약하거나 예기치 못한 상황에서 해열제, 소화제 등을 투약할 경우에는 반드시 부모가 작성한 투약의뢰서 및 부모의 동의를 받아야 한다. 다문화가족 영유아의 경우 하루 일과 중 전반적인 건강 상태나 투약과 관련하여 다문화가족 어머니에게 알림장을 작성할 때 교사는 사전에 간단한 생활회화를 소개한 자료 등을 참고할 수 있다.

- 의약품 안내
  - 다문화가족지원포털 다누리 홈페이지(https://liveinkorea.kr/portal/main/intro.do) > 한국 정착정보 > 한국생활안내 > 건강과 의료 > 의료기관 > 약국, 의약품

④ 영유아에 대한 응급조치

다문화가족 영유아의 경우 다문화가족의 전반적인 사회경제적 수준이나 자녀 양육환경, 의료서비스에 대한 접근성, 가정폭력 등에 있어 상대적으로 취약할 수 있다는 점을 고려하여 영유아의 건강 상태 등의 확인이 중요하다. 사전에 보호자에게 응급처치동의서를 받아 두고, 비상약품을 구비, 관리하여 적절한 응급조치 절차를 마련한다.

- 응급처치 안내
  - 다문화가족지원포털 다누리 홈페이지(https://liveinkorea.kr/portal/main/intro.do) > 한국정착정보 > 한국생활안내 > 건강과 의료 > 응급처치

⑤ 영유아의 건강한 생활습관

- **손 씻기와 이 닦기 지도 :** 영유아들이 식사와 간식 전, 화장실 사용 후, 실외놀이 후 등 자주 손을 씻을 수 있도록 지도한다(가정통신문, 알림장 이용).
- **낮잠 지도 및 개별 침구 관리 :** 영유아의 개별 낮잠 습관에 대해 보호자로부터 사전에 파악하고 낮잠에 필요한 개별 침구를 준비한다. 개별 침구는 주 1회 이상 가정에서 세탁하는 등 청결에 유의한다.
- **옷 입기 지도 :** 다문화가족 어머니 자신이 느끼는 체감 기온은 자녀의 옷 입기 지도에 영향을 줄 수 있다. 다문화가족 어머니에게 계절과 날씨, 기온, 상황에 맞게 옷을 입히도록 안내한다.

(2) 다문화가족 영유아 영양관리

영유아에 대한 충분한 영양 공급이 이루어지지 않을 경우 신체적・정신적 성장발달에 영향을 미칠 수 있다. 영유아를 위한 간식을 계획할 때는 영유아의 성장에 필요한 열량 보충과 영양의 균형을 충분히 고려하여야 한다. 다문화가족 영유아의 식습관 및 가정에서의 식사환경을 이해하고 이를 고려한 식습관 지도가 필요하다. 또한 다양한 나라의 간단한 음식을 간식으로 계획할 경우 다문화가족 어머니를 일일 요리활동 교사로 초빙하여 간식을 같이 만들어 먹는 활동을 진행해 볼 수 있다.

- 영유아의 식습관 문제 원인 및 지도 방법

	원 인	지 도
편식	• 이유기에 형성된 미각 • 생리적 · 심리적 원인 • 사회경제적 요인 • 가정의 식사환경 • 어머니의 양육 태도	• 친구들과 즐겁게 대화를 나누며 식사하도록 하기 • 낯선 음식은 처음에 양을 적게 하여 맛을 경험하게 함 • 싫어하는 반찬은 한 개에서 시작하여 음식의 양을 조금씩 늘림 • 식사하는 가까이에 영유아가 좋아하는 놀잇감을 두지 않기 • 조리방법을 바꾸어 영유아가 싫어하는 재료가 겉으로 드러나지 않게 함 • 편식의 부정적인 결과를 설명하고 그림책이나 비디오 등을 이용하여 교육함
식욕 부진	• 다양한 음식 맛을 경험할 기회가 없을 때 • 감기, 편도선, 변비, 충치 등 질병으로 몸이 아플 때 • 식사시간에 켜놓은 TV나 주위 놀잇감 등으로 식사 환경이 산만한 경우 • 부모나 가족의 식습관에 문제가 있을 경우 • 음식을 강제로 먹이려고 할 때	• 식사시간 전후에 다른 음식을 가급적 먹이지 않기 • 산책, 바깥놀이 등 신체활동 늘리기 • 밥을 떠먹여 주지 않기 • 처음에는 소화 흡수가 잘 되도록 부드러운 음식(닭죽, 생선, 계란찜 등)을 먹게 하고 점차 양을 늘리기

• 다문화가족 영유아의 건강·영양관리 Q & A

Q **한국 음식이 낯선지 잘 먹지 않습니다.**

A 영유아의 식습관 및 기본생활습관은 다양합니다. 주류 집단 영유아 역시 다양한 식습관을 갖고 있고, 편식을 하기도 하지요. 하지만 소수자 영유아가 음식을 거부하거나 편식을 하면 자동반사적으로 '문화 차이' 때문이라고 생각합니다.

음식 알레르기가 있거나 종교적인 이유로 음식을 거부하는 것이 아니라면, 영유아가 편식을 하는 경우는 크게 두 가지로 이해될 수 있습니다. 입맛이 까다로운 경우와 푸드 네오포비아*가 있는 경우입니다. 이것은 소수자 영유아, 주류 집단 영유아 모두에게 해당됩니다.

〈입맛이 까다로운 영유아 vs. 푸드 네오포비아가 있는 영유아〉

입맛이 까다로움	푸드 네오포비아
• 익숙한 음식, 낯선 음식 모두 거부 • 먹는 음식의 양이 적거나 특정 음식 거부 • 음식을 맛보기 전/후 모두 나타남 • 신생아기에도 특징이 나타남(19~24개월경 영아 50%가 입맛이 까다로운 아이로 보고됨); 이 특징이 만 2.5~4.5세까지 이어짐. 만 2세 영아에게 가장 특징적으로 나타나다가 만 6세가 되면 줄어듦 • 자율성을 드러내는 과정에서 나타나는 자연스러운 현상	• 새로운 음식을 주저하거나 거부 • 낯선 음식이 생명을 위협할지도 모른다는 동물적 반응 중 하나 • 음식을 맛보기 전에 나타남 • 이미 먹어본 음식이었어도 새로운 형태면 거부 • 움직임이 활발해지는 시기부터 시작하여 만 2~6세에 절정; 사춘기와 성인기에 급격히 줄어듦 • 새로운 것에 개방적이지 않은 성격과도 관련이 있음

둘 중 어떤 경우가 되었든, 편식을 지도하는 방법은 크게 다르지 않습니다.
① 교사나 또래 영유아가 맛있게 먹는 모습 보이기
② 영유아가 거부하는 식재료를 점진적으로 소개하기(냄새 맡기→혀로 맛보기→입에 넣고 씹기)
③ 식사시간 전 공복 유지하기
④ 새로운 음식을 시도했을 때 격려해 주기

다양한 음식을 먹는 것보다 중요한 것은 식사시간에 스트레스를 받지 않는 것입니다. 영유아가 각자의 속도로 음식과 친숙해질 수 있도록 여유를 가지고 기다려주세요. 이 모든 과정을 영유아 보호자와 공유하고 보호자의 의견을 물어보는 것 역시 잊지 말아주세요.

* 푸드 네오포비아는 음식을 뜻하는 푸드(food)라는 단어에 새롭거나 낯선 것에 대한 공포증을 뜻하는 네오포비아(neophobia)가 합성된 단어로, 새롭거나 낯선 음식에 대한 두려움이나 공포를 뜻합니다.

출처 : 김혜영·이수진(2021). 모두를 나답게 키우는 어린이집 속 다문화.

3. 다문화가족 영유아의 인지발달 특성 및 지원방안

인간은 환경에 적응하기 위해서뿐만 아니라 주어진 환경을 변화시키기 위해 사고에 의존하게 되므로 인간의 인지능력은 생존을 위해 매우 중요한 요인이라 할 수 있다(Berk, 2015). 제반 발달과 마찬가지로 인지발달이 영유아기 동안 빠르게 발달하며 환경에 의한 가변성이 크다는 점에서 다문화가족 영유아의 인지발달을 위한 지원이 요구된다. 이처럼 인지능력은 출생 시 타고나는 개인적 특성과 함께 성장단계에 적합한 다양하고 풍부한 경험에 의해 발달하게 된다. 따라서 다문화가족 영유아의 인지발달 특성 및 다문화가족 배경이 영유아 인지발달에 미치는 영향에 대한 이해를 기반으로 실질적인 지원방안이 마련되어야 한다.

1) 다문화가족 영유아의 인지발달 특성

다문화가족 영유아의 인지발달은 영유아의 개인적 특성이나 환경적 맥락에서 이해할 수 있다. 이에 다문화가족 영유아의 성별이나 연령, 언어능력 등 영유아 개인이 갖는 특성과 다문화가족 어머니나 아버지의 특성 등 영유아의 가족 배경에 따른 영유아의 인지발달 특성을 살펴보고자 한다.

(1) 다문화가족 영유아 특성별 인지발달

다문화가족 영유아의 개인적 특성에 따른 인지발달 수준을 살펴보면, 성별에 따라서는 여아가, 연령에 따라서는 연령이 증가함에 따라 인지발달 수준이 높은 것으로 나타나지만 성별에 따른 차이는 유의한 차이는 아닌 것으로 나타났으며(이선우 외, 2013; 최윤경 외, 2011), 다문화가족 영유아의 언어능력, 즉 수용언어와 표현언어 수준이 영유아의 인지발달에 영향을 미치는 것으로 나타났다(최윤경 외, 2011). 특히 언어발달 수준은 인지능력과도 연관되어 언어발달이 지연된 다문화아동의 경우 이후의 학업성취도와 인지발달에 지속적인 어려움을 나타내는 요인이 된다(이성희, 2013). 또한 다문화가족 영유아의 발달 상태를 어머니와 교사를 통해 분석한 박신규와 이성희(2015)는 어머니의 평정과 달리 교사들은 다문화가족 영유아의 인지와 언어발달이 또래보다 늦은 것으로 평가하고 있다고 하였다.

종합해 보면, 연령이 증가함에 따라 영유아의 개인적 인지능력의 성장과 함께 다양한 경험적 차이가 인지발달에 영향을 미치는 것으로 예측할 수 있으며, 언어능력이 주변 사람과의 관계를 맺고 다양한 자극을 이해하는 데 영향을 주어 영유아의 인지능력을 높이게 된다고 볼 수 있다. 이와 함께 다문화가족 영유아의 인지발달에 대한 상이한 평가가 있다는 점을 고려해 볼 때 보다 정밀하고 객관적인 평가와 개개인의 발달 수준을 고려한 맞춤형 지원이 필요하다.

(2) 다문화가족 배경과 영유아의 인지발달

다문화가족 배경은 다문화가족 영유아의 인지발달에 영향을 미치는 요인이 된다. 다문화가족 영유아 발달 정도를 분석한 김영희(2015)는 다문화가족 영유아에 대한 일반적인 견해와 달리 다문화가족 영유아들은 인지발달에 있어 비다문화가족 영유아와 큰 차이를 보이지 않는다고 밝히면서 다문화가족 영유아의 환경적 특성에 따라 차이가 있는 것으로 설명하고 있다.

다문화가족 영유아의 인지발달은 다문화 어머니의 교육에 대한 관심에 따라 차이가 있으며, 어린이집에서의 교육을 통해 점차 그 차이가 미미해지는 것을 볼 수 있습니다"(참여자 H, 다문화지원센터 근무, 다문화가족 통합교육프로그램 담당)

"언어발달이 늦은 영유아의 경우에는 인지발달도 늦는 경우를 보았습니다"(참여자 C, 다문화가족지원센터 언어발달지원서비스 담당)

"가정마다 다르다고 생각하구요, 연령에 맞는 언어적, 심리적 자극이 적은 가정에서 자란 영유아의 인지발달이 떨어지는 것 같습니다"(참여자 F, 다문화가족지원센터 다문화가정 자녀 방문생활서비스 담당)

출처 : 김영희(2015). 다문화가정 영유아 발달지원 경험에 관한 질적 사례연구.

이처럼 다문화가족 배경이 갖는 특성이 다문화가족 영유아의 인지발달에 영향 요인으로 작용하고 있음을 살펴볼 수 있다.

다문화가족 배경 중 아버지의 학력은 다문화가족 영유아의 인지발달에 영향을 미치는 것으로 나타났다(최윤경 외, 2011). 이는 아버지 학력이 아버지의 직업이나 사회경제적 배경에 영향을 미칠 수 있으며 부의 양육 태도에도 영향을 주어 다문화가족 영유아의 인지발달 수준에 영향을 주는 것으로 이해할 수 있다. 박신규와 이성희(2015)는 다문화가족 아버지의 낮은 양육 참여를 보고하였다. 다문화가족 아버지들이 자녀에게 책을 읽어주거나 공부 돌봐주기 등에서 낮은 참여를 보인다고 하면서 한국어 능력과 사회적응도가 낮은 결혼이주여성을 어머니로 두고 있는 영유아의 발달을 위해 아버지의 양육적・교육적 중개자로서의 역할 참여를 강조하였다. 또한 한국어가 미숙한 다문화가족 어머니의 영향이 다문화가족 영유아의 인지발달에 영향을 미치는 요인이 될 수 있다. 구효진과 최진선(2008)은 다문화가족 영유아들이 한국어가 미숙한 다문화가족 어머니와 함께 생활하며 의사소통의 제한을 받게 되고, 이로 인해 언어발달 지체 및 낮은 인지적 수준을 보이게 된다고 하였다. 한편 이선우 등(2013)은 다문화가족 어머니들의 교육 경력에 따라 자녀의 인지발달 수준에 차이를 보인다고 설명하면서 어머니의 교육수준이 영향 요인이 될 수 있음을 설명하고 있다. 이와 함께 다문화가족 영유아의 인지발달에는 가족의 사회경제적 배경이나 부모의 건강도 영향을 주는 요인이 된다. 김광혁(2011)은 다문화가족 영유아의 발달에 주요하게 영향을 미치는 환경요인으로 가족 빈곤, 부모 우울, 양육에서의 인지 자극 등을 설명하면서 영유아의 발달은 단편적인 요인에 의해 영향받기보다는 이러한 변인들이 복잡하게 상호작용하며 영향을 미친다고 보았다.

이처럼 다문화가족 영유아의 인지발달은 다양한 요인들이 영향을 미치는 것으로 이해할 수 있다. 또한 이러한 영향 요인들이 독립적으로 작용하기보다는 서로의 요인들이 매개가 되어 영향을 주게 된다는 점에서 다문화가족 영유아의 인지발달을 위한 지원방안을 마련하는 데 있어서도 다문화가족 영유아 주변의 가족 변인 간의 관계를 고려할 필요가 있다.

2) 다문화가족 영유아의 인지발달 지원

영유아의 건강한 성장을 위해서는 영유아, 교육기관, 부모 간의 연계가 필요하다. 따라서 다문화가족 영유아의 인지발달 지원 또한 영유아를 대상으로 함과 동시에 이들의 부모지원이 함께 이루어져야 할 것이다. 다문화가족 영유아의 인지발달 지원방안을 살펴보고 구체적 사례를 통해 다문화가족 영유아의 인지발달을 촉진할 수 있는 전략을 살펴보고자 한다.

(1) 다문화가족 영유아의 인지발달 지원방안

다문화가족 영유아의 인지발달 지원을 위해 고려할 사항을 살펴보면 다음과 같다.

- 언어능력과 인지발달은 불가분의 관계를 가지며 밀접히 연관되어 있으므로 인지처리능력의 훈련을 통해 영유아의 언어습득 기제를 강화할 필요가 있다.
- 한국어 지원 외에 아동의 인지능력 향상을 위하여 다양한 놀이활동과 게임, 교재·교구의 개발과 활용이 요구된다.
- 발달부진형 다문화가족 아동에 대한 언어 및 인지능력 지원을 보다 강화할 필요가 있다.
- 다문화가족 어머니와 자녀와의 긍정적인 상호작용 증진을 위한 부모지원이 요구된다.

다문화가족 영유아의 인지발달 지원방안을 '제4차 다문화가족정책 기본계획(안)' 및 '다배움 사업' 사례를 통해 살펴보면 다음과 같다.

① '제4차 다문화가족정책 기본계획(안)(2023~2027)

• 영유아 자녀 양육 지원
  – 부모의 자녀 양육 역량 강화 : 가정 내 이중언어교육 및 이중언어를 활용한 부모–자녀 간 상호작용 프로그램 운영 등
  – 영유아 자녀 성장·발달 지원 : 다문화 영유아의 언어발달 상태 평가 및 적절한 언어교육 제공, 유치원의 다문화 학급 내 교사, 부모, 유아를 위한 지원자료 개발 등
• 학령기 다문화아동 학습역량 제고
  – 학교 교육 준비 지원 : 다문화 유아 교수·학습자료 배포, 국·공립 유치원에서의 멘토링 활동 등 학교 준비 격차 해소를 위한 유치원 단계 지원체계 강화 등
  – 학부모 역량 제고 : 다문화 학부모에게 학제·학교생활 등 안내 강화, 자녀 교육 관련 상담 기회 확대, 가족센터의 통번역 지도사 및 다누리 콜센터를 통해 다문화 학부모에게 학교 공지와 가정통신문 등 통번역 지원 등
• 학교 적응을 위한 징검다리 운영
  – 초등 입학 및 학교급 전환기 학습자 특성에 맞는 준비교육 운영, 학부모가 함께 참여할 수 있도록 학부모용 안내자료 다국어 제작·배포 등

출처 : 관계기관합동(2023). 제4차 다문화가족정책(안).

② 다배움 사업

- 여성가족부 주관으로 다문화가족 자녀들의 학교생활 적응과 학업·진로를 지원하는 사업으로 2022년부터 추진됨
- 다문화가족 자녀의 기초학력을 제고하기 위해 지역의 가족센터(90개)에서 초등학교 입학 전후 읽기, 쓰기, 셈하기 등 기초학습을 지원함

(2) 다문화가족 영유아의 인지발달 촉진 전략

다문화가족 영유아의 인지발달을 촉진하기 위해서는 영유아 개인적 특성을 이해하고 동시에 영유아의 인지발달에 영향을 주는 주변 요인들에 대한 이해가 필요하다. 따라서 다문화가족 영유아 인지발달을 위한 촉진 전략은 영유아 및 주변 요인에 대한 충분한 관찰에 기반하여 추진할 필요가 있다.

다문화가족 영유아의 인지발달 촉진 전략을 사례를 통해 살펴보면 다음과 같다(한국보육진흥원, 2013).

- 다문화가족 아동이 가지고 있는 인지능력에 비해 가정환경 특수성으로 인해 탐색활동 기회가 제한되고 문제해결과정의 경험이 부족하다.

  ☑ 놀이행동 관찰

  놀이행동에 대한 관찰을 통해 아동의 사고 특성을 평가하고 이를 촉진하기 위한 개입 전략을 세운다.

  ☑ 탐색의 기회 제공

  새로운 경험을 통해 탐색의 기회를 제공하고 불안정한 애착 또는 기질적인 불안 등 불안 요인을 확인하여 지원한다.

  ☑ 문제해결의 기회 제공

  혼자 놀이 또는 또래와의 놀이에서 교사가 적극적으로 개입하여 아동이 주도적인 역할을 할 수 있도록 돕는다.

사례 **교실에서 아무것도 하지 않으려는 아동**

5세 남아인 진호(가명)는 다문화가정의 자녀예요. 어린이집에 다닌 지 6개월이 되어 가는데 교실에서 멍하게 있을 때가 많아요. 어떤 활동에도 흥미가 없어 보이고, 기분이 좋은지 싫은지 표현을 하지 않아요. 한국어는 약간 서툴기는 하지만, 다 알아듣는 것 같고 말을 많이 하진 않지만, 말을 할 때는 발음은 정확해요. 이 아이를 어떻게 지도해야 좋을지 모르겠어요. (H어린이집 교사)

지도전략 1

다른 아이들과 비교하면, 호기심이나 관심의 정도는 매우 약할 수 있어요. 하지만 그 아이의 놀이를 자세히 관찰해 보세요. 분명히 관심이 좀 더 높은 활동이 있을 것입니다. 유아가 관심 있어 하는 영역을 활용해서 관심 있는 것을 표현할 수 있도록 지도하시는 것이 중요합니다.

지도전략 2

아이가 두려움이 많은 것인지 확인해 보세요. 큰소리, 어둠, 특정 대상에 대한 공포가 있는 것인지, 아니면 어려서 주 양육자와 애착 형성에 문제 있는 것인지 확인해 보는 것이 중요합니다. 두 경우 모두 기본적으로 아이가 불안이 높을 수 있으니 덜 불안하도록 익숙한 과제와 자극을 제공하는 것이 좋습니다. 새로운 것에 대해서는 호기심보다는 불안을 더 느낄 수 있을 테니까요? 이런 아이들은 항상 한 걸음 물러나 있기 때문에 스스로 먼저 시도할 기회가 적습니다. 특히 또래 관계에서 또래들이 호기심이 왕성하고 주도성이 강한 시기라 주도적인 문제해결의 기회가 적습니다. 그래서 교사가 아이가 주도적으로 선택하거나 의견을 제시할 기회를 갖도록 기다려 주는 것이 필요합니다.

- 영유아기의 호기심, 상상력 등과 같은 특성이 창의성에 매우 중요한 요소이며, 교사의 창의성에 대한 인식이나 태도도 중요하다.
  - ☑ 관찰을 통해 아동의 창의적인 사고와 창의적인 성향을 파악하고 유아가 새로운 생각을 하거나 만들어 낼 때 구체적으로 언급한다.
  - ☑ 유아가 생각할 수 있는 시간과 공간을 제공한다.
  - ☑ 유아가 생각해 낸 것을 발표해 보는 시간을 가지며 유아가 표현하는 과정을 통해 자신의 생각과 가치와 즐거움을 경험할 수 있도록 한다.

사례 **교실에서 질문이 많고 부산한 아동**

4세 여아 민지(가명)는 다문화가족 자녀입니다. 이 아이는 눈빛이 초롱초롱하고 호기심이 많습니다. 항상 질문을 하고 관심을 받고 싶어 합니다. 그런데 다른 아이에 비해 발음이 부정확하고 계속 질문을 하니까 수업에 방해가 됩니다. 그러니 친구들도 좋아하지 않고요. 비다문화가족의 자녀라면 일상 경험에서 익숙한 모든 것이 아이에게는 새롭고 신기한 모양입니다. 어떨 땐 안쓰럽기도 한 마음이 들기도 하지만 질문을 너무 많이 하고 부산하니까 수업에 방해가 되어, 어떻게 지도하는 것이 좋을지 고민이 많이 됩니다. (A어린이집 교사)

지도전략 1

민지가 하는 질문의 의도를 파악해 봅니다. 수업에 방해를 하려는 의도인지, 아니면 궁금한 것이 많은 것인지 생각해 보세요. 민지는 호기심은 많은데 인내심이 약해서 궁금한 것을 바로 해결해야 하는 아이 같습니다. 그런데 다문화가족 자녀라서 언어발달이 다소 지연되어 있어 정확하게 언어로 표현하지 못하니 친구나 교사가 느끼기에는 수업에 방해가 되는 것으로 보일 수 있습니다. 하루아침에 발음이 좋아지는 것은 아닐 테고, 아이의 욕구 지연 능력 또한 하루아침에 길러지는 것은 아닙니다. 하지만 이 두 가지 모두 아이에게는 매우 중요한 발달 과정이니 언어발달 지도와 정서발달 지도를 동시에 해야 합니다.

지도전략 2

'구름을 관찰한 후 그림으로 표현하기', '바람의 느낌을 몸동작으로 표현하기', '허밍으로 노래지어 부르기' 등 비언어적으로 아동의 호기심을 표현할 수 있는 활동을 제안할 수 있습니다.

4. 다문화가족 영유아의 (이중)언어발달 특성 및 지원방안

한국 사회는 국제결혼의 급증으로 다문화가족의 수와 그 자녀들의 수가 해마다 증가하고 있다. 다문화가족 자녀들은 다른 문화와 언어를 갖고 있던 어머니에게서 양육을 받기 때문에 또래들과는 다른 환경을 경험하며 성장하고 있다. 영유아의 언어습득과 언어발달은 영유아 개인적인 특성뿐 아니라 문화와 가정환경, 그리고 교육 환경에서 많은 영향을 받는다. 특히 언어습득 시기인 영유아기에 가정에서 충분한 환경을 제공받지 못하고 부모와의 상호작용에서 어려움을 겪는다면 유아의 언어발달에 직접적인 영향을 주게 된다(박미단·성순옥·김영희, 2013). 따라서 본 절에서는 다문화가족 영유아의 (이중)언어발달 특성을 살펴보고 이를 지원하기 위한 방안을 모색하고자 한다.

1) 다문화가족 영유아의 언어발달 특성

다문화가족 영유아들은 그들이 속한 두 언어와 문화가 공존하는 가정의 이중언어 환경에 노출되어 있다. 이중언어의 경험이 아동의 언어발달에 어떠한 영향을 주는지에 관한 논의는 계속되고 있다. 이중언어(Bilingualism)를 사용하는 것이 인지발달이나 언어적 발달을 저해한다는 주장과 어린 시기에 이중언어에 노출되는 것이 인지발달이나 언어발달에 도움이 안 되며, 한 가지 언어습득은 다른 한 언어의 상실을 전제로 한다는 주장도 제기되고 있다. 초기 연구에서는 이중언어가 학업성취와 영유아의 지능발달에 부정적인 영향을 줄 수 있다는 연구가 주요한 이론이었지만, Meise(1990)과 Goodz 등(1987)은 이중언어가 아동 언어의 형식적인 측면에 초점을 맞추고 있기 때문에 오히려 단일어를 사용하는 집단보다 언어구조를 빨리 배울 수 있으며, 그 과정에서 실수가 적다고 주장하였다(유승애, 2009).

그러나 다문화가족 영유아는 이중언어 환경에서 두 언어를 모두 유창하게 사용할 수 있는 경우는 드물며, 두 언어 사이의 간섭이 일어나는 혼란스러운 경험을 하게 된다. 이로 인해 어휘량이 적고, 오류가 많은 문법을 사용하며, 말을 할 때 의식적으로 생각하며 말하고, 양쪽 언어로 생각과 느낌을 표현하는 데 어려움이 있으며, 발음과 억양이 미묘하게 다르며, 또래보다 언어발달이 지연될 수 있다(황상심, 2011). 이와 같이 이중언어를 구사하는 영유아는 한 언어의 문법적인 규칙이 다른 언어를 사용할 때 부적절하게 나타나는 전이 효과가 나타나기도 한다. 이는 두 언어 중 하나에 더 많이 노출되었거나 한 언어를 더 유창하게 사용하는 것과 관련이 있을 수 있다. 즉, 두 언어를 균형적으로 사용하지 않음으로써 나타날 수 있는 결과라고 볼 수 있다(Baker, 2006; Li, Vanithamani, & Lee, 1997; Volterra & Taeschner, 1978). Gathercole(2002)은 이중언어를 사용하는 영유아가 단일언어를 사용하는 유아보다 언어습득의 완성 시기가 늦지만 언어발달 과정은 단일언어 영유아와 유사하며, 발달의 수준 차이는 10세에 이르면 사라진다고 보고하였다. 이와 유사하게 황혜신과 황혜정(2000)은 한국어-영어 이중언어 환경에 있는 유아들에 대한 연구에서 이중언어 사용에 의한 차이는 연령이 증가함에 따라 점차 줄어들어 6세에 이르면 없어진다고 보고하였다.

이중언어 환경에 있는 다문화가족 영유아는 단일언어 환경 유아들에 비해 첫 발화 이후 특정언어에서 언어발달 지체를 보이는 경우도 있지만 언어경험과 언어노출이 증가하면서 임계치에 도달하면 단일언어 환경의 유아와 언어적으로 큰 차이가 없어진다고 할 수 있다. 하지만 여전히 이중언어 아동에게는 정확성, 차별화된 선호도, 유창성 등에서 한 언어가 다른 언어보다 더 우위를 차지하는 우위언어 현상이 나타날 수 있다(황상심, 2011). 이는 부모와의 의사소통을 통한 청각적 언어입력, 언어에 노출된 연령, 읽기를 통한 언어입력, 이민 상태나 부모의 사회경제적 지위, 지역사회 요인 등에 따라 영향을 받는 것이다(Gatherclole, 2002).

다문화가족의 경우에도 부모 모국어의 사회적 지위와 두 언어 사용에 대한 부정적인 인식, 어머니의 한국어 구사 능력, 정부의 소극적인 정책 등의 요인으로 인해 유아들이 두 언어가 균형적으로 발달하지 못하는 환경에 놓여 있음을 알 수 있다(이승숙 외, 2014). 이러한 언어 환경으로 인해 다문화가족 영유아들은 두 언어를 균형적으로 사용하는 균형적 이중언어 구사자(balanced bilingual)가 될 수 있는 조건을 가지고 있음에도 한국어로는 듣고 말하는 것이 가능하지만 다른 부모의 언어는 듣고 이해만 하는 이른바 수동적 이중언어 구사자(passive bilingual), 한국어 지배적 이중언어 구사자(Korean–dominant bilingual)가 되고 있다(장한업, 2014).

이상의 선행연구 결과를 종합해 보면 다문화가족 영유아들이 놓여 있는 이중언어 환경 자체가 언어발달에 부정적인 영향을 미치는 것은 아니라는 것이다(이승숙, 2015). 다문화가족 영유아들의 이중언어 환경이 언어발달에 부정적인 영향을 미친다는 일부 선행연구의 결과들은 어머니 모국어로 양육되기보다는 한국어의 사용을 당연히 여기거나 양육자인 어머니의 한국어 능력이 부족하여 자녀가 어머니 모국어에만 노출되는 등 두 언어를 균형적으로 습득하지 못했기 때문으로 볼 수 있다(권미지, 2010). 이와 같이 다문화가족 영유아들은 부모 모국어의 사회적 지위와 두 언어 사용에 대한 부정적인 인식 등 다양한 언어 환경 요인으로 인해 언어발달 지체를 보이거나 두 언어가 불균형적으로 발달하게 되는 현상을 겪게 되는 것을 알 수 있다.

다문화가족 영유아의 언어이해능력을 살펴본 결과 다문화가족 영유아들의 언어이해능력이 또래 유아들에 비해 지체된 것으로 나타났으며, 특히 유아의 연령이 낮을수록 언어수용능력에서 지체를 보이는 비중이 높게 나타났다(신미주, 2008; 정은희, 2004). 또한 다문화가족 영유아들은 일반가정 영유아에 비해 단일어 발화 빈도가 더 높았고, 발화 내용도 기능어와 일반 명사로 한정되어 적절한 의미 전달이 어려운 것으로 보고되었다. 이와 같이 다문화가족 영유아들의 언어발달을 위해서는 구체적으로 책 읽기, 동화구연 등과 같은 문해활동에의 참여, 아동수준에 맞는 단어의 제공, 음운 인식 경험의 제공 등이 다문화가족 영유아의 언어발달과 어휘력 형성을 위해 필요하다. 그러나 다문화가족 영유아의 언어발달의 양상과 경로가 일률적이지 않아(최윤경 외, 2011) 다문화가족 영유아를 둘러싼 다양한 언어 환경 맥락을 이해하고 이를 고려하여 조기에 세심한 언어 환경을 제공하여야 한다.

(1) 다문화가족 영유아의 이중언어 교육의 중요성

이중언어(Bilingualism)는 2개 이상의 언어를 사용하는 현상 또는 그러한 능력을 의미하며, 이중언어 교육(Bilingual Education)은 2개 이상의 언어를 구사할 수 있는 능력을 길러주는 교육을 의미한다(Baker, 2006). 다문화가정에서 이중언어를 사용하는 것은 모어양육의 장점과 사회발전의 측면, 무엇보다 영유아의 전반적인 발달을 향상시킨다는 점에서 지지될 수 있다. 이러한 이점은 개인적인 의사소통이나 역량 향상 측면뿐만 아니라 자신이 속한 집단과의 상호작용과 같은 사회적 측면이나 문화의 이해와 같은 문화적 측면으로 확장될 수 있다(장명림 외, 2011). 또한 많은 선행연구들에서도 다문화가족 영유아의 이중언어 사용에 대한 장점을 소개하면서 이들의 이중언어 교육에 대한 중요성을 다음과 같이 밝히고 있다.

① 어머니의 언어로 하는 육아의 장점

다문화가족 영유아의 이중언어 교육은 어머니가 자신의 언어로 양육할 수 있도록 돕는다. 박정은(2007)은 어머니의 언어는 모유와 같은 것으로 양육하는 어머니는 자신에게 가장 자신 있고 언어적 경험이 풍부한 언어로 육아를 할 권리가 있다고 하였다. 이처럼 언어적 경험이 풍부한 언어로 육아를 할 때 어머니들은 자신의 능력을 발휘할 수 있으며(장명림 외, 2011), 자녀와 양질의 의사소통을 할 수 있게 되어 자녀의 언어발달뿐만 아니라 학습능력에도 긍정적인 영향을 줄 수 있게 된다(박정은, 2007; Baker, 2006). 즉, 어머니와 깊은 소통 관계를 맺은 영유아는 어머니로부터 언어에 대한 절대적인 감각을 충분히 익혔기 때문에 초기에는 한국어를 제대로 구사하지 못하더라도 시간이 지나면 한국어를 유창하게 습득할 수 있다(권순희, 2009).

영유아는 처음으로 어머니를 통해 사회적 관계를 맺게 되며 어머니와의 상호작용 경험들로부터 자신의 정서와 인지를 조절하는 것을 터득하고 익히게 된다(Sroufe, 1996). 또한 영유아의 발달은 언어발달, 인지발달, 사회정서발달 등 모든 영역의 발달이 상호 유기적으로 연계되어 있으며, 어머니와 자녀와의 안정적인 애착과 상호작용이 발달의 토대가 된다(박현선 외, 2012). 따라서 다문화가족 영유아의 이중언어 교육은 유아에게 부모의 두 언어를 습득할 수 있게 하여 가정에서 어머니가 자신의 언어로 자녀를 양육할 수 있도록 도울 수 있다. 이는 궁극적으로 영유아의 발달에도 긍정적인 영향을 줄 수 있게 한다는 점에서 중요하다고 할 수 있다.

② 전반적인 발달 향상

다문화가족 영유아의 이중언어 교육은 유아의 전반적인 발달에 긍정적인 영향을 미친다. 이혜련과 이귀옥(2006)의 연구에서는 이중언어 사용이 자녀의 언어발달뿐만 아니라 인지능력에도 영향을 주게 되어 학업성취에 대한 장기적인 효과가 있음을 보고하였다. 또한 박현선(2012)의 연구에서는 이중언어 사용이 자녀의 자존감, 또래 관계, 학교적응에 긍정적인 영향을 미치고 있는 것으로 나타났다. 이처럼 유아의 이중언어 사용이 언어발달, 지능발달, 학습능력 발달에 긍정적인 영향을 미치는 것을 볼 때, 이중언어는 유용한 교육적 자원으로 그 가치가 매우 크다고 할 수 있다(장명림 외, 2011).

③ 가족과의 원활한 소통

다문화가족 영유아의 이중언어 교육은 가족 간의 의사소통 수단을 제공함으로써 긍정적인 관계 형성을 돕는다(박정은, 2007; Baker, 2006). 어머니 모국어 사용의 단절은 가족 간의 의사소통에 부정적인 영향을 미치게 되고, 가족 간의 긍정적인 관계 형성에도 영향을 미칠 수 있게 된다. 그러나 자녀가 이중언어를 사용한다면 자유로운 의사소통을 통해 세대 간의 거리가 좁혀지고 가족의 관계가 이어지며, 그 가족 내에서 소속감과 일체감을 경험할 수 있게 된다(Baker, 2006). 따라서 자녀의 이중언어 사용은 결혼이민자 가족 간의 소통을 위해 매우 중요하다고 할 수 있으며(박정은, 2007), 이들의 이중언어 사용을 촉진하기 위한 이중언어 교육이 필요하다고 할 수 있다.

④ 건전한 정체성 형성

다문화가족 영유아의 이중언어 교육은 유아에게 부모의 두 언어와 문화를 경험하게 함으로써 건전한 정체성을 갖도록 한다. 결혼이민자가정 자녀들이 가족 내에서 부모의 두 언어와 문화에 대한 이중 정체성을 형성할 수 있도록 하는 데는 부모의 영향이 크다(Anderson, 1999). 이처럼 다문화가정 내에서 가족으로서의 정체성은 개인의 자유로운 선택에 의해서만 형성되는 것이 아니며, 자녀가 부모의 두 언어와 문화에 대한 자긍심을 가지고 정체성을 형성할 수 있도록 하는 부모의 역할이 중요하다.

부모의 언어는 문화를 포함하고 있기 때문에 부모와의 원활한 소통을 통해 자녀는 가족과 문화적 공감대를 형성할 수 있게 된다(권순희, 2009). 선행연구에서는 다문화가족 어머니가 자신의 모국어와 문화를 자녀에게 자연스럽게 노출할 경우 자녀들이 보다 안정적인 이중언어·이중문화 정체성을 형성하고, 어머니들이 어머니 모국어로 자녀와 소통함으로써 문화적으로 공감대를 형성하게 되고 긍정적인 관계를 맺게 된다. 또한 이를 통해 자녀들의 자긍심이 증대되고 보다 안정된 정체성을 형성하게 된다. 따라서 다문화가족 영유아들이 어머니와 문화적으로 공감대를 형성하고 보다 안정적인 이중언어·이중문화 정체성을 형성하기 위해서는 어머니 모국어로 소통할 수 있도록 돕는 다문화가족 영유아의 이중언어 교육이 중요하다고 할 수 있다.

⑤ 글로벌 인재로 성장

다문화가족 영유아의 이중언어 교육은 영유아들이 미래에 이중언어 구사자가 되어 글로벌 인재로서 국가 경쟁력을 높일 수 있는 중요한 인적자원으로 사회에 공헌할 수 있도록 한다. 세계의 많은 국가들이 다문화 사회로 전환되어 가고 있는 현시점에서 다문화적 감수성과 균형적인 이중언어·문화 능력(bilingual & bicultural literacy), 그리고 간문화적 태도(intercultural attitude)를 겸비한 인적자원을 양성하는 것은 국가적으로도 필요한 일이다(황진영, 2012). 그러므로 앞으로 다문화주의(multicultrualism) 정책과 이중언어 정책을 실시하는 것은 시대적 요구라고 할 수 있다. 특히 영유아기의 다문화가족 자녀 양육에 있어 어머니의 한국어 능력이 자녀 교육에 적합하지 않거나 충분하지 않을 경우에는 국가 정책 차원에서 다문화가족 영유아를 위한 이중언어 교육을 지원해야 한다(권순희, 2009).

다문화가족 영유아에게 이중언어 교육을 지원하는 것은 어머니 나라의 언어와 문화를 익히게 하는 동시에 유아에게 긍정적인 자아정체성 확립과 더불어 장차 다문화사회를 이끌어 갈 글로벌 인재로서의 역량을 키울 기회를 제공할 수 있다(장명림 외, 2011). 이와 같이 다양한 언어를 구사할 수 있는 능력은 개인뿐만 아니라 사회적 자원으로 인식됨에 따라(권순희, 2009; 박혜림 · 한승규, 2010; 장명림 외, 2011; 황진영, 2012; 홍종명, 2012) 다문화가족 자녀들의 이중언어 사용을 장려하는 정책과 이들의 이중언어 교육 지원에 대한 중요성이 논의되고 있다.

(2) 유아 이중언어 교육의 중요 요소

언어발달과 관련하여 영유아기 이중언어 교육의 효과성을 고려할 필요가 있다. 박성혁 등(2008)은 취학 전에 이미 이중언어 지원을 받아야 성공적인 결과를 얻는다고 하였는데, 이중언어 교육을 위해서는 언어의 발음기관을 형성하는 0세에서 5세까지가 가장 중요한 시기이기 때문이다. 이 시기는 자녀가 두 가지의 언어를 자연스럽게 받아들일 수 있는 단계이나, 갑작스러운 변화나 강요된 언어 환경은 자연스럽게 익혀가기 시작하는 모어수용을 방해하고 그로 인하여 혼란이 야기될 수도 있다(장명림 외, 2011). 이는 이승숙(2019)의 연구에서도 중국 결혼이민자가정 어머니들이 자녀에게 모국어의 빠른 습득을 돕기 위하여 자녀에게 어머니 모국어로 반복해서 질문하거나 학습지도를 하듯 특정 단어를 가르치려고 할 때 유아들이 어머니 모국어를 거부하는 행동이 자주 관찰되었다고 보고하였다. 따라서 모어발달에 지장이 없는 한도 내에서 두 번째 언어와의 접촉을 시도하는 것이 필요하다. 영유아의 모어, 즉 제1언어를 제대로 익히면서 제2언어를 습득하면 두 언어수용에 별문제가 발생하지 않기 때문이다. 그러므로 다문화가족 영유아기의 이중언어 교육은 모어의 교육을 해치지 않는 범위에서 이루어져야 할 것이며, 유아의 발달 특성을 고려하여 엄마나라 말에 자연스럽게 노출시킬 수 있는 방법이 필요하다. 앞서 논의한 바와 같이, 엄마나라 말을 배우는 것은 단순히 언어를 배우는 것이 아니라 긍정적인 자아정체감이나 어머니와의 긍정적인 관계를 위한 기반이 된다. 이러한 점을 감안한다면 영유아기의 이중언어 교육의 중요성은 더 커진다고 볼 수 있다(장명림 외, 2011).

이중언어 교육에 있어서의 중요한 요소는 무엇인지 살펴보면 다음과 같다. Baker(2000)는 언어는 의사소통(또는 정체성)에 관한 것으로, 정보를 전달하고, 관계를 만들고 놀이를 하고, 이야기를 하고, 친구를 사귈 수 있는 그런 언어가 필요하다고 주장한다. 즉, 문법의 교정, 어휘의 정확성, 두 언어의 구별보다는 학습자인 자녀가 기쁘고 긍정적인, 즐거운 경험으로 발전시키는 것이다. 언어를 계속적으로 교정하고, 문장을 기계적으로 반복하는 것은 언어 성장에 효과가 없고, 오히려 부정적인 결과를 낳는다. 실제 박세희(2016)의 연구에서 부모들이 계승어 교육에 대해 가르쳐야 한다는 부담감을 가지고 자녀에게 의도적인 학습으로 접근했을 때 자녀의 계승어 교육에 실패하게 되었다고 보고하고 있다. 따라서 두 언어(두 언어의 확장에 대한 동기화)에 대한 자녀의 태도는 지속적으로 장려되는 것이 필요하다. 격려와 적절하고 직접적인 칭찬은 이중언어 환경을 발전시키는 유익한 가정환경으로 좋은 성품을 길러내고, 긍정적인 환경과 분위기를 만들어 낸다. 자녀를 이중언어 구사자로 기르기 위해 중요한 것은 언어의 영역이므로 자녀의 언어 환경을 구분하는 것이 중요하다. 이러한 환경은 자녀에게 한 부모가 한 언어로 말하고, 다른 부모는 다른 언어로 말할 때 만들어질 수 있다. 이렇듯 두 언어를 들을 때 자녀에게 명백한 구별이 생긴다. 언어 구분은 자녀로 하여금 어느 부모에게 어떤 언어를 구사해야 하는지를 인식하게 한다. 이중언어 이론에 의하면 가정에서 아이가 항상 두 언어를 동시에 접하는 경우에 부모가 1인 1언어의 규칙을 지켜야만 한다. 또한 다문화가족 영유아의 이중언어 교육에 있어서 중요한 점은 부모가 평소 어떤 언어로 생활을 하느냐가 아니라, 일관성 있는 언어의 사용과 자녀와 얼마나 자주 밀접한 언어접촉을 하느냐에 있다(서종남, 2010).

2) 다문화가족 영유아의 (이중)언어발달 지원방안

영유아기의 언어발달은 아동의 전체적인 발달에 중요한 영향을 미치며, 이 시기에 적절한 환경과 자극이 제공되지 않는다면 다문화가족 영유아들은 또래에 비하여 언어습득이 지체될 가능성이 높아지며 학령기 동안 낮은 학업성취와 문화적·심리적 문제를 갖게 될 수 있다(고은, 2010). 그러므로 다문화가정의 이중언어 환경 그 자체가 발달에 부정적인 영향을 미치는 것이 아니라 할지라도 원활한 언어발달을 위해서는 개별적인 언어 환경에 따른 맞춤형 지원이 필요하다. 이에 다문화가족 영유아의 언어발달을 지원하기 위한 정보 제공 사례와 언어발달 지원방안에 대해 살펴보고자 한다.

(1) 다문화가족 영유아의 (이중)언어발달 지원

다문화가족 영유아의 언어발달 지원은 한국건강가정진흥원포털(http://www.kihf.or.kr)에서 다문화가족 자녀의 지원사업 내용에 기반하여 살펴보고자 한다.

- 한국건강가정진흥원 > 다양한 가족 맞춤형 지원 > 다문화가족 지원
  - 다문화가족 영유아의 언어발달을 지원하기 위한 사업으로는 '다문화가족 자녀 언어발달 지원사업'과 '이중언어 가족환경조성사업'이 있음.

① 다문화가족 자녀 언어발달 지원사업

다양한 가족 맞춤형 지원 > 다문화가족 지원 > 다문화가족 자녀 언어발달 지원사업

- 사업목적
  - 다문화가족 자녀의 언어발달 상태를 평가하고, 의사소통에 어려움을 가진 아동에게 적절한 언어교육을 실시함으로써 원만한 발달이 이루어지도록 함
  - 다문화가족 자녀의 언어교육과 더불어 다문화 부모에게 상담 및 교육방법을 제공함으로써 일상생활에서도 아동의 언어발달 촉진 도모
- 사업개요
  - 사업대상 : 언어평가 및 언어교육이 필요한 다문화가족 자녀(만 12세 이하)
    - * 초등학교 재학 중인 아동의 경우 12세를 초과하여도 사업대상에 포함
    - * 다문화가족을 우선적으로 지원하되, 지역 상황에 따라 외국인가족, 북한이탈주민가족 등 지원 가능
- 사업내용
  - 다문화가족 자녀 언어평가 : 대상 아동에게 적합한 평가도구를 활용하여 아동의 언어발달 정도를 평가
  - 다문화가족 자녀 언어교육 : 언어발달 평가 결과 교육이 필요한 아동을 대상으로 어휘·구문 발달 촉진, 대화·사회적 의사소통 능력 향상, 읽기 및 이야기하기 등의 발달 촉진을 위한 언어교육 실시

- 부모상담 및 교육 : 대상 아동 부모와의 공감대 형성을 위한 부모상담 및 자녀의 언어 발달을 지원하기 위한 부모교육

• 사업절차

구분	언어평가	언어교육	상담	관련 기관 연계	서비스 종료	사후관리
• 내용	• 신청 후 초기 면담 실시 • 연령, 문제 상황별 평가 실시	• 평가 결과에 따라 언어교육 실시	• 대상자 개별 부모상담 및 부모 교육 진행	• 바우처 및 관련 전문기관 등 연계	• 교육목표 도달 시 서비스 종료 • 만족도 조사 실시	• 6개월 이내 사후상담 2회 진행 • 6개월 이후 사후평가 실시

사업운영기관 : 전국 가족센터 230개소(다문화가족지원센터 포함)(2022년 기준).

② 이중언어 가족환경조성사업

다양한 가족 맞춤형 지원 > 다문화가족 지원 > 이중언어 가족환경조성

- 사업목적
  - 다문화가족 자녀가 가정 내에서 영유아기부터 자연스럽게 이중언어로 소통할 수 있는 환경조성으로 자녀의 정체성 확립 및 글로벌 인재로 성장 지원
  - 체계적이고 전문적인 부모교육 및 부모-자녀 상호작용 서비스 제공으로 부모의 역량을 강화함으로써 부모와 자녀 간의 의사소통과 정서적 유대감 강화

<표 3-1> 이중언어 가족환경조성사업 목적

정체성 확립	부모 언어 모두 구사할 수 있도록 지원하여 자아정체감을 형성하는 데 도움을 줌
글로벌 인재	글로벌 인재로 성장하는 발판을 마련함
사회인식 개선	이중언어를 사용함으로써 다문화가족에 대한 사회적인 인식을 개선함

- 사업개요
  - 사업대상 : 0~12세 자녀를 둔 다문화가족
  - 사업내용

<표 3-2> 이중언어 가족환경조성사업 내용

영 역	내 용
이중언어 부모코칭	이주부모 및 배우자 대상 이중언어 사용의 중요성 및 가족의 역할 교육
부모-자녀 상호작용 프로그램	이중언어를 사용하는 놀이활동 프로그램 운영
이중언어 활용 프로그램	자녀와 상호작용하는 다양한 지식과 정보·방법 등을 공유
가족코칭	가족 초청 또는 가정방문을 통해 가족구성원 전체에 대한 코칭 실시

- 사업절차

사업홍보	초기면담	사전검사	프로그램 운영	개별상담 및 코칭	서비스 종료	실적보고	사후관리
• 온·오프라인 홍보 • 센터이용자 및 외부 대상 홍보	서비스 신청자 대상 초기면담 실시	프로그램 시작 전 이중언어 태도에 대한 사전검사 실시	이중언어 부모코칭, 부모·자녀 상호작용 프로그램, 이중언어 활용 프로그램 운영, 가족코칭 모임	프로그램 종료 후 개별상담 및 코칭 실시	사후검사 및 만족도 조사 실시	월별 실적보고	가정 내 이중언어 태도가 잘 유지되도록 사후관리

사업운영기관 : 전국 가족센터 244개소 수행기관(2022년 기준).

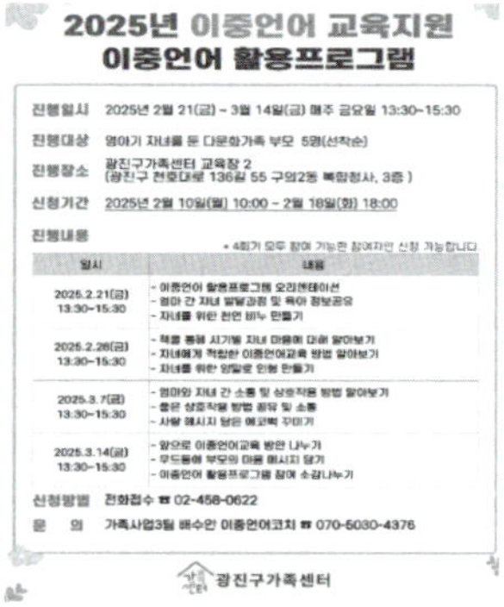

- 이중언어 교육지원 프로그램 신청
  - 지역 가족센터 또는 다문화가족지원센터에서 신청 가능
- 이중언어 교육지원 프로그램 영상 및 교육자료

  다누리(http://gy-hfsc.familnet.or.kr) > 다문화가족 > 이중언어

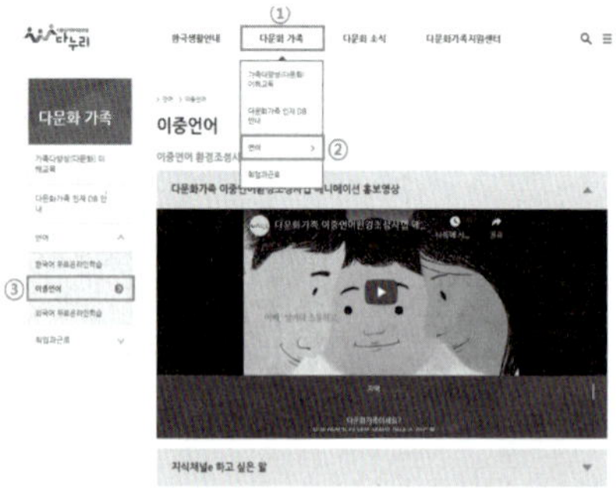

출처 : https://www.liveinkorea.kr/portal/KOR/main/main.do

2) 다문화가족 영유아의 언어발달 지원방안

다문화가족 영유아의 언어발달을 효과적으로 지원하기 위해서는 가정, 교육기관, 지역사회가 협력하여 다양한 프로그램과 환경을 제공해야 한다. 주요 지원방안을 다음과 같이 정리할 수 있다.

(1) 가정 내 지원방안

① 부모교육 및 상담 제공

- 부모가 자녀의 언어발달을 촉진할 수 있도록 다문화 부모 대상 언어교육 및 상담 프로그램 운영
- 부모가 모국어와 한국어를 함께 사용할 수 있도록 양육 전략 안내

② 이중언어 사용의 장려

- 다문화가족 영유아가 부모의 모국어를 익히면서도 한국어에 대한 노출을 자연스럽게 늘릴 수 있도록 지원
- 다문화가족 부모가 한국어 실력이 부족한 경우, 한국어 교육을 병행 지원

③ 언어적 상호작용 기대 확대

- 일상 속에서 자녀와 대화할 수 있는 다양한 활동(동화읽기, 노래 부르기, 놀이 등) 장려
- 가족 내 언어 사용 환경 점검 및 조언 제공

(2) 교육기관에서의 지원방안

① 이중언어 활용교육 프로그램 운영

- 다문화가족 영유아를 위한 이중언어 교육 프로그램 개발 및 적용
- 한국어뿐만 아니라 부모의 모국어도 존중하는 분위기 조성

② 맞춤형 언어교육 제공

- 개인별 언어 수준을 고려한 맞춤형 한국어 교육 프로그램 운영
- 놀이 중심의 언어발달 지원 프로그램 활용

③ 교사의 다문화역량 강화

- 교사 대상 다문화이해 및 언어발달 지원을 위한 연수 프로그램 운영
- 다문화 배경을 고려한 교수법 및 언어 지도법 적용

(3) 지역사회 및 정부 차원의 지원방안

① 다문화가족지원센터 및 도서관 활용

- 다문화가족지원센터에서 부모와 자녀가 함께 참여할 수 있는 언어교육 프로그램 운영
- 공공 도서관에서 다문화가정을 위한 다양한 언어 자료 제공

② 언어발달 전문가 연계 서비스 지원

- 언어치료자 및 전문가의 도움을 받을 수 있도록 상담 및 교육 기회 제공
- 언어발달 지연된 다문화 영유아에 대한 조기 개입 프로그램 운영

③ 지역사회와 연계한 한국어 교육 활성화

- 지역 공동체에서 다문화가정을 위한 한국어 교육 및 문화 체험 프로그램 제공
- 또래 친구 및 지역 주민과의 상호작용 기회 확대

이와 같이 다문화가족 영유아의 언어발달을 효과적으로 지원하기 위해서는 가정, 교육기관, 지역사회가 협력하는 통합적인 접근이 필요하다. 부모교육, 맞춤형 언어교육, 지역사회 자원 등을 통해 다문화가족 영유아들이 언어적 자신감을 키우고 원활한 의사소통 능력을 발달시킬 수 있도록 지속적인 노력이 이루어져야 한다.

3) 교육기관에서의 다문화가족 영유아 (이중)언어발달 지원

영유아교육기관에서 다문화가족 영유아의 (이중)언어 지원은 언어발달의 결정적인 시기에 적절한 교육을 제공하여 학습능력과 사회성 발달을 돕고, 문화적 정체성을 형성하는 데 중요한 역할을 한다. 또한 이중언어 교육을 통해 다문화가족 영유아들의 인지적·정서적 발달을 촉진하고, 다문화감수성을 높이는 데 기여할 수 있다. 무엇보다 다문화가족 영유아가 교육기관에 잘 적응하기 위해서는 원활한 의사소통이 요구된다. 실제 2019년 전국보육실태조사(유해

미, 2019) 결과 다문화가족 영유아들이 직면한 어려움으로 언어문제가 가장 큰 것으로 나타나 다문화가족 영유아가 교육기관에 잘 적응하기 위해서는 일상생활에서 지속적인 지원이 필요하다. 이에 교육기관에서 다문화가족 영유아의 언어발달을 촉진하기 위한 지도전략을 소개하고 다문화가족 영유아의 언어지도 사례를 살펴보고자 한다.

(1) 다문화가족 영유아 언어발달 촉진 지도전략

다문화가족 영유아들의 언어이해능력을 조사한 신미주(2008)의 연구결과 다문화가족 영유아의 연령이 낮을수록 언어수용능력에서 지체를 보이는 비중이 높게 나타났다. 정은희(2004)의 연구결과에서도 다문화가족 영유아의 수용언어 발달에서 연령이 어릴수록 지체 비율이 높았고 연령이 증가할수록 생활연령에 근접한 발달을 하는 것으로 나타났다. 이처럼 다문화가족 유아의 수용언어능력은 연령이 증가할수록 생활연령에 근접한 발달을 보였지만, 표현언어에는 연구대상의 68%가 지체를 보여 이중언어 환경에서 표현언어가 수용언어보다 지체가 더 심한 것으로 볼 수 있다. 다문화가족 영유아의 언어발달을 촉진하기 위한 실질적 지도전략을 제안하기 위하여 수용언어와 표현언어로 분류한 내용은 다음과 같다(한국보육진흥원, 2013).

① 다문화가족 영유아의 수용언어 발달 촉진 지도전략

일반적으로 혐오스러운 대상이 원치 않는 요구를 할 때, 우리는 그들의 말을 못 들은 척하거나 듣고 싶어 하지 않는다. 이와 반대로, 사랑하고 관심이 있는 대상이 있다면 우리는 그들의 말에 더 귀를 기울이고 듣게 된다. 주 양육자가 영유아에게 있어 사랑받고 싶은 관심의 대상이 된다면, 영유아는 주 양육자의 의도를 이해하고 함께 나누고 싶어 하기 때문에 수용언어는 점진적으로 발달하게 될 것이다. 하지만 영유아기에 수용언어가 발달되지 않았다면 이는 발달의 문제가 될 수 있으므로, 언어치료가 필요하다. 따라서 다문화가족 영유아의 수용언어 발달을 촉진하기 위한 지도전략이 필요하다.

다음은 영유아교육기관에서 교사가 영유아의 수용언어 발달을 촉진해 주는 방법으로 비다문화가족 영유아나 다문화가족 영유아에게 모두 도움이 되는 방법이다.

첫째, 수용언어 발달이 늦다고 판단되면, 반드시 청각에 문제가 있지는 않은지, 혹은 불안이 높지 않은지 확인한다. 청각에 문제가 있다면 언어발달이 늦을 수 있다. 따라서 수용언어가 늦다면 반드시 청각능력에 대한 평가가 선행되어야 한다. 또 우리는 긴장되고 불안하면 주위의 소리나 말을 잘 듣지 못하는 경우가 있다. 영아기에 애착에 문제가 있거나 기질적으로 불안이 높은 경우에 타인과 언어적 상호작용하는 것에 대해 거부적인 태도를 보일 수 있어 수용언어가 늦는 것처럼 보일 수 있다.

둘째, 영유아가 좋아하는 음식이나 장난감을 준비하여 이것을 매개로 교사나 또래와 함께 영유아가 놀이를 한다면 교사나 또래의 의도나 상황에 대해 더 많은 관심을 갖게 되어, 자연스러운 상호작용이 가능해진다. 자연스러운 상호작용을 통해 상대방의 행동을 관찰할 수 있는 기회를 갖는 것은 영유아의 수용언어 발달에 중요한 영향을 미친다.

셋째, 교사와 일대일로 놀이를 한다. 영유아들은 아직 자기중심적이라 또래와 놀이보다 성인과의 놀이를 더 즐긴다. 이는 성인이 이들의 의도를 잘 파악해 주고 맞추어주기 때문이다. 일반적으로 영유아가 긴장하지 않고 편안할 때 여유가 생겨 타인의 의도를 파악할 여유가 생긴다.

사례 **한국어를 이해하지 못하는 영유아**

3세 여아 소영(가명)이는 다문화가족 자녀입니다. 이 아이는 어머니 나라인 일본에서 태어나 생활하다가 지난 달에 한국에 와서 어린이집에 다닙니다. 그동안 일본어만 배워서 한국말을 전혀 하지 못하고 알아듣지 못하는 이 아이를 어떻게 지도하는 것이 좋을까요?

지도전략 1

이 아이가 언어발달이 늦은 이유는 아직 한국어를 배운 경험이 없기 때문일 것입니다. 또 다르게는 불안이 높지는 않은지 확인해 볼 필요가 있습니다. 낯선 말을 하는 사람들과 낯선 환경에 대해 호기심을 갖는지, 아니면 두려움을 느끼는지 확인해 보실 필요가 있습니다. 전자라면, 시간이 지나면서 자연스럽게 친구들과 선생님의 말을 이해하게 되겠지만, 혹시 낯섦에 불안해한다면, 이를 완화시켜 주는 것이 우선되어야 합니다. 불안하고 두려운 상황에서는 위축되어 학습이 일어나지 않기 때문입니다.

지도전략 2

좋아하는 음식이나 장난감을 매개로 자연스럽게 상호작용할 기회를 제공하여 상대방의 의도를 파악할 수 있게 합니다.

지도전략 3

만 3세 영유아에게 한국말을 못하는 친구는 답답하고 같이 놀고 싶지 않을 수 있습니다. 한국 영유아교육기관(유치원/어린이집)과 또래들이 익숙해질 때까지 친절하고 이해심이 많은 교사와 놀이를 하는 것이 도움이 될 것입니다. 이후 영유아교육기관(유치원/어린이집)과 또래가 익숙해질 때까지 교사와 놀이를 하는 과정에서 상대방의 의도를 파악할 수 있어 수용언어가 발달하게 됩니다.

출처 : 한국보육진흥원(2013). 다문화보육 직무교육과정.

② 다문화가족 영유아의 표현언어 발달 촉진 지도전략

말을 하지 못하는 영아들은 자신의 욕구나 의도를 몸짓이나 표정으로 표현한다. 특히 자신의 욕구나 의도를 잘 알아주는 주 양육자에게 더 많이 표현을 한다. 주 양육자가 그들의 표현을 이해하고 반응해 주면, 영아는 연습할 기회를 얻게 되어 표현언어가 증가하게 된다. 다문화가족 영유아들의 경우 표현언어 능력이 일반가정 아동에 비해 낮게 나타났으며 이는 연령이 높아질수록 차이가 더 크게 나타났다(강금화, 2010; 김화수 외, 2010; 오소정 외, 2009; 황보명, 2009). 특히 다문화가족 영유아의 억양과 발음의 차이로 인해 의사소통의 어려움을 보일 뿐 아니라 말보다는 몸짓으로 표현하려 하여 대화에 많은 어려움을 보인다(이현옥, 2009). 따라서 수용언어보다 상대적으로 부족한 다문화가족 영유아의 표현언어 발달을 촉진하기 위한 지도전략이 필요하다.

다음은 교사가 영유아의 표현언어 발달을 촉진해 주는 방법으로 비다문화가정 영유아나 다문화가족 영유아에게 모두 도움이 되는 방법이다.

첫째, 표현언어가 서툰 영유아에게 발음이나 어휘를 반복해서 따라 하도록 강요하지 않는다. 발음이 서툴거나 어휘가 부족하면 일반적으로 여러 번 발음을 교정하거나 어휘를 암기하도록 한다. 하지만 영유아가 자신의 부정확한 발음에 대해 부끄럽다고 느끼면 더 이상 말을 하지 않게 된다. 이는 앞에서 밝힌 바와 같이 언어를 계속적으로 교정하고, 문장을 기계적으로 반복하는 것은 언어 성장에 효과가 없고, 오히려 부정적인 결과를 낳는다(Baker, 2010). 실제 이승숙(2019)의 연구결과에서도 자녀에게 어머니 모국어로 반복해서 질문하거나 학습지도를 하듯 특정 단어를 가르치려 할 때 영유아들이 어머니 모국어를 거부하는 행동이 자주 관찰되었다고 보고하고 있다. 따라서 친구들 앞이나 타인의 앞에서 발음을 교정해 주거나 큰소리로 반복해서 따라 하게 하는 것은 수치스러운 상황으로 자존감이 상할 수 있으므로 주의해야 한다.

둘째, 영유아의 행동을 언어로 표현한다. 교사는 영유아와 일대일로 있을 때, 그들의 의도나 행동을 언어로 많이 표현한다. 예를 들어, 말을 하지 않고 손짓으로 사탕을 가리킨다면 "지희가 사탕이 먹고 싶어서 선생님한테 사탕을 달라고 하는구나" 또는 "지희가 선생님한테 사탕 주세요~라고 하는구나"라는 식으로 언어적 표현을 많이 해준다.

셋째, 영유아의 몸짓이나 소리인 베이비 사인에 대해 민감하게 반응한다. 베이비 사인은 영아의 욕구를 파악하고 의도를 이해하는 데 도움이 된다. 따라서 교사가 표현언어가 서툰 영유아와 통하는 베이비 사인이 많아진다면 다문화가족 영유아들은 교사에게 더 많은 언어적 표현을 시도할 것이고, 그러면 교사의 말을 따라 할 기회도 자연스럽게 많아질 것이다.

넷째, 다문화가족 영유아에게 타 언어권 부모의 언어를 포함하여 이중언어를 습득하는 것이 도움이 된다고 안내한다. 처음에는 두 가지 언어를 습득해야 하기 때문에 다소 언어발달이 더딘 것처럼 보일 수 있지만, 실제로는 그렇지 않다. 다문화가족 영유아의 경우 한국어 습득을 위해 외국인 부모가 부정확한 발음과 한두 마디의 한국어로 의사소통하는 것보다 한국인 부모는 한국어로, 외국인 부모는 출신국 언어로 상호작용한다면 다문화가족 자녀는 부모와 일상생활 속에서 다양한 상호작용을 하게 될 것이고, 이를 통해 자연스럽게 이중언어를 습득하게 될 것이다. 이처럼 자연스럽게 두 나라 말로 언어발달이 이루어진다면, 영유아기에 한국어 표현언어가 다소 늦더라도 언어발달에 크게 문제가 되지는 않는다.

사례 **한국말을 거의 못하는 영유아**

4세 남아 민준이(가명)와 3세 영아 초희(가명)는 다문화가정의 남매입니다. 이 아이들은 한국에서 태어나서 자랐습니다. 민준이와 초희의 어머니는 결혼이주여성으로 방글라데시인입니다. 한국에 오자마자 자녀를 셋이나 연년생으로 출산하고, 한국어 교육의 기회가 적어 한국어가 매우 서툽니다. 최근에 들어서야 어머니는 한국어 교육을 열심히 받고 계십니다. 한국인 아버지는 생계를 위해 바빠 자녀들과 놀아주거나 이야기를 나눌 시간이 거의 없다고 합니다. 그래서 민준이와 여동생 초희는 한국말이 매우 서툽니다. 교사인 저도 알아듣기 어려울 정도니까요. 민준이와 초희를 어떻게 지도하는 것이 좋을지 고민이 많이 됩니다.

지도전략 1

이 아이를 관찰하고 아이의 행동과 부정확한 말의 의미를 언어로 표현해 줍니다. 발음이 부정확한 민준이와 초희의 말을 듣고 이해하는 것은 어렵지만, 아이의 행동을 관찰하면 행동과 부정확한 말의 의미를 알 수 있습니다.

지도전략 2

영유아와 일대일로 상호작용을 하다 보면, 언어적이든 비언어적이든 의사소통할 수 있는 사인이 생깁니다. 예를 들어, 영아가 “아까~”라고 할 때, 교사나 부모는 “아이스크림 주세요~”, “아이스크림 먹고 싶어요~”라고 알아듣거나 영아가 손가락을 까딱이며 전등을 가리키면 교사는 “형광등”이라고 알아듣습니다. 베이비 사인이 많이 생기게 되면 영아는 베이비 사인을 주고받는 상대방과 의사소통을 많이 하게 되고, 상대방의 몸짓과 언어를 모델링하고 배우게 됩니다.

출처 : 한국보육진흥원(2015). 다문화보육 직무교육과정.

• 다문화가족 영유아의 언어발달 Q & A

Q

**영유아가 여러 번 같은 말을 했는데도 잘 못 알아듣겠어요.
그냥 알아들은 척 넘어가는 것이 좋을까요?**

A

혹시 한국어가 모국어인 영유아가 하는 말은 한 단어도 빠짐없이 다 이해하시나요? 아마 그렇지 않을 것입니다. 또래보다 발음이 분명하거나 어휘력이 풍부한 영유아도, 그렇지 않은 영유아도 있기 때문입니다. 하지만 한국어가 모국어가 아닌 영유아가 하는 말을 알아듣지 못할 때는 '언어 차이' 때문이라 생각하기 쉽습니다. 그래서 교사의 말이나 행동이 더 조심스러워집니다.

놀이실에서 영유아가 하는 말을 이해하기 어려울 때 중요한 것은 "네가(영유아) 말을 잘 못해서 내가(교사) 못 알아듣겠어."라는 메시지를 주지 않는 것입니다. 그보다 "네가 하는 말이 너무 궁금한데 선생님이 잘 못 알아듣기도 해."라고 하는 것이 좋습니다.

"선생님이 우리 OO가 하는 말이 너무 궁금한데,
천천히 다시 말해 줄 수 있겠니?"

영유아가 다시 말했음에도 알아듣기 어려울 때는, 그림으로 그려달라고 부탁하거나, 책에 있는 그림으로 알려달라고 해보세요. 그래도 알아들을 수 없을 때는 "선생님이 다음에는 꼭 알아들을 수 있게 더 노력해 볼게."라고 이야기해 주세요. 자신의 말을 이해하려고 노력해 주는 교사의 모습에 영유아는 신뢰를 갖게 될 것입니다. 이러한 안정적인 신뢰 관계 속에 언어는 시나브로 발달합니다.

Q

영유아가 놀이실에서 한국어가 아닌 말을 해요. 어떻게 반응해 주어야 하나요?

A

소수자 영유아의 말을 파악하기 어려운 경우 크게 두 가지 이유가 있습니다. 영유아가 모국어를 사용하고 있거나 비언어적인 표현을 하고 있기 때문입니다.

영유아가 놀이실에서 영유아의 모국어를 사용하는 것은 걱정할 일이 아닙니다. 모국어든 제2언어인 한국어든, 언어를 사용해서 표현한다는 것은 영유아가 일반적인 과정으로 발달하고 있음을 의미합니다. 이런 경우, 가정에서는 모국어 사용을 권장하고, 어린이집에서는 한국어로 자주 이야기해 주세요. 어느 순간 영유아는 유창한 이중언어 구사자가 되어 있을 것입니다.

하지만 영유아가 모국어도, 한국어도 아닌 소리를 언어처럼 말할 때가 있습니다. 만24개월 이상의 영유아가 모국어/한국어로 단어를 말하지 못하고 언어가 아닌 소리를 낸다면, 청각 또는 언어 장애가 의심되므로 전문가와의 상담이 필요합니다. 문제가 되는 경우는 영유아가 한국어 이외의 소리를 낼 때 교사가 그것이 영유아의 모국어라 생각할 때입니다. 때문에 영유아 보호자와의 긴밀한 의사소통을 통해서 영유아가 가정에서 모국어를 어느 정도로 구사하는지 파악하고, 영유아가 어린이집에서 이야기하는 것을 녹음하여 영유아가 하는 말이 모국어가 맞는지 확인하는 과정이 필요합니다. 영유아가 하는 말이 모국어가 아니라면, 소아정신건강의학과, 신경과, 재활의학과와 같은 병원에 의뢰하여 언어발달 상태에 대해 정확한 진단을 받을 수 있게 도와주어야 합니다(한국보육진흥원, 2020).

출처 : 김혜영·이수진(2021). 모두를 나답게 키우는 어린이집 속 다문화.

5. 다문화가족 영유아의 사회정서발달 특성 및 지원방안

영유아의 사회정서발달에는 긍정적 자아개념 형성, 감정 인식 및 표현, 사회적 기술 습득과 같은 요소가 포함되며, 영유아의 전반적인 심리적 안정과 사회적 적응에 영향을 주는 요인들도 포함된다. 이는 다문화가족 영유아의 경우도 다르지 않을 것이나 대부분 다문화가족 영유아 자녀 돌봄이 결혼이민자 어머니에 의해 이루어지고 있다는 점에서 일반가정 영유아의 발달 특성과는 다른 측면이 있을 것이다. 따라서 다문화가족 영유아가 사회정서적으로 건강하게 성장하도록 지원하기 위해서는 문화적 배경에 따른 사회정서발달 특성을 이해해야 한다.

1) 다문화가족 영유아의 사회정서발달 특성

건강한 사회정서발달은 원활한 인간관계를 형성하고 자신의 감정을 올바르게 이해하고 조절하는 능력을 키워주며 정서적 안정 증진에 도움을 준다. 영유아의 사회정서발달은 기질이나 성격 같은 개인적 요인에 영향을 받기도 하지만 가정환경과 교사, 또래 등의 환경적 요인에도 영향을 받는다. 사회문화적 요인 또한 영유아의 사회정서발달에 영향을 주는 중요 요인이다. 따라서 문화적 배경이 다양한 다문화가족 영유아의 사회정서발달에 영향을 미치는 요인은 보다 더 복합적으로 나타날 수 있다.

(1) 다문화가족 영유아의 사회정서발달 영향 요인

다문화가족 영유아는 문화적 배경이 다른 아버지와 어머니로 인해 일반가정의 영유아보다 다양한 문화적 환경에서 성장한다. 따라서 다문화가족 영유아의 사회정서발달에 영향을 미치는 요인도 일반가정 영유아와는 다르게 나타날 수 있다. 이를 살펴보면 다음과 같다.

첫째, 다문화가족 영유아 사회정서발달에 영향을 미치는 요인으로 부모의 양육 태도와 문화적 배경을 들 수 있다. 결혼이민자 부모의 낮은 자아정체성과 이중문화로 인한 혼란스러움은 자녀의 사회정서발달 어려움으로 이어질 수 있다. 예를 들어, 부모가 적극적으로 한국 사회에 적응하고 긍정적인 상호작용을 하면 영유아의 사회적 관계 형성에 유리하지만, 부모가 언어적 어려움을 겪거나 문화적 차이로 인해 사회적으로 고립되는 경험을 하게 되면 영유아도 사회적 상호작용에서 어려움을 겪을 가능성이 높을 수 있다는 것이다. 자신의 다문화 배경을 긍정적으로 인식하는 영유아는 교육기관이나 다양한 사회적 장면에 잘 적응하지만, 자신의 문화적 배경을 부정적으로 인식하는 영유아의 사회성은 낮은 것으로 나타났다(황매향·하혜숙·강지현·여태철, 2014)는 점에서 다문화가족 결혼이민자 부모가 먼저 자신의 문화적 배경을 긍정적으로 인식하고, 모국의 문화에 대한 자부심을 자녀가 느끼도록 자주 표현해 주어야 한다.

둘째, 다문화가족 영유아 사회정서발달에 영향을 미치는 주요 요인으로 언어발달과 의사소통 능력을 들 수 있다. 언어는 사회적 관계 형성의 중요 요소의 하나로, 의사소통이 원활하지 않으면 또래, 교사와의 관계에서 위축되거나 자기감정을 표현하는 데 어려움을 겪을 수 있기 때문이다. 다문화가족 영유아는 가정에서 학습한 의사소통 방식이 한국 사회에서 일반적으로 사용되는 방식과 다를 수 있어, 또래와의 상호작용에서 오해가 발생할 가능성을 가질 수 있다. 의사소통은 사회적 상호작용의 기초 수단으로써 대인관계의 질적 수준과 성공 여부를 결정하는 주요 원인이 되므로, 가정과 교육기관에서는 다문화가족 영유아의 언어발달을 지원하고 사회정서적 기술로서 의사소통 능력을 향상시킬 수 있는 환경을 조성해 주어야 한다.

셋째, 다문화가족 영유아의 사회정서발달에 미치는 주요 요인으로 또래 및 교사와의 상호작용을 들 수 있다. 영유아기 또래와의 상호작용 경험은 영유아가 협력, 공감, 문제해결, 감정조절 등의 사회정서적 기술을 익히는 중요한 기회가 된다. 즉, 다문화가족 영유아는 다양한 배경을 가진 또래들과 상호작용하면서 한국 사회의 문화와 규범을 자연스럽게 익히며, 자신의 문화적 배경을 존중하고 배려하는 교사를 통해 자아존중감이 향상되고, 정서가 안정적으로 발달할 수 있다. 이에 교사는 다문화가족 영유아가 또래와 원활한 관계를 형성하지 못하는 원인이 무엇인지를 찾아 이를 돕는 중재자가 되어야 한다.

넷째, 다문화가족 영유아의 사회정서발달에 미치는 주요 요인으로 사회적 지원과 환경적 요인을 들 수 있다. 영유아의 사회정서발달은 가정뿐 아니라 주변의 사회적 지원과 환경에 의해 크게 영향을 받는데, 다문화가족 영유아의 경우 문화적 차이, 언어적 장벽, 사회적 편견 등으로 인해 사회정서발달이 위축될 가능성이 높다. 지역사회 내 다문화가족을 위한 다문화가족지원센터, 부모지원기관 등은 유아의 사회적 적응을 돕는 중요한 역할을 할 것이다. 이러한 지원 시스템이 잘 마련되어 있는 지역사회의 다문화가족 영유아는 또래와 자연스럽게 어울리며 사회적 기술을 익힐 기회를 가질 수 있기 때문이다. 또한 국가나 정부 차원에서 다문화가족을 위한 복지정책이 마련되거나 친화적인 다문화사회 분위기도 유아의 건강한 사회정서발달을 촉진할 수 있을 것이다.

이처럼 다문화가족 영유아의 사회정서발달에는 가정환경과 부모의 양육 태도, 의사소통 기술, 또래 및 교사와의 상호작용, 사회적 지원 등의 요인이 복합적으로 작용하여 영향을 미친다. 따라서 다문화가족 영유아의 사회정서발달을 위해 다각적인 지원과 환경이 개선되어야 한다.

(2) 다문화가족 영유아의 사회정서발달 특성

다문화가족 영유아는 서로 다른 문화적 배경을 가진 부모 사이에서 성장하며 독특한 사회정서발달 특성을 보일 수 있다. 다문화가족 아동의 사회정서발달 중 친사회적 행동, 사회적 유능성, 내재적 문제행동은 연령이 증가함에 따라 전반적으로 증가하며 외현적 문제행동은 줄어드는 경향을 보이고, 친사회성과 사회적 유능감은 여아가 남아에 비해 높은 것으로 나타났다(육아정책연구소 연구보고서, 2011). 이는 사회정서발달은 고정된 것이 아니라 연령과 성별, 문화적 특성에 따라 상이할 수 있음을 의미한다. 다문화가족 영유아의 사회정서발달 특성을 이중문화 환경, 정서적 안정과 정서 표현, 사회적 관계와 기술 측면에서 알아보면 다음과 같다.

① 이중문화 환경과 다문화가족 영유아의 사회정서발달 특성

다문화가족 영유아는 부모의 출신 국가와 한국의 문화적 요소를 모두 경험하면서 성장하게 된다. 이러한 환경에서 성장하는 다문화가족 영유아는 다문화적 감수성이 높고 새로운 환경에 대한 적응력이 뛰어날 가능성을 가지지만, 사회적 분위기가 다문화적 배경을 배척하거나 외면할 경우, 사회적 위축이나 소외감을 느낄 수 있다. 또한 다문화가족 영유아는 가정 내 부모에 의한 문화적 차이로 인해 정체성 혼란을 경험할 수도 있지만, 부모가 서로의 문화적 배경을 존중하고 긍정적인 태도를 보일 경우 영유아는 자신의 정체성을 건강하게 형성할 수 있다.

다문화가족 영유아는 가정에서 결혼이민자 부모의 모국어와 한국어를 동시에 접하는 경우가 많아, 자연스럽게 이중언어 환경에서 성장하게 되어 두 가지 언어 모두를 자연스럽게 습득할 가능성을 가진다. 이러한 이중언어 사용 환경은 다문화가족 영유아의 인지적 유연성을 높일 수 있다는 장점을 가지나, 한편으로는 언어발달의 지연을 가져올 수 있다는 의견도 있다. 따라서 교사와 부모는 이중언어 환경에 의한 언어적 어려움이 다문화가족 영유아의 또래 관계 형성과 정서 표현에 부정적인 영향을 미칠 가능성을 인지하여야 한다.

② 다문화가족 영유아의 정서적 안정과 정서 표현 특성

정서는 인간이 환경과 상호작용하면서 경험하는 감정적 반응으로, 정서를 표현하는 방식은 문화에 따라 다양하게 나타난다. 따라서 동일한 정서라도 문화적 배경에 따라 다르게 표현되거나 해석될 수 있다. 즉, 미국, 캐나다, 서유럽 등과 같은 개인주의 문화는 개인의 감정을 자유롭게 표현하는 것을 장려하지만 우리나라나 중국, 일본 같은 집단주의 문화에서는 정서 표현을 절제하는 경향이 있음은 잘 알려진 사실이다. 따라서 다문화가족 부모의 정서 문화가 한국문화와 다를 경우, 영유아는 감정표현 방법에서 혼란을 겪을 가능성이 있다. 또한 다문화가정 아동의 경우 문화적 차이로 인해 다양한 스트레스를 경험할 가능성이 많고, 이러한 스트레스를 경험하는 아동들은 불안, 우울, 소외감을 느끼게 되고 정체감 혼란 같은 일련의 스트레스 행동을 보일 수 있다(우희정, 2015). 이뿐만 아니라 한국어가 서툰 결혼이주민 어머니와의 상호작용으로 한국어 습득의 어려움을 가짐으로써 언어발달 지체와 문화 부적응 문제로 인한 낮은 학교수업의 이해도, 공격성 또는 과잉행동장애 등의 정서장애도 나타날 수도 있다(설동훈 외, 2005). 이러한 영유아기의 정서적 문제가 청소년기를 거쳐 성인기까지 누적되어 지속되면 건강한 사회인으로 성장하는 데 힘들 뿐만 아니라 사회적 문제로까지 이어질 수 있다. 따라서 교사는 다문화가족의 문화적 배경을 이해하고 그들 문화에서 나타나는 정서 표현 특성은 무엇인지를 알고 적합하게 상호작용함으로써 다문화가족 영유아의 정서적 안정을 꾀하고 다문화가족 영유아가 자기감정을 자유롭게 표현하도록 지원해야 한다.

③ 다문화가족 영유아의 사회적 관계 특성

다문화가족 영유아의 사회적 관계는 다양한 문화적 배경과 환경적 요인에 영향을 받아 형성된다. 다문화가족 영유아는 부모의 서로 다른 언어와 문화로 인해 독특한 언어적·비언어적 의사소통 방식을 습득할 가능성이 있으며, 이는 또래 관계에서 다양한 사회적 표현 특성으로 나타날 수 있다. 이러한 표현 특성은 다문화가족 영유아가 또래와 유대감을 형성하는 데 방해가 될 수 있으며 관계 형성도 어렵게 할 수 있다. 특히 다문화가족 아동은 외모의 차이로 인해 또래 집단으로부터 놀림을 당하거나 따돌림을 당하는 경우가 많아 또래 관계에서 위축되거나 낮은 자존감을 가지기 쉽다(김갑성, 2006). 2021년도 다문화 가족실태조사(여성가족부, 2022) 결과에 의하면 다문화가족 자녀의 학교적응도는 4.23점으로 전반적으로 높으나, 2015년(4.51), 2018년(4.33)과 비교하여 점차 낮아지는 추세이며, 부적응의 이유는 학업(56.2%)과 교우관계 문제(55.4%)로 나타났다. 이는 다문화가족 영유아가 학교를 비롯한 사회에 잘 적응하고 사회적 관계를 원활하게 잘 형성하도록 돕기 위해서는 언어지원, 문화적 이해 증진, 사회적 지지망 구축 등의 노력이 필요함을 의미한다.

2) 다문화가족 영유아의 사회정서발달 지원방안

다문화가족의 영유아는 다양한 문화적 배경 속에서 성장함으로써 사회정서발달에 있어서 독특한 도전 과제를 가지게 되며 이를 지원하기 위한 가정과 교육기관 및 정부의 역할이 중요하다. 이에 다문화가족 영유아의 건강한 사회정서발달 지원방안을 가정, 유아교육기관 및 지역사회, 정책 및 제도적 지원으로 나누어 살펴보고자 한다.

(1) 다문화가정 지원방안

영유아의 사회정서발달에 영향을 미치는 일차적 환경은 가정이다. 우리나라 다문화가정 결혼이주여성인 어머니는 낯선 한국문화에 대한 적응이 이루어지기 전부터 자녀 양육이 시작되어 한국 정서 이해 및 사회문화에 적합한 사회적 기술 부족 등으로 어려움을 가진다. 따라서 다문화가족 영유아 사회정서발달 지원을 위해서는 다문화가정에 대한 지원이 중요하다. 다문화가족 영유아 사회정서발달을 위한 다문화가정 지원방안은 다음과 같다.

- 다문화가족의 부모를 교육하고 그들이 가지는 물리적·심리적 어려움을 지원하기 위해 상담을 제공하는 것이다. 부모의 정서적 안정은 영유아들의 정서발달에 긍정적인 영향을 준다는 측면에서 매우 중요하므로 낯선 문화적응과정에서 가지는 결혼이민자 부모의 불안감 해소를 위한 지원이 우선적으로 이루어져야 한다.
- 결혼이민자 부모의 모국어와 한국어의 병행 교육이 이루어지도록 지원하는 것이다. 가정 내에서 부모가 자신의 모국어를 사용하면서도 한국어 학습을 자연스럽게 접할 수 있도록

지원함으로써 부모와 자녀 간의 원활한 의사소통을 촉진하고 정서적 교류 기회를 제공한다.

- 다문화가족 부모와 자녀 간 애착 형성을 강화하는 방법이다. 즉, 다문화가족 부모와 영유아의 정서적 안정감을 높이기 위한 활동을 제공하고 문화적 차이 존중을 통해 긍정적인 양육 태도를 형성하여 부모-자녀 간 안정 애착을 형성하도록 지원한다.
- 자녀와의 친밀감을 높이고 상호작용을 촉진하는 부모교육을 실시하여 다문화가족 영유아가 느낄 수 있는 가족지지를 높이는 것이 필요하다. 즉, 부모-자녀 관계 및 상호작용을 촉진하는 교육프로그램과 시스템 개발, 다문화가족 관계 증진을 위한 가족프로그램 운영, 결혼이주민 부모 출신국별 특성을 반영하는 부모역할훈련 등을 통해 다문화 가족력을 강화하는 것이다.

(2) 유아교육기관 및 지역사회 지원방안

지역사회와 유아교육기관은 개인의 성격 형성에 직간접적으로 영향을 미치는 기관이며 사회적 규범과 기술을 습득하는 중요한 장소이다. 다문화가족 영유아는 유치원이나 어린이집 및 지역사회를 통해 또래와 교사를 비롯한 여러 구성원과 상호작용할 수 있는 역량을 강화하는 기회를 가지기 때문이다. 다문화가족 영유아의 사회정서발달 지원을 위한 유아교육기관과 지역사회 지원방안은 다음과 같다.

- 유아교육기관과 영유아교사는 다문화가족 영유아가 또래와 자연스럽게 어울릴 수 있도록 놀이 및 협력 활동을 장려하고, 다문화가정 유아를 포용할 수 있는 환경을 조성하여 사회정서발달을 지원할 수 있다. 다문화가정 학생들은 겉으로는 교우관계나 교사관계와 같은 대인관계에 특별히 문제가 없는 것처럼 보이지만 실제로는 타인에 의한 편견으로 인해 소극적인 태도를 보인다(김경식 외, 2022). 그러므로 영유아교사는 교실 안에서 일반 또래들이 다문화가족 영유아를 개방적인 태도로 대할 수 있는 다양한 교육을 제공해야 한다. 즉, 여러 국가의 그림책, 전통놀이, 음악 등의 다문화적 요소가 포함된 교육과정 운영을 통해 영유아들이 자연스럽게 다양한 문화를 접할 기회를 제공하는 것이다.
- 다문화가족 영유아를 이해하고 효과적으로 지도할 수 있도록 영유아교사의 사회정서발달 지원 역량 및 다문화교육 역량을 강화한다. 즉, 영유아교사가 자기 학급의 다문화가족 영

유아가 가진 문화적 배경을 이해하도록 돕고, 다문화가족 문화 배경에 따른 사회성 및 정서 표현 특성 등에 적합한 교육과정을 수립할 수 있는 교육 역량을 강화시키는 것이다. 예를 들어, 세계 여러 나라의 인사 방법, 문화적 특성과 상황에 따른 정서 표현 방법 등에 대해 교사가 잘 알고 교육과정 안에서 실행하도록 촉진하는 것이다. 특히, 언어발달이 잘 이루어지지 못한 다문화가족 영유아가 교실 안에서 겪는 다양한 맥락에서 기쁨과 슬픔, 화와 무서움 등과 같은 감정과 더불어 자신의 요구와 생각 등을 적절한 방법으로 표현하도록 지원해야 한다. 즉, 감정 표현 카드, 욕구 표현 사진, 몸짓과 표정 등을 활용하여 언어가 아니어도 자신의 생각과 감정을 적극적으로 표현할 수 있도록 하는 것이다.

- 유아교육기관과 지역사회가 연계하여 정서적 어려움을 겪는 다문화가족 영유아를 위한 심리·정서 지원 프로그램을 운영하거나 심리 상담 및 치료 서비스를 제공하는 것이다. 즉, 영유아교사는 다문화가족 영유아들이 가지는 심리적·정서적 어려움이 무엇인지를 파악하여 지역사회 자원과 연계하고, 지역사회는 다문화가족 영유아를 위한 놀이치료, 미술 치료, 상담센터 등을 통해 상담 및 치료 서비스를 제공할 수 있다. 또한 일대일 멘토링 서비스나 또래 상담 프로그램을 활성화하여 친구 관계 및 유치원이나 어린이집 생활을 지지하기 위한 시스템을 연계·제공할 수 있다.

(3) 정책 및 제도적 지원

다문화가족 영유아는 언어적·문화적 차이로 인해 사회적 관계 형성이나 정서발달에 어려움을 겪을 수 있다. 따라서 정부와 지방자치단체는 다문화가정 영유아가 건강하게 성장할 수 있도록 정책적·제도적 지원책을 마련해야 하며 그에 대한 내용은 다음과 같다.

- 다문화가족 영유아의 사회정서발달 지원을 위한 다문화가족지원센터의 역할을 강화하는 것이다. 다문화가족지원센터는 우리나라 다문화가정 결혼이민 부모와 자녀를 위해 설립된 국가적 시스템으로 결혼이주민 부모의 한국 사회 적응을 돕기 위해 부모교육, 아동발달 지원, 한국어 교육, 가정방문 서비스 및 맞춤형 상담 등의 다양한 프로그램을 마련하여 시행하고 있다. 따라서 다문화가족 지원센터를 활용하여 다문화가족 영유아의 사회정서 발달 역량을 강화하기 위한 정책적·제도적 방안들을 마련할 수 있을 것이다.

- 다문화가족 부모와 영유아를 위한 다양한 심리·정서지원 정책의 마련이다. 여성가족부(2024)는 초등학교에서 중·고등학생까지 성장 단계별로 맞춤형 지원계획 수립을 발표하였다. 본 지원계획은 다문화가족 자녀의 학업, 교우관계 등 고민에 대한 상담과 자기주도적 진로 설계 프로그램을 운영하는 가족센터를 113개소에서 143개소로 확대하는 등 다문화아동·청소년의 건강한 성장을 지원하는 데 중점을 두고 있다. 영유아기 자녀 교육의 주체는 부모가 중심이 되어야 한다. 따라서 다문화가족 영유아의 사회정서발달을 지원하기 위해선 우선적으로 다문화가족 부모가 자녀의 사회정서발달을 돕도록 양육 역량 강화 교육을 실시하고, 다문화가족 부모를 위한 심리 상담 및 정서적 지원 서비스 제공을 위한 제도적 장치가 마련되어야 한다. 또한 다문화가족 부모 간, 일반가족 부모-다문화가족 부모 간 교류 확대를 위한 자조 모임이나 멘토링 프로그램을 운영하여 다문화가족 부모가 심리적으로 안정감을 가지도록 지원한다. 무엇보다도 다문화가족 지원 서비스를 출신국별로 세분화하고 소수 출신국의 어머니들이 연대를 형성할 수 있도록 지원하여 정서적 안정감을 가지도록 하며, 자아존중감 향상과 같은 사회심리적 적응력 및 개인 역량을 향상시키는 프로그램 제공을 위한 정책을 마련해야 한다.
- 다문화가족 영유아를 중심으로 연계된 지역사회 자원과 기관의 협력 시스템 구성이다. 즉, 다문화가족지원센터와 같은 지역사회 기관과 유치원이나 어린이집이 협력적 네트워크를 구축하여 사회정서적으로 어려움을 가진 다문화가족 영유아들을 위한 상담, 놀이치료, 언어치료 등의 서비스나 사회정서발달 지원 교육프로그램을 운영할 수 있는 제도적 장치를 마련하는 것이다. 교육부(2023)에서는 다문화가족 자녀의 학교생활 및 정서지원을 위해 다국어 버전(10개 언어)의 정서행동특성 검사지를 제공하여 다문화학생 대상 정서행동발달 지원 접근성을 개선하는 정책을 수립하여 시행하고 있다. 이러한 지역사회와 교육기관 간의 연계를 통한 다문화가족 사회정서발달 지원은 영유아 지원을 위한 방안으로도 활용되어야 한다.
- 다문화가족 영유아의 사회정서발달을 지원하기 위한 다문화 친화적 지역사회 분위기를 조성하는 것이다. 영유아 사회정서발달을 위한 중요 요소는 안정된 가정환경 조성이다. 그러나 다문화가족 결혼이주민 부모와 문화에 대한 우리 사회의 편견과 잘못된 차별 의식

은 다문화가족과 자녀들의 정서적 위축 및 불안감, 자존감의 저하를 가져올 수 있다. 다문화가족 영유아가 문화적 차이를 긍정적으로 수용할 때 그들의 사회정서적 발달은 더욱 촉진될 수 있을 것이다. 따라서 다문화가족이 건강한 우리 사회의 일원이고 그들의 문화적 특성과 언어를 긍정적으로 인식하도록 돕는 분위기 형성에 필요한 정책적 지원이 이루어져야 한다. 즉, 다문화가족에 대한 편견과 차별을 줄이기 위한 인식 개선 프로그램을 운영하거나 지역사회 내 다문화 축제, 포럼 등을 통해 문화적 다양성을 존중하는 사회적 분위기를 조성하는 것이다.

3) 교육기관에서의 다문화가족 영유아 사회정서발달 지도

영유아기에 발달된 정서는 이후 자신의 감성을 계발하고 타인과의 사회적 관계를 맺는 기초가 된다. 부모의 높은 정서 능력은 아동의 성공적인 정서발달을 도울 수 있으며, 기쁨과 슬픔 등의 생득적 정서는 영유아기 부모의 보살핌을 통해 건강한 정서로 확산·발달된다. 따라서 유아교육기관에서는 영유아－부모 간 정서 교류와 표현 방법, 특성 등을 이해하여 다문화가족 영유아의 정서발달을 지도해야 한다.

(1) 다문화가족 영유아의 정서발달을 위한 지도

영유아교육기관의 교사는 정서발달 지도 전에 먼저 다문화가족 영유아의 양육 환경을 이해하기 위해 노력해야 한다. 이를 위해 등·하원 시 다문화가족 부모와 영유아 상호작용 모습, 영유아의 이야기 및 행동 등을 지속적으로 관찰하여 가족 분위기, 주 양육자의 특성 및 심리 상태, 양육자들 간의 갈등을 예측해 볼 수 있다. 또한 다문화가족은 결혼 시 연령, 시부모와의 동거 유무, 배우자와의 연령차, 한국어 능력, 양육 조력자 유무에 따라 자녀 양육 시 겪게 될 어려움이 달라질 수 있다. 따라서 교사는 다문화가족 결혼이민자의 배우자, 시부모, 친구들로부터의 지지 여부, 결혼 만족도, 자존감 등이 다문화가족 부모의 어려움에 영향을 미치고 이는 다시 영유아의 사회정서발달에 긍정적·부정적인 영향을 미칠 수 있다는 것에 유의하여 지도 전략을 구체화해야 한다.

① 다문화가족 영유아의 정서 표현 지도전략

정서 표현에 표정과 목소리, 몸짓, 사용 어휘 등은 해당 문화권에 따라 다르게 나타날 수 있다. 따라서 교사는 문화적 특수성에 유의하여 영유아의 정서 표현을 지도해야 한다. 즉, 영유아의 긍정적·부정적 정서 표현을 포함하여 다문화가족 결혼이민자 부모의 문화적 배경에 따른 정서 표현을 이해하여 지도해야 한다는 것이다. 구체적으로 교사는 다문화가족 영유아의 정서 표현을 감정 언어로 명명해 주거나 정서 그림책을 활용하여 정서 표현을 촉진하고 정서 관련 어휘력을 확장해 줄 수 있다. 또한 교사의 어린 시절, 정서적 갈등을 느꼈던 이야기를 들려줌으로써 영유아 자신의 감정에 관해 이야기하도록 도울 수 있다.

사례 **자주 우는 다문화가족 아동**

4세 남아 민혁(가명)이는 다문화가족 아동입니다. 이 아이는 친구나 선생님이 큰소리로 말을 하거나 살짝만 부딪쳐도 울기부터 합니다. 어린이집에 다니기 시작한 지 3개월이 되어 가는데 점점 심해집니다. 이 아이를 어떻게 지도하는 것이 좋을지 고민입니다. (민혁(가명) 어머니)

지도전략 1

민혁이가 정서 표현을 할 때, 전후 상황에 대해 자세히 관찰을 합니다. 어린이집이 낯설고, 한국어를 못하는데 한국말을 크게 말을 해서 무서운 것일 수도 있고, 무조건 관심을 끌기 위해 우는 행동을 하는 것일 수도 있습니다. 구체적으로 민혁이가 울음을 표현하고 싶은 것이 무엇인지 세심한 관찰이 필요합니다.

지도전략 2

민혁이의 정서 표현의 의미를 알았다면, 이를 언어로 명명해 주는 것이 좋습니다. 예를 들어, "친구가 큰소리로 말해서 민혁이가 놀랐구나!" 또는 "민혁이가 지금 무엇을 할지 몰라서 당황했구나!" 식으로 그 상황과 감정을 언어로 표현해 주는 것이 좋습니다.

지도전략 3

민혁이가 심하게 우는 경우에는 민혁이만의 문제가 아니라 과거에 교사 자신도 같은 경험이 있다고 말해줍니다. 예를 들어, 친구가 놀려서 속상해서 우는 경우, "선생님도 여섯 살 때 친구가 곱슬머리라고 놀려서 너무너무 속상해서 운 적이 있어. 민혁이가 많이 속상하구나!"라며, 친숙한 성인도 자신과 동일한 감정을 느낀 적이 있다는 것을 알게 되면, 자신의 감정을 언어로 표현하는 것이 좀 더 편안해질 수 있습니다.

출처 : 한국보육진흥원(2013). 보육교직원을 위한 다문화보육 직무교육과정.

② 다문화가족 영유아의 정서 이해 지도전략

정서 이해는 자신의 감정을 인식하고 타인의 감정을 이해하는 능력으로, 영유아기부터 점차적으로 발달한다. 영유아의 정서 이해 능력은 어머니의 정서 표현과도 관련되므로 정서 이해 지도는 영유아의 다문화적 배경을 이해하고 존중하는 데서 시작되어야 한다. 또한 긍정적 혹은 부정적 정서를 정확하게 표현해 주거나 기쁨, 슬픔, 화남, 속상함 등의 감정 이름을 상황에 맞게 말해줌으로써 여러 가지 정서를 이해하도록 지원할 수 있다.

사례 **당황하면 아무 말도 못 하는 다문화가족 아동**

여아 지윤(가명)이는 다문화가족 자녀입니다. 평소에 자기 생각을 얘기할 때는 똑 부러지게 말하는 편입니다. 하지만 또래와 함께 놀다가 갈등이 생기면 당황해서 아무 말도 못 하는 것 같습니다. 갈등 상황에서 당황을 많이 하는 것 같은데 어떻게 지도해야 할지 모르겠습니다. (지윤(가명) 어머니)

지도전략 1

지윤이는 타인의 정서를 이해하는 것이 좀 서툴러 보입니다. 또래 관계에서는 상황과 정서를 연결해서 이해하는 상황이 많은데, 이는 지윤이에게 어려움일 수 있습니다.

예 날씨가 화창한 날에 "지윤아, 오늘 밖이 환하고 따뜻해서 선생님 기분이 너무 좋아~" 등

지도전략 2

지윤이의 감정을 언어로 표현해 주도록 합니다.

예 "지윤이가 잡은 장난감을 순이가 가져가니까 지윤이 화난다." 또는 "지윤이도 저 인형 갖고 싶은데, 부럽다." 등

출처 : 한국보육진흥원(2013). 보육교직원을 위한 다문화보육 직무교육과정.

③ 다문화가족 영유아의 정서 조절 지도전략

정서 조절이란 자신의 정서 상태와 정서적 반응을 이해하고 감정이나 행동을 상황에 맞게 조절하는 능력으로, 인간의 사회적 관계 형성과 심리적 안정에 중요한 역할을 한다. 어떤 사회에서든지 어떤 특정 상황에서의 어떤 정서는 표현해도 괜찮지만, 어떤 정서는 표현해서는 안 된다는 규범이 있다. 문화적 배경이 다른 다문화가족 영유아들은 한국문화에 적응하는 과정에서 어떤 정서를 어떤 상황에서 표현해도 되는지를 판단하는 데 혼란스러울 수 있다. 따라서 교사는 거울을 보며 자신의 표정을 관찰하게 하거나 감정 그림 카드를 활용하여 감정 이름 말하기, 그림 감정일기 쓰기 등의 다양한 활동을 통해 영유아가 스스로 자기감정이 무엇인지를 인지하고 조절하는 기회를 제공한다. 또한 유아가 화를 낼 때 "네가 지금 화가 났구나. 왜 화가 났을까?"라고 물어보며 감정을 언어로 표현하도록 돕고, 감정을 잘 조절했을 때는 "네가 기분이 안 좋았지만 침착하게 잘 참았구나!"와 같이 긍정적인 피드백을 준다.

사례 **떼를 부리는 다문화가족 아동**

6세 여아 다혜(가명)는 다문화가족 자녀입니다. 이 아이는 6개월 전에 동생이 태어났는데 그 이후부터 한번 화가 나서 떼를 부리기 시작하면 좀처럼 멈추지 않습니다. 어린이집에서 2~3일에 한 번은 이렇게 분노를 표현하는데 어떻게 도와줘야 할지 모르겠습니다. (P어린이집 교사)

지도전략 1

다혜는 동생 출생 후 불안이 높고 분노감을 많이 느끼는 상태로 보입니다. 다혜는 현재 동생에게 관심과 사랑이 분산되어 불안감을 느끼는 것입니다. 그래서 다혜는 욕구 지연이 안 되고, 분노를 느낄 때 정서가 폭발하는 것입니다. 그러니 다혜에게 평소에 관심과 사랑을 많이 표현해 주는 것이 도움이 됩니다.

예 자주 스킨십을 한다거나 눈을 맞추는 등 관심을 많이 가져 줌

예 인사를 할 때도 눈을 맞추고 안아주면서 한다거나 손을 씻은 후에 로션을 발라준다거나 하는 것 등등

지도전략 2

다혜에게는 평소에 욕구 지연이 필요하기 때문에 화가 날 상황이 발생하면 교사가 민감하게 알아차려서 꼭 안아주면서 부정적인 감정을 언어로 표현해 주는 것이 필요합니다. 부정적인 감정을

언어로 드러내면 감정이 쉽게 이완되기 때문에 분노가 폭발하는 빈도가 줄어들 수 있습니다.
예 "다혜가 미끄럼틀 순서 기다리기 어려운데, 미끄럼틀 타려는 친구들이 많다. 아이 속상해."
예 "다혜는 엄마가 동생 안고 와서 화나지. 동생 없을 때 엄마가 다혜만 안아줬는데."

출처 : 한국보육진흥원(2013). 보육교직원을 위한 다문화보육 직무교육과정.

그러나 교사가 아동의 감정을 무시하거나 지나치게 허용하는 것은 영유아의 감정 조절 기회를 박탈하는 것으로 오히려 영유아의 자존감 형성에 방해가 된다. 특히 영유아의 부정적인 감정을 존중하지 않을 때, 영유아는 교사(또는 양육자)가 감정에 대한 거부 반응을 보일 것을 알기 때문에 영유아는 감정을 표현하지 않게 되고, 두려움이나 근심을 혼자서 간직하게 되어 정서 조절의 기회를 경험하지 못하게 된다. 따라서 교사는 울음이나 분노, 두려움 등과 같은 감정을 인정해 주고 부정적 감정을 적절하게 표현하거나 조절하는 모습을 보여준다.

(2) 다문화가족 영유아의 사회성 발달을 위한 지도

① 다문화가족 영유아의 애착발달 지도전략

애착은 영유아와 양육자가 형성하는 정서적 유대감으로 생애 초기 중요한 발달 과업의 하나이다. 다문화가족 영유아는 문화적 배경과 가정환경의 차이로 인해 애착 형성 과정에서 독특한 특성을 보일 수 있다. 즉, 부모가 사용하는 언어가 다른 다문화가족과 영유아 사이에 언어로 인한 소통의 어려움이 생길 경우, 부모가 아이의 감정 신호를 즉각적으로 이해하지 못하여 안정적인 애착 형성에 방해를 받을 수 있다는 것이다. 반대로 한국인 아버지와 결혼이주민 어머니로 이루어진 다문화가족은 대부분 결혼이주민인 어머니가 양육을 전담하고 있어 자녀와 강한 애착을 형성할 수도 있다. 또한 가족 간의 양육 가치관의 부조화로 인한 갈등은 안정적인 애착 형성에 부정적인 영향을 미칠 수 있다. 따라서 교사는 등·하원 시간에 어머니와 영유아의 관계를 주의 깊게 관찰하거나 면담을 통해 영유아의 다문화가족 특성을 파악하여 보다 민감하게 상호작용하고 반응해 주어야 한다. 또한 교육기관에서 발달연령에 적합한 애착 반응이 있는지 관찰하여 부모상담 시 다문화가족 부모에게 관찰한 애착 반응에 대해 전달한다.

사례 **엄마에게 매달리는 소희(가명)**

4세 여아 소희(가명)는 다문화가족 자녀입니다. 이 아이는 한국인 아빠와 베트남인 엄마와 살고 있습니다. 한국이 낯설어 두려움이 많은 엄마는 외출을 거의 하지 않습니다. 아빠는 바빠서 시간이 없고, 아빠의 친척들이 멀리 살고 있어 집에는 거의 소희와 엄마 둘이만 있습니다. 8개월 전에 소희가 처음 어린이집에 왔을 때, 엄마와 헤어지지 못해서 많이 힘들어했습니다. 지금은 엄마와 잘 헤어지지만 친구들과 어울리지 못하고 담임교사에게만 매달려 있으려고 합니다. 이 아이를 어떻게 지도해야 할까요? (J어린이집 교사)

지도전략 1

이 아이의 어머니는 한국에 적응하기 힘들어하는 것으로 보입니다. 주변의 다문화가족을 지원해 주는 기관을 소개하고 적응을 돕는 것이 필요합니다. 또한 결혼이주여성 어머님이 어린이집을 편안하게 느낄 수 있도록 따뜻하게 대해주려고 노력해야 합니다.

지도전략 2

불안한 주 양육자와 주로 시간을 보내는 소희는 어머니와 과도하게 밀착되어 불안이 높은 상태일 수 있습니다. 이 또한 안정적인 애착을 형성한 것은 아니지요. 교사가 소희에게 예민하거나 과도하게 개입하는 것은 소희의 불안한 엄마의 반응을 반복하는 것이므로 도움이 되지 않으니 주의해야 합니다.

출처 : 한국보육진흥원(2013). 보육교직원을 위한 다문화보육 직무교육과정.

② 다문화가족 영유아의 사회인지발달 지도전략

사회인지는 타인의 감정, 의도, 행동을 이해하고 이에 적절하게 반응하는 능력, 즉 인간과 인간의 행위에 대해 인지하는 것을 의미한다. 따라서 다문화가정 영유아의 경우, 문화적 배경이 상이한 부모 및 주변 환경의 영향을 받으므로 사회인지발달 과정에서 다소 차이를 보일 수 있다. 다문화가족 영유아의 사회인지발달을 촉진하기 위해서는 영유아의 행동을 모방해 줌으로써 나 아닌 타인에게 관심을 가지도록 해야 한다. 또한 영유아에게 사회적 참조가 나타날 때 무시하지 않고 반응해 줌으로써 주 양육자의 정서 표현을 지침으로 영유아가 사회적 행동을 익힐 수 있도록 지원한다. 사회적 참조는 영유아가 양육자나 부모의 표정, 목소리, 행동 등을 통해 정보를 얻어 자신의 행동을 조절하는 것을 말하는 것으로, 영유아의 사회적 참조 행동에 대한 교사의 반응은 영유아의 사회적 행동과 문화적 규범 습득에 영향을 미친다.

③ 다문화가족 영유아의 친사회적 행동 지도전략

친사회성은 타인을 돕고 배려하며 타인과 협력하는 행동으로, 영유아의 사회적 관계 형성과 정서적 안정을 돕는 중요 요소이다. 나누기, 돕기, 배려하기 등과 같은 친사회적 행동은 문화적 배경에 따라 기준이 다르고 표현 방법도 다르다. 따라서 다양한 언어적·문화적 배경에서 성장하는 다문화가족 영유아의 친사회적 행동 양상도 다양하게 나타날 수 있다. 이를 위해 교사는 다문화가족 영유아가 다른 영유아의 친사회적 행동을 모방할 수 있는 기회를 제공하고 다문화가족 영유아의 행동을 긍정적으로 수용해 준다. 즉, 친구에게 물건을 나누어 주거나 곤경에 처한 친구를 돕고, 자신보다 친구를 칭찬하고 타인의 안녕에 관심을 가지는 행동을 이해할 수 있는 기회를 모방을 통해서 지원하는 것이다. 또한 이타적인 주인공이 등장하는 가상적인 이야기나 동화책을 들려주고, 다문화가족 결혼이주민 부모 나라의 민속놀이나 언어 등에 초점을 두는 다양한 문화 체험을 통해 학급 영유아들이 함께하는 것에 대한 즐거움을 느낄 수 있게 해준다.

④ 다문화가족 영유아의 공격성 중재 지도전략

공격성은 영유아가 좌절하거나 감정을 조절하지 못할 때 나타나는 행동으로, 때리거나 밀치는 신체적 행동 또는 욕설과 소리 지르기 같은 언어적 행동으로 나타날 수 있다. 다문화가족 영유아의 경우, 문화적 차이와 서툰 언어적 표현으로 인해 또래 관계에서 오해나 갈등이 발생할 가능성이 높으며, 이러한 상황에서 공격적 행동이 나타날 수 있다. 또한 다문화가족 영유아가 또래 관계에서 배척을 경험하면 불안과 좌절로 인해 반항적 행동이나 공격성이 증가할 가능성이 있다(Park & Holloway, 2018). 따라서 교사는 학급의 영유아들이 서로 다른 문화적 배경을 이해하고 존중하는 태도를 기를 수 있도록 다양한 다문화교육 활동을 제공하고, 공격적 행동이 나타나는 상황을 주의 깊게 관찰하고 공격행동 원인에 맞게 지도한다.

사례 **공격적인 행동을 보이는 다문화가족 영유아**

보람이네 가족은 수가 많습니다. 보람이 엄마가 아버지와 결혼하기 이전에 아버지는 한국인 여성과 결혼했었고 그 사이에 딸 둘이 있었지만 언니들은 이미 대학생이었고 보람이 엄마나 보람이와는 별로 친하지 않았습니다. 보람이는 어린이집에 오기 전에 엄마가 단순 작업을 하는 공장에 따라다녔고 또래와 놀아본 경험은 거의 없었습니다. 공장에 따라다니면서 어른들과 장난으로 레슬링 놀이도 하고 남자 어른들이 높이 띄워주는 놀이만 하였을 뿐입니다. 이제 막 어린이집에 다니기 시작한 보람이는 친구들과 자꾸 부딪히고 일부러 친구를 넘어뜨리고는 혼자 좋다고 웃어서 혼나기 일쑤였습니다. 친구 물건을 뺏고는 재미있다고 웃고 친구가 울면 그 앞에서 놀려댔습니다. 의사소통이 원활하지 않아서 선생님이 뭐라고 야단을 쳐도 "아니야~", "나빠!"라고 대들 뿐 별다른 진전이 없었습니다. (K어린이집 교사)

원인고찰

보람이의 가정환경을 알고 보람이의 자라난 배경을 이해한다면 사회적 모델링이 적절하지 않았기 때문이라고 판단해 볼 수 있습니다. 이 경우 만약 교사가 이유를 알지 못해서 보람이를 야단치거나 친구들이 보람이를 따돌리게 되는 경우 상황은 더욱 악화될 수 있습니다. 어린이집에 오기 전 적절한 사회적 관계 형성을 배우지 못한 것이므로 공격적인 행동이나 친구들을 괴롭히는 행동에 대해서만 지도하면 적절하지 않은 것이 됩니다.

지도전략

다문화가족 자녀들이 공격적인 행동 혹은 또래와의 잦은 갈등을 보인다면 교사는 우선 원인이 무엇일까를 생각해 보는 것이 좋습니다. 부모와도 상담을 해보고 가정환경을 알아보기 위해 여러 가지 방법을 취해 볼 수 있습니다. 만약 보람이 같은 경우라면 다음의 방법으로 접근해 볼 수 있습니다.

– 가정에서 가족구성원들이 짧은 시간이라도 주기적으로 보람이와 놀아주도록 전달하기
– 친구 사귀는 방법에 대해 지속적으로 지도하기

<입장을 바꿔 생각해 보기> "너는 친구가 어떻게 해줄 때 기분이 좋았니?" "친구가 어떻게 할 때 기분이 좋지 않았니?"	<상황에 맞추어 사용할 수 있는 기초적인 인사말 지도하기> "고마워!", "미안해!", "괜찮아!" 등

출처 : 한국보육진흥원(2013). 보육교직원을 위한 다문화보육 직무교육과정.

• 사회정서 관련 사례 및 지도전략 Q & A

Q 폭력적 성향을 보이는 영유아의 지도전략

A 언어적 표현에 한계를 느끼는 영유아는 종종 말보다 몸이 앞서 나가곤 합니다. 친구가 가지고 노는 장난감을 갖고 싶을 때 덥석 장난감을 뺏어 간다든지, 마음대로 되지 않는 상황에서 물건을 던지기도 하지요. 이것은 소수자 영유아, 주류 집단 영유아 모두 해당됩니다. 이럴 때는 명확한 언어를 사용한 교사의 공감과 모델링이 중요합니다. "우리 ○○가 친구가 가지고 노는 로봇이 갖고 싶었구나. 그럴 때는 친구에게 '나도 로봇 가지고 놀고 싶어.'라고 이야기해 보자. 선생님 따라 해볼까? '친구야, 나도 로봇 가지고 놀고 싶어.'" 물건을 빼앗긴 친구에게도 상황 설명이 필요합니다.
"△△야, ○○가 갑자기 로봇을 뺏어가서 놀랐지? ○○도 로봇을 가지고 놀고 싶었대. 우리 △△는 지금까지 로봇을 가지고 놀았으니, 앞으로 5분만 더 가지고 놀다가 ○○에게 주자. '친구야, 5분 있다가 줄게'라고 이야기해 보자." 영유아의 언어적 의사소통이 원활해질 때까지 꾸준히 모델링을 해주고, 언어적으로 표현했을 때 격려하다 보면 어느새 갈등 상황이 발생했을 때 몸보다 말을 쓰는 영유아가 되어 있을 것입니다.

Q 내성적인 다문화가족 영유아에게는 어떻게 다가가야 할까요?

A 우리는 때때로 소수자 영유아의 인종, 언어, 민족, 문화적 배경이 나와 다르다는 이유로 이들을 대하는 것이 어렵다고 느낍니다. 하지만 소수자 영유아 역시 인간 보편의 성격과 개인차에 따른 성격 모두를 가지고 있습니다. 내성적인 성향을 보이는 소수자 영유아는 그저 내성적인 성향이 있는 유아일 뿐입니다. 영유아의 인종, 언어, 민족, 문화적 배경이 다르다는 이유로 편안하게 다가가지 못한다면, 영유아는 놀이실에서 더 소외감을 느끼게 될 것입니다. 더군다나 내성적인 성향은 단점이 아닙니다. 도전적이고 적극적인 성향에 비해 신중하고 세심한 것뿐입니다. 이런 성향을 가진 영유아는 영유아가 충분히 시간을 가지고 교사, 친구, 놀이실 환경, 교구 등을 탐험할 수 있게 기다려주세요. 다양한 신뢰의 표현을 통해 "네가 준비가 될 때까지 기다리고 있을게. 네가 준비가 되면 언제든지 나에게 말해줘."라는 메시지를 주는 것이 중요합니다.

Q **일반가정 영유아가 다문화가족 영유아가 가진 '다름'에 대해 곤란한 질문을 합니다.**

A 주류 집단 영유아가 소수자 영유아에 대해 자칫 편견이나 고정관념으로 이어질 수 있을 만한 말을 했을 때는 그 순간 바로 대답해 주는 것이 좋습니다. "우리도 원래 한국어를 쓰지만 영어를 배우기도 하지? ○○도 원래는 러시아어를 쓰는데, 지금은 한국어를 배우고 있는 거란다. 우리가 ○○와 함께 놀면서 지내다 보면 어느새 ○○와 우리가 이야기를 더 잘 나누게 될 거야!" 만약 영유아의 표현이 이미 고정관념을 바탕으로 하고 있다면, 영유아에게 되물어 대화를 확장할 수 있습니다. "피부가 어두운 것이 왜 무서운 거라고 생각하니?" 이어서 피부색이 다른 것은 모두의 생김새가 다른 것과 같은 것인지, 피부색이 어둡다고 무섭고 어둡지 않다고 안 무서운 것은 아니라고 말해주세요. 잘못된 편견과 고정관념에 대해서는 즉각적으로 정확하고 명확하게 알려주는 것이 중요합니다. 이러한 대화에 기반하여 피부색에 대한 활동을 진행할 수도 있습니다. 살구색, 주황색, 갈색, 밤색, 흰색, 빨간색 등을 섞어 영유아의 피부와 가장 가까운 색을 만드는 활동을 해보세요. 알고 보면 우리 모두 조금씩 다른 피부색을 가지고 있음을 알 수 있습니다. 이런 활동을 통해 "우리 모두 다르고, 달라도 괜찮아"라는 메시지를 전달해 보세요. 더불어 〈세계인종지도〉를 보며 각 나라의 위치에 따라 받는 태양열의 차이로 피부색이 달라진 것임을 이야기하면 외형적 다양성에 대해 객관적으로 접근할 수 있습니다.

출처 : 김혜영・이수진(2021). 모두를 나답게 키우는 어린이집 속 다문화.

CHAPTER

4 교육기관에서의 생활 및 적응

오늘의 이야기

화성시가족센터, '두근두근 초등학교 첫걸음' 강의 진행

화성시가족센터(박미경 센터장)는 11월 23일(토)에 내년(2025년) 초등학교 입학예정 자녀를 둔 **다문화가정 예비 학부모를 대상으로 초등학교 입학 전 부모 교실** '두근두근 초등학교 첫걸음' 강의를 진행하였다.

초등학교 입학 및 학교생활에 대한 다문화가정 부모들의 막연한 불안감을 해소하고 다문화 자녀들의 안정적인 초등학교 생활을 도모하기 위해 진행된 이번 강의는, 결혼이민자를 위해 부모교육 강의자료를 4개 국어로 번역하여 제공했다.

특히 다문화아동을 담당하는 현직 초등학교 교사를 초빙하여 초등학교 입학 준비사항, 학교생활 미리보기, 학기 초 학습과 부모의 역할, 다문화 교육지원사업 안내 등 다문화아동들의 초등학교 입학과 학교생활에 꼭 필요한 부분들을 공유하는 의미 있는 시간으로 구성되었다.

박미경 센터장은 "초등학교 입학 전 교육을 통해 다문화아동들의 초등학교 입학준비와 학교 적응이 안정적으로 이루어지기를 희망한다" <중략> 가족의 긍정적인 변화와 성장을 돕고 가족친화 사회환경을 조성하기 위한 다양한 가족 사업들을 진행하겠다"라고 밝혔다.

한국강사신문 한상형 기자(2024. 11. 24). 일부 발췌.
https://www.lecturernews.com/news/articleView.html?idxno=166819

1. 영유아교육기관(유치원/어린이집)에서의 생활 및 적응

2023년 다문화 출생아 비중을 살펴보면, 우리나라 전체 출생 중 다문화 출생은 5.3%를 차지하는 것으로 나타났다(통계청, 2024). 또한 2023년 기준 어린이집에 재원 중인 다문화아동 수는 34,001명으로, 전체 어린이집 중 다문화아동이 재원하고 있는 어린이집은 약 42.2%에 이르는 것으로 조사되었다(보건복지부, 2024). 유치원이나 어린이집 등 영유아교육기관에서의 긍정적인 경험이 유아기 동안의 충분한 발달을 가능하게 할 뿐만 아니라 건강한 사회 구성원으로 살아가는 데 토대를 형성하는 데 중요한 역할을 한다(최양미 · 김보현, 2020)는 점에서 다문화가족 영유아들이 영유아교육기관에 안정적으로 적응하면서 발달 전반이 고르게 발달할 수 있도록 지원하는 것이 필요하다.

1) 다문화가족 영유아의 영유아교육기관 이용 현황

다문화가족 영유아의 출생 비중이 증가하고 많은 수의 영유아교육기관에 다문화가족 영유아들이 재원하고 있는 상황에서 이들의 영유아교육기관 적응을 위해서는 우선 영유아교육기관에 다니고 있는 다문화가족 영유아들의 특성을 이해하는 것이 필요하다. 이에 다문화가족 영유아들의 출생 추이 및 출생 유형별 비중, 어린이집을 이용하는 다문화가족 영유아의 특성을 살펴보고자 한다.

(1) 다문화 출생 추이 및 출생 유형별 비중

|그림 4-1| 다문화 출생 추이

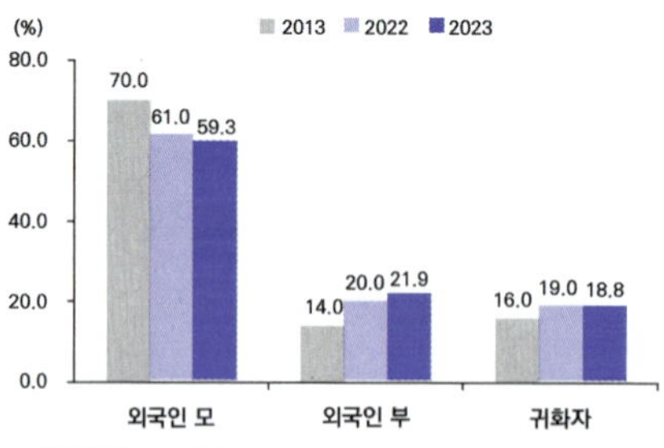

|그림 4-2| 다문화 출생 유형별 비중

출처 : 통계청(2024). 2023년 다문화 인구동태 통계.

2023년 기준 다문화 출생은 12,150명으로 2022년에 비해 3.0% 감소하였으나 이는 우리나라 전체 출산율이 감소하는 것과 같은 맥락에서 이해할 수 있으며, 여전히 전체 출생아 중 다문화 출생이 차지하는 비중은 적지 않음을 알 수 있다. 또한 다문화 출생 유형별 비중을 살펴보면, 전체 다문화가족에서 외국인 어머니를 둔 다문화가족 비중이 높게 나타나고 있음을 알 수 있다. 이는 다문화가족 영유아들의 영유아교육기관 적응 및 생활지도에 있어 결혼이민자 다문화가족의 특성에 대한 고려가 필요하다는 것을 의미한다.

(2) 영유아교육기관에 다니는 다문화가족 영유아 특성

- 만 5세 이하 다문화가족 자녀의 돌봄 유형 및 다문화가족 아동 재원 어린이집

  2021년 기준 만 5세 이하 다문화가족 자녀들이 영유아교육기관에 다니는 비율은 전체 다문화가족 아동의 71.9%로 나타났으며, 만 3세 이상 만 5세 이하 다문화가족 아동의 91.8%의 아동이 영유아교육기관을 다니는 것으로 나타났다(여성가족부, 2022). 또한 2023년 기준 우리나라 전체 어린이집 28,954개소의 약 42.2%인 12,234개소의 어린이집에 다문화가족 아동이 재원하고 있는 것으로 조사되었다(보건복지부, 2024). 이는 만 5세 이하 다문화가족 영유아의 대부분이 영유아교육기관에 재원하는 것으로 이해할 수 있으며, 다문화가족 자녀를 위한 영유아교육기관의 역할이 중요해지고 있음을 의미한다.

- 어린이집 재원 다문화아동과 부모의 한국어 구사 능력(박은정 외, 2020)

  조사에 참여한 어린이집 다문화아동의 한국어 구사 능력은 한국어를 유창하게 구사하는 집단인 '상'은 55.8%, 한국어로 의사소통은 가능하나 유창하지 않은 집단인 '중'은 31.4%, 한국어로 의사소통이 거의 불가능한 집단인 '하'는 12.8%로 나타났다. 또한 다문화가구에서 주로 의사소통하는 부모는 이주 부모가 69.2%, 한국 출신 부모가 30.8로 나타났다. 이와 함께 이주 부모의 한국어 실력에서 '상'이라는 응답이 45.9%, '중'은 38.5%, '하'는 15.6%로 나타났다.

  먼저 재원 다문화아동의 한국어 구사 능력을 보면 '상'을 제외한 다문화가족 아동이 44.2%를 차지하고 있어 영유아교육기관에서 다문화가족 아동의 한국어 수준을 이해하고 한국어 수준을 높이기 위한 지원방안 마련이 필요하다. 또한 다문화가족 아동과 주로 의사소

통하는 부모는 이주 부모가 69.2%를 차지하였다. 이는 자녀 양육을 어머니가 주로 하는 상황과 비슷한 맥락이라 할 수 있다. 다문화가족 아동들이 주로 의사소통하는 이주 부모의 한국어 구사 능력은 '상'이 45.9%로 나타났으며 '중'은 38.5%, '하'는 15.6%로 나타났다. '중'과 '하'의 경우 한국어로 의사소통이 유창하지 않거나 한국어 소통이 거의 불가능한 수준으로 볼 수 있다. 이에 어린이집과 다문화가족 아동, 다문화가족 이주 어머니들의 원활한 소통을 위해 다문화가족 아동과 주로 소통하는 이주 부모의 한국어 수준을 높이기 위한 지원이 필요하다.

2) 다문화가족 영유아의 영유아교육기관 적응

대부분의 다문화가족 영유아들은 생의 이른 시기부터 영유아교육기관을 이용하게 된다. 영유아 시기가 전 생애를 거쳐 인적·물리적 환경의 영향을 가장 많이 받게 되는 시기라는 점에서 다문화가족 영유아들의 대부분이 재원하고 있는 영유아교육기관의 질 관리가 중요하다. 특히 다문화가족 영유아들이 영유아교육기관의 새로운 환경에 잘 적응하여 또래 및 교사와의 긍정적인 관계 형성을 통해 성장하고 발달해 나가도록 지원하는 것이 우선되어야 한다. 이에 다문화가족 영유아들의 영유아교육기관 적응의 의미를 살펴보고 이들의 교육기관 적응을 어렵게 하는 요인 및 교육기관 적응을 위한 지원방안을 살펴보고자 한다.

(1) 다문화가족 영유아의 영유아교육기관 적응 의미

다문화가족 영유아들이 영유아교육기관에 적응한다는 것은 교육기관의 인적·물리적 환경과 상호작용하며 균형과 조화를 이루어 나가는 것으로, 다문화가족 영유아들의 성장과 발달에 긍정적인 영향을 미치게 된다. 다문화가족 영유아의 영유아교육기관에서의 안정적인 적응이 미치는 긍정적 영향을 살펴보면 다음과 같다.

- 다문화가족 아동의 긍정적인 교육기관에서의 경험은 이후의 학교생활 시기의 사회정서적 적응 및 학업적 적응을 예측하는 주요한 지표가 된다(문영경, 2014).
- 교육기관에 적응을 잘하는 아동은 즐겁고 편안한 집단생활을 통해 또래와 원만한 관계를 유지하고 높은 자신감을 보이고 주도적이다(고보선·성지현, 2019).

- 교육기관에서의 안정적인 적응은 미래 사회의 직업 및 일상생활 적응에도 긍정적인 영향을 미친다(박준성 외, 2015).
- 다문화가정 영유아들에게 있어 영유아교육기관 적응은 개인의 성공적인 삶을 예견해 주는 중요한 지표가 된다(김현자, 2010).
- 교육기관에서 적응적인 유아는 타인을 돕고 협력하며, 즐거운 생활과 긍정적인 정서 상태를 유지한다. 또한 또래 관계 형성이 원만하고 자신감 있고 주도적이며 독립적인 자아상을 가지고 있어, 교육기관의 일과를 잘 따르고 변화에 잘 적응하는 특성을 보인다(Jewsuwan, Luster, & Kostelink, 1993, 김선희, 2015, 재인용).
- 안정적으로 교육기관에 적응한 영유아들은 놀이가 풍부하고 사회적 유능성 및 또래 관계에 더 긍정적이고 적극적이다(Howes & Hamilton, 1993; Matheson & Hamilton, 1994, 오재연, 2012 재인용).

이처럼 다문화가족 영유아들이 영유아교육기관에 안정적으로 적응하는 것은 영유아의 자신감이나 자아존중감을 높이고 주변 환경에 대한 신뢰감을 형성하는 데 도움이 된다. 또한 또래 관계에서의 긍정적 경험을 가능하게 하고 보다 주도적이고 독립적으로 생활할 수 있게 된다. 이처럼 다문화가족 영유아들의 영유아교육기관 적응은 영유아 시기에 긍정적 영향을 주게 되며, 더 나아가서 이후의 학교생활이나 사회적응에도 긍정적 영향을 미치게 됨을 알 수 있다.

(2) 다문화가족 영유아의 영유아교육기관 적응을 어렵게 하는 요인

다문화가족 영유아들이 영유아교육기관에 안정적으로 적응하는 것은 아동의 전반적인 발달에 긍정적 영향을 미치게 된다. 한편 다문화가족 영유아의 개인적 특성 및 가족 특성, 영유아교육기관의 물리적 환경이나 교사 등의 인적 환경의 영향 등은 다문화가족 영유아들의 영유아교육기관 적응을 어렵게 하는 요인이 되기도 한다.

다문화가족 아동의 영유아교육기관 적응을 어렵게 하는 요인들을 살펴보면 다음과 같다.

① 적응에 어려움을 겪는 다문화 영유아 상황 및 이유

박은정 등(2020)의 연구에서 어린이집에 재원하고 있는 다문화 영유아 중 적응에 어려움을 겪는 경우는 시설 유형별로는 국공립 어린이집에서, 지역 유형별로는 대도시를 제외한 중소도

시 및 농어촌 지역에서, 다문화 영유아 규모별로는 10명 이상 규모에서 어려움을 겪는 것으로 나타났다. 또한 다문화 영유아가 어려움을 겪는 이유로는 1순위는 '한국어가 원활하지 않아서'가 가장 높게 나타났으며, 2순위에서는 '또래와 잘 어울리지 못해서', '인지발달이 지연되어서'의 순으로 높게 나타났다.

이와 유사하게 장명림 등(2011)도 다문화가족 영유아의 영유아교육기관 적응을 어렵게 하는 가장 큰 문제는 언어발달 지연으로 보았다. 또한 다문화가정 영유아의 영유아교육기관 적응 시 가장 큰 문제점은 언어발달 지연(43.2%)이며, 자신감·자아정체감 부족은 18.5%, 열악한 가정환경은 17.7%, 학습발달 지연은 15.2%로 보고하였다.

② 재원 다문화 영유아의 어린이집 적응 및 생활에 영향을 미치는 요인

다문화 영유아들이 영유아교육기관에 적응하고 생활하는 데 영향을 미치는 요인에 대해 원장과 보육교사 모두 '자녀의 어린이집 생활에 대한 부모의 관심', '담임교사와 다문화가족 부모와의 의사소통', '다문화 영유아와 담임교사 간 관계 형성'을 높게 평가하였다.

종합해 보면 다문화가족 영유아들의 영유아교육기관 적응을 어렵게 하는 가장 큰 요인은 한국어 부족으로 나타났다. 이와 함께 또래와 어울리지 못하거나, 인지발달이 지연되는 요인도 영유아교육기관 적응을 어렵게 하는 요인으로 나타났다. 다문화가족 영유아의 한국어 부족은 또래와 관계를 맺는 상황에서 의사전달을 어렵게 하는 요인이 될 수 있다. 또한 한국어 부족은 주변의 다양한 정보 자극을 받아들이고 이해하는 것을 어렵게 하여 인지발달의 지연을 가져올 수 있다고 예측할 수 있다. 이와 함께 다문화가족 영유아의 영유아교육기관 적응 및 생활에 영향을 미치는 요인으로 원장과 보육교사 모두 '다문화가족 부모가 자녀의 어린이집 생활에 대한 관심'과 '담임교사와 다문화가족 부모와의 의사소통'을 주요한 요인으로 평가하였다. 즉 다문화가족 영유아의 영유아교육기관 적응 지원을 위해서는 한국어에 대한 이해를 높이는 기회를 제공하고 교육기관과 가정과의 긴밀한 관계를 유지하는 방안을 마련해야 한다.

(3) 다문화가족 영유아의 영유아교육기관 적응 지원방안

다문화가족 영유아들이 안정적으로 영유아교육기관에 적응하기 위해서는 다문화가족 영유아뿐만 아니라 주 양육자인 부모에 대한 지원도 함께 고려되어야 한다. 또한 영유아교육기관

에서 다문화가족 영유아를 지도하는 교사를 비롯하여 다문화가족 영유아와 하루 일과를 함께 하며 놀이하는 일반가정 영유아에 대한 지원이 함께 이루어질 필요가 있다. 이에 다문화가족 영유아를 비롯하여 다문화가족 부모, 영유아교육기관에서의 일반가정 영유아, 교사 등 다문화가족 영유아의 영유아교육기관 적응을 지원하기 위한 방안에 대해 살펴보고자 한다.

① 다문화가족 영유아 지원

영유아가 양육자와 함께하던 가정생활을 벗어나 기관에 적응하는 일은 건강한 발달에 있어서 매우 중요한 과제이다(오재연, 2012). 영유아의 교육기관 적응은 익숙하지 않은 낯선 환경을 접하는 일이고, 주 양육자를 대신할 교사와의 새로운 만남을 시작하는 일이기 때문이다. 다문화가족 아동들은 부모 간 서로 다른 문화 및 언어 환경에서 성장하면서 자아정체감 혼란, 언어발달 지연, 또래 관계의 어려움으로 인해 교육기관 적응에 어려움을 겪게 된다(한국보육진흥원, 2019).

따라서 다문화가족 영유아들이 영유아교육기관에 안정적으로 적응할 수 있도록 언어발달 지원 및 자기존중감을 높이는 방안을 모색할 필요가 있다. 이와 함께 원만한 또래 관계 형성을 위해 필요한 사회기술을 학습할 기회를 갖도록 하는 것이 필요하다. 무엇보다 다문화가족 아동의 위축이 또래 관계에 부정적 영향을 미친다(고보선 · 성지현, 2019)는 점에서 다문화가족 영유아들이 다문화인으로서의 자부심을 가질 수 있도록 부모 출신국의 문화를 일반가정 아동들에게 소개하고 체험하는 기회를 제공해야 한다. 또한 사회적 관계 맺기 기술이 부족한 부분을 고려하여 교육기관의 일상을 통해 협동, 질서, 배려, 나누기 등의 친사회적 기술을 습득할 수 있는 기회를 제공함으로써 안정적인 교육기관 생활을 지원하는 것이 필요하다.

② 다문화가족 부모 지원

다문화가족 영유아들이 영유아교육기관에 적응하기 위해서는 심리적인 안정이 필요하다. 이를 위해 다문화가족 부모와 영유아 간의 안정적인 애착 형성과 일관된 부모의 양육 태도가 중요하다. 따라서 다문화가족 부모들에게 자녀와의 애착 형성의 중요성 및 긍정적이고 바람직한 양육 태도를 안내할 수 있는 부모교육을 제공하여야 한다. 또한 부모가 자녀에게 또래와의 상호작용 기술을 가르치는 등 자녀의 또래 관계를 직접적으로 지원하는 것은 긍정적인 또래 상호작용을 촉진하여 유아의 기관 적응에 긍정적인 영향을 미칠 수 있다(고보선 · 성지현, 2019). 따라서 자녀 양육에 대한 부모교육을 통해 교육기관과 가정이 일관된 방식으로 다문화가족 자녀의 적응을 지원할 필요가 있다.

특히 가족구성원 중 주 양육자인 어머니가 자녀를 대하는 방식은 유아의 행동에 영향을 주는 요소이며, 어머니의 양육 태도가 유아의 적응 행동에 중요한 변수가 된다(정경화, 2004). 한수희 등(2021)은 어머니의 양육 태도와 유아교육기관 적응과의 관계에 대한 선행연구를 검토하여 애정적이고 지지적인 양육 태도가 유아의 교육기관 적응을 예측하는 변인으로 보고하고 있다. 따라서 다문화가족 결혼이민자 어머니들이 겪고 있는 양육스트레스 등 어려움을 이해하고 문제를 해결하는 데 도움이 될 수 있는 사회적 지원체계가 마련될 필요가 있다.

③ 일반가정 영유아 지원

다문화가족 영유아들은 영유아교육기관에서 일반가정의 또래 친구들과 교류하며 영향을 받게 된다. 다문화가족 영유아들의 영유아교육기관 적응을 위해서는 일반가정의 영유아들이 다문화에 대한 고정관념이나 편견을 버리고 다양한 문화를 개방적인 태도로 수용하는 자세가 필요하다. 특히 영유아교육기관을 다니는 시기는 나와 다른 사람에 대한 태도가 형성되고 문화의 유사성과 차이점에 대한 이해가 시작되는 시기라는 점(양옥승, 2008)에서 일반가정 영유아들을 대상으로 문화다양성 이해 및 반편견 교육 등의 다문화교육을 실시하여 다문화가족 영유아들과의 다름을 긍정적으로 받아들일 수 있는 기회를 제공할 필요가 있다.

다문화교육의 효과는 다문화가족 유아와 일반가정 유아들이 함께 참여하는 기회를 통해 상승효과를 기대할 수 있다(최혜영, 2015). 특히 영유아교육기관에서의 하루 일과가 놀이를 통해 이루어진다는 점에서 다문화가족 영유아와 일반가정 아동들이 함께할 수 있는 놀이 기회를 제공할 필요가 있다. 영유아교육기관에서의 또래 간 놀이는 서로에 대한 편견을 감소시키고 갈등 상황을 해결하며 협동할 수 있는 시간이 된다. 특히 또래와의 놀이를 통해 다문화가족 영유아들이 심리적 위축에서 벗어나 자신감을 가질 수 있는 기회가 될 수 있다는 점에서 다문화가족 영유아들과 일반가정 영유아들의 놀이를 통한 적극적 교류 기회를 제공하는 것이 필요하다.

④ 교사 지원

교육기관에서의 교육 효과를 높이기 위해서는 기관과 가정과의 연계가 중요하며, 이를 위해서는 대상 영유아의 가정 배경에 대한 이해가 요구된다. 따라서 다문화가족 영유아들의 영유아교육기관 적응을 위해 교사는 다문화가족 영유아들의 가정환경 및 부모의 출신 국가별 문화적 특징, 교육방식 등 전반전인 가정 배경을 이해하기 위해 노력해야 하며, 직간접적으로 다문화가족 부모와 소통하는 기회를 가져야 한다.

먼저 교사들은 다문화가족 아동들의 영유아교육기관 적응을 위해 다문화가족 아동들의 문화적 다양성을 이해하고 편견을 갖거나 차별하지 않아야 하며 문화적으로 적합한 실제를 적용할 수 있는 능력을 갖추어야 한다(한국보육진흥원, 2019). 교사의 다문화 교육 태도와 다문화 교수효능감이 아동의 교육기관 적응에 긍정적으로 작용한다고 볼 때(김선희, 2015), 다문화가족 영유아를 지도하는 교사들에게 다문화이해 교육 및 다문화 교수역량증진 교육 등에 참여할 수 있는 기회 제공이 필요하다. 또한 교사들은 영유아들의 놀이활동을 계획하고 지원하는 과정에서 다문화가족 영유아들과 일반가정 영유아들이 자연스럽게 상호작용할 수 있는 다양한 활동을 개발하여 또래 간 교류의 기회를 늘릴 수 있도록 하여야 한다.

이와 함께 교사는 다문화가족과 직간접적인 방식으로 적극적으로 소통하며 기관과 가정과의 연계를 통해 다문화가족 영유아들의 영유아교육기관 적응을 지원해야 한다. 다문화가족 부모가 언어와 문화 차이로 인해 교육기관의 안내 내용을 이해하지 못하는 일이 없도록 다문화가족지원센터 및 번역 애플리케이션을 활용하는 방안을 강구(황현주, 2020)하여야 하며, 교사들이 다문화가족 부모와 적극적인 소통이 가능할 수 있도록 하는 정책적 지원 마련이 요구된다.

3) 다문화가족 영유아의 교육기관에서의 생활지도

교육기관에서 생활하게 되는 영유아들은 또래 및 교사와 관계 맺고 소통하는 과정에서 다양한 갈등과 문제 상황에 직면하게 된다. 교육기관을 이용하는 영유아들이 기관에서의 생활을 즐겁게 영위하기 위해서는 관계 속에서 발생하는 갈등과 문제들을 긍정적인 방법으로 처리할 수 있어야 하며 이를 지원할 수 있는 성인의 지도가 요구된다. 이는 다문화가족 영유아들의 경우도 다르지 않다.

다문화가족 영유아의 교육기관에서의 생활지도를 기본 원칙 및 교사역할, 생활지도의 절차와 구체적인 생활지도 사례로 살펴보고자 한다(한국보육진흥원, 2013).

(1) 생활지도의 기본 원칙

생활지도는 영유아가 자신의 생활을 영위함에 있어 갈등이나 좌절, 불안 등의 상황에서 느끼게 되는 부정적 감정을 적절히 다루고 사회적으로 수용될 수 있는 바람직한 방식으로 표현할 수 있도록 도와주는 활동이라 할 수 있다. 다문화가족 영유아의 생활지도에 있어 지켜야 할 기본 원칙은 다음과 같다.

- 모든 영유아들의 사회・정서적 상황을 이해하고 그것에 기반하여 생활지도를 한다.
- 적절한 행동에 대해서는 긍정적으로 강화하고 부적절한 행동에 대해서는 부정적인 강화보다는 적절한 행동 모델링을 제공한다.
- 가정환경에서의 부적절한 상호작용이나 문제행동을 일으킬 수 있는 양육방식에 대해서는 부모상담과 지도를 통해 협조를 구한다.

(2) 생활지도를 위한 교사의 역할

다문화가족 영유아의 생활지도를 위한 교사의 역할은 다음과 같다.

- 영유아의 발달 수준에 적합한 생활지도를 위해 영유아 주변의 물리적・인적 환경을 정비하여 영유아에게 발달적으로 적합한 환경이 제공될 수 있도록 한다.
- 교실 내 갈등 상황이 발생하면, 교사는 가르칠 수 있는 기회로 삼아 바람직한 방안으로 지도한다.
- 또한 갈등 상황 발생 시 다문화가족 아동의 '문제행동'으로 규정하기 전에 교사의 '편견'에 의한 것은 아닌지 교사 자신을 되돌아보고 결정자로서의 역할이 아닌 문제해결을 위한 '중재자'로서의 역할을 하며 일관성 있고 체계적으로 지도한다.
- 다문화가족 영유아의 사회・정서적 상황에 대해 깊이 이해하고 직접적인 모델링을 통해 지도한다.
- 다문화가족 영유아의 다양한 부적응 행동에 대해 교사가 접근해야 할 필요성이 있는 경우 다문화가족 부모와 협력하여 지도한다. 교육기관에서의 생활지도가 다문화가족 영유아의

발달에 중요함을 부모에게 반복적으로 안내하여 가정과 교육기관이 일관된 생활지도를 할 수 있도록 한다.

(3) 생활지도의 절차

교사는 영유아교육기관에서 발생하는 영유아의 갈등 상황에 대한 지도에 앞서 해당 상황에 대한 충분한 관찰을 통해 지도가 필요한 행동인지를 발견해야 한다. 또한 해당 상황이 일어나게 된 배경, 즉 해당 영유아의 발달적 특징이나 가족 관계 및 가족 특성, 양육자의 양육 태도 등 대상 아동의 가정환경이나 발생한 행동과 관련한 제반 정보들을 수집하여 원인을 분석하는 것이 필요하다. 충분한 관찰과 원인에 대한 고찰을 통해 적응 행동과 부적응 행동으로 구분하고 그에 따른 지도전략을 수립해야 한다. 또한 생활지도를 실행하면서 대상 영유아의 부모와 지도전략을 공유하여 가정과 교육기관이 일관된 방식으로 지속적으로 지도할 수 있도록 한다. 대상 영유아에 대한 생활지도를 통해 영유아의 변화된 상황을 평가하고 그 결과에 따라 지도를 종료하도록 한다.

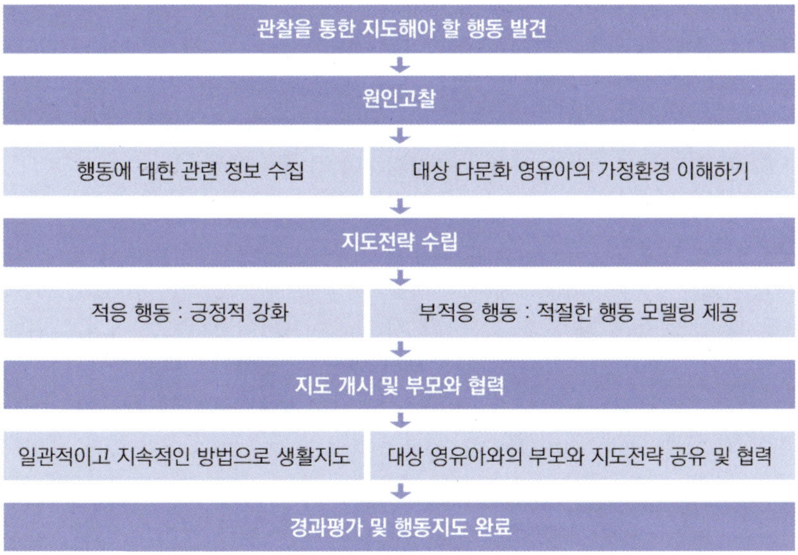

[그림 4-3] 생활지도의 절차

출처 : 한국보육진흥원(2011). 다문화보육의 이해와 적용.

(4) 다문화가족 영유아의 사례별 지도방법

다문화가족 영유아의 행동 특성을 적응 행동과 부적응 행동으로 구분하여 관련 행동 사례와 적절한 지도방법에 대해 살펴보고자 한다.

① 적응 행동 지도

다문화가족 영유아들이라고 모두 어떤 특정한 행동 특성을 보이는 것은 아니며 부모의 건강한 태도와 인성, 선천적으로 가지고 태어난 순한 기질 등의 영향으로 쾌활한 특성을 보이는 영유아들도 많이 있다. 무엇이든 하려는 의욕적인 모습을 보이고 친구들과 잘 어울리는 다문화가족 영유아에게는 긍정적인 강화를 통한 지원이 필요하다.

사례 **적응 행동 지도 사례**

만 2세 여진(가명)이는 오빠와 함께 어린이집을 다니고 있으며 적응을 아주 잘한다. 입소 전부터 오빠를 데리러 엄마와 어린이집에 동행한 적이 많아 환경적인 부분에 점차 익숙해졌다. 여진이의 부모는 중국에서 만나 한국에서 결혼을 하고 이후 한국생활을 계속 해왔다. 서툴던 어머니의 한국어 실력도 빠르게 늘면서 아이의 한국어 또한 자유롭게 표현 가능해졌다. 여진이는 선호하는 또래에 관한 관심의 표현이 적극적이고 웃으며 또래를 꽉 껴안아 주거나 낮잠 시간 매트에 마주 누워있는 친구를 바라보고 발을 동동 구르는 행동을 하며 또래를 즐겁게 만들어 주려고 한다. 교사에게도 교사의 두 귀를 붙잡고 뽀뽀를 해주거나 스킨십에 있어서도 적극적이다. 이런 여진이를 친구들도 재미있어하고 즐거워하며 함께 놀이를 즐긴다.

원인고찰

여진이의 부모는 모두 어린이집의 교육이나 생활, 활동 등에 대해 관심이 많았다. 여진이에 관한 또래 관계 및 발달 등에 대해서도 등하원 시간을 이용하여 보육교사와의 대화에 적극적인 모습을 나타내었다. 어린이집 생활에 필요한 준비물을 꼼꼼하게 잘 챙겨 보내주는 부모의 관심은 여진이의 어린이집 생활에 매우 긍정적인 영향을 주었다. 여진이가 등원하거나 하원할 때 마주치는 같은 반 또래에게도 어머니는 그 영아의 이름을 부르며 다가가 말을 건네거나 머리를 쓰다듬는 등 적극적인 스킨십을 표현하였다. 부모의 적극적인 사회관계 형성 기술의 모델링은 여진이로 하여금 자신이 성장하고 안정적인 관계를 구축할 수 있는 좋은 밑거름이 될 수 있었다.

지도전략

☑ 보육교사는 교육활동과 연관된 보육실 내 준비물을 적극적으로 활용하여 여진이가 또래에게 자신의 것을 소개하고 표현할 수 있는 기회를 제공하였다. 다른 사람 앞에 자연스럽게 설 수 있도록 '페브릭 마이크'를 교실 내에 비치하여 친구에게 언제든지 이야기할 수 있도록 하여 언어적인 발화를 촉진하였다. 여진이가 친구들과 관계를 형성할 수 있도록 보육교사는 적극적으로 언어적 모델링을 보여주며 지원하였다.

☑ 원내에서 이루어지는 다문화 부모모임의 활동을 부모에게 적극적으로 홍보하고 참여하도록 하여 부모와 여진이가 자신에 대해 긍정적으로 느끼고 자존감을 높일 수 있는 기회를 주었다.

출처 : 한국보육진흥원(2013). 보육교직원을 위한 다문화보육 직무보육과정 재구성.

② 부적응 행동 지도

아동의 부적응 행동은 사회적 관계 속에서 일어나는 갈등 상황을 적절하지 못한 방법으로 반응하는 것으로 불안, 위축, 공격, 산만, 충동 등의 행동을 보이는 것이라 할 수 있다. 부적응 행동에 대한 지도는 내면적인 반응으로 나타나거나 외현화된 반응으로 나타날 수 있으며 부적응 행동유형에 따라 지도방법을 다르게 접근해야 한다.

공격성 등의 성향에서 나타날 수 있는 부적응 행동에 대한 지도에 대해 살펴보면 다음과 같다.

사례 **공격적 행동 지도 사례**

소희(가명)는 아버지가 라이베리아에서 어머니를 만나 소희를 임신했다는 소식을 듣고 한국으로 도피하였으나 어머니가 소희를 낳고 한국으로 다시 찾아와서 법원에 소송을 내고 승소하였다. 소희는 한국국적을 얻게 되었고, 한국에서 생활하게 되었다.

어머니의 강한 훈육방법으로 소희는 공격적인 성향이 강하여 자신이 원하는 대로 되지 않으면 주변 또래를 밀치거나 물건을 던지는 공격적 행동을 보였다. 기분이 좋지 않게 등원한 날은 보육교사가 다가가도 거부하거나 모든 아이들을 온몸으로 거부하며 밀치는 행동을 자주 나타낸다. 소희는 영어, 한국어를 모두 사용하지만 어머니는 영어만 사용한다.

원인고찰

등하원 시 소희의 어머니는 소희가 말을 듣지 않으면 맨손으로 소희의 머리나 얼굴 부위를 때리기도 했다. 어머님의 강한 훈육방법과 행동이 소희의 공격적인 행동의 원인으로 보인다. 어머니는 혼자 경제활동과 양육을 담당하고, 영어로만 의사소통이 가능하여 의사소통으로 오는 스트레스들을 소희에게 해소하는 것으로 보여진다. 교사는 의사소통의 한계로 어머니에게 올바른 지도방법을 안내하기에 어려움이 있었다.

지도전략

☑ 교사는 어머니께서 소희에게 채워주지 못하는 한국어 교육, 정서적 부분을 멘토링프로그램과 교실활동을 통해 지도하였다. 소희가 가정에서도 어머니와 한국어로 여러 가지 활동을 함께 해볼 수 있도록 가정연계활동지나 준비물을 안내하였다.

☑ 다문화가정지원센터의 통역사를 연계하여 보육교사와 소희 어머니가 의사소통을 할 때 통변역서비스를 받아 어머니와 교사가 원활하게 정보를 교류할 수 있도록 하였다.

☑ 다문화가정지원센터와 연계하여 다문화가족 자조모임을 통해 지지와 격려를 받을 수 있도록 안내해드렸다.

출처 : 한국보육진흥원(2013). 보육교직원을 위한 다문화보육 직무보육과정 재구성.

2. 다문화가족 아동의 초등학교 입학 준비

유아교육기관을 거쳐 초등학교에 입학하는 것은 유아들에게는 교육적으로 큰 변화의 시작이며, 다양한 경험을 앞둔 출발을 의미한다. 따라서 새롭고 낯선 환경인 초등학교로의 전이가 성공적으로 이루어질 수 있도록 지원해야 한다(안영혜, 2014). 다문화가족 부모들의 경우 한국어에 대한 이해 부족이나 교육기관에 대한 정보 접근이 용이하지 못한 문제 등으로 자녀의 초등학교 준비에 불리한 위치에 놓일 수 있다. 이에 다문화가족 유아들의 초등학교로의 성공적인 전이를 위한 정보 제공 및 지원이 이루어질 필요가 있다.

1) 다문화가족 아동의 초등학교 입학 안내

다문화가족 아동의 초등학교 입학 준비 과정에 도움이 되는 정보를 관련 웹사이트를 통해 살펴보고자 한다.

- '다문화가정 학부모를 위한－초등학교 첫걸음'
  다문화교육포털 홈페이지(https://www.edu4mc.or.kr) > 자료실 > 센터발간자료
  - '다문화가정 학부모를 위한－초등학교 첫걸음'에는 예비 초등학생 자녀를 둔 다문화가정 부모에게 초등학교 입학 준비부터 학교생활 전반에 걸친 필수 정보들이 수록됨
  - 본문은 '초등학교 입학 준비하기', '초등학교 생활 살펴보기', '초등학교 학습 살펴보기', '담임 선생님과 소통하기', '기타(출석, 안전)'의 주제로 구성됨
  - 주제마다 정보 이해에 도움이 되도록 Q&A, 체크리스트 등이 포함되고 참고 사이트 및 기관 안내, 동영상 안내 등이 포함됨

- '다문화학생 학부모를 위한 입학 안내－우리아이 학교보내기'
  다문화교육포털 홈페이지(https://www.edu4mc.or.kr) > 자료실 > 센터발간자료
  - '다문화학생 학부모를 위한 입학 안내－우리아이 학교보내기'는 유치원 및 초・중・고등학교 입학을 준비하고 있는 다문화학생 학부모가 참고할 수 있는 자료임
  - 입학 준비 단계부터 학교생활 적응을 위해 학교에서 제공하는 각종 지원 내용을 포함하고 있으며, 한국어 자료집 외에도 프랑스어, 필리핀어, 베트남어 등 15개 국어로 번역된 자료가 제공됨
  - 본문은 '입학 준비', '학교입학절차', '학교교육지원', '교육지원제도'의 주제로 구성됨
  - '학교입학절차'에서 초등학교 입학 안내에 대한 정보를 얻을 수 있으며, '교육지원제도'에는 유아학비 지원이나 저소득층 자녀 교육비・교육급여 지원 등에 대한 정보 및 관련 정보센터 자료가 수록됨

- 다문화가족지원포털 '다누리' 홈페이지(https://liveinkorea.kr/portal/main/intro.do) > 한국생활안내 > 자녀교육 > 초등학교 교육
  - '초등학교교육'에는 '교과내용', '창의적 체험활동', '초등학교 입학안내', '입학준비', '입학초기 학교생활 적응지도' 관련 내용이 소개됨
  - 한국어를 비롯하여 영어, 중국어, 베트남어, 우즈베크어 등 12개 언어로 제작됨
  - 동영상 및 음성 녹음본도 제작되어 있어 필요에 따라 선택할 수 있음
- 나이스 대국민 학부모 서비스(https://parents.neis.go.kr)
  - '나이스 학부모 서비스'는 학교 교육행정서비스를 학생과 학부모들이 온라인을 통해 열람할 수 있는 서비스로 학부모들이 가정에서 자녀의 학습과 생활을 효과적으로 지원할 수 있도록 함
  - 주요 서비스는 '학교정보', '자녀생활', '자녀건강', '자녀수업', '자녀평가', '자녀지원'으로 구성되어 있음
  - 학부모가 이용절차에 따라 회원가입 및 약관 동의 및 자녀 등록 등의 단계를 거친 후 이용할 수 있음

또한 다문화가족 아동의 초등학교 준비에 필요한 학습 지원 및 언어발달 지원 사업 등을 살펴보면 다음과 같다.

- 다문화가족 다배움! 프로그램
  - 다문화가족 아동의 학교생활 적응을 위해 취학 전후, 읽기, 쓰기, 셈하기 등 기본학습을 지원하는 프로그램
  - 교육내용은 취학 전 아동은 기본적인 학습능력 향상을 위한 프로그램으로 국어(말하기, 읽기, 쓰기), 수학(기본연산)이며, 저학년은 학교적응력 향상을 위한 국어, 수학 연계수업을 진행함
  - 해당 연령의 다문화가족 아동은 관할 지역의 가족센터를 통해 누구나 신청 가능함

- 다문화가족 자녀 언어발달 지원 사업
  - 언어평가 및 언어교육이 필요한 다문화가족 자녀(0~12세 이하)를 대상으로 함
  - 언어발달 평가결과 교육이 필요한 아동을 대상으로 어휘, 구문 발달 촉진, 대화·사회적 의사소통 능력 향상, 읽기 및 이야기하기 등의 발달 촉진을 위한 언어교육을 진행함
  - 대상 아동 부모와의 공감대 형성을 위한 부모상담 및 자녀의 언어발달을 지원하기 위한 부모교육을 진행함
  - 사업운영은 전국 가족센터에서 진행함

2) 다문화가족 아동의 초등학교 적응을 위한 지원

"단체 생활에 대한 규칙은 꼭 배워왔으면 좋겠어요. (중략) 수업 시간에 바로 앉아 있어야 하는 것, 지켜야 할 약속이 지켜지지 않는 경우, 자유분방함에 익숙해져 있는 것 때문에 지도하기가 힘들어요. 그래서 유치원에서 단체 생활 규칙에 대해서는 조금 더 지도가 필요하다고 생각해요."(D초등학교 이 교사)

"학교에 오면 유치원과는 여러 가지가 달라집니다. 처음 만나는 여러 친구들을 만나서 사귀게 되고, 수업 시간은 45분으로 정확하게 정해져 있어서 정해진 규칙과 시간표에 따라 생활해야 합니다. 수업 시간에 마음대로 돌아다니거나 친구와 이야기하는 습관이 있다든지, 화장실을 아무 때나 마음대로 가는 아이라면 이런 학교 규칙에 쉽게 적응할 수 없죠. (중략) 이렇게 유치원과 달라지는 초등학교에 대한 기본 규칙 안내가 이루어지면 좋겠습니다." (H초등학교 안 교사)

출처 : 안영혜(2014). 5세 유아의 초등학교 생활적응 프로그램이 학교 준비도에 미치는 영향 재구성.

위의 초등학교 교사의 이야기와 같이 다문화가족 아동들은 초등학교 적응을 위해 초등학교 입학 전에 규칙적인 생활 습관을 기르고 집단 생활에서 지켜야 할 규칙을 알고 지킬 수 있어야 한다. 놀이중심 교육과정으로 운영되는 유아교육기관에서는 유아의 흥미에 따라 놀이를 선택하고 놀이하는 시간에 크게 얽매이지 않고 놀이할 수 있지만 초등학교는 유아교육기관에 비해 수업 시간과 쉬는 시간이 정해져 있어 시간을 잘 관리할 수 있어야 하며, 단체 생활에 잘 적응

하기 위해서는 협동심이나 배려심 등이 요구된다. 따라서 다문화가족 아동들이 초등학교에 잘 적응하여 학교 친구들과 즐겁게 생활할 수 있도록 유아교사 및 다문화가족 부모들은 초등학교 적응에 필요한 부분을 점검하여 규칙적인 생활습관을 갖고 단체 생활에 적응할 수 있도록 지원해야 한다.

(1) 다문화가족 아동의 초등학교 적응을 위한 부모역할

초등학교에 입학하기 전 학교생활 준비 및 적응, 건강한 학교생활 지원을 위해 필요한 부분을 중심으로 부모역할을 살펴보고자 한다(한국건강가정진흥원, 2011; 다누리포털, 학교생활안내/초등학교 교육).

① 취학통지서 및 예비소집

- 취학통지서는 자녀가 초등학교에 갈 때가 되었음을 알려주는 문서이다.
- 초등학교 입학대상자는 1월 1일부터 12월 31일까지 태어난 아동으로 6세에 달하는 아동이 해당된다.
- 취학통지서에 적힌 예비소집 날짜에 맞춰 취학통지서와 예방접종확인서 등을 준비하여 해당학교로 간다.

② 자녀의 생활습관 점검

- 결석이나 지각 없이 학교생활을 할 수 있도록 정해진 시간에 자고 일정한 시간에 스스로 일어날 수 있도록 한다.
- 스스로 양치와 세수, 옷 입기를 하도록 지도하고 필요한 준비물을 스스로 챙길 수 있도록 격려한다.
- 아이에게 물건 목록을 주고 가방에 차례차례 넣어 보게 하고 학용품 정리하는 방법과 책가방 정리하는 방법을 연습해 보도록 함으로써 자기의 물건을 챙기는 연습을 해보게 한다.
- 유아교육기관에서 화장실 가기를 불편해했다면 미리 지도하여 초등학교에서 편안하게 화장실을 이용할 수 있도록 지도한다.
- 초등학교에서의 점심 식사를 편안하게 할 수 있도록 골고루 먹기, 밥 먹을 때 돌아다니지 않기, 식사 도구 바르게 사용하기 등을 지도한다.

③ 자녀의 사회·정서적 준비

- 자녀 스스로 소중함을 느낄 수 있도록 격려한다.
- 유치원이나 어린이집 선생님과 지냈던 긍정적 경험을 이야기하며 초등학교 선생님을 긍정적으로 생각할 수 있도록 한다.
- 초등학교 선생님은 학교생활을 도와주시는 분임을 알려주고 선생님이 좋아하는 어린이는 어떤 아이인지에 대해서도 이야기해 준다(규칙을 잘 지키는 어린이, 약속을 잘 지키는 어린이).
- 동화 속 친구 이야기, 엄마, 아빠의 좋은 친구 경험에 대해 이야기하며 새로 만나게 되는 친구들에 대해 긍정적인 기대를 할 수 있도록 한다.
- 입학하게 될 초등학교에 가서 놀이도 하고 간식도 먹어보며 초등학교에 대해 친근감을 갖도록 한다.
- 취학통지서가 나온 후 같은 초등학교에 함께 가는 유치원이나 어린이집 친구들에 대해 이야기하며 익숙한 친구들도 함께 가게 됨을 알려준다.
- 놀이하던 놀잇감 공간을 재정리하여 빈 공간을 만들어두어 초등학교 입학 후에 받는 물건 등을 정리할 수 있도록 하거나 가방걸이 등을 준비하여 자녀 스스로 자신의 물건을 정리해 보도록 한다.

④ 취학 전 건강 점검

- 예방접종을 확인하고 놓친 예방접종이 있는지 확인한다.
- 유치가 영구치로 바뀌는 시기이므로 건강한 치아를 가질 수 있도록 충치 치료 및 올바른 양치습관을 갖도록 지도한다.
- 코, 시력, 청력 등의 이상이나 특이 체질 등을 미리 검사받고 필요시 치료를 받는다.

⑤ 안전한 통학 방법 알기

- 초등학교에 가는 길을 자녀와 함께 다녀 보면서 교통신호 지키기, 횡단보도 안전하게 건너기, 인적이 드문 골목길 다니지 않기 등 안전하게 등·하원할 수 있도록 지도한다.
- 부모 전화번호, 집 주소 등 연락처를 기억하도록 한다.

⑥ 입학 전 준비물

학기가 시작되면 선생님들이 필요한 준비물을 알려 주지만 책가방, 신발주머니, 실내화, 필통, 필기도구, 공책, 컵과 칫솔 등 일반적으로 필요한 것들은 미리 준비해 두는 것이 좋다.

(2) 유아교육기관에서의 다문화가족 아동의 초등학교 적응 지원

다문화가족 아동의 초등학교 입학은 유아교육기관을 졸업하고 전혀 다른 교육기관에서의 생활을 시작하는 것으로 이해하기보다는 유아교육기관에서의 생활이 초등학교로 이어지면서 아동의 성장에 맞춘 교육을 경험하는 것으로 이해하여야 한다. 따라서 초등학교로의 효과적인 전이를 위해서는 초등학교 입학을 앞둔 아동들을 위한 유아교육기관에서의 초등학교 생활적응 지원이 이루어져야 한다. 이는 다문화가족 아동의 경우도 다르지 않을 것으로, 유아교육기관에서의 다문화가족 아동의 초등학교 적응 지원방안을 모색하기 위해 일반적인 초등학교 적응 지원 프로그램을 교육내용과 교수-학습방법을 중심으로 살펴보고자 한다.

또한 자녀의 효과적인 초등학교 생활적응을 위해서는 교육기관뿐만 아니라 가정과 연계한 적응 지원이 필요하다. 따라서 다문화가족 부모들이 자녀의 초등학교 생활적응 과정에서 경험한 어려움과 교육지원을 통한 긍정적 경험을 살펴보고자 한다. 이는 앞으로 교육기관에서 가정과 연계한 다문화가족 아동의 초등학교 적응 지원을 계획하는 데 참고가 될 수 있을 것이다.

- 5세 유아의 초등학교 생활적응 프로그램(안영혜, 2014)

  안영혜(2014)의 초등학교 생활적응 프로그램의 내용 및 교수-학습방법을 살펴보면 다음과 같다.

  - 프로그램 내용은 초등학교 생활에 대한 내용과 초등학교에서의 학습에 대한 준비를 위한 내용으로 구성되어 있다.
  - 초등학교 생활에서는 초등학교의 환경과 초등학교 교사 및 친구와의 공동체 생활에 필요한 인간관계, 단체생활에 필요한 규범을 준수하는 내용을 다루고 있으며, 초등학습과 관련한 내용에서는 학습하는 습관을 갖도록 하고 초등학교 교과학습을 위한 기초학습에 대한 내용을 다루고 있음을 알 수 있다.

<표 4-1> 프로그램 내용영역 및 내용

5세 유아의 초등학교 생활적응 프로그램에 반영한 내용영역 및 내용				
초등 생활 관련 영역			초등 학습 관련 영역	
학교환경	인간관계	생활규범	학습습관	기초학습
• 초등학교의 실내외 물리적 환경안내 및 안전한 학교생활을 위한 방법 등의 내용을 반영함 • 초등학교에 관한 기본정보 관련 내용을 다루어 줌으로써 초등학교에 관심을 가지도록 함	• 초등학교 교사들의 역할에 대해 알아보고 초등학교 교사에 대한 친근감을 가지도록 하는 내용을 반영함 • 친구들과 사이좋게 지내는 방법, 친구들을 도와주는 방법 등의 내용을 다룸 • 공동체 생활을 위해 지켜야 할 기본적인 예절 관련 내용들을 놀이를 통해 이루어질 수 있도록 함	• 유치원교육에서의 기본생활습관 지도가 지속적으로 이루어지도록 강조함 • 변화된 초등학교 생활환경으로 인해 달라지는 생활규범과 규범 준수 관련 내용이 중요하게 다루어지도록 함으로써 초등학교 생활적응이 원활히 이루어질 수 있도록 함	• 기초학습을 위한 준비 관련 내용을 학습이 아닌 놀이를 통해 경험할 수 있도록 함 • 기초학습을 위해 필요한 기본 지식, 기초능력을 길러줄 수 있도록 함 • 생활규범 관련 내용 중 기초학습에 도움을 주는 기본 생활습관 내용을 반영함	• 초등학교 교과학습을 위한 기초적인 내용을 다루도록 함 • 초등학교 교사들의 요구에 따라 인지학습 경험은 최소한으로 다루도록 함

– 또한 프로그램에 반영된 교수–학습방법을 살펴보면, 초등학교 생활적응 프로그램의 내용을 유아교육기관에서의 흥미 영역을 중심으로 놀이를 통해 경험할 수 있도록 하고 있으며 특별히 초등학교의 단체활동 및 수업시간을 고려하여 개별활동, 소집단활동과 함께 대집단활동을 융통성 있게 진행하고 있음을 알 수 있다.

<표 4-2> 교수-학습방법

5세 유아의 초등학교 생활적응 프로그램에 반영한 교수–학습방법
• 유아의 흥미, 경험, 발달 수준을 고려한 이야기 나누기, 게임, 음률, 미술, 언어, 수·과학 활동 등 다양한 활동을 통하여 초등학교 생활적응을 위한 활동에 즐겁게 참여하도록 함 • 반복을 통하여 습관화시킬 필요가 있는 내용은 사전·사후활동을 통해 여러 활동에서 반복경험이 되도록 함 • 유아들의 학습경험은 개별활동, 짝활동, 소집단활동, 대집단활동을 골고루 조직하되, 초등학교에서 이루어지는 학습활동이 주로 대집단활동 중심으로 40분 수업시간과 10분의 쉬는 시간을 가지는 것을 감안하여 교수–학습활동을 융통성 있게 계획·운영하도록 함 • 교실의 물리적 환경은 초등학교 교실 환경과 유사하게 구성하여 유아들이 초등학습 및 생활환경에 익숙해지도록 함

- 지역 다문화가족센터 프로그램에 대한 다문화가족 어머니들의 경험(오연주, 2018)

오연주(2018)는 다문화가족센터 프로그램에 참여 경험이 있는 다문화가족 부모들의 경험을 분석하여 다문화가족 어머니들에게 도움이 되는 가족센터 프로그램 및 자녀의 초등학교 생활과정에서 경험하는 어머니들의 어려움과 희망하는 자녀 대상의 프로그램을 분석하였다.

– 다문화가족 부모들에게 도움이 되는 교육 프로그램은 자녀 교육방법에 대한 내용으로, 자녀 교육방법을 학습했던 경험이 자녀의 학교생활 적응에 도움이 되었다고 하였다. 또한 비슷한 배경을 갖는 다문화가족 어머니들과의 소통의 기회도 자녀의 학교생활 지원에 도움이 된다고 보았다.

– 또한 다문화가족 어머니들이 자녀를 초등학교에 보내면서 경험하는 어려움은 한국어에 대한 이해 부족으로, 가정통신문이나 알림장의 내용을 이해하기 어렵거나 사전에 기술되지 않은 외래어에 대한 이해가 부족한 것이 자녀 지원을 어렵게 한다고 하였다.

– 다문화가족 어머니들은 자녀의 초등학교 생활 지원을 위해 부모 대상의 한글 학습 프로그램이 필요하다고 보았으며 이해하기 어려웠던 외래어에 대한 교육도 포함되기를 요구하였다.

- 이와 함께 다문화가족 아동을 대상으로 자아존중감 향상과 인성교육 프로그램이 필요하다고 보았으며, 이러한 교육이 학교생활 적응뿐만 아니라 집단생활을 하는 사회생활 적응에도 도움이 될 것이라고 보았다.

종합하면, 교육기관에서의 다문화가족 아동의 초등학교 적응을 위한 지원은 유아기의 발달 특징을 반영하여, 초등학교 환경 및 공동체 생활에 필요한 관계 맺기, 단체생활에서 요구되는 규범 등 초등학교 준비에 필요한 내용을 놀이를 통해 학습할 수 있는 기회를 제공하고 초등학교 교과에 대한 이해를 높일 수 있도록 기초적인 학습내용도 다루는 것이 필요할 것이다. 특히 다문화가족 아동의 경우 자아존중감 향상이나 인성교육 프로그램 등을 포함하여 자신을 사랑하고 다른 사람과도 협동하며 지낼 수 있는 역량을 키워주는 것이 필요하다고 본다. 또한 다문화가족 아동의 초등학교 적응 지원의 효과를 높이기 위해 다문화가족 어머니를 비롯한 가족구성원을 대상으로 하는 지원교육을 함께 계획하여 다문화가족 아동의 초등학교 적응 지원의 효과를 높이는 것이 필요하다.

제 3 부

다문화사회 영유아교사의 역할

CHAPTER

5 다문화사회와 영유아교사 역할

오늘의 이야기

마음을 열고 배움을 나눠요

서로를 배우는 학생과 교사의 공간 서울○○초등학교 교문을 지나면 바로 보이는 2층에 있는 다+온센터에 도착하면, 한쪽 벽면에 다문화에 관련된 다양한 게시물과 학생들의 작품이 눈에 띈다. 복도를 따라 안쪽으로 걸어가면, 강의실에서는 중도입국 학생들을 위한 한국어 교육이 실시된다.

이보람 교사는 초등반의 담임선생님을, 한주연 교사는 중·고등반의 담임선생님을 맡으며 학생들이 한국에 무사히 적응할 수 있도록 돕고 있다. 이보람 교사는 세계시민교육에 대한 깊은 관심으로 서울특별시교육청학생교육원 글로벌문화언어체험교육원을 거쳐 이곳에 지원하게 돼 근무하게 되었다고 한다. 한주연 교사는 살고 있는 동네에 다문화 주민이 많아 관심을 가지게 됐다고 한다. 하지만 다문화 주민들과 교류할 수 있는 자리는 없었고, 학교에는 점점 다문화학생이 늘고 있으니 직접 만나서 서로의 문화를 배우고 이해하는 것이 좋겠다는 생각이 들어 센터에 근무하게 됐다고 한다. 두 교사는 다양한 프로그램을 구체적으로 기획하기도 하고, 프로그램 진행과 관리도 하고 있다.

특히 학생들에게 친구의 존재는 매우 중요하기에, 두 사람은 공동체 수업과 언어 교육을 진행하며 말과 글을 배우는 과정에서 친구를 사귀는 소중한 경험을 할 수 있도록 돕고 있다. 다문화학생들이 글로벌 인재로 성장하길 바라는 마음으로 서울다문화교육지원센터에 근무하는 이보람, 한주연 교사의 헌신적인 매일은 계속될 것이다.

한주연(2024. 11). 마음을 열고 배움을 나눠요. 지금 서울교육, 6-7면. 일부 발췌.

1. 다문화사회와 교사

'유·초·중등 교원 대상 다문화교육 실시', '교사 다문화역량 강화 워크숍' 등은 글로벌화 추세에 있는 우리나라의 정책적 과제에서 종종 볼 수 있는 주제들이다. 우리나라도 본격적인 다문화사회이며 이주와 국제결혼이라는 현실이 삶의 한 모습으로 받아들여야 함을 실감하게 한다. 이는 다문화가족이 증가하면서 교육현장에서도 다문화가족 자녀들을 교육하고 지도하는 것이 중요한 과제가 되고 있음을 의미한다.

1) 다문화사회에서의 영유아교사

우리나라도 본격적인 다문화사회가 되었으며 보육 및 유아교육기관에도 다문화가족 영유아가 증가하면서 다문화가족 아동의 교육과 지원은 중요한 국가적 과제가 되었다. 이와 더불어 교육과 보육현장에서 다문화가족의 영유아를 직접 마주하는 영유아교사의 역할은 더욱 중요해지고 있다. 다문화가족 아동이 교육기관에 잘 적응하기 위해서는 교사의 세심한 배려와 지도가 있어야 하는데, 이는 교사의 다문화감수성이 높을수록 다문화가정 유아의 학습 및 사회적 적응력이 향상되기 때문이다(이정미, 2018).

또한 유아기는 다양한 문화에 대한 이해, 자세, 관점 등을 형성하는 데 있어 민감한 영향력을 받는 시기이며, 타인을 탐색하는 과정에서 인종, 사회적 계층, 민족성 등에 대한 고정관념이나 편견이 형성되므로(김정신·박인숙, 2013) 영유아교사가 다문화사회를 어떤 시각에서 바라보고 수용하는지가 중요하다. 즉, 다양성과 다른 문화에 대한 이해, 관점과 태도 등은 어린 시기부터 형성되므로 다문화에 대한 안내자의 역할을 담당해야 하는 영유아교사의 역할과 책임은 어느 학교 수준에서의 교사 역할보다 더 크다는 것이다. 이를 위해 교사는 자신이 편견을 가지고 있다는 사실을 인정하며 자신의 편견에 대해 먼저 성찰해 보는 시간을 가져야 한다.

2) 영유아교사의 다문화인식과 태도

(1) 다문화인식의 개념

다문화사회에서 영유아를 교육하고 지원하기 위해서 교사는 먼저 다문화사회를 올바르게 수용하고 인식하는 것이 중요하다. 원준희(2014)에 의하면 다문화인식이란 다양한 사람들이 살아가는 사회 속에서 서로가 지닌 문화를 인정하며 '다름을 바탕으로 우리와 다른 사회의 문화적 배경을 이해하고 받아들이는 것'이라 하였다. 올바른 다문화인식, 즉 다수의 문화에 대한 긍정적 인식 형성과 함께 소수에 대한 개방적인 태도는 다문화사회 정착의 중요한 요소가 된다. 영유아교사에게 요구되는 다문화인식은, 첫째, 한 사회 속에서 존재하는 다양한 문화에 대해 이해하는 것이며, 둘째, 다문화에 대해 서로 존중하고 수용하며 개방하는 것이다(권하정·이기용, 2015). 따라서 다문화인식이 높은 교사는 다양한 인종과 문화적 배경의 다문화가족을 존중하고 수용하는 능력도 높을 것이다.

다문화인식에는 다양한 문화에 대한 개방성과 수용성, 존중성이 포함된다. 개방성은 다른 나라 사람들과 그 나라의 문화적 규범 및 가치관에 편견을 가지지 않는 열린 태도로 자신과 다른 문화를 거부감 없이 그 문화가 우리 사회에 존재하는 것이 자연스럽다고 느끼는 것이다(김판희·이춘옥, 2009). 수용성은 타문화를 인정하고 각기 다른 문화적 배경을 가진 집단을 사회의 한 구성원으로 받아들이며 함께 살아가려는 모습이다. 즉, 다양한 문화와 가치를 인정하며 타문화에 대한 고정관념 및 편견을 갖지 않고 차별 행동을 하지 않는 다양성 차원과 타문화를 가진 집단과 가까이 관계 맺으며 적극적인 관계를 형성하는 관계성 차원, 타문화 집단 문화를 이해하고 존중하며 편견 없는 유연한 대처 방식 등의 보편성 차원을 포함한다(이지영, 2012). 존중성은 인간이 자신에게 갖추어야 할 자신에 대한 존중에서부터 타인뿐 아니라 모든 사람들의 권리나 그 존엄성 및 문화에 대한 존중까지를 포함하는 것을 말한다.

이를 종합해 보면 다문화인식은 다름이 가치 있다는 신념하에 자신의 편견을 인식하고 시정하려는 노력이며 자기 문화와 타인의 문화 모두의 가치를 인정하고 수용하려는 태도를 의미한다고 하겠다.

(2) 영유아교사 다문화인식 실태 및 태도

다문화사회로의 진입과 다문화교육의 중요성이 강조되면서, 많은 영유아교사들은 다문화교육의 필요성을 인식하고 있다. 다문화에 대한 교사의 태도와 교사가 조성하는 다문화적 환경은 유아들에게 중요한 요인으로 나와 다른 문화를 존중하는 교사일수록 다른 문화의 사람들을 더 잘 이해하고 받아들이며 다문화교육에 대한 수용, 이해도가 높아 실제 교육 반영 수준도 높은 것으로 나타났다(안지은, 2021). 이처럼 다문화에 대한 교사의 신념과 태도는 그들의 교수실제에 영향을 미쳐서 배움의 대상인 영유아의 학습방법에도 영향을 미친다. 이에 교사는 다양한 사회에서 살아가는 아동들을 준비시키기 위해 다문화적인 관점이 중요하다는 것을 이해하고 이를 받아들여 교육에 적용하여야 한다.

영유아는 교사가 보여주고 싶어 하는 것뿐만 아니라 어른들의 모든 행동으로부터 메시지를 받아들이고 모방하는 존재이다. 그러므로 교사는 영유아들에게 사람들 사이의 다양성은 좋은 것이며, 다른 사람들의 유사점과 다른 점을 존중하고 가치 있게 여겨야 한다고 가르치지만 정작 교사가 정반대의 행동을 보여주는 등의 이중 메시지를 보내지는 않는지를 종종 점검해 봐야 한다. 또한 교사는 교실 내에서의 일상적인 행동을 통해 영유아에게 자신의 다문화에 대한 생각과 태도를 은연중에 드러내며 교사 자신의 경험과 지식, 신념, 가치관 및 관심사가 결합하여 교육과정이나 교수방법 등과 관련된 결정에 영향을 미치지는 않는지를 인지해야 한다. 이와 더불어 교사들은 타문화에 대한 고정관념과 편견을 가지고 있지는 않은지를 성찰해야 한다.

3) 영유아교사의 다문화역량

(1) 다문화역량의 개념

다문화는 그동안 제한적 개념으로 사용하는 다민족에 의해 형성된 문화의 개념에서 확대하여 인종, 민족, 언어, 종교, 성, 장애 등의 차이에서 발생하는 다양한 문화의 개념을 의미한다(최정아, 2015). 그러므로 다문화 안에는 다양한 것들의 공존 개념이 포함된다는 특성이 있으며, 공존에는 상호 간의 다양성을 인정하고 존중한다는 것이 포함된다. 따라서 다문화역량은 서로 다른 문화적 배경을 지닌 사람들을 존중하고 배려하는 마음으로 다양한 문화 배경을 가진 사람들을 긍정적으로 상호작용하도록 돕고 이해하기 위한 지식, 기술, 인식을 갖추어 다문화적 행동을 실천하는 것을 말한다(송미경, 2019). 이를 통해 볼 때, 다문화역량은 문화적 지식(cultural knowledge), 태도(attitude), 기술(skill)의 요소 모두를 아우르는 개념이라 할 수 있다. 다문화사회에 다양한 인종들과 함께 교육현장에서 상호작용할 때 문화적으로 역량 있는 지식과 이론이 필요하며, 실천 지식과 기술은 관계 형성, 접촉, 문제 확인, 중재하는 데 필요하기 때문이다(오유미, 2014).

결론적으로 다문화역량은 다문화 현장에서 다양한 인종 집단의 문화와 가치체계를 인정하고 이해하며, 개방적인 태도로 적절한 서비스를 제공할 수 있는 전문적인 능력이며, 단순히 타문화를 이해하는 것을 넘어, 그 문화를 존중하고 포용하며 실제적인 상호작용에서 적용할 수 있는 능력까지를 포함하는 개념이다(원숙연 · 문정희, 2016). 이러한 다문화역량은 교육, 직장, 사회 전반에서 필수적인 요소로 자리 잡고 있으며, 특히 글로벌화가 가속화되고 문화적 배경이 다른 사람들과의 협력이 필수적인 현대 사회에서 더욱 강조되고 있다.

(2) 영유아교사 다문화역량 강화

교사에게 있어서 역량은 자신이 맡은 직무를 성공적으로 수행해 낼 수 있는 능력으로 지식의 차원을 넘어서 교육현장에서 실제로 자신의 직무를 효율적으로 수행하는 실천적 차원까지를 포함하는 개념이라 할 수 있다. 따라서 교사의 다문화역량은 학생, 가족, 그리고 인종적 · 문화적으로 그들 자신과 차이가 있는 다른 교원들과도 상호작용을 잘할 수 있는 능력을 의미하며 민족정체성 발달, 민족집단의 문화와 편견 감소를 주요 특징으로 한다(이정례, 2015). Spanierman 등(2011)은 다문화역량이란 교사들이 다문화적 쟁점에 대한 자신의 태도 및 신념을 지속적으로 탐구하는 상호작용 과정이며 특정 계층에 대한 이해력을 토대로 교사의 교육내용 및 방법, 학생, 학부모와의 상호작용을 잘할 수 있는 능력으로 정의하고 인식, 지식, 기술을 다문화역량의 구성요소로 제시하였다. 이에 대해 구체적으로 알아보면 다음과 같다. 첫째, 다문화 교수 인식은 다문화적 존재로서의 자아뿐 아니라 타인, 그리고 모든 학생을 위해 민감하게 문화적으로 반응할 수 있는 학습 환경을 조성하는 교사의 인식을 반영한 계속적이고 역동적인 과정을 말한다. 둘째, 다문화 교수 지식은 집단 내 및 집단 간 차이에 영향을 줄 수 있는 문화적 역동, 현 사회정치적 상황, 주요한 사회 역사 및 다양한 연구와 관련된 교육적 전략, 그리고 문화적 반응에 대한 교육학적 지식이다. 셋째, 다문화 교수 기술은 모든 학생들의 학업 성취와 개인적 발달을 촉진하는 실용적 및 전략적인 교사의 능력, 적극적인 도구의 선택과 개발, 계속적인 연구, 문화적으로 민감한 행동 관리의 전략 및 중재 구현, 문화적 반응과 관련된 학교 정책 절차와 실천 및 평가를 의미한다(박명희 · 김경식, 2012).

영유아들은 유아교육기관에서의 경험을 통해 교육과 학습의 의미를 형성하며 이때의 경험은 교사가 견지하는 교육 실천을 이끄는 가치관과 태도를 통해 구성되고 안내된다(김은나, 2020). 따라서 영유아교사는 유아가 다문화사회에서 필요로 하는 새로운 지식을 구성하도록 돕고, 사회적 변화에 맞는 다문화적 관점을 지니도록 도와야 하며, 함께 살아가야 하는 사회에서 추구되어야 할 올바른 인간상을 정립하도록 영유아를 지원하는 동시에 사회정의 실현에 이바지할 수 있는 다문화역량을 지녀야 한다.

(3) 영유아교사 다문화교육 역량 제고

교사는 다문화가족 아동은 물론 모든 영유아가 문화적으로 다원적인 사회에 대해 준비하고 자신의 문화와 인종에 대해 개방적이고 이해하는 태도를 가져 그 문화를 공유할 수 있도록 지원하기 위해 다문화교육 역량을 함양할 필요가 있다. 이에 정부에서도 현직교원과 예비교원을 대상으로 다문화교육 역량 제고에 필요한 지침을 마련하여 실행하고 있다. 2019 다문화교육 지원계획에 제시되어 있는 현직교원의 다문화교육 역량 제고를 위한 내용은 다음과 같다(교육부, 2019).

(일반교원) 중앙교육연수원 및 시 · 도 교육연수원에서 다문화교육 원격연수 기초과정(15차시) 및 심화과정(30차시) 운영

※ 최신 법령 · 정책 등을 반영하고 실제 사례 중심으로 '기초과정' 전면 개편, 교육과정 연계 다문화사회 세계시민교육의 실제(15차시) 콘텐츠 신규 개발

(담당교원) 다문화학생 담임교사 및 정책학교 담당교사는 다문화교육 관련 연수를 필수적으로 이수하도록 권장

※ 〔연수시간〕 다문화학생 담임교사 15시간, 다문화교육 정책학교 교원 30시간 내외
〔연수주기〕 시 · 도교육청이 결정(3년 이하 권장)

(전문교원) 진로진학상담교사·전문상담교사 다문화교육 연수(2019. 8.) 및 한국어 교육과정 운영 교원 대상 학교급별 직무연수 실시(2019. 2.·7.)
※ 다문화학생 진로·진학지도 및 상담의 실제 원격연수 신규 운영(2019. 6.~)
(학교관리자) 중앙교육연수원 주관 '다문화교육 관리자 과정'을 운영(4회 30시간)하고 한국어학급 운영관리자 연수 신설(15시간)

예비교원의 다문화교육 역량 제고를 위한 내용은 다음과 같다.

교원양성과정을 통한 예비교원의 다문화교육 역량 함양 : 교직과목에 다문화교육(다문화학생 지도) 내용을 추가하고, 교원양성기관에서 다문화교육 관련 강좌개설 유도
※ 교원양성대학 교육과정 개편 시 다문화교육 교과목 구성 필요성 검토

〔예비교원 대상 다문화교육 관련 내용 반영 현황〕

교원자격검정		교원양성기관평가
교직실무	다문화사회로의 이행에 따른 교사의 역할 포함	현장역량중심 교육과정 운영 실적(60점) 다문화교육 역량 강화를 위한 프로그램 운영 실적 포함
학교폭력 예방 및 학생의 이해	다문화사회로의 이행에 따른 교사의 역할 포함	
교육봉사활동	다문화학생 지도 관련 교육봉사활동 포함	

2. 다문화사회 영유아교사의 역할 및 지원

1) 다문화사회에서 영유아교사 역할의 중요성

다문화사회가 되면서 영유아교사는 다문화가족과 같이 보다 더 다양한 특성의 배경을 지닌 영유아들과 마주하게 되었다. 2022년 외국인주민 현황 조사(행정안전부, 2023)에 따르면 우리나라의 다문화가족은 결혼이주여성 등 혼인으로 인한 증가가 가장 많고 다문화가족 자녀 수도

299,440명이며 만 7~12세가 109,519명(36.6%), 만 6세 이하가 109,081명(36.4%)으로 조사되어 다문화사회에서의 영유아교사 역할의 중요성이 커지고 있음을 알 수 있다. 다문화사회에서 영유아교사의 역할이 중요한 이유는 다음과 같다.

첫째, 유아교육기관은 가르치고 배우는 곳으로 영유아와 교사, 영유아와 영유아 간의 상호작용을 통해 교수·학습활동이 이루어지는 곳이다. 영유아의 삶에 있어 교사는 부모 다음으로 중요한 존재로 영유아에게 미치는 교사의 영향력은 매우 크다. 교사가 전문적 지식과 기술로 영유아를 가르치고 지원하는 과정에서 보여지는 가치관이나 행동 등은 영유아에게 그대로 전달되기 때문이다. 따라서 영유아교사는 소수집단인 다문화가족에 대한 편견은 무엇인지를 성찰하여 다양한 문화적 특성에 적합한 상호작용 방법을 고안하여 실행해야 한다.

둘째, 다문화가족 자녀에 대한 교사의 이해 부족과 편견은 학생에 대한 낮은 기대로 이어질 수 있다는 것이다. 구정화, 박윤경, 설규주(2010)는 특정 소수집단 구성원의 행동양식에 대한 이해 부족으로 인해 교사가 소수집단 학생들을 학습 장애 현상으로 오인하거나 학습능력이 떨어지는 것으로 낙인을 찍는 경우들이 발생할 수 있다고 하였다. 이는 다문화가족이 가진 개별적 특성과 문화적 특수성에 대해 이해하려는 교사의 노력이 필요함을 의미한다.

셋째, 교사의 신념은 실제 교육과정에 영향을 미친다. 즉, 영유아교사의 신념과 지식은 교사가 실행하는 교수방법에 영향을 미치고 다문화가족 영유아들의 학습방법에도 영향을 미친다. 이에 교사가 다양한 사회에서 살아가는 영유아들을 준비시키기 위해 다문화적 관점이 중요하다는 것을 이해하고 받아들이며 교육 적용에도 유의하여야 한다.

넷째, 영유아는 교사가 의도하여 보여주고자 하는 것뿐만 아니라 성인들의 모든 행동으로부터 메시지를 받아들이고 모방한다. 교사는 영유아들에게 다양한 문화와 인종 등은 좋은 것이며, 다른 사람들의 유사점과 차이점을 존중하고 가치 있게 여겨야 한다고 말은 하지만 때로 정반대로 행동함으로써 자칫 영유아들에게 혼란을 주거나 교사 행동을 모방하는 결과를 낳을 수 있음에 유의하여야 한다.

2) 다문화사회에서의 영유아교사 역할

다문화가족 영유아가 교육기관에 적응하는 데 가장 중요한 요소는 교사의 세심한 배려와 지원이라고 할 수 있다. 무엇보다도 문화에 대한 이해와 관점, 태도 등은 어린 시기부터 형성된다는 점에서 영유아교사의 역할은 중요하다. 다문화사회에서의 영유아교사 역할을 구체적으로 알아보면 다음과 같다.

(1) 다양한 문화에 대한 이해와 존중의 증진

영유아교사는 다양한 문화적 배경을 가진 아동들이 서로를 이해하고 존중할 수 있도록 돕는 역할을 수행해야 한다. 즉, 교사는 영유아들이 서로 다른 민족과 인종 등의 다양한 사람들을 긍정적으로 인식하고, 편견과 차별 없이 서로를 대할 수 있는 기초를 마련하도록 지원하는 것이다. 이를 위해 교사는 먼저 문화다양성에 대한 자신의 인식과 태도를 형성하여야 한다. 박윤경, 성경희, 조영달(2008)은 교사의 문화다양성에 대한 초·중등교사들의 인식과 태도를 인지적 영역, 정의적 영역, 행동적 영역으로 구분하여 알아본 결과, 다른 인종·민족집단 및 다문화가정을 존중한다는 응답이 91%로 나타났으며, 다른 인종·민족의 말투나 행동이 거슬리지 않는다는 것에 대한 응답은 56.2%로 타인종이나 민족을 존중한다는 인지적 반응(91%)에 비해 정서적 거부감이 더 강한 것으로 나타났다. 본 연구의 대상이 초·중등교사이고 2008년에 이루어진 결과로 현재의 상황과는 다소 상이할 수 있으나 다문화사회에 대한 교사들의 인식을 다소나마 이해할 수 있는 자료이다. 본 자료를 통해 볼 때 교사들은 타인종과 민족에 대해 존중하는 인지적 영역에 대한 응답률은 높게 나타났으나 정의적 영역과 행동적 영역의 응답률은 다소 저조함을 알 수 있다. 영유아는 교사를 통해 문화적 다양성을 경험하고 더 넓은 시각과 타문화에 대한 공감 능력을 기를 것이다. 따라서 교사는 다양한 문화에 대한 긍정적 시각 형성과 동시에 영유아에게 제공하는 자료나 정보 등에 문화적·민족적·인종적 집단이 다양하게 포함되도록 교육내용을 구성하여 실행함으로써 영유아들이 자연스럽게 문화다양성의 메시지를 받아들이도록 지원하여야 한다.

(2) 다문화가족 아동의 정체성 형성 지원

다문화가족의 영유아는 자신의 문화적 정체성을 형성하는 과정에서 혼란을 겪을 수 있다.

영유아교사는 다문화가족 아동들이 자신의 문화적 배경을 긍정적으로 받아들이고 자긍심을 갖도록 지원하는 역할을 해야 한다. 특히 결혼이주민 어머니와 한국인 아버지로 이루어진 다문화가족의 경우 결혼이주민 어머니와 자녀는 정체성에서 어려움을 가진다. 즉, 결혼이주민인 어머니가 가진 정체성과 한국에서 태어나 자라는 자녀 정체성의 근본적인 이질감은 어머니와 자녀 간의 정서적 유대관계 형성을 어렵게 할 뿐 아니라 결혼이주민 어머니가 가지는 깊이 있는 외로움의 근본이 될 수도 있을 것이다. 영유아기의 정체성 혼란은 청소년의 발달적 위기와 사회 부적응을 초래할 수도 있으며 향후 사회생활에도 부정적인 영향을 미칠 것이다. 따라서 영유아교사는 학급의 영유아들에게 편견이나 차별 없는 환경을 제공하고, 모든 문화가 동등하게 존중받는다는 것을 강조하며, 다문화가족 영유아가 가진 강점과 관심사를 발견하고 지지해 줌으로써 다문화가족 영유아가 긍정적으로 자기정체성을 확립해 나가도록 지원해야 한다.

(3) 사회적 기술 습득 지원

영유아교사는 다문화가족 영유아들이 다양한 사회적 상황에서 자신감 있게 상호작용하고, 원활한 의사소통을 할 수 있도록 돕는 중요한 역할을 해야 한다. 양육의 주된 책임을 가지는 다문화가족 결혼이주민 어머니가 한국어 능력이 제한될 경우, 자녀와의 의사소통 제한으로 초기 애착 관계 형성에 어려움을 겪을 수 있고 언어발달의 지연이나 학업성취도 및 또래 관계 발달 등에 부정적인 영향을 미칠 수 있다(우원목, 2013). 또한 결혼이민자 어머니의 양육 경험이 한국의 양육 문화와 다를 경우 다문화가족 영유아의 사회적 기술이나 행동 등에서의 차이를 만들 수도 있다. 따라서 교사는 교실 안에서 다문화가족 영유아의 사회적 상호작용을 촉진하는 활동을 실행하거나 스트레스나 갈등 상황에서 자신의 감정을 조절하는 방법 및 감정표현의 기회를 제공함으로써 교실 상황에 적합한 사회적 기술과 행동을 배울 수 있도록 지원하여야 한다. 무엇보다도 다문화가족 영유아의 언어발달 지연에 따른 의사소통 기술의 제한은 교육기관 적응과 사회적 상호작용 등을 저해하는 요인이 된다. 따라서 다문화가족 영유아가 자신의 생각을 효율적으로 전달할 수 있는 다양한 방법을 고안하고 또래 간에 서로의 의견을 듣고 이해할 수 있는 기회를 제공하여야 한다.

다음은 유아교육기관에서 다문화가족 영유아의 의사소통 기술 지원을 위해 교사가 실행한 사례이다.

[언어카드 활용]

인사할 때에도 그 나라 언어로 같이 했어요. 언어영역에 다문화 언어카드를 제시해 주기도 했고요. 간단한 언어요. 그랬더니 다문화가정 아이도 다른 유아들도 그 나라 말에 관심을 많이 가지더라고요.

(황 교사, 2차 개인면담, 2019. 5. 13.)

[그림카드 활용]

화장실 그런 정말 필요한 단어조차 못하는 파키스탄 아이였는데, 제일 급한 거 있잖아요. 물 먹고 싶다, 화장실 가고 싶다, 이런 거를 그림으로 좀 해줬어요. 그림에 그 나라 말을 찾아가지고 붙여줬지요. 너무 급하면 걔가 그거를 갖고 와서 저를 불러 그림카드를 가리키며 말하는 거예요. 다른 애들이 옆에서 따라 하면서 알려줘요.

(장 교사, 1차 개인면담, 2019. 4. 25.)

[유아 언어 사용]

그 친구가 영어를 쓰든, 중국말을 쓰든, 일본어를 쓰든 굳이 한국말을 사용하지 않고 표현할 수 있는 그런 분위기를 만들어 주기 위해서 아이에 맞춰 간단한 언어를 같이 사용해줬어요. 그러면 다른 아이들도 따라 하고 당연히 다문화가정 유아도 자기가 쓰는 말투가 달라지고요.

(황 교사, 1차 개인면담, 2019. 4. 22.)

[통역 어플 사용]

말하기를 주고받아야 되는데, 잘 안될 때는 통역 앱으로 소통해요. 그렇게 소통하다 보면 아이가 엄마 언어도 자신 있게 사용하고 한국어도 빨리 배우더라고요.

(이 교사, 1차 개인면담. 2019. 4. 25.)

출처 : 권경숙(2020). 다문화가정 자녀 이중언어 사용에 대한 영유아교사들의 이해와 지원.

(4) 교육적 평등 실현 및 글로벌 시민 양성

영유아교사는 다양한 민족적·문화적 배경을 가진 다문화가족 자녀들이 교육기관에서 동등하게 교육받을 수 있도록 지원하고, 개별 아동의 필요와 특성에 맞춘 교육을 제공하여 교육적 평등을 실현하는 데 이바지하는 역할자이다. 교육적 평등은 모든 사람이 출신 배경, 사회적·경제적 조건, 성별, 지역 등에 관계없이 동등한 교육 기회를 보장함으로써 계층 간 격차를 줄이고 사회통합을 이루는 주요 방안의 하나이다. 이에 교사는 다문화가족 영유아가 인종이나 민족, 문화적 차이 등을 이유로 차별받지 않도록 배려하는 역할을 수행하여야 한다. 이러한 교사의 지원은 다문화가족 자녀가 영유아기부터 교육적으로 평등한 기회를 가짐으로써 글로벌 시민으로 성장하는 데 필요한 토대를 마련할 수 있을 것이다. 다문화가족 영유아의 글로벌 시민 양성은 개인뿐만 아니라 사회 전체의 발전과도 연결된다는 점에서 의미 있는 역할이다.

3) 다문화가족 영유아 지도를 위한 교사 역할

(1) 다문화가족 영유아 지도에 대한 교사의 태도

우리나라 다문화가족은 결혼이민자 어머니와 한국인 아버지로 이루어진 가정이 다수를 차지하고 있다. 특히 우리나라는 전통적으로 영유아기 어린 자녀의 양육은 어머니에 의해 이루어진다는 점에서 결혼이민자 어머니의 자녀 양육에 좀 더 관심을 기울여야 한다. 특히 우리나라 다문화가정 어머니들은 자녀 교육과 관련한 어떤 결정을 내리고자 할 때 교사에게 의존하는 경향을 보이므로 교사는 다문화가족 영유아가 처한 환경을 이해하여 균형 잡힌 교육자로서의 역할을 수행해야 한다(박미경, 2007; 봉진영, 2011). 이에 Banks(2010)는 다문화사회에서 영유아를 상대하는 영유아교사가 가지고 있어야 할 태도로 모든 유아가 유능한 존재라는 것에 대한 믿음과 유아 특성에 대한 관심, 다양한 유아의 요구에 대한 지식, 자기중심이 아닌 유아를 배려하는 수용하려는 마음, 헌신적·봉사적인 의지, 전문성과 동시에 도덕적 생활을 하려는 행동을 제안하였다.

다문화가족 영유아를 지도하기에 앞서 영유아교사가 다문화가족을 어떻게 바라보는지에 대한 태도는 교사 역할의 실질적인 방향타가 된다. 다문화가정 학생에 대한 교사의 태도는 하혜숙(2011)의 다문화가정 학생에 대한 교사 편견의 네 가지 유형을 통해서 살펴볼 수 있다. 제1유형은 '긍정적 관점 평등지향'으로 다문화가정 학생의 대인관계, 인성, 생활 영역에 대해 긍정적이고 평등한 관점을 취하고 있는 것으로 다문화가정 학생이 일반 학생과 다르지 않다는 입장을 보여준다. 제2유형은 '의사소통 불만족형'으로 다문화가정 학생의 외모 및 인상, 생활, 인성에 대한 일반적인 편견을 가장 많이 수용하면서, 특히 언어와 학습에 대해 불만족하는 유형이다. 제3유형은 '능력 신뢰형'으로 다문화가정 학생의 학습에 대한 긍정적인 관점을 취하고 있는 유형이다. 제4유형은 '능력 불신형'으로 다문화가정 학생의 학습능력과 외모 및 인상에 대해 매우 부정적 시각을 가진다. 제1유형과 제3유형 같이 다문화가정 학생을 평등한 관점으로 바라보고 문화다양성에 긍정적인 교사의 태도는 다문화가족 영유아를 비롯한 일반가정 유아 모두에게 동등한 교육 기회를 제공할 수 있으며, 문화적 편견을 가지지 않는 교수내용을 구성하여 친다문화적인 태도로 영유아들과 상호작용하게 된다.

(2) 다문화가족 영유아 지도 어려움과 역할 실제

다문화사회에서 교사는 어린 학습자들이 다양한 문화를 존중하고 함께 어울릴 수 있도록 돕는 중요한 역할을 맡고 있다. 이를 위해 교사는 다문화감수성을 함양하고, 차별 없는 학습환경을 조성하며, 맞춤형 교육을 지원하려는 노력이 필요하다. 다문화사회에서 만나는 다문화가족 영유아 지도를 위한 교사 역할의 실제에 앞서 다문화가족 영유아를 지도하면서 교사들이 느끼는 다양한 어려움에 대해 먼저 알아보고자 한다.

첫 번째는 의사소통 문제로 가지는 어려움이다. 교사들은 다문화가족 영유아가 또래 상호작용에 있어서 일반 영유아들과 다른 외모, 부정확한 발음이나 의사소통의 문제로 어려움을 가지는 것으로 나타났다(최재은, 2012). 다문화가족 결혼이민자 어머니의 서툰 한국어 양육이 자녀의 언어발달 어려움으로 이어져 일반가정 영유아보다 언어발달이 늦는 사례가 많다는 점이 교육현장의 영유아교사에게 소통 어려움이 되어 영유아를 지도하는 데 한계 상황을 만든다.

의사소통 어려움 사례

환경적으로 이중언어, 삼중언어 환경에서 자랐기 때문에 언어적으로 부딪히는 게 좀 있어요. 중국어와 영어와 한국어를 (중략) 숫자나 동물 이름 같은 경우에는 알파벳이 더 익숙한 경우가 있고 그래서 좀 혼동이 있어요.

(A/8:309－312)

○○이가 한국말을 했는데 엄마가 못 알아듣고, 중국말로 하니까 ○○이가 엄마한테 “한국말로 해”라고 화를 낸 적이 있어요.

(B/6:236－237)

출처 : 안소현 · 이병인 · 배성현(2023). 유아교사의 다문화가정 언어발달지연 유아 지도 경험에 관한 질적 연구.

두 번째는 사회적 관계 지도 어려움이다. 교사는 다문화가족 영유아 스스로가 혼자서 놀이하거나 친구들을 따라다니기만 하는 등의 소극적인 모습을 볼 때 또래들과 원활하게 관계를 형성하도록 지도하고자 노력하지만 다문화가족만의 문화 특성에 적합한 지도방법에 대한 확신을 가질 수가 없어서 어려움을 가진다. 특히 다문화가족에서 자라는 영유아들은 가정에서의 문화와 사회에서의 문화가 다름으로 인해 친구를 사귀거나 사회적 상황을 이해하는 데 어려움을 가질 수 있다. 그러나 교사는 모든 다문화가족의 문화를 깊이 이해하기 어렵기 때문에 문화적 오해나 갈등이 발생할 수 있다.

사회적 관계 지도 어려움 사례

다문화가정 유아가 등원하면서부터 친구에게 다가가지 못하고 혼자놀이를 했어요. 처음엔 소극적인 모습과 함께 소심함이 보이기도 했고요. 친구들에게 소개해 주고, 짝꿍도 만들어 주고 하면서 놀이할 수 있도록 도와줬는데, 어울리려 하기보다는 다른 곳으로 조용히 가서 놀이를 혼자 하더라고요.

(B교사 인터뷰)

놀이를 하지 않고 혼자 책상에 앉아서 친구들이 노는 모습을 관찰하고 있을 때가 많더라고요... 선택하지 못하고 이리저리 왔다 갔다 영역에 들어갔다 왔다 다른 영역에 갔다가 반복해요.

(A교사 인터뷰)

출처 : 정은정(2019). 유아교육기관에서 다문화가정유아를 교육하는 교사의 어려움 및 요구.

세 번째는 심리적 문제로 인한 지도 어려움이다. 영유아교사들은 다문화가정 영유아가 이중문화 환경에서 잘 적응하도록 돕기 위해 노력하지만 영유아들이 부정적인 태도를 보여 지도 어려움을 느끼기도 하며, 스트레스를 많이 받을 때는 우울, 불안, 소외감과 같은 심리적인 문제와 위축, 공격적인 분노 폭발과 같은 수용하기 힘든 행동적 문제를 보일 때 지도 어려움을 느낀다(윤지원, 2015). 이러한 맥락에서 다문화가족 영유아가 부적응적인 행동을 보일 때 교사가 지원해 주어야 하지만, 높은 유아 비율과 지원 인력의 부족 등으로 적절한 도움을 줄 수 없음이 교사에게는 어려움으로 여겨지기도 한다.

심리적 문제로 인한 지도 어려움 사례

엄마와 떨어져 많이 울어서 다른 친구들은 점심을 먹고 가는데 이 친구들은 1시간만 있다가 갔어요. 그리고 계속 선생님이 안아 주기를 바랐어요. 너무 많이 울어서 부모님과 상담을 해서 적응 기간을 더 늘렸어요.

(A교사 인터뷰)

울고 떼쓰고 문고리 잡고 엄마 찾고 이런 것들은 다 비슷했던 거 같아요. 조금 걱정했던 건 집어던지는 것. 엄마랑 떨어지기 싫은데 떨어진 이 분노를 자기 불안감과 분노를 어떻게 표현할지 모르니까 부정적인 방식으로 그런 행동으로 표현이 된 것 같아요.

(C교사 인터뷰)

출처 : 조미영(2021). 보육교사가 경험한 다문화가정 영유아 보육의 어려움.

네 번째는 다문화를 이해하기 위한 교육 기회 부족과 정보 부족에서 오는 어려움이다. 영유아교사들은 다문화가족 영유아가 유치원이나 어린이집의 적응을 돕고 일반가정 영유아와의 교류를 지원하고자 다문화교육이나 반편견교육 등을 필요로 한다. 그러나 다문화가족 부모의 양육 태도 및 다문화가족 영유아 부모 나라에 대한 이해도 및 지식 부족, 다문화가족 영유아들의 생활지도 방법들에 대한 이해 부족 등으로 다문화교육이나 반편견교육의 한계를 가진다(권형례, 2010).

문화 이해 부족으로 인한 어려움 사례

제일 큰 차이점은 식습관이었던 것 같아요. 한국음식을 먹지 않았었고, 주로 빵과 고기만 먹으려 했어요. 가정에서 편식 없는 식단 제공도 안 되고, 엄마도 한국음식을 잘 먹지 못하여 과자나 피자, 초콜릿으로 밥 대신 주었다고 하시더라고요. 그러다 보니 아이가 음식을 주면 헛구역질을 하거나 토를 하기도 했어요.

(A교사 인터뷰)

> ○○자녀는 기후와 환경이 우리나라와 비슷한 탓인지 별 차이는 없었고요. ㅁㅁ자녀는 엄마가 더운 곳에 살아오셔서인지 날씨가 조금만 추워져도 엄청 두꺼운 옷을 입고 오더라고요. 봄에 털옷이나 패딩을 입고 왔어요. 그런데 △△자녀는 추운 겨울에도 가을 옷을 입고 왔어요.
>
> (B교사 인터뷰)

출처 : 정은정(2019). 유아교육기관에서 다문화가정 유아를 교육하는 교사의 어려움 및 요구.

다문화가족 영유아 지도 시 영유아교사가 가지는 어려움을 해결하기 위한 실제적인 방안은 다음과 같다.

- 교사의 편견 및 교수 실제 점검

  교사의 편견은 영유아들에게 부정적인 영향을 미칠 수 있는 선입견이나 고정관념을 말한다. 다문화가족 영유아에 대한 교사의 편견은 자칫 영유아에게 학습기회를 불공평하게 제공하는 결과로 이어지거나 특정 영유아들에게 부정적인 영향을 줄 수 있다.

  따라서 교사는 다른 문화를 올바르게 인식하기 위해 자신과 영유아들의 다양성을 인식하고 다양성, 편견, 신념에 관한 자신의 생각을 명확하게 하여야 한다. 또한 다양한 문화와 배경에 대한 이해를 높이기 위해 교육을 받거나 모든 영유아에게 동등한 배움의 기회를 제공하려고 노력해야 한다. 구체적으로 교사는 수업에서 소외시키고 있는 문화권의 영유아는 없었는지 되돌아보고 자신의 교육방법과 상호작용 방식을 평가해 보는 것이다. 더불어 영유아들로부터 교수방법과 수업 내용에 대한 피드백을 수집하여 개선 방안을 구체화한다. 이와 같은 방법으로 교사는 자신의 교육방법과 교수내용 등을 평가·개선함으로써 교육의 질 향상과 함께 다문화적 학급 분위기를 만들어갈 수 있을 것이다.

- 다문화교육 이론과 정책 정보 및 지식 습득

  다문화사회에서 교사로서 영유아를 잘 지도하기 위해 교사는 다양한 문화와 특성에 대한 이해를 도모하기 위한 다문화 관련 이론과 지식을 탐구하고 다문화사회의 발전 방향성을 알기 위한 정책과 관련된 내용도 숙지하여야 한다. 특히 소수 문화적 배경을 가진 영유아가 자신과 부모의 문화를 자랑스럽게 여길 수 있도록 지도하기 위해 교사는 다문화교육과 관련된 이론과 지식을 알아야 한다.

교사는 연수 참여하기, 자기주도학습과 학습공동체 참여하기, 전문가와 협력하기 등을 통해 다문화교육에 대한 이론과 정보를 습득할 수 있다. 구체적으로 교사는 다문화교육 전문성 향상을 위한 연수 프로그램에 참여함으로써 다문화교육의 이론과 실제를 이해하고 적용하는 데 필요한 도움을 얻을 수 있다. 또한 교사 연수나 교육 기회를 가지지 못할 경우, 교사는 스스로 다문화와 관련한 다양한 자료와 연구를 통해 다문화교육에 대한 전문지식을 스스로 습득하여 자신의 교육방법을 개선하기 위해 노력한다. 또한 동료교사들과 학습공동체를 형성하여 다문화교육에 대한 이론과 지식을 함께 공부하고 교육현장에서 실천하기 위한 방안과 실제 방법을 공유함으로써 다문화가족 영유아 지도의 어려움을 해결할 수도 있다. 이와 더불어 다문화교육 전문가와의 협력을 통해 교사들은 최신 다문화교육 이론과 정책에 대한 정보를 얻을 수도 있다.

다음은 다문화교육 이론과 지식 습득과 적용을 위해 교사 자율로 이루어진 교사공동체 운영 사례이다.

■ 다문화교육 교사학습공동체 운영 일정

다문화교육 교사학습공동체는 교사들과의 일정 조율과 협의의 과정을 통해 이루어짐. 각 회차별로 교사들과 구성한 활동 주제와 내용에 따라 전문서적 읽기, 대화 및 의견 공유, 공동체 협의하기 과정으로 진행함. 매 회차별로 참여 교사 모두 돌아가면서 리더 역할하기. 리더는 자신이 맡은 회차의 활동 주제에 따라 전문서적에 대한 생각 공유하기, 토의 진행을 위한 주제 선정하기 등 학습공동체 활동 전체를 진행하는 역할을 수행함.

차시	활동주제 및 활동내용	활동방법	진행교사
1	참여자 소개 및 학습공동체 운영방법 나눔	대화 및 의견 공유 공동협의	A교사
2	문화 및 인종 다양성	전문서적 읽기 대화 및 의견 공유	B교사
3	언어 다양성		C교사
4	다문화교육 실제 1		A교사
5	다문화교육 실제 2		B교사
6	적용사례 및 결과 나눔	현장경험 공유	C교사

■ 다문화교육 교사학습공동체 운영 방법
대화 및 협의를 바탕으로 전문서적 읽기, 다문화교육에 대한 현장에서의 사례 소개 및 경험 공유하기, 저널 쓰기, SNS 활용함

■ 다문화교육 교사학습공동체 운영을 통한 변화
- 다문화사회에 대한 인식 변화, 교사와 유아 다문화교육의 필요성 이해, 다문화교육 내용 변화 추구, 교사 역할에 대한 인식 변화를 가져옴
- 다문화교육을 하루 일과에서 다양하게 적용하기, 다문화교육을 능동적으로 알고 적용하는 등 교육현장에서 적극적으로 다문화교육을 실천하고자 하게 됨
- 다문화사회와 다문화가족에 대한 고민 공유 및 문제해결 공유를 통해 다문화교육을 깊이 있게 이해하였으며 다문화교육 실행과 다문화가족 영유아 지원에 대한 자신감이 생김

• 다문화가족과의 협력과 소통을 위한 노력

교사는 모든 영유아들에게 평등한 기대를 가지고 그들의 잠재력을 최대한 발달시켜야 하며 사회의 다양성을 이해하도록 도와야 한다. 이를 위해 영유아교사는 다문화가족 영유아들의 요구에 적절한 새로운 방법으로 상호작용을 시도하고, 다문화가족 영유아의 발달에 영향을 미치는 가족의 중요성을 인지하여 가족들과 협력자로서 존중하며 상호교류해야 한다. 또한 영유아교사는 다문화가족 영유아 지도에 대한 깊이 있는 이해를 위해 다문화가족 결혼이민자 부모의 문화와 언어, 생활습관 등에 대해 알아보려고 노력해야 한다. 예를 들어, 다문화가족 결혼이민자 부모를 자원봉사자나 보조교사로 활용하여 부모 나라의 언어, 음식문화, 의복문화, 생활문화 등을 소개하고 체험해 보는 기회를 제공하는 것이다. 이를 통해 일반가정 영유아에게는 타문화 이해의 기회를, 다문화가족 영유아에게는 결혼이민 부모 문화에 대한 자부심을 느끼게 할 것이다. 또한 영유아교사는 다문화가족 부모와의 정기적인 소통을 통해 영유아의 발달 상황을 공유하고, 가정에서도 일관된 교육이 이루어질 수 있도록 안내한다. 즉, 번역기, 몸짓, 모국어(영어)를 사용하여 의사소통하기, 알림장과 전화를 이용해 의사소통하기, 한 번 더 확인하기, 다름을 이해하기, 다문화가정 부모와의 상담에 집중하기(조미영, 2021) 등의 다양한 방법으로 다문화가정 부모와 협력해야 한다.

• 다문화수용성과 다문화감수성 증진을 위한 노력

영유아교사는 다문화사회의 중요한 역할을 맡고 있으며, 다문화가족 영유아들의 서로 다른 문화적 배경을 이해하고 존중할 수 있도록 돕는 존재이다. 이를 위해 먼저 영유아교사는 자신의 문화적 감수성을 함양하고, 다문화교육 프로그램을 구성하여 시행하며, 영유아 상호 간 문화적 의사소통을 촉진하는 등의 다양한 역할을 수행해야 한다. 무엇보다도 교사는 자신의 교육방식을 꾸준히 반성하고 개선하고, 다문화가족 영유아들의 다양한 요구를 충족시킬 수 있도록 노력해야 하며 다문화교육 관련 연수와 워크숍에 참여하여 최신의 교육방법과 지식을 습득하는 등으로 다문화감수성을 기르고 다문화사회에서 필요로 하는 역량을 강화하기 위한 노력을 게을리하지 않아야 한다.

Banks(2002)의 다문화적 학교가 갖추어야 할 특성

첫째, 교사 및 학교 관리자가 모든 학생들에게 높은 기대를 갖고, 긍정적인 태도를 가진다. 또한 긍정적이고 배려하는 방식으로 학생들을 대한다.

둘째, 공식 교육과정에 다양한 문화, 종족, 인종 집단의 관점을 반영한 사건, 상황 및 개념이 반영되어야 한다.

셋째, 교사가 활용하는 교수 스타일이 학생들의 학습, 문화, 동기 양식에 적합하다.

넷째, 교사 및 관리자는 학생들의 모국어를 존중한다.

다섯째, 학교에서 활용하는 교수 자료들에 다양한 문화, 종족, 인종 집단의 관점을 반영한 사건, 상황 및 개념이 반영되어 있다.

여섯째, 학교에서 사용되는 평가와 검사 절차는 문화에 민감해야 한다.

일곱째, 학교 문화와 잠재적 교육과정은 문화 및 종족적 다양성을 반영한다.

여덟째, 학교 상담 교사들은 다양한 인종, 종족, 언어 집단 학생들에게 높은 기대를 갖고 학생들이 긍정적인 목표를 설정하고 실현할 수 있도록 돕는다.

출처 : 구정화 · 박윤경 · 설규주(2010). 다문화교육의 이해와 실천.

3. 교사 다문화교육

1) 교사 역할 지원을 위한 교사 다문화교육의 방향

다문화사회에서 교사는 다문화가족 영유아들에게 적합한 교육과정을 구성하고 교육 환경을 마련하여 그들의 적응을 돕고 그들의 가족, 문화, 언어와 생활양식 등을 존중하면서 교육적으로 접근함으로써 영유아가 자신감을 가지도록 도와야 한다. 이를 위해 교사는 다양한 문화가 공존하는 다문화사회의 영유아들이 낯선 환경을 접할 때 적절하게 대응할 수 있는 전문능력을 강화하고 다문화교육 실시에 필요한 교수능력을 함양해야 한다.

다문화사회의 교육자로서 가져야 할 교사의 태도는 다음과 같다(Banks, 1995, 박미경, 2007 재인용). 첫째, 사회과학과 교육적인 원리에 대한 지식을 가지고 있어야 한다. 둘째, 다른 민족과 문화 집단에 대한 경험과 자신의 문화적인 유산에 대한 반성적이며 분명한 이해를 지니고 있어야 하며 문화적인 정체성을 확고히 해야 한다. 셋째, 인종이나 민족, 문화 차이와 관계없이 다른 사람에 대한 긍정적인 태도를 나타내고 실행할 수 있도록 상호 집단 간 수용적인 태도를 지녀야 한다. 넷째, 효과적이며 타당한 교수적 지식을 바탕으로 한 교수 기술을 지니고 있어야 한다. 모경환(2009)은 다문화교육을 위한 교사의 전문적 요소로 자신의 문화적 태도에 대한 반성 능력, 사회의 문화적 다양성에 대한 이해, 다문화가정 출신 학습자의 특성에 대한 지식, 다문화교육 자료를 개발하고 활용할 수 있는 능력과 효과적인 교수전략을 구상할 수 있는 능력 및 교수에 대한 자신감, 소수자에 대한 관용과 배려, 다문화적 갈등 상황 해결 능력 등을 지녀야 함을 강조하였다. 다문화사회에서 교사가 다문화교육자로서 역할을 잘 수행하도록 지원하기 위한 교사교육의 방향은 다음과 같다(장원순, 2009).

첫째, 교사 다문화교육은 지식과 기능, 가치 태도가 균형 있게 이루어져야 한다. 문화는 겉으로 드러나는 부분보다 중요한 것이 심층문화이며 이는 대부분 정서와 느낌, 가치관과 관련되어 있다. 그러므로 다문화 교사교육 과정에는 많은 실습과 체험, 여행, 견학 등이 강조되고 포함되어야 한다.

둘째, 교사 다문화교육에서 강조해야 하는 것 중 하나는 일방적 가르침이 아니라 가르침과 동시에 배워야 한다는 것이다. 이는 교사와 학생, 그리고 학생과 학생 간에서도 마찬가지이다.

이러한 과정을 통하여 교사와 학생은 간문화 학습 과정과 공존, 존중, 다양성의 인정이라는 가치 태도를 습득할 수 있을 것이다.

셋째, 교사 다문화교육의 토대로서의 민주시민교육이 강조되어야 한다. 다문화사회의 교사는 학습자들이 한국 사회의 시민으로서 행동하는 데 필요한 자질을 교육해야 하며, 교육과정은 민주적으로 이루어져야 한다.

넷째, 교사 다문화교육은 유관기관과의 긴밀한 협조하에 이루어져야 한다. 교육대상자들이 실습할 수 있는 유·초·중등학교, 다문화교육센터, 사회복지기관과 긴밀하게 협조해야 하며, 더 나아가서는 언어교육기관, 각국 문화원, 대사관 등과도 협조체제가 이루어져야 한다.

다섯째, 외국인 노동자, 결혼이민자, 북한이탈주민들이 적극적으로 교사교육 대상자들에게 그들의 목소리를 제시하거나 자신들의 역사와 문화들에 대하여 교육할 수 있도록 시간과 공간을 배려해야 한다. 이를 통하여 진정한 의미의 문화통합과 발전이 가능할 것이다.

2) 교사를 위한 다문화교육의 내용

다문화사회에서 발생할 수 있는 문화충돌이나 사회적 혼란을 예방하고 성공적인 사회통합을 이루기 위해서는 영유아시기부터 다문화역량 함양을 위한 교육이 시행되어야 하며, 이들의 교육을 담당하는 교사교육도 필수적으로 이루어져야 한다. 이를 위해 교육과학기술부는 다문화가정 자녀의 유·초·중등학교 취학 증가 등 교육 환경의 변화에 대응하여 예비교사의 다문화에 대한 이해 제고 및 다문화가정 아이들에 대한 지식과 태도 함양이 필요함에 따라 초등교원 양성대학 및 국·사립대 사범대학 교육과정에 '다문화교육 강좌' 개설 지원을 하고 있다. 이 지원사업에서 교육과학기술부가 권고한 교육과정 내용에는 다문화사회에 대한 기본 이해, 다문화교육의 현황, 다문화교육의 내용과 방법, 다문화가정 학생의 특성(언어·인지·정서 관련), 상담 및 인성지도, 다문화교육의 방향 등을 포함하고 있다(교육과학기술부, 2011).

다문화사회를 살아가는 영유아를 잘 지도하고 교육하기 위해서는 유아교육기관의 최일선 현장에서 영유아교육을 담당하고 있는 교사의 다문화역량 강화가 중요하다. 영유아교사의 다문화역량을 강화하기 위해 필요한 다문화 지식과 내용은 다음과 같다(오유미, 2013).

첫째, 다문화에 대한 지식이다. 즉, 영유아교사는 다문화 및 다문화주의의 개념, 유아의 문화에 대한 지식, 행동, 태도, 가치, 장애 및 인종의 영향에 대한 지식, 한국문화에 대한 지식 등을 알아야 한다.

둘째, 다문화사회에 대한 지식이다. 구체적으로 영유아교사는 민족적으로 소수에 속하는 영유아의 도움 추구 행동에 대한 지식, 민족적 소수 영유아와 지역사회를 위해 이용 가능한 자원들에 대한 지식, 지역사회 내에서 문화에 영향을 주는 지식, 주요 민족집단에 대한 역사적·문화적 지식 등을 알아야 한다.

셋째, 다문화교육의 가치 및 목적에 대한 지식이다. 영유아교사는 다문화교육의 주요 개념에 대한 지식, 다문화교육의 가치에 대한 지식, 다문화교육의 주요 패러다임에 대한 지식, 교육과정과 교수법을 다양한 유아들에게 맞춰 적용하는 지식, 교과와 교육과정 및 교수에 대한 지식 등을 알아야 한다.

넷째, 다문화가정에 대한 이해이다. 영유아교사는 다문화가정의 다양한 언어, 종교, 가치관, 육아 방식, 외모 등에 대한 이해, 다양한 문화 출신 영유아의 요구 수용 및 갈등에 대한 지식, 다문화가정과 영유아에 대한 지식, 국내 다문화가정의 이주에 대한 역사적 지식 등을 알아야 한다.

다섯째, 다문화가정의 문화적 환경에 대한 지식이다. 영유아교사는 다른 인종 유아의 사회서비스 정책들의 영향에 대한 지식, 영유아와 영유아의 발달에 관한 지식, 다문화가정의 문화적 환경 및 상황에 대한 지식 등을 알아야 한다.

여섯째, 다문화사회에서의 언어, 대화 습관, 의사소통의 유형 등에 대한 지식이다. 영유아교사는 다른 지역사회에서 언어, 대화 습관, 의사소통 유형의 역할에 대한 지식, 의사소통의 개념 및 필요성, 다문화 맥락에서 의사소통 교육의 방향 등을 알아야 한다.

일곱째, 아동인권에 대한 지식이다. 영유아교사는 다문화가정 영유아의 인권에 대한 지식, 아동의 이해 및 영유아의 권리 존중 관련 지식, 권리 친화적 환경 만들기, 영유아들의 권리옹호자 등을 알아야 한다.

다문화역량 구성요소를 기반으로 교육내용을 알아보면 <표 5-1>과 같다.

<표 5-1> 교사 다문화역량 구성요소 및 하위요소에 따른 교육내용

구성요소	하위요소	교육내용
지식	• 다문화에 대한 지식 • 다문화사회에 대한 지식 • 다문화교육의 가치(목적)에 대한 지식 • 다문화가정의 이해 • 다문화가정의 문화적 환경에 대한 지식 • 다문화사회에서의 언어, 대화습관, 의사소통의 유형 등에 대한 지식 • 아동인권에 대한 지식	• 다문화사회의 이해 • 다문화 및 다문화교육의 이해 • 다문화교육의 가치와 시민교육 • 다문화가정의 이해 • 다문화교육과 문화적 환경 및 구성 • 다문화사회와 의사소통의 이해 • 다문화사회 아동인권의 이해 • 다문화역량의 이해
기술	• 다문화유아의 정서적 지원 기술 • 다문화유아의 이해를 위한 의사소통 기술 • 다문화 유아발달에 적합한 새로운 지식 및 기법을 평가하는 기술 • 다문화가정 부모교육/부모참여 유도 기술 • 다문화가정 부모와 지역사회를 연결하는 허브 역할 기술 • 다문화교육을 위한 교수·학습 역량 강화 기술 • 다문화가정과 일반가정과의 상호이해 기술	• 다문화가정 지원 프로그램의 이해 • 다문화사회의 의사소통 기술 이해 • 다문화역량 평가의 이해 • 부모교육 및 참여유도 기술의 함양 • 다문화교육의 접근방법 • 다문화사회 유아의 적응기술 • 다문화역량 강화를 위한 수업의 실제 • 다문화역량 강화 교수-학습방법 • 다문화교육을 위한 가정과의 연계 • 다문화교육을 위한 지역사회와의 연계
태도	• 다문화에 대한 포용력과 수용적 태도 • 자기반성과 자기성찰 • 다문화 배경의 유아를 가르치려는 의지 • 다문화가정 부모와 협력관계 형성하기 • 아동인권에 대한 감수성 • 새로운 문화 학습태도	• 다문화교육과 수용적 태도 • 다문화교육과 교사의 역할 • 자기반성적 글쓰기의 이해 • 사례분석을 통한 다문화 배우기 • 다문화교육의 새로운 관점의 이해 • 다문화가정의 상담 및 방법

출처 : 오유미(2014). 유치원교사의 다문화역량 강화를 위한 교육프로그램 개발 및 효과.

다양한 문화적 배경을 가진 학습자들이 함께 배우고 성장하는 다문화사회의 교사들은 다문화교육을 효과적으로 실천해야 한다. 다문화교육은 학습자들의 문화적 감수성을 높이고, 사회적 포용력을 키우는 중요한 과정으로 교사들은 열린 마음으로 다양한 교육방법을 활용하여 모두가 조화롭게 성장할 수 있는 문화와 분위기를 만들어 나가야 한다. 이를 위한 교사교육도 다양한 방법으로 이루어져야 한다. 즉, 문화적 자서전 쓰기, 다문화 주제로 토론하기, 지역사회 현장 경험하기, 문화에 적합한 교수법 계획하기(김낙홍, 2008) 등과 같은 여러 가지 방법을 활용할 수 있다. 최현정(2011)은 다문화교육을 위한 교사교육에서 강의 및 토의, 워크숍 및 사례발표, 활동 적용 및 평가, 저널쓰기 및 피드백, 참관 및 현장 장학을 다문화교육 교수방법으로 활용하기도 하였다. 이처럼 교사를 위한 다문화교육은 다문화이론과 지식 습득을 넘어 교육현장에서 실제로 실행·적용하는 내용을 담아 효과적으로 전달될 수 있도록 진행되어야 한다.

다문화사회에서 교사는 단순히 지식을 전달하는 것이 아니라 영유아들이 다양한 문화를 이해하고 존중하며 살아갈 수 있도록 돕는 것이다. 따라서 영유아 교사는 자신들의 다문화적 역량이 영유아들의 문화적 감수성을 높이고 사회적 포용력을 키우기 위한 중요한 역할 수행자임을 인정하고 열린 마음으로 다문화와 관련한 연수와 교육에 적극 참여하여야 한다.

CHAPTER

6 다문화가족 영유아의 언어지도

오늘의 이야기

‘다문화 자녀’ 학력격차 완화... 어학교육 등 종합지원

여성가족부 등 정부가 다문화가정 자녀의 학력격차 완화 등을 위한 한국어 교육 등 종합적인 지원대책을 내놨습니다.

다문화가족의 한국 정착을 막는 걸림돌로 언어 장벽과 경제적 문제가 꼽히는데, 이중언어 장벽은 자녀들의 학력격차 문제로 이어지고 있습니다. 다문화가정 자녀는 일반 학생보다 30% 정도 낮은 대학 진학률을 보이는데, 이런 학력격차는 점차 확대되고 있습니다.

정부는 외국인 결혼이민자의 한국 생활 지원과 이들 자녀의 학교적응을 도울 수 있는 종합대책을 내놓았습니다. 우선 아이들이 공부에 어려움이 없도록 취학 전후 기초학습과 한국어 교육을 강화합니다. 또한 학교에서도 교원의 다문화교육 역량을 강화해 다문화학생의 학교 내 문제해결도 도울 계획입니다.

연합뉴스 김장현 기자(2024. 4. 27). 일부 발췌.
https://www.yna.co.kr/view/MYH20230427017800641

1. 다문화가족 영유아의 언어발달 평가

영유아들의 언어발달을 돕고 효과적인 언어지원이 이루어지기 위해서는 다문화가족 영유아의 언어발달 수준을 파악하는 것이 중요하다(김혜금 · 노성향 · 최현정, 2019). 그러나 다문화가족 영유아의 언어발달을 평가하는 데 있어 다문화가정 내에서도 다양한 환경이 있을 수 있으므로(이은경 · 김화수, 2011) 다각적인 방법으로 다문화가족 영유아의 언어발달을 평가하는 것이 필요하다. 다문화가족 영유아의 언어발달 평가방법은 다음과 같다.

다문화가족 영유아의 언어발달 평가방법
- 부모상담을 통한 가정에서의 언어 사용 양상 및 타 언어권 부모의 한국어 수준 파악
- 영유아교육기관에서 표준화된 언어평가 도구를 활용하여 언어평가 실시
- 지속적인 일상생활 관찰을 통한 언어평가 실시
- 필요시 외부기관에 의뢰하여 언어평가 실시
- 사후 언어평가 실시

1) 부모상담을 통한 가정 내 언어 사용 파악

다문화가족 영유아는 가정과 사회에서 다양한 언어적 환경에 놓이게 된다. 이들의 원활한 언어발달을 지원하기 위해서는 먼저 가정 내에서 주로 사용되는 언어와 부모의 한국어 능력을 정확하게 파악하는 것이 필수적이다. 가정 내 언어 환경이 영유아의 언어습득에 중요한 영향을 미치며, 부모의 한국어 능력 또한 자녀의 한국어 발달에 직접적인 영향을 줄 수 있기 때문이다(김영숙, 2018).

(1) 가정 내 언어 사용 실태조사

가정 내 언어 사용을 조사하기 위해서는 부모상담이 효과적인 방법이 될 수 있다. 부모상담을 통해 다음과 같은 사항을 확인할 수 있다.

- 가정 내에서 주로 사용하는 언어(부모 간, 부모와 자녀 간, 형제자매 간)
- 영유아에게 노출되는 언어의 비율(한국어 : 모국어)

- 부모의 언어 선호도 및 자녀 교육에 대한 언어적 기대
- 가정 내 한국어 사용의 빈도 및 자연스러운 한국어 습득 환경 제공 여부

이러한 정보를 파악하기 위해 설문지, 인터뷰, 관찰법 등을 활용할 수 있다(박지훈, 2020). 특히 부모가 가정 내에서 한국어 사용을 얼마나 장려하는지, 또는 모국어 중심으로 의사소통을 하는지 확인하는 것이 중요하다.

(2) 타 언어권 부모의 한국어 수준 파악

다문화가족 내에서 한국어가 모국어가 아닌 부모의 한국어 능력은 자녀의 한국어 습득 과정에 큰 영향을 미친다. 부모의 한국어 실력이 높을수록 가정에서 한국어 노출이 증가하며, 자녀도 한국어를 보다 자연스럽게 습득할 가능성이 높아진다. 반대로 부모의 한국어 능력이 낮을 경우 자녀의 한국어 발달이 지연될 수 있으며, 이중언어 환경에서 언어적 혼란을 겪을 수도 있다(이민정, 2021). 부모상담을 통해 다문화가족 부모의 한국어 수준을 파악하기 위해 다음과 같은 사항을 확인할 수 있다.

- 한국어 교육 이수 여부 및 한국어 능력 평가를 참고하여 한국어 수준 진단
- 설문을 활용하여 일상생활에서의 한국어 활용도를 파악
- 관찰을 통해 자녀 및 교사와의 의사소통에서 보이는 한국어 사용 능력 평가

다문화가족 영유아의 언어발달을 효과적으로 지원하기 위해서는 부모상담을 통해 가정 내 언어 사용 환경을 정확히 파악하는 것이 필수적이다. 또한 부모의 한국어 수준을 고려하여 맞춤형 한국어 교육을 제공함으로써 자녀의 원활한 언어습득을 지원할 수 있다.

2) 영유아교육기관에서의 언어평가

영유아교육기관에서의 언어평가는 사전언어평가와 사후언어평가로 구분된다. 언어평가를 통해 현재 언어수준을 진단할 수 있을 뿐 아니라 언어발달의 변화 정도를 파악할 수 있고 이러한 변화 정도를 이후 언어활동에 반영할 수 있다. 이와 같은 다문화가족 영유아의 언어평가 목적, 내용 및 방법을 제시하면 <표 6-1>과 같다.

<표 6-1> 다문화가정 영유아 언어평가

유형	사전언어평가	사후언어평가
목적	다문화유아의 현재 언어능력 파악 및 맞춤형 언어교육 지원 마련	다문화유아 언어능력 향상도 파악 및 후속지원 마련
대상	다문화유아	
내용	일대일 또는 모둠 상황에서 의사소통 및 듣기, 말하기, 읽기, 쓰기의 언어능력 파악	
방법	• 누리과정 관찰척도, 다문화유아 언어교육 프로그램을 통한 어휘능력 파악 등 • 다문화가족지원센터 언어발달지원서비스, 복지관 및 발달센터 이용하여 표준화된 검사 실시 • 한 가지 방식보다 두 가지 이상의 방식 활용 시 보다 신뢰성 있는 결과 도출 가능	
기타	외부강사 활용 시 담임교사와의 협업(연계) 필요	사전언어평가 도구와 동일한 방법으로 사후언어평가를 실시할 것을 권고
참고	평소 일상생활에서 관찰된 언어적 부진이 없더라도 다양한 검사를 통해 개별언어교육의 필요 여부를 진단해 볼 필요가 있음	

출처 : 교육부·국가평생교육진흥원·중앙다문화교육센터(2018). 다문화유치원 운영 도움자료.

다문화가족 영유아의 언어발달 평가방법에 대해 살펴보면 다음과 같다.

(1) 관찰법

교사는 관찰법 기록방법의 특징과 기록양식에 맞추어 다문화유아의 언어능력 향상을 위한 구체적인 목적을 설정하고 체계적으로 관찰하고 기록한다. 또한 기록 결과를 분석하고 기술한 후 다문화유아에게 맞는 언어발달을 위한 목표와 계획을 수립한다.

〈관찰척도 예시〉

- 누리과정 의사소통 평가 예시문(경기도 유아교육진흥원, 2016)
- 의사소통 유아관찰척도(육아정책연구소, 2014)

<표 6−2>는 2019 개정 누리과정 의사소통 영역의 내용을 바탕으로 구성한 관찰척도의 예시이다.

<표 6-2> 누리과정 의사소통 영역을 기초로 한 관찰척도의 예

평가문항	1학기			2학기		
	1	2	3	1	2	3
1. 말이나 이야기를 관심 있게 듣는다.						
2. 자신의 경험, 느낌, 생각을 말한다.						
3. 상황에 적절한 단어를 사용하여 말한다.						
4. 상대방이 하는 이야기를 듣고 관련해서 말한다.						
5. 바른 태도로 듣고 말한다.						
6. 고운 말을 사용한다.						
7. 말과 글의 관계에 관심을 가진다.						
8. 주변의 상징, 글자 등의 읽기에 관심을 가진다.						
9. 자신의 생각을 글자와 비슷한 형태로 표현한다.						
10. 책에 관심을 가지고 상상하기를 즐긴다.						
11. 동화, 동시에서 말의 재미를 느낀다.						
12. 말놀이와 이야기 짓기를 즐긴다.						
총점						

출처 : 김혜금 외(2019). 다문화 보육과정 컨설팅 매뉴얼.

(2) 교사가 제작한 언어검사도구 활용

- **문장반복검사 제작** : 문장반복검사는 교사가 개별적으로 문장을 읽어주고 유아에게 반복하게 하는 검사로, 유아의 언어에 대한 직접 평가 및 문법 수준의 구조를 파악해 볼 수 있다.
- **발음 평가표 제작** : 발음 평가표 제작은 자발적인 언어활동에서 문제가 되는 발음을 수집하거나, 계획된 발음이 포함된 단어의 그림 또는 실물을 보고 말해보게 하여 문제가 되는 발음을 발견하는 방법이다.

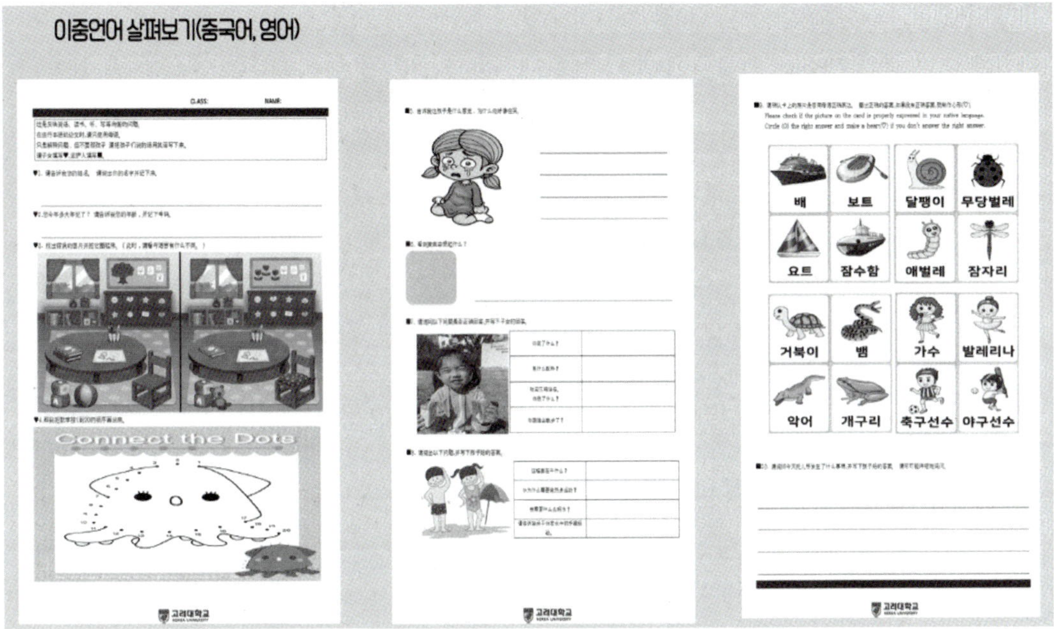

(3) 포트폴리오 평가

영유아교육기관에서 다문화가족 영유아의 다양한 언어활동 과정이나 결과물(영유아의 경험 이야기, 낙서, 영유아의 이름, 영유아가 지은 동시 등)의 수집물을 활용하여 포트폴리오 평가가 이루어질 수 있다. 또한 포트폴리오는 교사와 또래와의 언어적 상호작용 등을 수집하여 다문화가족 영유아의 언어능력을 포괄적으로 평가할 수 있다.

(4) 외부기관을 활용한 언어평가

다문화가족 영유아의 언어평가를 실시할 때 필요시 외부기관을 통한 언어평가가 이루어질 수 있도록 한다. 표준화된 검사도구를 이용하여 보다 정확한 다문화가족 영유아의 언어발달 정도를 파악하고 각 개인에 맞는 언어교육이 이루어질 수 있도록 한다.

① 내용

외부전문기관을 통한 언어평가는 보다 전문적이고 객관화된 언어평가를 실시할 수 있다. 외부기관에서 실시하고 있는 언어발달 검사의 종류와 외부기관에서의 언어평가 시 유의사항은 다음과 같다.

- 언어발달 검사 기관
  - 다문화가족지원센터 : 다문화 언어발달지도사의 언어발달 검사
  - 지역 내 사회복지관, 장애인 복지관 : 언어치료사의 언어발달검사
  - 지역 내 언어발달센터 : 언어치료사의 언어발달 검사
- 언어발달 검사 종류
  - 수용·표현 어휘력검사(REVT)
  - 한국판 맥아더－베이츠 의사소통발달 평가(K M－B CDI)
  - 수용언어 및 표현언어 발달척도(PRES)
  - 그림어휘력검사(PPVT－R)
- 외부기관에서 언어평가 시 유의사항(교육부 외, 2018)
  - 외부기관에서 실시하는 언어평가는 학부모 동의서 유무 등 사전 확인
  - 외부 전문가의 평가 시 담임교사가 참관하거나 평가완료 후 내용 및 결과 공유
  - 언어평가는 효과성을 높이기 위해 두 가지 이상의 평가방법을 동시에 활용

② 방법

영유아교육기관에서 다문화가족 영유아의 언어평가를 위해 의뢰할 수 있는 외부기관으로는 지역 내 관련 사업을 실시하고 있는 다문화가족지원센터, 복지관, 도서관 등이 있다. 시군구 기관이나 관련 센터를 중심으로 다문화가족 영유아를 위한 언어발달 사업이 이루어지고 있으며 언어 표준검사를 실시하고 있다. 다문화가족지원센터의 언어평가 절차 및 방법은 다음과 같다.

접수·의뢰(부모 및 유치원) → **초기 면담지 작성 및 부모상담** → **초기 언어평가 실시** → **언어평가 검사결과 보고서 작성** → **검사결과에 기초한 장·단기 언어발달 수업계획서 작성** → **진전평가** → **사후평가** → **종료평가**

※ 유아의 낯가림 및 긴장 등의 요인으로 인해 평가의 신뢰도가 떨어질 수 있으므로 평가 시 담임교사가 참관하며 평가과정 전반을 함께 진행하는 하는 것이 좋음

[그림 6-1] 다문화가족지원센터 언어평가 절차 및 방법

언어평가 사례

사례 1. 다문화가족 유아에게 사전검사를 실시해요.
부산 P유치원은 다문화가족지원센터의 언어발달지도사가 유치원을 방문하여 학부모의 동의를 받은 유아에 한해서만 1:1 사전검사를 실시한 후 발달 정도를 담임선생님과 함께 심층적으로 파악하여 유아에게 개별언어지도를 하고 있어요.

사례 2. 누리과정 관찰척도를 활용한 언어평가를 실시했어요.
경북 H유치원은 누리과정 관찰척도를 활용하여 실제 생활주제에 대해 이야기를 나누어 보며 언어평가를 실시했어요. 예를 들어, 겨울의 날씨에 대해 유아가 "눈이 온다.", "추워서 옷을 따뜻하게 입어요." 등 날씨에 대한 여러 가지 낱말을 사용하여 말하는 것을 보며 언어평가를 실시했어요.

사례 3. 수용언어와 표현어휘를 통해 평가를 실시했어요.
울산 W유치원은 '귤이 어디 있지?'라고 물었을 때 귤을 찾을 수 있는지 확인하고, '(귤 사진을 보여주며) 이것이 무엇이지?'라고 물었을 때, 귤이라고 표현할 수 있는지 확인하는 평가를 실시하였어요. 일회성 평가로 인해 유아의 언어평가 점수가 제대로 나오지 않는 경우를 대비해서 여러 번에 걸쳐서 수용언어와 표현어휘를 확인하도록 했어요.

출처 : 교육부 외(2018). 다문화 유치원 운영 도움 자료.

3) 다문화가족 영유아의 사후언어평가

(1) 사전평가 검사지를 활용한 변화 정도 확인하기

사후평가의 기본방향은 사전평가에서 활용한 동일한 검사지 또는 검사 방법을 적용하여 다문화 영유아의 교육에 따른 변화 정도를 확인하는 것이다. 교사는 필요에 따라 언어능력 평가도구를 추가하여 사후평가에 대한 신뢰도를 높일 수 있다. 다문화가족 영유아의 언어능력에 대한 평가계획은 '사전평가－과정에 대한 중간평가(진전평가)－종료평가'로 이루어지는 것이 보편적이다.

(2) 평가 결과를 통한 후속 지도 계획 수립하기

개별언어교육 종료평가에서도 '촉진교육 대상', '언어발달지체'와 같이 언어교육에 대해 지속적인 도움이 필요한 것으로 판명되는 경우가 있다. 교사가 직접 사후평가를 할 경우 도움이 필요한 부분, 변화된 내용에 대해 지식, 기능, 태도 진술을 기록하여 향후 교육계획 운영수립 및 교육내용에 이를 구체적으로 반영하여 운영할 수 있도록 해야 한다.

외부강사(다문화 언어발달지도사)가 평가를 실시하였다면, 추가적으로 언어교육이 필요한 경우 교육기간을 연장하는 '추가 언어교육 대상자 승인'을 통해 교육시간을 늘려 다문화가족 영유아가 추가적·지속적으로 언어교육을 받을 수 있도록 한다.

개별언어지원은 다문화가정 영유아의 언어발달 정도를 평가하고 그 결과에 따라 필요시 개별적인 맞춤형 언어교육을 지원하는 것이다. 이러한 개별언어지원은 영유아의 언어발달에 따른 필요 정도에 의해 이루어질 수 있다. 다문화가족 영유아의 언어발달의 정도가 개인의 상황이나 경험에 따라 다르게 나타나므로 필요 정도를 살펴 적합한 언어지원이 이루어질 수 있도록 한다.

도움자료

- 「다문화 정책 학교 및 한국어 학급(유치원)」(국가평생교육원, 2023)
  다문화교육포털(https://www.edu4mc.or.kr) > 교육자료 검색 > 다문화교육 정책학교 운영 가이드라인(유치원)

- 「누리과정 연계 다문화유아 한국어 능력 평가도구 매뉴얼」(국가평생교육원, 2023)
  다문화교육포털(https://www.edu4mc.or.kr) > 교육자료 검색 > 누리과정 연계 다문화유아 한국어 능력 평가도구 매뉴얼

2. 다문화가족 영유아의 언어지도 방법

1) 다문화가족 영유아 개별언어지도

영유아교육기관에서의 언어교육은 일반적으로 통합적인 방법으로 이루어지나 필요에 따라 추가적인 지원이 필요한 다문화가족 영유아를 대상으로 개별적인 언어교육이 이루어진다. 즉, 개별언어지원은 다문화가족 영유아의 언어발달 정도를 평가하고 그 결과에 따라 필요시 개별적인 맞춤형 언어교육을 지원하는 것이다. 다문화가족 영유아는 다문화가족의 상황에 따라 언어능력에 많은 차이를 보이며 개별언어지원에 대한 요구가 다를 수 있다. 그러므로 영유아교육기관에서 개별언어교육을 실시할 때에는 다문화가족 영유아의 언어발달의 정도가 개인의 상황이나 경험에 따라 다르게 나타나므로 필요 정도를 살펴 적합한 언어지원이 이루어질 수 있도록 한다. 또한 다른 영유아가 다문화가족 영유아의 언어능력에 대해 부정적인 태도를 지니는 등 낙인효과가 생기지 않도록 교사의 섬세한 접근이 요구된다. 특히 다문화가족 영유아가 개별언어교육에 대해 심한 거부감을 느끼거나 활동하는 것에 어려움을 느끼는 경우 이를 중단하고 다른 방법을 모색하여 진행하도록 한다.

(1) 개별언어지도 내용 및 방법

영유아교육기관에서 실시하는 개별언어교육은 특별히 언어발달이 지연된 경우나 개별적 요구가 있을 경우 실시하며 다문화가족 영유아가 언어에 대한 흥미를 촉진할 수 있는 내용으로 이루어져야 한다. 또한 영유아교육기관에서 다문화가족 영유아의 개별지원이 필요할 때에는 원내 담임교사나 언어담당 교사에 의해 언어지원이 이루어지며 필요시 외부기관에서 다문화가족 영유아의 언어지원을 위해 영유아교육기관에 직접 방문하여 지도한다. 개별언어지원은

하루일과 중 대체로 자유놀이시간을 활용하거나 등·하원 전후 시간 등을 활용하여 주제로 수업을 할 때나 일상생활에서 자연스럽게 이루어질 수 있다.

① 주제 중심의 개별언어지원

주제로 수업을 할 때 중요한 단어나 문장에 관한 사전경험을 다양한 영역에서 놀이의 형태로 제공하고 수업을 진행한 후 다문화가정의 유아가 어려워하는 부분을 다시 점검한다(교육부 외, 2018). 예를 들면, '동물' 주제가 진행될 때 자유놀이시간 등 사전에 시간을 정하고 동물이름 카드와 같은 교구를 활용해 개별적 언어 수업을 한다. 전체 유아들과의 주제 수업을 한 뒤 다문화가족 영유아와 개별적으로 수업에 나왔던 단어 등을 살펴보고 유아가 어려워하는 내용을 점검한다. 이 밖에도 자유놀이시간 등을 활용하여 주제와 관련된 다양한 언어활동을 실시한다.

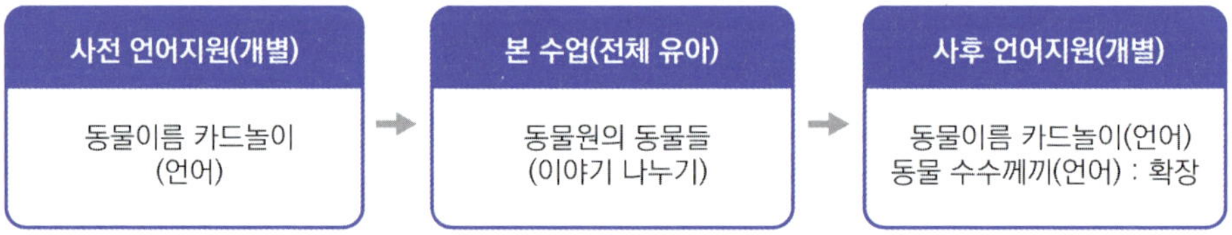

[그림 6-2] 주제 중심의 개별언어지원의 예

② 일상생활 중심의 개별언어지도

언어활동은 일상생활에서 자연스럽게 이루어질 수 있으며 영유아의 관심에 따라 적절히 반응해 줌으로써 촉진될 수 있다. 영유아의 언어활동에 대한 관심과 흥미가 지속될 수 있도록 격려해 주고 지원해 준다.

다문화가족 영유아를 위한 언어지원 시 정확한 영유아의 언어발달 수준을 파악하고 유아의 언어에 대한 흥미를 촉진할 수 있는 다양한 방안을 모색한다. 이를 위해 다문화가족 영유아의 언어활동을 촉진하기 위한 매력적인 언어 매체를 활용한다. 예를 들어, 다양한 종류의 인형이나 그림 자료 등을 활용하여 다문화가족 영유아의 상호작용을 보다 풍부하게 나누고 자신의 생각을 이야기할 수 있도록 한다.

다음은 일상생활에서 개별언어지도 자료의 예이다(김혜금 외, 2019).

|그림 6-3| 다양한 문화가 반영된 인형

출처 : 김혜금 외(2019).

단어카드를 활용한 활동은 다문화가족 영유아가 궁금해하는 단어, 좋아하는 과자 상표 글자, 친구이름 등을 활용한다. 초성놀이, 긴말 놀이, 수수께끼, 끝말잇기 등의 다양한 언어놀이 활동도 효과적이다.

|그림 6-4| 단어카드

출처 : 김혜금 외(2019).

그림책을 활용한 언어활동을 운영할 때에는 다문화가족 영유아의 흥미를 고려하여 글자 수가 너무 많지 않은 그림책을 선정한다. 영유아의 흥미에 따라 같은 동화책을 반복하여 읽어도 좋고 새로운 동화를 선정하여 읽어줄 수 있다. 또한 다문화가족 영유아의 읽기에 대한 관심과 효과를 높이기 위해 그림책 읽기 활동을 다문화가정과 연계하여 운영할 수 있다.

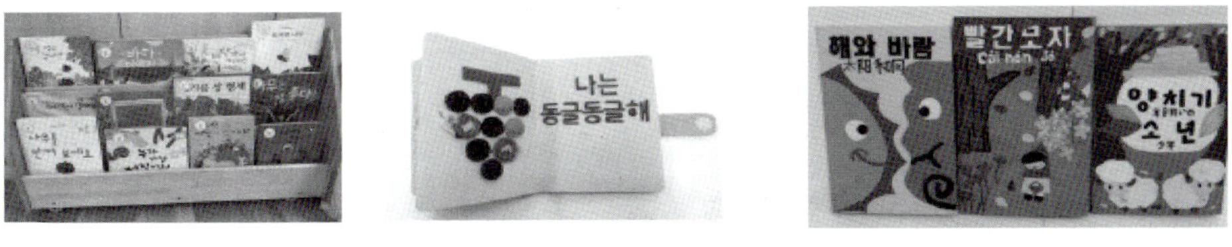

|그림 6-5| 그림책

출처 : 김혜금 외(2019).

신문이나 잡지 등 주변의 다양한 인쇄 매체를 활용하여 다문화가족 영유아를 위한 개별언어 지원 활동을 실시할 수 있다.

③ 외부기관과 연계한 개별언어지도

다문화가족 영유아의 언어능력 정도에 따라 외부강사를 활용하여 언어지원을 할 수 있다. 특히, 외부강사를 활용한 언어지원은 언어지원이 시급한 다문화가족 영유아의 언어발달을 위해 좀 더 효과적으로 활용될 수 있다. 또한 담임교사가 개별언어교육을 진행하기 어려운 경우 적합한 자격을 갖춘 외부강사를 활용하여 언어교육 지원이 이루어질 수 있다. 외부강사를 활용한 언어지원이 좀 더 효과적으로 운영되기 위해서는 담임교사와의 외부강사와의 교육주제 및 교육내용에 관한 사전 정보를 공유하고 담임교사에 의해 생활 속에서 관찰된 유아의 어려움이나 발전된 사항을 바탕으로 향후 계획을 수립할 수 있다.

한국어를 하지 못하는 중도입국·외국인 유아 지도

- 외국인가정 부모의 영향으로 한국어를 사용하지 않았거나, 외국에서 살다가 유치원 시기에 한국에 입국한 경우 등은 언어발달에는 문제가 없을 수 있으나, 한국어 구사 능력 신장을 위한 개별언어지원을 실시하여야 한다.
- 한국어를 하지 못하는 중도입국·외국인 영유아의 개별언어교육은 한국어(KSL) 교육을 통해 또래 영유아와 유사한 수준으로 '한국어 의사소통' 능력 향상에 초점을 두고 '생활 한국어' 중심으로 진행하여야 한다.

  ※ KLS(Korean as a Second Language) : 모국어가 아닌 제2언어로서의 한국어
- 이때 개별언어지원을 위해 한국어 강사를 직접 채용하거나, 다문화교육지원센터(가족센터), 인근 예비학교의 한국어 강사를 지원받을 수 있으며, 영유아의 특성을 고려하여 우선순위(유아교육전공자, 한국어교원자격)를 가지고 채용하는 것을 권장한다.

  ※ 유아교육전공자이면서 한국교원자격증 소지자를 1순위로 채용하며, 두 자격을 동시에 소유한 강사가 없는 경우 유아의 특성을 고려하여 유아교육전공자를 우선적으로 채용하는 것이 좋음. 강사의 채용은 영유아교육기관의 특성과 여건 등을 고려하여 적절히 선택할 수 있음

출처 : 교육부 외(2018). 다문화 유치원 운영 도움 자료.

2) 다문화가족 영유아의 통합언어지도

다문화가족 영유아를 대상으로 한 언어교육의 방향은 기본적으로 통합적인 언어교육 활동으로 운영한다. 영유아교육기관에서의 통합언어활동은 다문화가족의 영유아뿐 아니라 모든 영유아와 함께 실시하며 다양한 활동유형과 연계하여 언어교육을 실시한다. 먼저 통합적인 언어활동을 지원하기 위해서는 영유아들의 발달 수준이나 흥미 정도를 고려하여 언어활동을 선정하여야 한다. 특히 다문화가족 영유아들에게 언어활동은 하루 일과에 통합되어 지속적으로 이루어질 수 있도록 한다.

① 통합언어지도 내용 및 방법

주제 통합적인 언어활동을 할 때에는 친숙하고 쉬운 언어활동부터 점차 새로운 내용으로 확장시켜 간다. 통합언어지도는 주제 안에 통합적으로 언어활동 내용이 들어갈 수 있도록 구성하는 것이다. 통합적인 언어활동은 주제를 중심으로 이루어지게 되며, 다른 영역 간의 통합을 촉진하고 언어활동을 확장하는 데 도움이 된다.

언어활동을 계획할 때는 선정된 주제에 따른 통합적 운영이 이루어질 수 있도록 한다. 주제와 연계하여 다문화가족 영유아의 수준에 적합한 언어활동을 구성한다. 교육부(2015)에서는 담임교사가 다문화가족 영유아의 언어발달을 전략적·집중적으로 지도할 수 있도록 누리과정과 연계된 언어교육 프로그램을 개발하였다. 그러나 현재 2019 개정 누리과정이 시행되고 있으므로 다문화가족 영유아의 언어지원활동 계획 시 이를 참고할 수 있도록 한다.

- 누리과정과 연계한 다문화유아 언어교육 프로그램(교육부, 2015)
  다문화교육포털(http://www.edu4mc.or.kr) > 교육자료 검색 > 다문화유아 언어교육 프로그램

- 생활주제별 언어활동(만 3세) 예시

3세 - 02

하루일과 그림 카드 관찰

생활주제	활동유형/영역
유치원/어린이집과 친구	자유선택활동/과학 영역

지도서 1권 (2-6) **하루일과표 액자 꾸미기** (p.110-112)

관련요소	• **말하기** - 낱말과 문장으로 말하기 • **읽기** - 읽기에 흥미 가지기	활동목표	• 하루일과 그림 카드를 관찰하고 그림에 나타난 활동에 대해 말한다. • 하루일과 그림 카드를 읽고 그림에 나타난 일과를 안다.

지도자료

• **하루일과 그림 카드**

활동내용 및 방법

1. 하루일과 그림 카드를 관찰하도록 한다.

- **하루일과 그림 카드를 유아가 자유롭게 관찰하고 그림 카드의 활동이 무엇인지 알아본다.**

"여기에 있는 이것은 무엇이니?
"친구들이 무엇을 하고 있는 그림일까?"
"이 그림 카드는 어떤 활동을 하는 시간일까?"

2. 하루일과 그림 카드를 놓아보며 하루일과를 알아본다.

"(카드를 보며)어제 어떤 동화를 들었는지 생각나니?"
"어제 우리가 유치원/어린이집에서 지냈던 일들을 생각해보자."
"자유선택활동시간에는 무엇을 하며 놀았니?"
"어떤 놀이영역에서 놀이하는 게 재미있니?"
"(점심시간 카드를 보며)우리 어제 점심으로 무엇을 먹었지?"

지도전략

시각적 단서

* 교사가 하루일과 그림 카드를 제시하여 유아가 그림을 보고 일과를 보다 쉽게 떠올릴 수 있도록 돕는다.

또래 모델링

* 또래와 함께 하루일과에 대해 이야기를 나누면서 일과를 순서대로 놓아보도록 한다.

022

3. 하루일과 그림 카드 중 좋아하는 일과 그림 카드를 골라 이야기 나눈다.

- **하루일과 그림 카드 중 유아가 가장 좋아하는 일과 그림 카드를 골라 좋아하는 이유, 느낌 등에 대해 이야기 나눈다.**

"유치원/어린이집의 하루 일과 중에서 가장 즐거운 시간은 언제니?"
"왜 그 시간이 즐겁니?"

선호도 활용

* 유아가 좋아하는 일과를 골라 이야기를 나누면서 활동에 보다 적극적으로 참여할 수 있도록 한다.

활동 평가	• 하루일과 그림 카드를 관찰하고 그림에 나타난 활동에 대해 말하는가? • 하루일과 그림 카드를 읽고 그림에 나타난 일과를 아는가? * **주요 어휘** : 등원, 자유선택활동, 점심시간, 이 닦기, 이야기 나누기, 바깥놀이, 낮잠, 귀가, 어제, 오늘, 내일
교사를 위한 도움말	• 유아가 하루 일과를 순서대로 놓아보는 활동을 할 때 교사는 다음 활동에 대한 힌트를 제공하여 유아가 맞춰보도록 한다. • 유아가 하루 일과를 놓아볼 때 순서대로 놓는 것에 중점을 두기 보다는 하루일과 시간에 무엇을 하는지 이야기를 나누는 것에 초점을 둔다. • 유아의 인지정도에 따라 한 번에 제시되는 하루일과 그림 카드의 수를 적절히 조절한다.
가정과의 연계	• 하루일과 그림 카드를 보며 유아가 유치원/어린이집에서 어떻게 생활하는지 구체적으로 이야기 나누어 볼 수 있다. (예 오늘 자유선택활동시간에는 어떤 놀이를 했어?, 오늘 점심은 어떤 반찬이 나왔어? 등)

3) 그림책을 활용한 언어지도

그림책의 가장 큰 가치는 아동의 흥미와 즐거움을 전하는 데 있다. 마쯔이 다다시(1996)에 의하면 그림책은 지식을 습득하는 매체가 아니라 즐거움의 원천이다. 그래서 아동에게 무엇을 가르치려고 하기 이전에 아동에게 그림책에 대한 흥미를 유발시키는 것이 중요하다고 강조한다. 최성애(2000)의 연구결과에서 유아들의 문해발달을 촉진하는 핵심적인 요인은 이야기책과 상호작용하는 것이며, 유아들에게 이야기책을 접하게 하는 가장 좋은 방법은 교사가 소리를 내어 읽어주는 것이라고 하였다. Senechal, Cornell과 Broda(1995)의 연구에서는 책을 한 번 그냥 읽어 주었을 때, 질문을 했을 때, 개작했을 때, 반복했을 때의 모든 상황에서 유아의 수용어휘력이 향상되었음을 보고 하였다. 따라서 다문화가족 영유아의 언어지도 시 그림책을 활용한다면 다문화가족 영유아가 자연스럽게 그림책을 읽는 과정에서 언어를 배울 수 있도록 할 수 있다.

부모 중 한국어 사용 능력이 부족한 외국인 다문화가정에서는 자란 영유아들은 비다문화가정 영유아에 비해 다양한 어휘와 한국어 표현에 노출될 기회가 상대적으로 적을 수밖에 없다. 이야기 이해력과 어휘력이 부족하기 쉬운 다문화가족 영유아들을 위한 그림책은 반복적 이야기 구조를 가진 그림책이 적절할 수 있다. 즉, 이야기가 진행됨에 따라 특정 문장이나 단락이 반복되는 구조를 가진 이야기의 경우 유아가 이야기를 쉽게 이해할 수 있을 뿐만 아니라 앞으로 진행될 이야기를 쉽게 예측할 수 있어 다문화가족 영유아들에게 적절하다고 할 수 있다. 다문화가족 영유아에게 적절한 그림책을 다음과 같이 소개하고자 한다.

■ 『그건 내 조끼야』, 나카에 요시오, 2008, 비룡소

『그건 내 조끼야』는 쥐돌이가 엄마가 짜주신 조끼를 자랑하자 차례로 거위, 원숭이, 물개, 사자, 말, 코끼리가 서로 입어보겠다고 나서는 과정을 열다섯 컷의 삽화와 간결한 문장으로 꾸몄다. '정말 멋진 조끼다! 나도 한 번 입어보자. 그래 조금 끼나?' 등의 문장이 계속 반복돼 읽는 이가 쉽게 진행될 이야기와 문구를 예측할 수 있다.

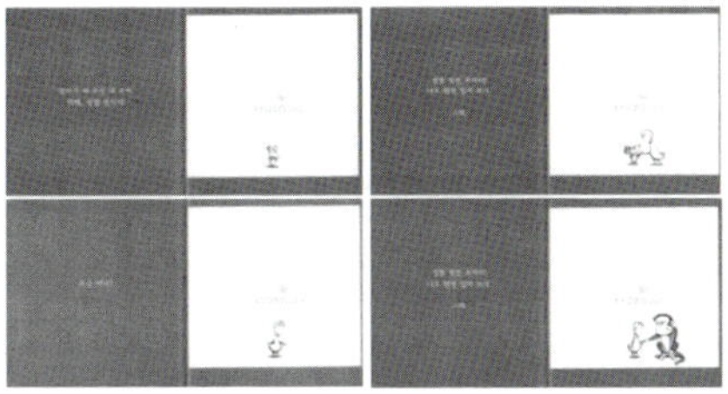

■ 『누가 내 머리에 똥 쌌어?』, 베르너 홀츠바르트, 2008, 사계절

『누가 내 머리에 똥 쌌어?』는 아이들이 호기심을 갖는 소재를 재미있고 기발한 이야기로 구성한 책으로 유치원 입학 전후 시기의 아이들에게 적절하다. '누가 내 머리에 똥 쌌어?'라는 재미있는 문장의 반복과 함께 여러 동물의 다른 똥 모양은 아이들의 상상력, 관찰력을 키워주기에 충분하다.

■ 『갈색 곰아, 갈색 곰아, 무엇을 보고 있니?』, 빌 마틴 주지어, 2022, 시공주니어

『갈색 곰아, 갈색 곰아, 무엇을 보고 있니?』는 유아에게 친근한 동물이 다양한 색으로 표현되어 차례차례 등장한다. 파란색 말과 자주색 고양이 등은 우리의 상식을 깨며 유아들을 상상의 세계로 인도한다. 특히 이 그림책은 제목과 같은 "갈색 곰아, 갈색 곰아, 무엇을 보고 있니?"라는 질문을 반복하여 묻고 답하는 방식의 리듬감을 제공한다.

출처 : 서울교육대학교 다문화교육연구원(2010). 유아다문화 교원 직무교육; 올리볼리 그림동화(http://www.ollybolly.org), 다문화동화구연(http://storytelling.nicy.go.kr).

3. 다문화가족 영유아의 이중언어 지도

1) 다문화가족 영유아의 이중언어 지도 필요성

이중언어 환경에서 자란 다문화가족 영유아들이 영유아교육기관에서 보다 잘 적응하기 위해서는 다문화가족 영유아의 한국어와 타 언어권 부모의 모국어, 즉 이중언어발달을 위한 지원이 필요하다. 다문화가족 영유아에게 영유아교육기관은 타 언어권 부모의 모국어를 발달시키는 데 필수적인 중재자가 된다(Baker, 2014). 한국에서 태어난 다문화가족 영유아의 경우 타 언어권 부모의 모국어를 구사하지 못해도 한국어는 잘할 것이라고 생각하기 쉬우나 교과 학습에서 필요한 학습 언어 능력 면에서는 학교 공부를 따라가지 못하는 경우가 많다. 이는 영유아기에 언어능력이 연령에 상응하는 수준까지 이르지 못한 영유아는 초등학교에 입학했을 때 학습에 필요한 사전능력이 부족한 상태에 있기 때문에 문자 학습 단계로 진도가 나갈 수 없는 것이 일반적이기 때문이다(나카지마 카즈코, 2012).

Cummins(1996)은 이주민이나 외국인 자녀의 모어는 5세가 되면 사라진다고 한다. 모어가 사라져 버리면 제2언어 습득에 시간이 걸리므로 두 언어 모두 향상되지 않는 제한적 이중언어 상태에 빠지기 쉽다. 제한적 이중언어는 유아기의 언어발달이 늦어지는 데에서 오는 경우와 언어 형성기 후반의 독해능력과 추상적 어휘 습득의 지체로 인한 학습 곤란으로 크게 나뉘는데, 양쪽 모두 수업 중에 다양한 증상로 나타난다. 예를 들어, 교실에서 안절부절못하고 돌아다니는 현상, 의자에 앉아 있기는 하지만 자기만의 세계에 빠져 수업에 임하지 못하는 현상 등의 문제로까지 번지는 경우를 포함하여 수많은 사례가 보고 되고 있다. 그러므로 교육에서 다문화가족 영유아의 모국어의 사용은 가정에서 학교, 성취, 자부심, 특히 다수 언어 학습을 위한 것까지 영유아들의 전이를 위해 중요하다. 모국어가 쓰이지 않을 때, 그들은 뒤떨어지고 질 낮고, 멍청하다고 느끼게 될 것이다. 이것은 오랜 기간 영향을 줄 수 있다

2) 이중언어 지도를 위한 교사의 역할

다문화가정 자녀를 둘러싼 여러 가지 환경 요소 중 하나인 교사는 다문화가정과의 소통에 영향을 주는 중요한 요인이다(Bradshaw, 2013). 교사와 유아 간의 활발한 상호작용을 통해 유아의 기초 언어능력을 비롯한 전반적인 인지능력을 촉진할 수 있다(윤민종, 2018; Magnuson et al., 2004). Baker(2014)는 다문화가족 영유아의 이중언어를 지원하는 데 있어 하나의 문제점으로 영유아교육기관과 이중언어 교실에서 다문화가족 영유아를 지도하는 데 필요한 교사 연수가 거의 없다는 것을 지적하였다. 이러한 이유로 이중언어 구사 아이들과 이중언어 교육에 대해 잘 알지 못하는 교사들이 이중언어 구사 아이들에게 선입관을 갖고 가르치는 데 어려워하거나 자녀의 이중언어 사용에 대해 민감한 부모들에게 어떻게 접근해야 하는지 모르는 경우가 많다. 권경숙(2020)의 연구결과 영유아 교사들은 다문화가정 자녀는 두 모국어 환경에 있지만 두 모국어를 동시에 사용할 경우 영유아에게 혼란을 야기하거나 한국어 습득에 부정적인 영향을 미칠 수 있으므로 한국어를 먼저 배운 후 외국인 부모의 모국어를 가르치는 것이 바람직한 방법이라고 주장하였다. 박아름과 황상심(2022)의 연구결과에서도 유아교사들의 이중언어에 대한 인식은 대체로 긍정적이었으나 한국어가 다문화가족 영유아들의 모국어이고 의사소통과 사회성 향상을 위해 필요하기 때문에 이중언어보다는 한국어를 먼저 습득해야 하는 것으로 인식하고 있다고 하였다. 이는 이중언어 발달에 대하여 교사들이 정보가 부족하거나, 어린이집, 유치원 등의 교육 환경에서 사용하는 교육 언어 때문인 것으로 해석하고 있다. 또한 교육 현장에서도 보수 교육이나 기관 교육에서 이중언어 발달에 대하여 교사들에게 충분한 교육적인 지원을 하기에는 한계가 있음을 보고하고 있다. 이러한 결과를 살펴볼 때 교사교육 및 연수를 통해 교사가 이중언어 교육에 대한 이해를 바탕으로 이중언어 사용 영유아의 언어발달을 위한 환경을 구성하고 영유아의 경험과 지식을 교실에서 적절하게 활용하는 능력을 강화하기 위한 지원(김창복·김혜원, 2015)이 필요하다. 또한 교사가 다문화가족 영유아 외국인 부모의 언어를 긍정적으로 받아들이고 다문화가정 영유아를 비롯한 학급의 일반 영유아들과도 함께 공유하여 사용해 보려는 태도 역시 중요하다(권경숙, 2020).

3) 교실에서의 이중언어 지도 방법

언어습득은 의도적인 학습에 의해서가 아니라 태어나 성장하면서 사람들, 놀이 등의 여러 삶의 과정에서 이루어지는 상호작용을 통해서 저절로 습득되는 능력이다(이창덕, 2010). 그러므로 다문화가족 영유아의 언어능력 발달은 다른 사람들과의 교류 속에서 접하는 언어의 양과 질적인 상호작용이 있을 때 가능하다(나카지마, 2012). 따라서 다문화가족 영유아의 외국인 어머니나 아버지의 언어를 자연스럽게 받아들일 수 있도록 지원하는 것이 필요하다. 특히 학급에서 함께 생활하는 또래의 다문화가족 부모는 다문화교육의 중요한 자원이며, 그 문화에서 살다 온 당사자이기 때문에 타문화에 대한 영유아들의 이해를 효율적으로 도울 수 있다. 권경숙(2020)의 연구결과 교사들은 다문화가족 영유아가 이중언어를 잘 사용하도록 돕기 위하여 인사 같은 간단한 말을 함께 해주고 영유아들이 자주 사용하는 단어는 그림과 언어로 단어카드를 만들어 기회를 제공하였다. 동시에 한국어를 구사하지 못하는 다문화가족 영유아들에게는 스마트폰 앱과 그림카드를 이용하여 이중언어로 소통하려고 노력함으로써 두 언어 사용의 모델링을 보이기도 하였다. 이러한 교사의 노력은 다문화가족 영유아의 이중언어 사용에 긍정적인 영향을 미치며, 다문화가족 영유아는 다양한 언어를 공유하게 되면서 그 집단에 소속감도 가지게 된다(Pollock & Reken, 2001). 이러한 점에서 볼 때 다문화가족 외국인 부모의 언어를 활용한 교사의 이중언어 소통은 다문화가족 영유아들의 교육기관 적응을 돕고 나아가 다문화가족 영유아의 건강한 사회 구성원으로 성장할 수 있는 기초를 만드는 데 도움이 될 수 있을 것이다(권경숙, 2020). 따라서 유아교육기관에서 다문화가족 영유아의 이중언어 교육을 효율적으로 지원하기 위한 방법에 대해 살펴보고자 한다.

(1) 교실에서 모국어 사용을 격려하며 소통이 어려운 다문화가족 영유아 지도하기

교실에서 소통이 불가능하다는 것을 알게 된 다문화가족 영유아는 일정 기간 전혀 말을 하지 않기도 한다. 영유아교육기관의 교사는 다문화가족 영유아의 모국어 사용을 격려하며, 비언어적 전략을 사용하여 적극적으로 관찰하고 듣고 학습하고 의사소통을 한다. 먼저 교실에서 자신의 모국어를 사용하는 영유아에게 긍정적으로 반응하며, 영유아의 시도가 누군가와 의사소통을 하기 위한 것이었음을 인정한다. 교사는 다문화가족 영유아의 물리적 움직임을 주의 깊게 관찰하면서, 동작이나 음악, 시각적 자료(이중언어 자료)를 사용하여 영유아와 의사소통한다. 손을 사용하여 할 수 있는 활동이나 구체적인 탐색이 가능한 사물을 제공하거나 유아가 자신의 필요를 표현하고 전달하기 위해 그림으로 된 상징물을 가리키도록 한다(예 물통을 가리키며 "예나야, 지금 물 마시고 싶니?"). 이 밖에 다문화가족 영유아와 단어와 짧은 문구를 사용하여 의사소통을 하며(예 "지금 무엇을 만들고 있니?" → "집"/ "안녕하세요?", "다음에 또 만나요"와 같은 반복되는 짧은 문구), 함께 책을 읽을 때는 문맥 안에서 친숙한 사물을 가리켜 보게 함으로써 참여를 유도한다.

(2) 모국어를 교실 안에 포함시키기

다문화가족 영유아의 모국어 중 간단한 몇 개의 단어는 배워서 말해보거나 교실 내 다양한 문자언어를 전시 또는 다문화가족 영유아의 문화와 언어로 된 동화책을 비치하는 것도 도움이 될 수 있다. 이와 같이 동화를 활용하는 것은 다문화가족 영유아에게 언어발달뿐만 아니라 부모의 문화를 이해하는 데 효과적인 방법이라고 할 수 있다(이승숙·곽승주, 2012). 이와 함께 다문화가족 부모는 다문화교육의 중요한 자원이며 그 문화에서 살다 온 당사자이기 때문에 타문화에 대한 영유아들의 이해를 효율적으로 도모할 수 있다. 따라서 외국인 다문화가족 부모를 교실로 초대하거나 일일교사로 임명하여 다문화가족 부모 나라의 문화와 언어를 다문화가족 영유아와 일반가정 영유아들이 함께 경험할 수 있는 기회를 제공할 수 있다.

다문화가족 영유아의 이중언어 지도를 위해서는 먼저 다문화가족 영유아의 언어수준을 평가하고 그에 따른 수준별 언어지도와 교실에서의 이중언어 환경을 제공해 주어야 한다. 이와 함께 영유아교육기관과 가정과의 연계를 통해 다문화가족 영유아의 이중언어를 지속적으로 지원하는 것이 필요하다.

제 4 부

영유아 다문화교육의 이해

CHAPTER

7 영유아 다문화교육

오늘의 이야기

현행 다문화교육은 타문화 체험에 그쳐... 상호문화교육 필요

"현행 다문화교육은 타문화에 대한 지식과 정보를 학습하고 체험하는 것에 그쳐요. 상생을 위해서는 다문화가족과 비(非)다문화가족 자녀가 차이를 긍정적으로 바라볼 수 있게 상호문화교육을 해야 해요."

여성가족부가 운영하는 '다문화가족 참여회의' 위원인 김미래(22) 씨는 4일 서울 종로구 정부서울청사에서 열린 '2023년 다문화가족 참여회의'(의장 이기순 여가부 차관)에 참석해 다문화자녀 지원 사업에 관한 의견을 이렇게 밝혔다. 또한 김씨는 이중언어 사업과 국제교류 활동 등 다문화자녀의 글로벌 역량을 높일 수 있는 사업을 통해 다문화에 대한 긍정적인 인식을 높이고, 성인이 된 다문화자녀가 장점을 살려 사회경제활동을 하도록 연계시스템이 구축돼야 한다고 말했다. 이 밖에 초등학교 교육과정에 제2외국어 영역을 추가해 청소년들이 어린 시기부터 언어와 문화의 다양성을 접하고 받아들일 수 있는 환경을 만들 필요가 있다는 의견도 제시했다.

연합뉴스 성도현 기자(2023. 7. 4). 일부 발췌.
https://www.yna.co.kr/view/AKR20230704113300371

1. 다문화교육에 대한 이론

국가 간의 개방과 빠른 속도로 진행되는 세계화를 경험하면서 다양한 사고와 문화를 이해하고 수용하는 능력이 중요해졌으며, 문화적 다양성을 존중하는 태도가 사회 발전과 경쟁력 강화에 핵심요소로 자리 잡고 있다. 한국사회 역시 급속도로 다문화사회로 진입하면서 오랫동안 순혈주의, 단일민족국가라는 문화적 인식 속에 머물러 있던 한국인들에게 다른 문화에 대한 이해를 바탕으로 문화적 차이를 수용하고 공존을 추구해야 한다는 인식이 요구되고 있다(조경자 · 안진숙 · 조은미, 2017). 이에 본 장에서는 다문화사회의 다문화에 대한 수용과 인식을 고취하기 위하여 다문화에 대한 용어를 비롯하여 다문화교육에 대한 이론을 살펴보고자 한다.

1) 다문화교육의 정의

문화는 각 집단이나 사회, 민족, 인종에 따라 각기 고유한 형태로 나타나는데, 이렇게 각기 독특하면서도 분절된 문화가 하나의 조합을 이룬 상태를 '다문화'라고 할 수 있다(박재옥 · 홍길희, 2020). 다문화라는 용어는 문화 간에 생기는 여러 유형의 문제를 조화롭게 극복하고자 하는 의도에서 만들어진 용어로 각 나라의 문화를 연결시키고, 반영하고, 적용하는 것으로서 근본적으로는 각 문화의 차별화를 강조하고 문화의 다양성을 추구하는 것(장영희, 1997)이라고 할 수 있다. 한석실(2007)도 다문화란, 세계화로 인해 사회적 필요성에 의해 생겨난 것으로 사회적 변화 및 필요성에 따라 세계는 다문화사회로의 전환이 가속되고 있다고 하였다. 여기서 다문화사회란 서로 다른 인종, 민족, 언어, 종교, 문화적 배경을 가진 사람들이 함께 어우러져 살아가는 사회, 즉 다양한 문화가 혼재된 사회를 의미한다.

다문화사회의 구성원에게는 다양한 문화를 이해하고 그 차이를 조율할 줄 알며, 문화적 배경이 다른 타인과 소통하는 능력이 요구된다. 그렇다면 다문화사회에서 다문화교육은 서로 다른 문화를 이해하는 교육으로 '국제이해교육'의 동의어로 이해할 수도 있으며, 사회 구성원의 다양한 문화 수용에 초점을 맞추어 이민자와 그 가정을 지원하는 다양한 교육적 자원과 방법에 초점을 맞춘 교육이라 할 수 있다. 또한 다양한 문화를 가진 사람들이 함께 사는 사회에서 이들 간 원하지 않는 차별이 발생할 때 어떻게 평등을 추구할 것인가에 대한 이해를 높이고 적절한 행동을 주문하는 교육으로도 해석할 수 있다. 서로 다른 다문화사회 배경을 가지고 있는 국가들의 상황에서 강조점은 조금씩 다를 수 있지만 중요한 것은 교사가 이 모든 교육이 다문화교육의 테두리 안에 있음을 인식하고 통합적 고려 아래 필요한 교육을 필요한 아동에게 제공해야 한다는 점이다(이선애 · 백인경 · 이로미, 2021).

(1) 다문화교육의 개념

1970년대부터 시작된 다문화교육은 학자들의 견해나 시대적 상황에 따라 다문화교육(multi-cultural education), 세계화교육(global education), 반편견교육(anti-bias education), 다민족교육(multiethnic education) 등 다문화교육과 유사한 개념으로 혼용되어 사용되고 있으며(교육부, 1999; 장인실 외, 2022), 이러한 경향은 세계화라는 공통의 관심을 반영하고 있는 것(장영희, 1997)이라고 할 수 있다. 시대적 상황 및 다양한 학자들의 관점에 따라 정의되고 있는 다문화교육의 개념을 좀 더 이해해 보고자 한다.

① 반편견교육(anti-bias education)

반편견교육이란 기존의 선입견이나 고정관념 및 편견에 도전하는 능동적이고 적극적인 방식으로 다른 사람과의 차이점과 유사점을 이해하고 존중하도록 가르치는 접근법을 말한다(Deman-Sparks & The A.B.C. Task Force, 1999). 편견은 공정하지 못하고 한쪽으로 기울어지거나 치우친 생각으로 어떤 사물에 대한 편애, 싫어함, 두려움을 통해 나타나는 견해나 경향을 의미한다(김영옥, 1998). 또한 편견은 적절한 지식, 사고, 이성 등이 없는 상태에서 다른 사람이나 상황에 대하여 가지게 되는 태도나 의견 혹은 감정 등으로 다른 사람이나 집단에 대하여 좋고 싫음을 판단하게 만든다(Johns & Derman-Spark, 1992). 즉, 자신의 정체감에 대해 긍정적으로 생각하기, 다양성을 가진 사람과 편안하고 감정이입적인 상호작용을 하도록 촉진하기, 편견에 대한 비판적 사고 기르기, 편견에 대하여 행동하기 등이 포함된다(김영옥, 1998). 반편견교육과 다문화교육은 나와 다른 상대방을 편견 없이 보이는 그대로, 있는 그대로 인정하고 이해할 수 있도록 돕는다는 점에서 유사하다고 할 수 있으나, 반편견교육이 다문화교육에 비해 좀 더 포괄적인 내용을 다룬다고 할 수 있다. 요컨대, 반편견교육은 민족, 인성, 성, 장애, 사회계층 등의 내용 속에서 유아의 긍정적인 정체성 확립과 다양성에 대한 존중을 돕고, 편견에서 자유로울 수 있게 하며, 편견적 행동이 어떤 영향을 미치는지 이해할 수 있도록 하는 교육이다(박재옥 · 홍길희, 2020).

② 다민족교육

한 국가에 민족, 언어, 종교 등이 다른 자국주민을 포함하고 있는 것을 다민족국가라고 한다. 다민족교육은 일반적으로 다민족국가인 미국에서 1960년대 소수 민족의 권리와 가치를 존중하며, 이러한 정신을 공교육에 반영하기 위해 법을 제정하면서 사용되기 시작한 용어이다. 따라서 다민족교육은 다양한 인종이나 민족 등의 고유한 문화와 특성에 대해 서로 이해하고 존중하는 과정을 배우는 교육으로 볼 수 있다.

③ 국제이해교육

유네스코는 세계의 전쟁을 방지하고 평화를 유지하기 위해 각 국가 간의 이해가 우선시되어야 한다는 생각을 가지고 있는데, 이를 위해 교육의 중요성을 인식하고 국제이해교육을 실시하였다(장인실 외, 2022). 특히 1974년 유네스코는 제18차 총회를 개최하여 인구, 식량, 자원, 환경, 에너지 등의 전 지구적인 문제에 대한 교육의 대안으로 '국제이해, 협력 및 평화와 인권 및 기본적 자유에 관한 권고'를 채택하고 이를 국제이해교육의 기본방침으로 제시하였다(UNESCO, 1974). 이 권고문에서는 단순한 국가 간 이해나 협력이란 차원을 넘어 인구, 식량, 자원, 환경, 에너지 등과 같은 전 지구적 문제들의 상호의존적인 측면과 세계공동체 의식이 중요함을 강조하고 있다.

이후 국제이해교육은 국제교육, 세계교육, 평화교육 등 다양한 개념과 명칭으로 조금씩 수정되거나 추가되면서 발전되어 왔다. 국제이해교육의 정의를 가장 먼저 규정한 한베이(Hanvey, 1976)는 국제이해교육에서 강조하여야 할 다섯 가지 구성요소로서, 시각에 대한 자각, 지구상황에 대한 인식, 문화 간 이해, 세계의 역동체제에 대한 지식, 그리고 인간의 선택에 대한 인식을 강조하고 있다. 또한 국제이해교육은 세계 여러 나라가 공통으로 겪는 세계 문제에 대한 학습 외에 경제, 환경, 문화, 정치, 기술적으로 상호 연결되어 있는 세계체제에 관한 학습이며, 문화 간 이해의 증진을 위한 학습으로, 다른 나라 문화를 이해하고 인정하는 학습뿐 아니라 타인의 관점에서 세상을 바라보며, 다른 나라 사람들도 우리와 똑같은 요구와 필요를 가지고 있음을 깨닫게 하는 세계적인 시각에 대한 교육이다(Tye, 1999). 즉, 국제이해교육은 학자와 시대에 따라 차이점은 있으나, 세계 평화와 지구촌 화합을 목적으로 하는 개념과 내용 범주를 구성하고 있다. 국제이해교육은 인종, 민족, 사회계층, 성과 관련된 다양한 소수집단에 소속된 사람들이 차별받지 않고 평등한 학습기회를 가질 수 있도록 학교체제를 바꾸려는 개혁 운동인 다문화교육과는 차이가 있다(장인실 외, 2022).

④ 다문화교육

다문화교육은 다민족교육보다 한층 더 포괄적인 개념이다. 다민족교육은 다민족국가에서 주류세력이 지배하면서 다른 소수 민족문화의 공존을 관용하고 배려하는 측면이 강하나, 다문화교육은 문화적 다양성을 가치 있는 자원으로 지원하고 확장하려는 교육이다(신순식 외, 2010). 특히 다문화교육은 '한 국가 내'에서 존재하는 다양한 문화적 차이나 갈등에서 오는 어려움을 줄이기 위하여 다양한 문화권을 존중하는 교육을 통해 국가 내에서 더불어 잘 사는 것을 목적으로 한다(김선미, 2000; 장인실, 2006). 그러나 세계시민으로 자라나는 세대가 타문화에 대한 더 적극적인 인식과 세계 이해 태도를 가져야 한다는 점을 고려한다면 다문화교육만으로는 지구촌의 세계 여러 곳에서 일어나는 다양성에 대한 인정과 지구촌 문제해결에 대한 관심을 증가시키기엔 한계가 있다.

다문화에서 핵심적인 논제는 민주적 구성 틀 안에서 통일성과 다양성 사이의 관계이다. 통일성은 문화의 다양성 속에서도 분명히 존재하는 공통점을 인식하고 그것을 파악함으로써 인간과 그 문명의 본성을 이해하는 것이다. 반면에 다양성은 문화를 그 자체 내의 맥락에 맞게 좀더 정확히 이해하려는 것으로, 인류문화의 다양성 인식과 개별문화의 독특성을 이해하는 것이다(유네스코 한국위원회, 1998).

⑤ 세계시민교육

세계시민교육은 보다 확장된 개념으로 인류 보편적 가치를 내재화하여 국가와 지역의 경계를 넘어 타인과 연대할 수 있는 정서적 역량과 행동적 역량을 증진하기 위한 교육을 의미하는 것으로(UNESCO, 2015), 세계가 공동체라는 인식과 함께 전 지구적 시각을 가지고 세계의 안녕과 번영을 위해 다양한 사람들과 함께 협력하는 지식과 기술, 태도를 갖도록 하는 교육이다. 유아교육에서 세계시민교육은 유아들이 국경을 넘어선 지구촌 사회에서 인류 공동체적 책임감을 가지고 문화적 다양성을 존중하며, 평화적인 갈등 해결과 환경보호, 인권존중 등의 지식과 태도를 형성하며, 실질적으로 실천할 수 있도록 하는 것이다(교육과학기술부, 2008a).

오늘날 사회현상의 가장 큰 특징 중 하나는 세계화 현상이다. 인터넷, 통신, 전자우편의 발달 등은 세계를 더욱 가까워지게 하고 있으며, 더욱 폭넓은 사회로 우리를 연결시키고 있다. 이러한 세계화는 미래를 살아갈 유아들을 위해 세계 속의 시민으로 성장하도록 돕는 교육의 필요성을 요구한다. 환경오염, 빈곤, 전쟁, 자원고갈 등의 문제는 더 이상 한 나라에 국한되지 않고 세계적인 인류공동의 문제가 되어가고 있다. 따라서 세계시민교육은 국가 간의 경계를 허물고 전 지구적 차원에서 세계 간의 상호의존과 협력을 돕기 위해 반드시 필요한 교육이라 할 수 있다. 오늘날 시대를 살아가는 유아는 세계적 변화에 능동적으로 대처할 수 있는 폭넓은 시각을 가진 세계시민으로서의 소양과 자질을 길러야 한다(교육과학기술부, 2008).

앞에서 살펴본 것과 같이 다문화교육은 다양한 용어로 혼용되고 있으나 사회의 상황 및 필요에 의해서 그 내용이 한정적으로 또는 좀 더 포괄적으로 확장되어 개념화되고 있음을 알 수 있다. 즉, 반편견교육과 다문화교육은 나와 다른 상대방을 편견 없이 보이는 그대로, 있는 그대로 인정하고 이해할 수 있도록 돕는다는 점에서 유사하나 반편견교육이 다문화교육에 비해 좀 더 포괄적인 내용을 다룬다고 볼 수 있다. 다문화교육과 국제이해교육은 서로 다른 문화의 다양성을 이해하고 존중한다는 공통점을 갖고 있지만 문화를 바라보는 시각에는 차이점이 있다. 다문화교육은 인종, 성, 계층, 종교 등과 관련된 다양한 사회집단의 문화적 다양성을 이해하고 비판적 사고를 통해 사회 속에서 내재되어 있는 불평등과 편견 등을 깨닫도록 돕는다. 반면 국제이해교육은 모든 민족과 문화, 문명, 가치, 생활양식에 대한 이해와 존중이라는 목표의 실현을 위해 국가 간의 이해와 '문화다양성'을 필수조건으로 여기며, 문화이해교육을 강조한다(장인실 외, 2022). 오늘날 세계화로 인하여 이제 다문화교육은 국가 간의 또는 한 국가 내의 사회통합이 아닌 국경을 넘어선 지구촌 사회에서 인류 공동체적인 책임감을 가지고 문화다양성을 존중하며, 평화적 갈등 해결, 인권존중 등 세계 간의 상호의존과 협력을 돕기 위해 더욱 확장된 개념으로 변화하고 있다. 그러나 한국에서 전개되고 있는 다문화교육은 이러한 시대적 요구에 따른 교육내용으로 전개되기보다는 여전히 관광식 접근방식(tourist curriculum)의 다른 나라의 문화를 가르치는 수준에 머물러 있다. 따라서 다문화교육은 단순히 다른 문화에 대한 이해에서 벗어나 비판적 사고력을 증진하고 다문화사회 변화에 능동적으로 대응할 수 있는 지식, 기능, 가치 등의 다문화감수성 함양에 중점을 두어야 한다. 또한 이를 위해서는 학교교육과 연계한 다문화교육이 필요하다(유준호 외, 2021).

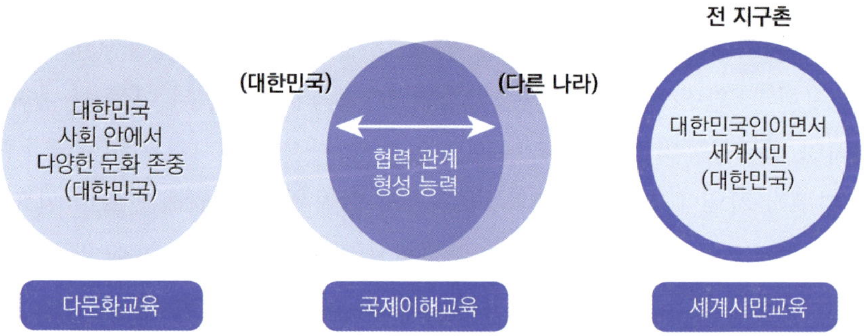

[그림 7-1] 다문화교육, 국제이해교육, 세계시민교육 개념도

출처 : 교육과학기술부(2008). 종일제 특성화교육과정 운영을 위한 유아세계시민교육 활동자료.

(2) 다문화교육의 대상별 교육유형

다문화사회를 구성하는 집단은 크게 두 분류로 구분하여 주류사회문화를 지닌 다수자와 소수인종 또는 소수자 문화를 지닌 집단으로 나눌 수 있다. 다문화교육은 소수자 집단을 대상으로 하는 교육과 주류문화를 가진 집단도 포함하여 모든 이를 대상으로 한 교육으로 나누어 볼 수 있다. 즉, 다문화교육의 대상은 소수집단의 교육과 소수집단과 다수집단이 포함하는 것으로 실제 학교교육에서는 교육 대상에 따른 다양한 유형의 다문화교육들이 동시에 진행되고 있다. 다문화교육의 대상에 따른 교육유형을 정리하면 다음과 같다.

① 다문화가족 자녀들을 대상으로 한 교육

다문화교육은 소수자의 공동체교육, 소수자 적응교육, 소수자 정체성교육을 포함한다. 즉, 한국 사회에서 문화적으로 소수자인 다문화가족 자녀들을 대상으로 한 교육으로 다문화가족 자녀들이 새로운 사회에 성공적으로 적응할 수 있도록 돕기 위한 교육과 자신을 구성하는 소수문화를 알고 정체성을 키우게 하는 교육 모두를 포함한다. 초기의 다문화교육 정책은 사회적 다문화가정을 취약계층으로 분류한 후 다문화가정과 자녀에게 집중되어 한국어 문화 체험,

한국어 교육, 한국어 학습지원 등을 지원하였다. 이와 같이 초기의 다문화교육 정책은 소수자를 대상으로 하는 교육이 중심이 되어 다문화가정 자녀의 한국 사회로의 적응 교육에만 머물러 있다는 한계점이 있다. 최근의 다문화교육 정책은 다문화 배경을 가진 학생뿐만 아니라 일반 학생 모두를 포함하는 교육으로 정책 방향이 바뀌고 있으나 여전히 학교 현장에서는 다문화가족 자녀들을 대상으로 한 교육만이 다문화교육으로 간주되거나 다문화이해교육 혹은 국제이해교육이라는 이름으로 다른 나라의 문화를 가르치는 수준에 머물고 있다(장인실 외, 2022).

다문화교육은 소수문화를 가진 다문화가정 자녀들이 자신의 문화를 알고 정체성을 키우는 데 중점을 둔다. 우선적으로 형평성, 평등성, 다양성을 주요 요소로 하며, 일반 영유아들과 똑같이 교육받을 수 있다는 인식, 모든 사람은 문화가 다양할 수 있다는 인식을 통해 자아정체성과 자아존중감이 형성되도록 한다(신현경, 2009). 현대 사회에서는 한 집단 이상의 집단 정체성을 가지게 되는 가정이 증가하고 있다. 예를 들어, 다문화가족이 그러하다. 한국인 아버지와 중국인 어머니, 캐나다 아버지와 한국인 어머니를 둔 다문화가족을 예로 들 수 있다. 다문화가족 아동은 부모 양국의 이중 문화의 정체성을 형성하게 된다. 그러나 한국에서 태어나고 자라게 되는 다문화가족 자녀들은 부모 중 한 부모의 소수문화가 사회적 위치가 낮거나 가정에서 인정받지 못할 때 소수문화의 정체성이 무시되어 다문화가족 자녀의 정체성 형성에도 문제를 야기하게 된다. 한국 사회에서 살아가는 데 있어 부모의 문화는 선택이 아니라 자신의 정체성을 형성하는 중요한 부분이다. 그렇기 때문에 부모의 문화가 소수문화이기 때문에 무시하거나 포기하는 것이 아니라 자신을 구성하는 중요한 민족 및 문화 정체성으로 받아들이고 자신이 가진 또 다른 정체성들과 결합하여 복합적인 다중 정체성을 만들어 나간다면 주류사회의 단일문화를 가진 사람들보다 풍성한 삶을 살아갈 수 있을 것이다. 이를 장려하는 교육 역시 다문화교육이다(이선애 외, 2021).

② 모든 아동을 위한 교육

다문화교육은 비다문화가정의 아동에게는 모든 사람은 인종과 국적에 관계없이 동등한 인격체라는 인식을 깨닫게 하여 다른 문화와 인종에 대한 편견과 고정관념 없이 더불어 사는 긍정적인 생활태도를 길러주고, 자신과 자신의 문화, 그리고 타인과 타인의 문화를 존중하고 이해할 수 있게 해줄 수 있다(홍길희 · 박재옥, 2013). 즉, 다문화교육은 자신과 다른 사람들을 이해하는 교육으로 다문화가정과 비다문화가정 아동의 의식 변화를 유도하기 위하여 모든 아동들을 위한 교육으로 문화에 대한 열린 사고를 주문하고 다양성이 갖는 강점을 이해하도록 하며 소수자에 대한 편견과 차별의식을 극복하는 것을 넘어서 모두 함께 행복하게 살아가는 법을 가르치는 데 초점을 둔다(이선애 외, 2021). 이와 함께 모든 아동을 위한 다문화교육은 서로의 차이 또는 다름에도 불구하고 평등하게 살아가도록 지원하는 사회정의 차원의 교육을 일컫는다. 선입견이나 편견, 또는 고정관념에 대해서 비판적으로 생각해 볼 기회를 제공하고 주변에서 이런 차별이 일어나는 상황을 발견하며 '모든 인간은 평등하다'는 사회정의의 관점에서 적절한 행동을 취할 수 있는 능력을 배양하는 교육이 곧 다문화교육이다(이선애 외, 2021).

이와 같은 내용을 살펴보면 다문화교육은 이제 소수 민족이나 인종을 위한 주류문화 집단과의 평등화와 정체성 유지를 위한 교육이 아니라, 미래를 살아가는 모든 아동들이 다양성과 상호존중감, 상호의존성이 필요시 되는 세계에서 성공적인 삶을 살 수 있도록 하는 필수적인 교육이라고 할 수 있다.

2) 다문화교육 접근방법

다문화교육은 다양한 의미를 가지고 있지만 학자들 간 공통적인 목표는 남녀 학생, 다양한 인종과 배경을 가진 학생, 특수한 학습자들 모두에게 평등한 교육의 기회를 보장한다는 것에 있다(Banks, 2006). Banks는 다문화교육 접근방법을 다음의 4단계로 제안하였다(박찬옥 외, 2013; 장영희, 1997; 조경자 외, 2017).

(1) 기여적 접근방법(the contribution approach)

이 단계는 소수집단 출신의 영웅이나 인물을 교육과정에 포함시키는 것으로 기존의 교육과정에 축제, 영웅, 민족적 음식, 춤과 같은 민족 문화 집단의 주제들을 반영하여 접근한다. 이러한 접근방법은 교육과정 속에서 소수 민족집단의 내용을 상대적으로 빠르고 쉽게 반영할 수 있는 방법으로 다문화적 내용을 교육과정에 통합시킬 수 있는 가장 쉬운 방법의 하나이다. 그러나 주된 교육과정의 틀이 고정되어 있으며 이러한 다문화적 내용을 부수적인 요소로 지각할 수 있다. 특히 유아교육에서는 '세계 여러 나라'라는 주제를 다룰 때 일시적으로 다문화교육을 실시하는 경향이 있다 보니 몇 개 나라를 중심으로 옷, 음식, 인사법, 주거 형태의 주제를 전형적인 형태(일본 : 기모노, 중국 : 치파오)로 펼쳐 다룸으로써 관광식 접근방법으로 다문화교육을 접근하는 경우가 많다. 그러므로 이로 인하여 민족적·문화적 편견을 길러줄 가능성이 있기 때문에 조심스럽게 접근해야 한다.

(2) 부가적인 접근방법(the addictive approach)

이 단계는 하나의 단원이나 책 등이 기존 교육과정에 첨부되는 것으로 교육과정 변화의 첫 단계라고 할 수 있다. 즉, 민족적 개념이나 주제, 요소, 실생활적인 관점 등을 기존의 교육과정 속에서 더하는 것을 특징으로 한다. 즉, 유아교육에서는 '세계 여러 나라'를 다룰 때만 일시적으로 다문화교육을 하지 않고 모든 주제에서 다문화교육을 접근할 수 있다. 예를 들어, 현재는 사라지고 없는 전통적인 내용을 중심으로 하기보다는 우리가 좋아하는 음식, 유치원에서 즐겨 노는 놀이 등 현재의 일상적 상황을 중심으로 전개한다. 이러한 부가적 접근법은 현재의 유아교육과정을 크게 변화시키지 않고도 소수집단의 문화를 가르칠 수 있다는 점과 기존 교육과정 구조 안에서도 실행될 수 있다는 장점을 가지고 있다.

(3) 변혁적 접근방법(the transformation approach)

이 단계는 교육과정의 기본과정을 변화시키는 것으로 다문화적 사건, 개념, 주제, 문제 등을 다양한 시각에서 볼 수 있도록 한다. 즉, 여러 문화적 배경을 반영한 동화책을 읽으며, 서로 다른 관점을 이해하도록 돕는다. 예를 들어, 한국 전래동화뿐만 아니라 필리핀, 베트남, 몽골 등의 전래동화를 함께 읽고 비교해 볼 수 있다. 또한 특정 문화나 고정관념에 대한 열린 질문을 던져 아이들이 다양한 시각을 가질 수 있도록 유도할 수 있다. 예를 들어, '모든 공주는 드레스를 입어야 할까?'와 같은 질문을 통해 문화적 고정관념을 깨는 사고를 하도록 유도할 수 있다. 이와 같이 변혁적 접근법은 영유아들이 다양한 문화를 경험하고 비판적으로 사고할 수 있도록 돕는 데 중점을 둔다. 이를 통해 영유아들은 문화적 다양성을 자연스럽게 받아들이고, 열린 사고를 키울 수 있다.

(4) 사회적 행동접근법(the social action approach)

이 단계는 변혁적 접근과정에서 주제나 단원에 포함된 개념, 관심사, 문제 등에 대하여 토의하고 결정과정에 학생들을 포함시키는 것이다. 즉, 학습자들이 사회적 문제를 인식하고, 이를 해결하기 위한 적극적인 행동을 실천하도록 유도하는 방식이다. 예를 들어, 일상생활에서 일어나는 사회적 갈등을 다룰 수 있고 다양한 문화 존중(예 '친구의 문화를 존중해요.'), 자연재해(예 '지구를 지켜요.'), 전쟁(예 '평화를 꿈꿔요.'), 난민(예 '난민 친구를 도와요.')과 같은 내용으로 아이들이 참여할 수 있는 방법에 대해 교육활동을 구성하고 실천할 수 있다. 이와 같이 사회적 행동접근법을 활용한 다문화교육은 유아들이 단순히 문화를 이해하는 것을 넘어, 적극적으로 사회적 문제를 인식하고 해결하는 태도를 기르도록 돕는다.

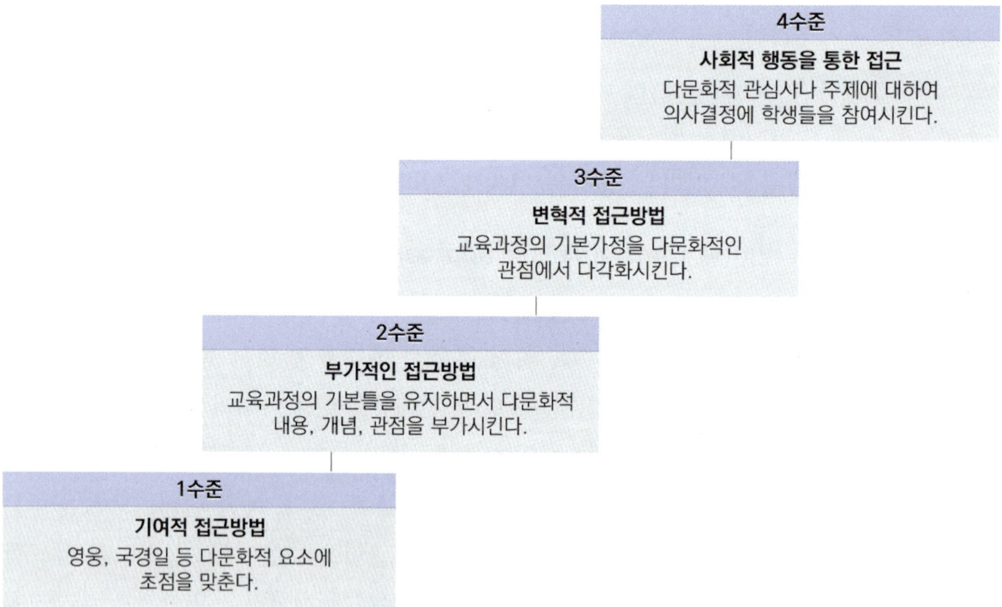

|그림 7-2| Banks의 다문화교육 접근방법

출처 : 장영희(1997). 유아를 위한 다문화교육의 개념 및 교수방법에 대한 이론적 고찰.

2. 영유아 다문화교육의 실제

최근 한국 사회가 다문화사회로 변화하면서 다문화가정의 자녀들이 증가함에 따라 다문화교육에 대한 관심이 증가하게 되었다. 이와 더불어 한국에서 태어나고 자란 영유아들이 다른 문화적 배경을 가진 영유아들에게 가질 수 있는 편견 및 잘못된 인식에 대한 우려로 영유아 다문화교육의 필요성이 제기되었다. 영유아 다문화교육은 다문화가족 영유아들의 원활한 사회적응을 돕는 것은 물론 한국 사회가 다양한 문화를 존중하며 공존하는 사회로 발전하는 데 중요한 역할을 한다. 종종 다문화교육을 다문화가정 자녀들을 주류문화에 동화시키는 분리된 교육이나 혹은 반편견교육 정도로 생각하는 경우가 많다(조경자 외, 2017). 그러나 영유아 다문화교육은 유아들이 다양한 문화적 배경을 이해하고 존중하는 태도를 기르며, 다문화사회에서 조화롭게 살아갈 수 있도록 돕는 것을 목표로 한다. 특히 다문화가족 영유아들의 사회적응을 돕고 소속감을 형성하는 데 중요한 역할을 하며, 궁극적으로 세계시민의식을 키워 글로벌 시대에 필요한 개방적 사고와 다문화감수성을 갖춘 인재로 성장할 수 있도록 한다.

1) 영유아 다문화교육의 개념

다문화란, 단순히 다른 인종, 민족만을 의미하는 것이 아닌 한 국가와 사회 내의 문화로 연령, 성, 언어, 장애, 종교 등으로 제시할 수 있으며, 개인차, 인종, 민족, 종교, 성별, 사회경제적 수준, 연령, 능력, 신체적 조건 등의 개인과 여러 집단 간의 다양성까지를 포함하는 보다 넓은 개념이다(Baker, 1994). 학자들마다 다문화교육의 개념을 다양하게 정의하고 있다. Sleeter와 Grant(1987)는 다문화교육을 다양한 문화적 배경을 가지고 있는 유아들이 서로 어울리고 의사소통하며 긍정적으로 생각하도록 돕는 교육으로 정의하였다. 이는 다문화교육을 통해 서로의 다양성을 인정하고 존중하며 서로 간의 협력과 조화를 이루고자 하는 사회적 요구를 반영하는 것으로 이해할 수 있다. Banks와 Banks(2001)는 다문화교육을 영유아들이 성별, 인종, 민족, 문화, 언어, 계층, 종교 등의 차이에도 불구하고 교육적 평등에 대한 인식을 형성하도록 돕는 교육이라고 하였다. 또한 영유아 다문화교육은 민족이나 인종, 성, 사회적 지위 혹은 문화적 특징에 관계없이 사람들은 평등하며 서로가 공동체의 중요한 일원임을 알게 하는 교육(교육인적자원부, 2008)으로 정의할 수 있다. 이 밖에 영유아 다문화교육은 자신의 문화적 정체성을 확립하고 각기 다른 인종과 성, 언어, 계층 등을 이해하고 존중하도록 유도하여 유아와 그 가족의 삶을 긍정적으로 변화시킴으로써 다양한 문화의 세계에서 영유아들이 공동의 목표를 향해 생활하고, 의사소통할 수 있는 지식, 기술, 태도를 가질 수 있도록 준비시키는 교육(김영옥, 2002; 박찬옥 외, 2006)이며, 또한 다양한 문화 속에서 발생하는 차이를 편견 없이 받아들이고 공동체 사회를 위해 모두가 협력하고 노력하도록 교육(양옥승 외, 2014)하는 것이라 할 수 있다.

다문화사회에서 유아교육의 목표는 다양한 사회적·문화적 배경을 가진 영유아들이 서로의 특성과 가치를 존중하며 이해하고, 또래 집단 속에서 원활히 소통하고 교류하면서 사회가 지향하는 공동의 목표를 달성하도록 돕는 것이다(Morrison, 1998). 즉, 다른 문화를 하나의 문화로 인정하고 이를 또래 집단 속에서 놀이나 활동을 통해 다른 문화를 이해하도록 하는 것이다. 더 나아가 다문화교육이란 다양한 사회적·문화적 배경을 가진 영유아들에게 평등한 교육 기회를 제공하고 교육의 다양성을 존중하며 사회적 편견과 고정관념을 극복하도록 돕는 사회적 통합교육이라고 할 수 있다(하숙현, 2000). 또한 영유아 다문화교육은 서로의 다양성을 존중하며 자존감과 평등성을 인식할 수 있도록 돕는 교육이라고 할 수 있으며 이는 궁극적으로 사회 안에서 조화와 협력을 이룰 수 있도록 하기 위한 교육이라고 볼 수 있다(최현정, 2011).

2) 영유아 다문화교육의 필요성과 방향

(1) 영유아 다문화교육의 필요성

우리 사회가 세계화되고 다문화사회로 확산됨에 따라 좀 더 다양한 사고와 문화를 고려해야 할 필요성이 제기된다. 한국 사회 안에 이미 다양한 인종과 문화가 존재하는데 이를 인정하지 않고 차별과 편견으로만 대할 경우 한국 사회에는 소수집단이 새로운 사회적 소외계층을 형성하여 심각한 사회갈등을 야기할 우려가 있다(강신주, 1997). 이처럼 다른 문화에 대한 이해 부족은 낯선 것에 대한 무비판적인 호응이나 비난과 혐오감 같은 극단적인 반응을 유발하고 사회적 갈등의 원인이 된다. 이러한 사회적 흐름 속에서 문화 갈등을 해소하고 다양한 문화에 적응하도록 하기 위해서는 다문화사회에 대한 준비가 필요하다. 즉, 21세기 세계화 시대에 앞서가는 교육이 되기 위해서는 다양성을 수용하고 우리 사회에 점차 증가하는 다문화에 대한 이해와 포용이 필수적이다.

영유아교육에서 다문화교육의 필요성은 문화의 유사점과 차이점에 대한 영유아들의 이해가 만 2세부터 나타나기 시작한다는 연구결과들에 의하여 지지되고 있다. 즉, 영유아는 이미 24개월 이전에 타인과 구별되는 자아에 대한 인식을 하며, 만 2세가 되면 신체적 특징, 의상, 언어 등에 기초해 사람들 간의 유사성과 차이점을 지각한다(Seefeldt, 2005). 이 시기에 유아는 다른 사람과 연관 짓거나 분리해서 자아개념을 구성하고, 자율성을 시험해 보며, 의사소통을 하고, 감정이입과 우정을 나누는 경험을 하면서 다른 사람을 이해하기 시작한다(하숙현, 2000). 또한 4세가 되면 이미 민족집단과 성에 대한 정체감을 가질 수 있으며, 만 5세가 되면 하나의 집단 구성원으로서 자신의 존재를 인식한다. 그래서 인종, 성, 장애, 계층, 민족, 직업 등에 대한 사회적 편견을 그대로 내면화하는 한계를 보인다. 만 6세에 이르면 영유아의 자아정체감 형성에 중대한 영향을 미치고 나아가 타인을 탐색하는 과정 가운데 인종, 민족, 성, 사회적 계층에 대한 편견이나 고정관념을 형성하게 된다. 그러나 교육을 통해 민족, 성별, 인종 차이 이외에도 장애, 지역, 계층에 따라서도 다른 생활방식이 있을 수 있음을 이해할 수 있으며, 차별적 상황에 대해 문제 제기가 가능하고 해결할 수 있는 능력을 갖추게 된다(양옥승, 2010). 이와 같이 아동발달 단계상 취학 전 영유아 수준에서 이루어지는 다문화교육이 발달 단계상 더욱 효과적이라는 점에서 영유아기 다문화교육의 필요성이 강조된다.

영유아기에는 고정관념이나 편견이 형성되기 시작하고, 한번 형성된 편견은 변화되기 어렵다. 그러므로 어떠한 편견이나 선입견도 형성되지 않은 시기에 바르게 교육하는 것이 중요하며, 이때 영유아들이 자연현상에 대하여 보이는 호기심과 마찬가지로 생김새나 인종, 성 등에 관련된 호기심과 질문에 대하여 진지한 태도와 공정성을 보여주며(장영희, 1997), 영유아가 열린 시각을 가질 수 있도록 다문화교육을 실시하는 것이 바람직하다(조성연 외, 2006). 또한 인종이나 민족의 차이에 대해 인식하고 호기심을 갖고 있는 영유아들이 다양한 문화에 민감하게 반응하고, 자신이 속한 문화와 다양한 문화를 조화롭게 이해할 수 있도록 다문화교육을 제공할 필요가 있다.

이 밖에 유아 다문화교육의 필요성을 다문화가정의 측면, 영유아교육기관의 측면, 사회적 측면에서 살펴보면 다음과 같다(민선혜 외, 2011).

다문화가정 관점에서 유아 다문화교육은 필요하다. 즉, 다문화가정이 당면한 문제를 지혜롭게 해결하고 극복할 수 있는 방안으로 비다문화인들이 다문화가정을 이해할 수 있는 교육이 필요하며, 다문화가정과 연계한 부모참여 활동이나 부모교육 등의 교육적 지원이 요구된다. 즉, 첫째, 다문화가정이 사회에 잘 적응하여 적절한 기능을 할 수 있도록 상호 문화에 대한 이해 교육과 동시에 자국의 문화에 대한 정체성 확립하기 위한 교육이 필요하다. 둘째, 다문화가정들이 사회변화에 적응하는 능력을 길러주는 한편, 부모의 각성과 인식 및 태도의 변화를 통해 가정의 교육기능이 회복될 수 있도록 해야 한다. 셋째, 다문화가정의 이중언어와 부모의 양육관 차이로 발생되는 갈등과 혼란을 극복할 수 있도록 가족구성원 전체에 대한 효과적인 교육이 제공되어야 한다. 넷째, 가정에서 부모역할에 대한 바람직한 모델과 이미지를 정립할 수 있는 교육이 필요하다.

영유아교육기관에 측면에서 볼 때, 자신에 대한 동일시를 반영하기보다는 사회문화적으로 접하는 정보, 지식, 가치관에 영향을 받는다. 따라서 영유아교육기관에서부터 영유아가 속한 단일 문화뿐 아니라 세계의 다양한 문화를 편견 없이 수용할 수 있는 분위기 조성 및 프로그램 운영이 필요하다. 따라서 영유아교육기관의 역할은 서로 다른 문화적 배경을 가진 영유아들이 서로의 특성이나 가치를 인정하고 존중하면서 그 사회가 가지고 있는 나름대로의 공동의 목표를 달성할 수 있도록 또래 집단 속에서 상호 교류하고 의사소통하는 것이다(Morrison, 1998). 다문화교육은 교사의 변화가 선행되고 기존의 교육과정과 교사와 영유아의 상호작용 양상 등에 대한 점검이 요구된다. 교사는 서로 다른 문화를 가진 영유아를 문화적 가치를 지닌 존재로 인식하고 영유아들이 이를 학습할 수 있도록 교육의 내용을 구성하고 또래 집단 속에서 다른 문화 가치를 인식할 수 있는 분위기를 조성해야 한다. 또한 교사는 자신이 가지고 있는 문화적 편견을 버리고 다양한 문화에 대한 긍정적인 태도와 수용적 자세가 필요하다. 이는 영유아와 함께 다문화교육 활동을 할 때 방해가 되는 불안과 편견의 실체를 파악하도록 도울 수 있다.

사회적 측면에서 영유아 다문화교육의 대상은 다문화가족 영유아와 부모뿐만 아니라 비다문화가족의 영유아와 부모까지 포함해야 한다. 비다문화가족의 영유아와 부모는 오랫동안 단일민족국가 이념으로 지내오면서 다문화가족 영유아와 부모를 사회통합적 차원에서 상호 이해하고 수용하고 교류할 기회가 많지 않았을 것이라 가정된다. 이에 다문화교육의 방향은 다문화가족 영유아들과 비다문화가족 영유아들이 서로 다른 문화에 대한 이해를 바탕으로 긍정적인 자아개념을 형성하게 하여 수용적이고 개방적인 태도와 인식을 갖도록 해야 한다. 특히 발달의 가소성이 큰 영유아기에 다문화적 경험을 갖게 하는 것은 문화적 편견을 줄이고 자신과 타인을 존중하는 태도를 갖게 함으로써 나와 다른 외모, 문화, 생각, 생활방식을 가진 사람을 그들의 관점에서 이해하고 수용하여 더불어 살 수 있는 교육의 기반을 만들고자 함이다. 즉, 우리 사회에서 다문화교육은 글로벌 시대에 적응해 나가는 유능한 인재를 양성하기 위해 가장 필요한 교육이며, 사회 전반에 걸쳐 다문화교육을 보다 효과적으로 수행할 수 있는 연구 방안이 다각도로 모색되어야 한다.

(2) 영유아 다문화교육의 방향

영유아 다문화교육은 과정중심적이며, 직접적인 활동 참여를 통해 유아의 태도 변화를 이끌고, 여러 영역의 활동이 통합적으로 이루어지도록 해야 한다(김영옥 외, 2010; 장영희, 1997; 정명수, 2008; 최안복, 2009).

첫째, 다문화교육은 결과중심적인 교육이 아니라 과정중심적인 교육이어야 한다. 다양성을 이해하고 조화시킬 수 있는 능력이란 단순한 사실과 지식을 통해 획득되는 것이 아니며, 단지 다른 문화를 배우는 것으로 성취할 수 없다. 그보다는 다양한 삶의 가치, 방식, 신념 등을 경험하고 그것을 표현해 볼 수 있는 기회가 요구되므로 과정중심적인 접근이 필요하다. 둘째, 다문화교육은 영유아의 다문화에 대한 인지적 측면뿐만 아니라 영유아의 태도 변화에 초점을 두어야 한다. 영유아들로 하여금 다양한 민족적·문화적 관점에서 지식을 이해하고, 관심과 공감대를 형성하며 이를 행동으로 실천할 수 있도록 해야 한다. 이를 위해 다른 민족문화에 대한 단순한 소개에서 벗어나 유아가 직접 활동에 참여하여 자기정체성을 확립한 가운데 다른 문화를 편견 없이 수용하여 사회통합에 필요한 기본 자질을 기르는 방식으로 실시해야 한다. 셋째, 다문화교육은 유아교육과정 전 영역에 걸쳐 확장되고 통합되어야 한다. 신체활동에서는 대근육 활동뿐만 아니라 자신과 타인을 인식하는 가운데 정체성과 협력활동을 촉진시킬 수 있고, 과학영역에서도 조사와 탐색뿐만 아니라 그 안에서 느낄 수 있는 생명체의 소중함을 인간에 대한 존중으로 확장시킴으로써 문화와 평등을 경험할 수 있다. 따라서 문화적 차이와 동질성 및 다양성과 관련된 인식과 이해, 지식과 기술의 습득을 포함하여 보다 통합적인 접근이 필요하다. 넷째, 문화란 고정되어 있는 것이 아니라 항상 변화하고 발전하는 것이다. 따라서 고정화되고 정형화된 문화에 대한 접근방식은 가장 지양되어야 할 방법이다.

이와 같이 영유아 다문화교육은 과정중심, 통합적 방법을 통해 이해와 태도의 변화를 추구한다. 즉, 다문화교육은 결과보다는 과정을 중시하며, 영유아가 다양한 문화적 가치를 경험하고 표현하도록 돕는 방식으로 이루어져야 하며, 인지적 이해뿐만 아니라 태도 변화를 촉진하고, 영유아교육과정 전 영역에 통합되어 고정된 문화 개념이 아닌 변화하고 발전하는 문화의 특성을 반영해야 한다.

한국교육과정평가원(2008)은 '다문화교육을 위한 교수·학습 지원 방안연구'에서 다문화교육의 방향을 다음과 같이 제시하였다.

첫째, 다양한 문화를 이해하고 다양성을 존중하도록 돕는다. 둘째, 문화적 다양성과 차이를 이해하고 다양한 문화적 가치를 인식하고 수용할 수 있도록 한다. 셋째, 타문화 이해와 열린 태도를 통해 타인을 배려하고 존중하며 새로운 문화를 재창조할 수 있도록 지원한다. 넷째, 개개인이 자국 문화에 대한 정체성을 확립할 수 있도록 도와준다. 다섯째, 다양한 문화적 배경을 가진 사람들과의 관계를 하나의 공동체로 인식하고 민주시민의 자질과 능력을 기른다. 여섯째, 문화적 갈등과 충돌을 평화적으로 해결하고 협력하는 태도를 함양시킨다.

이를 영유아 다문화교육에 적용하면, 문화의 다양성, 다문화 인식, 다문화수용성, 다문화 개방성, 문화 정체성 확립, 협력이 다문화교육의 주요 요소임을 알 수 있다. 영유아 다문화교육은 자신과 타인을 존중하는 태도를 갖게 하여 자신과 다른 외모의 문화, 생활방식을 가진 사람을 이해하고 긍정적으로 수용하여 공존할 수 있는 개인의 태도를 기르는 것을 내용으로 담아낼 수 있어야 하며, 학습자를 중심으로 이루어져야 할 것이며, 교육내용은 영유아를 위한 교육활동 전반에 걸쳐 반영되어야 한다.

3) 영유아 다문화교육의 목표와 내용

(1) 영유아 다문화교육의 목표

다문화교육은 문화적 다양성을 가치 있는 것으로 보고, 문화적 다양성을 증진시키는 데 역점을 두는 교육, 인간과 집단과의 관계를 강화시키고 문화 간 의사소통을 원활히 하는 교육이다(교육부, 1999). 즉, 문화다양성을 수용하고 자문화와 타문화의 문화적 가치를 존중하는 태도를 함양하며 상호의존성을 통한 타인과의 긍정적인 관계 형성 능력을 발달시키는 교육이다. 또한 반편견적 태도를 형성하고 타인과 친밀감을 느끼며 서로의 의견과 감정을 존중할 수 있는 태도를 함양하는 교육이다. Nieto(2004)는 다문화교육을 반인종주의 교육, 모든 학생에게 중요한 기본 교육, 광범위한 교육인 동시에 과정이며 사회정의를 위한 비판의 교육이라고 정의하였다. 이러한 특성을 가진 다문화교육의 목적을 Banks(2006)는 다음과 같이 제시하고 있다. 첫째, 개인들로 하여금 다른 문화의 관점을 통해 자신의 문화를 바라보게 함으로써 자기 이해를 증진시키는 것이다. 둘째, 학생들에게 문화적 · 민족적 · 언어적 대안들(alternatives)을 가르치는 것이다. 셋째, 모든 학생들이 자문화, 주류문화, 그리고 타문화가 공존하는 다문화사회에서 요구하는 지식과 기능, 태도를 습득하는 데 있다. 넷째, 소수 인종 · 민족집단이 그들의 인종적 · 신체적 · 문화적 특성 때문에 겪는 고통과 차별을 감소시키는 데 있다. 다섯째, 다양한 인종, 문화, 언어, 종교 집단의 학생들이 자신이 속한 문화공동체에서 제 구실을 하는 데 필요한 지식, 태도, 기능을 습득하도록 도와주는 것이다.

한편 국내에서는 양옥승(2010)은 다양성과 공동선이 융합된 다문화주의가 한국 교육을 위한 다문화주의의 대안적 담론으로 적합하다고 제시하였다. 이에 영유아 다문화교육의 목적으로 영유아들이 자신이 속한 집단에 대한 긍정적인 자아정체감을 확립하도록 돕고, 다른 민족이나 인종, 성별, 계층, 외국인 노동자, 이민, 난민, 주변지역 소수 민족의 문화에 대한 올바른 지식을 구성함으로써 다른 사람의 감정을 공감 · 수용하고 다양한 차이를 편안하게 느끼도록 하며, 자신과 타인에게 직면한 불의를 타파할 수 있는 비판적 사고를 길러 진정한 자유인을 양성하는 것을 목적으로 한다. 이와 유사하게 김영옥(2010)은 영유아 다문화교육의 목적으로 자신의 정체성을 기초로 문화의 다양성을 수용하고 세계공동체에서 서로 다른 역할을 창의적으로 수행하도록 하는 것이라고 강조하였다. 교육인적자원부(2007)도 민족, 인종, 성 등에 관계없이 평등함을 아는 것, 문화적 다양성과 공통성을 이해하고 존중하는 것, 공동체 안에서 서로를 존중하고 협동하는 역할을 이해하는 것, 겉모습이나 생활방식은 달라도 인간으로서의 마음은 같음을 아는 것으로 다문화교육의 목표를 제시하여 다양성과 공동선이 포함된 것을 볼 수 있다. 또한 박재옥과 홍길희(2020)는 다문화사회의 구성원으로 다른 외모와 문화 및 태도를 이해하고 존중하며 수용함으로써 자신의 정체성과 타인을 존중하는 태도를 습득하도록 돕는 것을 목적으로, 유아 다문화교육의 주요 목표를 정체성, 다양성, 반편견, 협력의 네 가지로 설정하였다. 유아기는 자신에 대한 정체성을 형성하는 시기이며 타인과의 관계를 탐색하고 습득하는 과정을 통해 다양성을 인식하기 때문이며, 다양성을 인지하는 과정에서 고정관념이나 편견이 생길 수 있으므로 올바른 가치관을 수용하도록 반편견교육과 함께 협력하는 사회기술의 습득이 필요하기 때문이다.

다문화가정이 증가하는 다변화된 현대 사회에 다른 사람의 문화를 이해하고 존중함으로써 타인을 배려하고 더불어 생활하는 태도가 절실히 요구되고 있다. 영유아 다문화교육은 영유아에게 문화적 다양성과 동질성을 이해하고 서로 존중하며 영유아와 그 가족의 삶을 변화시킴으로써 세계화 시대 세계시민으로서의 국제적 소양과 역량을 기르도록 다문화교육 목표를 두어야 한다(신순식 외, 2010).

(2) 영유아 다문화교육 내용

다문화교육은 한 시간, 하나의 단위, 또는 한 달 단위로 구분하지 않고 일상생활과 밀접하게 연결하여 실시한다(Gollnick & Chinn, 2009). 따라서 영유아 다문화교육의 내용은 다문화교육 목적을 달성하기 위하여 연간 교육과정의 생활주제와 연계하여 실천할 수 있어야 하며, 영유아의 일상생활에 통합된 교육활동을 실시하는 것이 바람직하다(이기숙 · 이경미 · 강경아, 2001). 그러나 대부분의 영유아 다문화교육 내용은 영유아 다문화교육이 활성화된 이후 영유아를 위한 다문화교육의 내용으로 세계 여러 나라 문화의 소개, 각 문화의 유사점과 차이점, 각 문화에 대한 존중 등 문화의 다양성이 주로 다루어져 왔다(이연서 · 윤갑정 · 견주연, 2012). 즉, 유치원 교육활동 지도서의 유아를 위한 다문화교육은 '우리나라', '세계 여러 나라' 생활주제와 관련하여 개발되었고(박찬옥 · 이예숙, 2010), 영유아 다문화교육을 위한 대학교재에서 제시된 실제 활동들은 문화다양성에 다소 편중되어 개발되어 왔다(백인경 · 우민정, 2014). 또한 교사들이 다문화교육이라고 인식하는 내용들 역시 주로 문화와 인종의 다양성에 치중되어 있다(견주연 · 하은실 · 정계숙, 2012; 배재정, 2011). 박찬옥과 이예숙(2013)은 김영옥(2007)의 영유아 다문화교육 내용을 준거로 '누리과정'의 교사용 지도서에서 다문화교육 내용을 분석한 결과 영유아 다문화교육 내용이 문화나 정체성, 다양성과 관련된 내용들로 편중되어 있고, 문화에 대한 소개 및 비교에 치중하고 있으며, 편견이나 평등성과 관련된 교육활동은 거의 다루어지고 있지 않다고 하였다. 학자들은 이와 같이 세계 여러 나라의 문화에 초점을 둔 다문화교육은 '관광식' 다문화교육이 되기 쉽고, 문화의 표면적인 부분만을 다루어 오히려 문화적 편견을 조장할 수 있음을 지적하고 있다(윤혜원, 2000; Banks, 2008).

영유아 다문화교육을 위한 내용은 의식주의 다양성 같은 표면적 문화 특징보다는 사고방식, 가치관 등의 내면적 문화에 집중하고, 다문화 개념의 다양한 요소들을 다룰 필요가 있다(이연서 외, 2012). 영유아를 위한 다문화교육의 내용으로는 문화적 다양성을 인식하고 인정하는 것과 긍정적 자아정체성을 형성하는 것, 타인의 정체성 인정, 평등, 성, 그리고 인종, 외모, 장애, 계층 등에 대한 편견 없는 태도, 공동체 안에서의 협력 등을 들 수 있다(김영옥, 2007; 양옥승, 2008; Banks, 2008; Bennett, 2009). 또한 영유가 실제적 다문화역량을 기르기 위해서는 다문화가정이나 다양한 가족형태 등 우리 사회 내에서 실재하는 다문화적 특성에 초점을 맞출 필요가 있다(설은정 · 정옥분, 2012; 오영훈 · 방현희 · 박미희, 2015; 정옥분, 2013). 이와 함께 다문화 관련 연구자들은 대체로 문화, 다양성, 정체성 형성, 평등성, 편견, 협력 등과 같은 내용을 공통적으로 제시하고 있으며(김영옥, 2007; 양옥승, 1997; 정정희, 2006; 조연순, 1996), 유치원 교육활동 지도서나 표준보육과정에 나타난 다문화 관련 내용을 분석한 연구들(김숙자 · 김윤이, 2011; 박찬옥 · 이예숙, 2010)은 문화, 다양성, 정체성, 평등, 편견, 협력을 영유아 다문화교육 내용요소로 제시하고 있다. 또한 채정란(1999)은 여러 학자들(Banks, 1995; Baruth & Menning, 1992; Kendal, 1993; Miller-Lackman & Taylor, 1995; Roopnarine & Johnson, 1993; Sleeter & Grant, 1999; Sparks & Ramsey, 1993; York, 1991)이 언급한 내용을 분석하고, 각 내용의 공통 요인들을 추출하여 문화, 협력, 편견, 정체성 형성, 평등성, 다양성의 여섯 가지 내용을 <표 7-1>과 같이 정리하였다.

<표 7-1> 다문화교육의 내용

내용	내용의 실제
문화	• 문화 간 유사점과 차이점의 특징 알기 • 각 문화에 대한 이해 및 존중심 기르기 • 문화 간 긍정적 태도 발달시키기
협력	• 다양한 사람들과 상호작용 능력 증진하기 • 다양한 사람들과 협동 능력 증진하기
편견	• 선입견, 편견, 고정관념에 비판적 사고 형성하기 • 문제 상황에 대처 능력 기르기
정체성	• 긍정적 자아개념 기르기 • 자아정체성 및 집단 정체성 형성하기
평등성	• 국가, 민족, 성, 능력, 계층에 대한 긍정적 태도 가지기 • 인간이 평등하다는 가치 형성하기
다양성	• 다양한 개인과 집단의 존재 인정하기 • 다양성을 존중하는 마음 갖기

출처 : 채정란(1999). 다문화교육의 관점에서 본 우리나라와 다른 나라 생활주제 분석.

따라서 영유아 다문화교육은 다양한 문화를 이해하는 내용을 통해 영유아들이 해당 주제를 중심으로 우리나라와 다른 나라의 문화를 비교해 보고 공통점과 차이점을 이해할 수 있도록 하는 능력을 길러야 한다. 영유아들이 사람들과 함께 살아가면서 어려운 일은 서로 협력하여 돕고 살아야 한다는 상호의존성에 관한 내용과 존중감과 친밀감에 대한 내용을 경험하고 이를 통해 타문화권의 사람들과 친구가 될 수 있으며, 서로 함께 교류하며 살고 있음을 인식하도록 해야 한다. 다만, 너무 광범위한 내용이 설정될 경우에는 교육활동이 피상적 교육 또는 관광식 교육활동으로 전개될 우려가 있으므로 유아의 발달에 적합하고 영유아의 태도 형성을 도울 수 있도록 구성해야 한다(박재옥 · 홍길희, 2020). <표 7-2>는 표준보육과정에서의 4세, 5월 주제 '가족과 이웃'의 소주제인 '가족의 역할' 예시이고, <표 7-3>은 누리과정과 연계한 만 5세 연간 교육계획안 예시이다.

<표 7-2> 생활주제에서의 다문화교육의 예

생활주제	활동명	활동내용	활동목표	활동영역	활동유형	다문화내용
가족의 역할	우리 가족을 소개해요	가족인형 놀이	여러 나라의 가족인형 놀이를 통해 다양한 인종이 있다는 것을 이해한다.	사회관계	역할	협력 편견
		우리 가족 소개	우리 가족을 소개하면서 자신에 대한 긍정적인 자아개념을 형성한다.	의사소통	이야기 나누기	정체성 편견
		가족나무 만들기	가족은 서로 돕고 나누며 살아간다는 친사회적 행동을 기른다.	예술경험	미술	정체성 다양성
	우리 가족 이야기	가족 이름 구성	가족 이름은 서로 다르지만 서로 돕고 존중하는 자세를 갖도록 한다.	예술경험	게임	다양성
		가족 호칭 알기	가족을 부르는 다양한 호칭이 있음을 안다.	자연탐구	게임	편견 협력
		가족 이름 구성	가족 이름은 서로 다르지만 서로 돕고 존중하는 자세를 갖도록 한다.	예술경험	미술	다양성
	모든 가족은 특별해요	특별한 우리 가족	세상에는 여러 형태의 가족구성원이 있음을 안다.	의사소통	이야기 나누기	정체성 편견
		여러 나라 사랑의 표현말	가족이 사랑하는 표현의 말이 다양하지만 서로 의미는 같다는 것을 안다.	의사소통	동화	정체성 편견
		세계의 인사노래	여러 나라의 언어로 인사노래를 할 수 있다.	예술경험	음률	다양성

출처 : 민성혜 외(2011). 다문화보육의 이해와 적용.

<표 7-3> 누리과정과 연계한 만 5세 연간 교육계획안 예시

월	주제	소주제	다문화교육 내용
3월	즐거운 우리 원	• 새로 만난 우리 반 • 새로 꾸민 우리 반 • 우리 원 탐색	• 내 이름을 소개해요/ 우리는 친구 • 역할 영역이 달라졌어요/ 동화책에 글씨가 달라요 • 우리 원의 여기저기/ 다양한 글자 • 예절의 표현이 달라요/ 나랑 달라도 괜찮아
4월	봄과 동식물	• 봄의 모습 • 식물의 봄맞이 • 동물들의 봄나들이 • 우리들의 봄 이야기	• 봄에 피는 꽃/ 봄 카드 모의기 • 우리가 만든 텃밭/ 봄 채소 탐색하기 • 동물원 구성하기/ 가면 쓰고 어흥 • 꽃으로 만든 풍차/ 봄나들이
5월	소중한 가족	• 소중한 나 • 나와 우리 가족 • 함께하는 가족놀이 • 여러 가족의 모습 • 사랑하는 우리 가족	• 소중한 내 신체/ 나는 이렇게 태어났어요 • 엄마 아빠의 결혼/ 우리 가족 소개 • 다양한 가족/ 우리 가족은 몇 명일까요? • 가족 인성 워크숍/ 엄마가 태어난 곳은?
6월	우리 동네	• 우리 동네 모습 • 우리 동네 기관 1 • 우리 동네 기관 2 • 다양한 직업 • 함께하는 우리 이웃	• 국제시장 놀이/ 집 모양이 달라요 • 편지가 왔어요/ 고마우신 분들 • 나는 특파원/ 기상청 • 일하는 곳이 달라요/ 외래어로 불리는 직업 • 함께하는 공놀이/ 될 터이다
7월	신나는 여름	• 여름의 모습 • 건강하게 여름 나기 • 즐거운 물놀이 1 • 즐거운 물놀이 2	• 태풍과 장마/ 여름철 과일 • 맛의 표현이 달라요/ 전통과자 만들기 • 여름철 음료/ 다리 건너기 • 낚시놀이/ 물에서 하는 운동
8월	교통과 안전	• 내가 궁금한 교통수단 • 편리한 교통시설 • 미래의 교통수단 • 안전한 교통문화	• 최초의 교통기관/ 과거와 현재의 교통기관 • 내가 좋아하는 교통기관/ 교통기관 분류하기 • 미래의 교통기관/ 특별한 교통기관 • 운전석과 스쿨존이 달라요/ 양보해야 해요
9월	세계 속 우리나라	• 우리나라의 생활 • 여러 나라의 문화유산 • 세계 여러 나라 사람들 • 세계 여러 나라의 생활 • 함께하는 세계	• 우리와 달라요/ 전통놀이 • 여러 나라의 건축물/ 우리나라와 비슷한 속담 • 존경하는 위인들/ 국화 그리기 • 까매서 안 더워?/ 세계 여행 디오라마 • 여러 나라 사람들을 찾아라/ 세계지도 캐치볼

10월	가을과 자연	• 가을의 변화 • 가을 곡식과 열매 • 우리들의 가을 이야기 • 가을 나무와 숲	• 모네의 포플러나무/ 커다란 무 • 곡식 마라카스/ 아르침볼도의 '봄, 여름, 가을, 겨울' • 할로윈 데이/ 여러 나라의 호박요리 • 여러 나라의 추석 풍습/ 세계의 명산
11월	지구와 환경	• 우리가 사는 지구 • 지구의 변화 • 고마운 지구 • 지구의 보호	• 전기 없는 하루/ 쓰레기 산 쓰레기 괴물 • 하늘에 뚫린 구멍/ 부글부글 화산이 펑 • 지구의 희망나무/ 환경마크 그리기 • 환경미화원 놀이/ 인도의 똥 에너지
12월	겨울과 놀이	• 겨울의 모습 • 동식물의 겨울나기 • 겨울철 건강과 안전 • 이웃과 함께하는 겨울 • 새해맞이와 놀이	• 겨울옷을 입혀 주세요/ 겨울 풍경 꾸미기 • 쿨쿨 겨울잠을 자요/ 겨울을 떠나는 철새 • 조심조심 불조심/ 겨울철 옷차림 • 사랑을 나누어요/ 메리 크리스마스 • 만두를 빚어요/ 설날 민속 한마당
1월	기계와 생활	• 편리한 생활도구 • 우리 주변의 기계 • 우리는 발명가 • 미래의 생활	• 양팔저울로 무게 달기/ 아씨방의 일곱 동무 • 시계 소리가 달라요/ 마트 놀이 • 나는 발명왕/ 거울 자동차 발명 • 로봇이 필요해요/ 타임머신이 뭐예요?
2월	초등학교에 가요	• 궁금한 초등학교 • 일학년이 되면 • 즐거웠던 우리 원 1 • 즐거웠던 우리 원 2	• 궁금한 초등학교/ 나와 다른 내 짝꿍 • 사전이 필요해요/ 실내화를 신어요 • 초등학교와 우리 원 벤다이어그램/ 초등 교과서 • 책거리 놀이/ 졸업식

출처 : 김혜숙(2015). 누리과정과 연계된 다문화교육프로그램.

- (최약보육프로그램) 다문화보육과정 컨설팅 매뉴얼
  한국보육진흥원 홈페이지(https://www.kcpi.or.kr)>알림마당>발간물>취약보육 프로그램>다문화보육과정 컨설팅 매뉴얼
- 모두를 나답게 키우는 어린이집 속 다문화
  한국보육진흥원 홈페이지(https://www.kcpi.or.kr)>알림마당>발간물>취약보육 프로그램>모두를 나답게 키우는 어린이집 속 다문화

- 다문화 보육프로그램 1, 2
  한국보육진흥원 홈페이지(https://www.kcpi.or.kr) > 알림마당 > 발간물 > 취약보육 프로그램 > 다문화 보육프로그램
- 교육(누리)과정 연계 다문화교육 수업 도움자료
  다문화교육포털 홈페이지(https://www.edu4mc.or.kr) > 자료실 > 센터발간자료 > 교육(누리)과정 연계 다문화교육 수업 도움자료
- 온라인 다문화이해교육 다누리배움터(http://www.danurischool.kr/) > 온라인교육 > 비회원 배움터(키워드 학습)

CHAPTER

8 영유아교육과정과 다문화교육

오늘의 이야기

놀이 중심 다문화교육 실현

대전도솔유치원, 금성초등학교병설유치원, 대전호수초등학교병설유치원은 2023년 대전시교육청 지정 다문화교육 정책연구학교로서 모든 유아의 다문화감수성 증진을 위한 다양한 교육활동을 실시하는 등 다문화교육의 선도모델을 마련하고 일반화할 수 있는 사례를 연구·운영하고 있다. 이들 3개 유치원은 모든 유아가 개정 누리과정과 연계한 놀이활동을 통해 다양성, 반편견, 평등성 등 다문화교육 요소를 접할 수 있도록 교육하고, 다문화유아의 발달이 지연되지 않도록 맞춤형 교육 및 내·외부 자원 연계를 통한 환경조성 및 유치원 구성원의 다문화역량 강화를 위해 힘쓰고 있다.
다문화교육 정책학교 유치원은 다양한 다문화교육 프로그램을 운영해, 다문화유아의 초기발달과 적응을 돕고, 모든 유아가 다양한 놀이체험을 통해 다양한 가치를 몸과 마음으로 배울 수 있는 장을 마련했으며, 유아－교사－학부모 교육공동체가 함께 다문화이해의 폭을 확장할 수 있도록 하는 등 유치원 다문화교육에 대한 연구와 선도모델 마련에 앞장서고 있다.

충남일보 윤근호 기자(2023. 11. 20). 일부 발췌.
https://www.chungnamilbo.co.kr/news/articlePrint.html?idxno=743809

1. 개정 누리과정에 기초한 다문화교육

영유아 다문화교육은 교육과정과 연계될 때 더욱 효과적으로 이루어질 수 있다. 교육과정 전 영역에 다문화적 요소를 통합하면 영유아가 일상적인 학습 활동 속에서 자연스럽게 문화적 다양성을 경험하고 존중하는 태도를 기를 수 있다. 신체활동, 언어, 탐구, 예술 등 다양한 영역에서 다문화적 내용과 활동을 포함함으로써 영유아는 다양한 문화를 직접 체험하고, 협력과 존중의 가치를 실천하도록 돕는다. 따라서 본 장에서는 영유아교육과정인 개정 누리과정과 표준보육과정에 기초한 다문화교육에 대해 살펴보고자 한다.

2019 개정 누리과정에서는 유아교육의 기본 정신인 '놀이'를 중심으로 유아들의 배움을 지원하는 유아·놀이 중심 교육과정을 재정립하였다. 영유아의 다문화교육은 다양한 사회적·문화적 배경을 가진 영유아들이 서로의 특성과 가치를 존중하며 이해하고, 또래 집단 속에서 원활히 소통하고 교류하면서 사회가 지향하는 공동의 목표를 달성하도록 돕는다(Morrison, 1998). 이와 같이 다른 문화를 하나의 문화로 인정하고 이를 또래 집단 속에서 놀이나 활동을 통해 다른 문화를 이해할 때 다문화교육은 더욱 효과적일 수 있다.

1) 개정 누리과정에 기초한 영유아 다문화교육의 목표

영유아 다문화교육에 있어 2019 개정 누리과정의 적극적인 활용은 다문화가족 영유아들이 공평한 교육 기회를 갖고 원활한 사회의 일원으로 성장할 수 있는 데 있어 핵심 기준이라고 할 수 있다(김주희, 2023). 2019 개정 누리과정에서 추구하는 목적은 유아·놀이 중심으로 놀이를 통해 건강한 사람, 자주적인 사람, 창의적인 사람, 감정이 풍부한 사람, 더불어 사는 사람으로 미래사회 핵심역량을 반영한 인간상이 교육과정의 목표로 설정되어 있다. 제시된 교육목표를 바탕으로 유아 다문화교육의 내용은 유아발달의 특성에 적합하고 유아의 이해와 태도 형성이 통합적으로 이루어질 수 있도록 구성되어야 한다.

이러한 내용을 근거로 김혜숙(2023)은 다문화교육의 목표를 다음과 같이 선정하였다. 첫째, 자신의 소중함을 알고 자신의 생각과 느낌을 자유롭고 창의적으로 표현하는 긍정적인 자아개념을 갖도록 한다. 둘째, 자신과 타인을 존중하고, 편견에 대해 비판할 수 있는 태도를 갖는다. 셋째, 가족, 또래, 공동체 내 다른 사람들과 더불어 생활하는 태도를 갖는다. 넷째, 다양한 놀이에 관심을 갖고 서로 협력하여 또래 간의 친사회적 행동을 증진시킨다. 다섯째, 일상생활을 통해 주변을 탐색하고 다양한 놀이를 통해 창의적인 표현 능력과 반편견적 태도를 기른다.

또한 박재희와 홍길희(2020)는 누리과정 총론의 목표와 사회관계 영역을 근거로 영유아 다문화교육 프로그램의 활동 목표를 다음과 같이 설정하였다. 첫째, 다문화교육을 통해 얻어진 경험은 유아 자신의 생각과 느낌을 자유롭고 창의적으로 표현하는 긍정적인 자아개념을 증진한다. 둘째, 다른 문화를 지닌 유아의 신체적 · 사회적 · 문화적 차이를 알고 문화가 다른 유아를 존중하는 태도를 증진한다. 셋째, 다른 문화 유아의 감정과 표현을 존중하는 가운데 서로 다른 문화에 대해 자신의 생각과 느낌을 자유롭고 창의적으로 표현하는 친사회적 태도를 기른다. 넷째, 다른 나라의 문화에 대한 관심과 흥미를 갖게 하고, 유아의 호기심과 궁금증을 다양한 놀이활동을 통해 해소시켜 더불어 생활하는 태도를 갖는다. 다섯째, 유아의 다문화에 대한 경험과 지식이 대 · 소집단활동, 자유놀이 등을 통해 자유롭게 확장한다.

이와 같이 김혜숙(2023)과 박재희와 홍길희(2020)의 연구를 종합하면 영유아 다문화교육의 목표는 자아존중감 형성과 타인에 대한 존중, 친사회적 태도 함양, 창의적 표현 능력 증진, 그리고 문화적 다양성에 대한 관심과 이해를 촉진함으로써 영유아가 문화적 차이에 대한 반편견적 태도를 형성하고, 더불어 살아가는 공동체 의식을 함양하는 데 목표를 둔다. 선행연구를 종합하여 영유아 다문화교육의 목표를 정리하면 다음과 같다.

첫째, 영유아가 자신의 소중함을 알고 긍정적인 자아개념을 형성하도록 자신의 생각과 감정을 자유롭고 창의적으로 표현할 수 있도록 지원한다.

둘째, 타인에 대한 존중과 편견에 대한 비판적 사고를 기르도록 하여, 다양한 문화적 차이를 이해하고 존중하는 태도를 증진시킨다.

셋째, 또래와 협력하며 친사회적 행동을 촉진하고, 놀이와 탐색 활동을 통해 문화적 다양성에 대한 흥미와 관심을 높인다.

2) 개정 누리과정 영역에 기초한 다문화교육

2019 개정 누리과정에 반영된 유아대상 다문화교육은 상기 목표를 5개의 교육영역인 신체운동·건강, 의사소통, 사회관계, 예술경험, 자연탐구 등과 연계하여 유기적·종합적으로 이해하고, 일상생활에 적극적으로 실천하도록 응용력을 키워주는 방식으로 진행될 수 있다(김주희, 2022). 2019 개정 누리과정에서의 5개 영역은 연령을 구분하지 않고 영역을 구성하였다. 영유아들은 발달에 따라 더 잘하고 못하고가 아니라 자신이 가장 잘할 수 있는 방법으로 놀이하고 배우며, 스스로 연령에 맞게 놀이를 한다. 유아가 놀이하는 내용이 곧 교육과정의 내용이기도 하므로 개정 누리과정의 5개 영역에 기초하여 다문화교육 내용을 살펴보고자 한다(교육부·보건복지부, 2019; 김혜숙, 2023; 박재희·홍길희, 2020).

(1) 신체운동·건강 영역에서의 다문화교육

신체운동·건강 영역은 다양한 신체활동과 건강하고 안전한 생활습관을 통하여 영유아의 심신을 조화롭게 발달시키기 위한 영역이다. 즉, 신체운동·건강 영역은 영유아가 자신의 몸에 관심을 가지고 신체활동에 즐겁게 참여하며, 건강하고 안전한 생활을 해나가는 다양한 경험과 관련된 내용이다. 이에 따라 신체운동·건강 영역은 영유아가 다양한 신체활동에 즐겁게 참여하고, 청결과 위생, 즐거운 식사, 적당한 휴식을 통해 건강한 생활습관을 기르며, 일상에서 안전하게 생활하는 방법을 배우고 실천하는 내용으로 구성된다.

다문화교육 내용은 신체운동·건강 영역의 내용과 연계하여 구성할 수 있다. 예를 들어, '신체활동 즐기기'의 내용범주에서, 다문화교육 내용으로 '여러 나라의 놀이활동 경험'을 제시할 수 있다. 즉, 영유아들이 세계 여러 나라의 놀이에 대해 알아보고 다양한 놀이를 경험해 볼 수 있다.

<표 8-1> 신체운동 · 건강 영역 내용체계 및 다문화교육 내용

내용범주	내 용	다문화교육 내용
신체활동 즐기기	• 신체를 인식하고 움직인다. • 신체 움직임을 조절한다. • 기초적인 이동 운동, 제자리 운동, 도구를 이용한 운동을 한다. • 실내외 신체활동에 자발적으로 참여한다.	• 나의 몸 인식 • 다양한 신체 능력 차이의 이해 • 여러 나라의 스포츠 알아보기 • 세계 여러 나라의 놀이도구 알아보기 • 여러 나라의 놀이활동 경험
건강하게 생활하기	• 자신의 몸과 주변을 깨끗이 한다. • 몸에 좋은 음식에 관심을 가지고 바른 태도로 즐겁게 먹는다. • 하루 일과에서 적당한 휴식을 취한다. • 질병을 예방하는 방법을 알고 실천한다.	• 청결한 생활에 대한 이해 • 여러 나라의 식사 예절 알아보기 • 몸을 건강하게 하는 다양한 방법 알기
안전하게 생활하기	• 일상에서 안전하게 놀이하고 생활한다. • TV, 컴퓨터, 스마트폰 등을 바르게 사용한다. • 교통안전규칙을 지킨다. • 안전사고, 화재, 재난, 학대, 유괴 등에 대처하는 방법을 경험한다.	• 우리나라와 다른 나라의 보행규칙 이해 • 위험한 상황에 대처하는 방법 • 환경오염과 재난의 발생원인 알아보기

출처 : 교육부 · 보건복지부(2019). 2019 개정 누리과정; 박재옥 · 홍길희(2020). 유아 다문화교육 발췌 및 재수정.

|그림 8-1| '신체운동 · 건강 영역'의 다문화교육 활동 예

출처 : 김혜숙(2023).

(2) 의사소통 영역에서의 다문화교육

의사소통 영역은 영유아가 일상생활에서 언어 사용을 즐기며, 의사소통 능력을 기르고 바른

언어 사용 능력과 태도를 기르기 위한 영역이다. 즉, 의사소통 영역은 영유아가 다른 사람과 소통하며, 일상에서 만나는 글자나 상징에 관심을 가지고 책과 이야기를 즐기는 경험과 관련된 내용이다. 의사소통 영역의 목표와 내용범주는 영유아가 일상생활에서 다른 사람의 말이나 이야기를 듣고 말하기를 즐기며, 주변의 상징을 읽고 글자와 비슷한 형태로 쓰기에 관심을 가지며, 다양한 책과 이야기를 통해 상상하기를 즐기는 내용으로 구성된다.

다문화교육 내용은 의사소통 영역의 내용과 연계하여 구성할 수 있다. 예를 들어, '듣기와 말하기'의 내용범주에서, 다문화교육 내용으로 '여러 나라의 전래동화 듣기' 또는 '읽기와 쓰기에 관심가지기'의 내용범주에서는 '자신의 생각과 느낌을 자유롭게 표현하기'를 제시할 수 있다. 즉, 영유아들에게 세계 여러 나라의 전래동화를 듣고 우리나라의 전래동화와 비교해 볼 수 있으며, '세계 여러 나라의 인사말' 또는 '사랑해요', '감사해요', '미안해요' 등 간단한 일상생활에서 사용하는 말들을 다양한 언어로 표현해 보는 경험을 해볼 수 있다.

<표 8-2> 의사소통 영역 내용체계 및 다문화교육 내용

내용범주	내 용	다문화교육 내용
듣기와 말하기	• 말이나 이야기를 관심 있게 듣는다. • 자신의 경험, 느낌, 생각을 말한다. • 상황에 적절한 단어를 사용하여 말한다. • 상대방이 하는 이야기를 듣고 관련해서 말한다. • 바른 태도로 듣고 말한다. • 고운 말을 사용한다.	• 여러 나라의 전래동화 듣기 • 여러 나라 친구들의 생활모습 들어보기 • 여러 나라의 인사말 말하기 • 나라 소개하기
읽기와 쓰기에 관심 가지기	• 말과 글의 관계에 관심을 가진다. • 주변의 상징, 글자 등 읽기에 관심을 가진다. • 자신의 생각을 글자와 비슷한 형태로 표현한다.	• 여러 나라의 동화를 듣고 내용 이야기하기 • 자신의 생각과 느낌을 자유롭게 표현하기 • 세계 여러 나라를 상징하는 것을 말해보기 • 세계 여러 나라 글자 써 보기
책과 이야기 즐기기	• 책에 관심을 가지고 상상하기를 즐긴다. • 동화, 동시에서 말의 재미를 느낀다. • 말놀이와 이야기 짓기를 즐긴다.	• 세계 여러 나라의 그림책 읽기 • 동화를 듣고 뒷이야기 꾸미기

출처 : 교육부 · 보건복지부(2019). 2019 개정 누리과정; 박재옥 · 홍길희(2020). 유아 다문화교육 발췌 및 재수정.

|그림 8-2| '의사소통 영역'의 다문화교육 활동 예

출처 : 김혜숙(2023), 올리볼리 그림동화 홈페이지(https://ollybolly.org).

(3) 사회관계 영역에서의 다문화교육

사회관계 영역은 영유아가 자신을 알고 소중하게 여기며, 다른 사람과 함께 살아가는 방법을 익히고, 주변 세계에 관심을 갖고 적응해 나갈 수 있는 기초능력을 기르기 위한 영역이다. 즉, 사회관계 영역은 영유아가 자기 자신과 다양한 삶의 모습을 이해하고, 다른 사람과 더불어 살아가기 위해 필요한 의미 있는 경험과 관련된 내용이다. 사회관계 영역의 목표 및 내용범주는 영유아가 자신을 이해하고 존중하며, 친구와 가족 또는 다른 사람들과 사이좋게 지내며, 영유아가 속한 지역사회와 우리나라, 다양한 문화에 관심을 갖는 내용으로 구성된다.

다문화교육 내용은 사회관계 영역의 내용과 연계하여 구성할 수 있다. 예를 들어, '더불어 생활하기'의 내용범주에서 다룰 수 있는 다문화교육 내용으로는 '여러 나라의 예절에 대해 이해하기'의 내용으로, '사회에 관심 가지기'의 내용범주에서는 '나라마다 사용하는 화폐'에 대한 내용으로 제시해 볼 수 있다. 즉, '부모님은 어디에서 결혼을 했을까?'라는 영유아의 호기심에서 시작하여 세계 여러 나라의 결혼식에 대해 알아보면서 다양한 결혼식 문화를 경험해 볼 수 있으며, 여행을 통해 다른 나라의 화폐에 관심을 갖게 된 영유아들과 세계 여러 나라의 화폐에 대해 알아보거나 우리나라의 화폐와 비교해 보는 활동을 경험해 볼 수 있다.

<표 8-3> 사회관계 영역 내용체계 및 다문화교육 내용

<table>
<tr><th>내용범주</th><th>내 용</th><th>다문화교육 내용</th></tr>
<tr><td>나를 알고 존중하기</td><td>• 나를 알고 소중히 여긴다.
• 나의 감정을 알고 상황에 맞게 표현한다.
• 내가 할 수 있는 것을 스스로 한다.</td><td>• 소중한 나
• 나의 생일을 즐겁게 여기기</td></tr>
<tr><td rowspan="3">더불어 생활하기</td><td rowspan="3">• 가족의 의미를 알고 화목하게 지낸다.
• 친구와 서로 도우며 사이좋게 지낸다.
• 친구와의 갈등을 긍정적인 방법으로 해결한다.
• 서로 다른 감정, 생각, 행동을 존중한다.
• 친구와 어른께 예의 바르게 행동한다.
• 약속과 규칙의 필요성을 알고 지킨다.</td><td>• 타인의 감정에 대해 이해하기
• 나의 감정을 바르게 이해하고 표현하기</td></tr>
<tr><td>• 다양한 가족구성원
• 가족은 서로 사랑하는 공동체</td></tr>
<tr><td>• 여러 나라의 예절에 대해 이해하기
• 세계 여러 나라의 문화유산
• 서로 다르지만 존중하는 방법 이해하기
• 서로 도움을 주고받는 생활</td></tr>
<tr><td>사회에 관심 가지기</td><td>• 내가 살고 있는 곳에 대해 궁금한 것을 알아본다.
• 우리나라에 대해 자부심을 가진다.
• 다양한 문화에 관심을 가진다.</td><td>• 세계 여러 나라의 아름다운 자연
• 나라마다 사용하는 화폐
• 우리나라의 전통문화 이해
• 세계의 다양한 생활에 대한 이해
• 다양한 얼굴과 생김새에 대한 이해</td></tr>
</table>

출처 : 교육부 · 보건복지부(2019). 2019 개정 누리과정; 박재옥 · 홍길희(2020). 유아 다문화교육 발췌 및 재수정.

|그림 8-3| '사회관계 영역'의 다문화교육 활동 예

출처 : 김혜숙(2023).

(4) 예술경험 영역에서의 다문화교육

예술경험은 풍부한 감성과 심미적 태도 및 창의적 표현력을 기르며, 다양한 예술 표현 방식을 존중하고 즐기는 태도를 기르기 위한 영역이다. 즉, 영유아가 자연, 생활, 예술에서 아름다움을 찾아보고 느끼며, 다채롭고 창의적인 방법으로 자신의 경험, 생각, 느낌을 표현해 보고, 다양한 예술 표현을 존중하는 경험과 관련된 내용이다. 예술경험 영역의 목표 및 내용범주는 영유아가 자연, 생활, 예술에서 아름다움을 느끼고, 음악, 움직임과 춤, 미술, 극놀이 등의 예술에서 자신의 느낌과 생활을 창의적으로 표현하는 과정을 즐기며, 다양한 예술 작품을 감상하며 다른 사람의 예술 표현을 존중하는 내용으로 구성된다.

다문화교육 내용은 예술경험 영역의 내용과 연계하여 구성할 수 있다. 예를 들어, '아름다움 찾아보기'의 내용범주에서, 다문화교육 내용으로 '세계 전통의상의 아름다움 찾아보기'와 '예술 감상하기'의 내용범주에서는 '세계의 명화 감상하고 표현하기'에 대한 내용을 제시해 볼 수 있다. 즉, '세계 전통의상의 아름다움 찾아보기'에서는 우리나라의 전통의상과 함께 세계 여러 나라의 전통의상을 감상해 보고 '전통의상 패션쇼'를 개최해 보면서 다양한 나라의 전통의상을 입어보는 경험을 해볼 수 있다. 이때 단순히 세계 여러 나라의 전통의상을 알아보고 입어보는 것과 같은 경험에서 그치는 것이 아닌 세계 여러 나라의 전통의상의 특징은 어떠한지, 우리나라의 전통의상과 비슷한 점과 다른 점은 무엇인지, 각 나라의 전통의상 중에서 마음에 드는 의상은 무엇인지, 왜 그렇게 생각하는지 등 세계 여러 나라의 전통의상에 대한 다양한 경험을 통해 영유아들이 다양한 문화를 이해하고 아름다움을 경험할 수 있도록 한다. 이와 함께 '세계 명화 감상하고 표현하기'에서는 브뢰헬의 '아이들의 놀이'라는 명화를 감상하고 다른 나라의 놀이와 우리나라의 놀이를 비교해 보고 직접 놀이를 경험해 볼 수 있다.

<표 8-4> 예술경험 영역 내용체계 및 다문화교육 내용

내용범주	내 용	다문화교육 내용
아름다움 찾아보기	• 자연과 생활에서 아름다움을 느끼고 즐긴다. • 예술적 요소에 관심을 갖고 찾아본다.	• 세계 아름다운 자연에 대해 알아보기 • 세계 전통의상의 아름다움 찾아보기 • 세계 전통춤의 움직임 탐색하기
창의적으로 표현하기	• 노래를 즐겨 부른다. • 신체, 사물, 악기로 간단한 소리와 리듬을 만들어 본다. • 신체나 도구를 활용하여 움직임과 춤으로 자유롭게 표현한다. • 극놀이로 경험한 이야기를 표현한다.	• 여러 나라 음악 들어보고 표현하기 • 세계 여러 나라의 춤 경험하기 • 여러 나라의 극놀이 즐기기 • 명화 보고 따라 그리기 • 여러 나라 상징물 그리기 • 나라별 국가 불러보기
예술 감상하기	• 다양한 예술을 감상하며 상상하기를 즐긴다. • 서로 다른 예술 표현을 존중한다. • 우리나라 전통예술에 관심을 갖고 친숙해진다.	• 세계 미술관 경험하기 • 세계의 명화 감상하고 표현하기 • 우리나라 민속예술에 대해 이해하기

출처 : 교육부 · 보건복지부(2019). 2019 개정 누리과정; 박재옥 · 홍길희(2020). 유아 다문화교육 발췌 및 재수정.

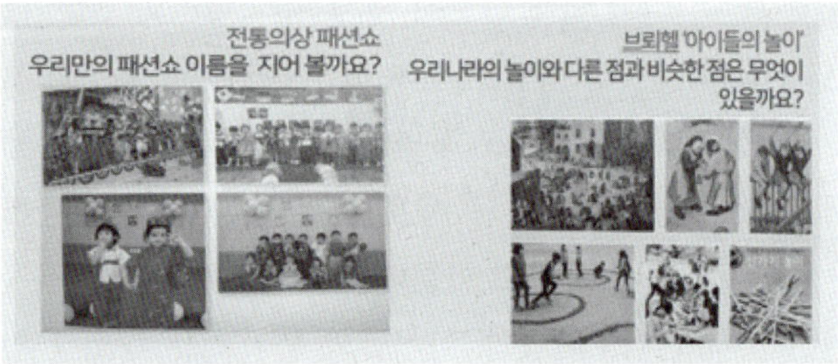

|그림 8-4| '예술경험 영역'의 다문화교육 활동 예

출처 : 김혜숙(2023).

(5) 자연탐구 영역에서의 다문화교육

자연탐구 영역은 영유아들이 주변의 여러 가지 사물과 자연현상에 대하여 갖는 의문점을 흥미와 호기심을 갖고 탐구하도록 돕기 위하여 설정된 영역이다. 즉, 자연탐구 영역은 유아가 물질, 사물, 자연현상, 동식물 등의 특성과 변화를 수학적 · 과학적으로 탐구하는 다양한 경험과 관련된 내용이다. 자연탐구 영역의 목표와 내용범주는 영유아가 호기심을 가지고 궁금한

것을 적극적으로 탐구하는 과정을 즐기며, 생활 속의 문제를 수학적·과학적으로 탐구해 보면서 생명과 자연환경을 존중하는 내용으로 구성된다.

다문화교육 내용은 자연탐구 영역의 내용과 연계하여 구성할 수 있다. 예를 들어, '탐구과정 즐기기'의 내용범주에서는 '세계 기후 변화에 대해 이해하기'를, '자연과 더불어 살기'의 내용범주에서는 '세계의 자연과 사회현상'에 대해 알아보는 내용을 제시해 볼 수 있다. 즉, 계절에 따라 달라지는 날씨의 변화에 관심을 가지고 우리나라의 사계절과 세계 여러 나라의 계절에 따른 날씨의 변화에 대해 알아보고 온도계를 이용하여 실내와 실외 온도를 측정해 보는 경험을 해볼 수 있다. 이와 함께 환경오염으로 인해 어려움을 겪고 있는 다른 나라 친구들의 이야기를 들어보고 환경오염을 막기 위한 방법에 대해 알아보고 그 실천 방법으로 '쓰레기 분리수거를 잘하기'라는 환경보호 캠페인 활동을 계획하고 실행해 볼 수 있다.

<표 8-5> 자연탐구 영역 내용체계 및 다문화교육 내용

내용범주	내 용	다문화교육 내용
탐구과정 즐기기	• 주변 세계와 자연에 대해 지속적으로 호기심을 가진다. • 궁금한 것을 탐구하는 과정에 즐겁게 참여한다. • 탐구과정에서 서로 다른 생각에 관심을 가진다.	• 세계 문화유산 살펴보기 • 세계 기후 변화에 대해 이해하기 • 여러 사람들과 다양한 탐구방법
생활 속에서 탐구하기	• 물체의 특성과 변화를 여러 가지 방법으로 탐색한다. • 물체를 세어 수량을 알아본다. • 물체의 위치와 방향, 모양을 알고 구별한다. • 일상에서 길이, 무게 등의 속성을 비교한다. • 주변에서 반복되는 규칙을 찾는다. • 일상에서 모은 자료를 기준에 따라 분류한다. • 도구와 기계에 대해 관심을 가진다.	• 세계의 국가 수 세어 보기 • 세계지도에 나타난 다양한 국가 모습 • 각 나라의 크기 재어보기 • 각 나라의 시간이 다름을 이해하기 • 각 나라에 대한 도표 그리기 • 다양한 도구 사용하기
자연과 더불어 살기	• 주변의 동식물에 관심을 가진다. • 생명과 자연환경을 소중히 여긴다. • 날씨와 계절의 변화를 생활과 관련짓는다.	• 친숙한 물체에 대한 탐색과 변화과정 • 지구의 다양한 생명체에 대한 이해 • 세계의 자연과 사회현상 • 다양한 생활도구에 대한 이해

출처 : 교육부·보건복지부(2019). 2019 개정 누리과정; 박재옥·홍길희(2020). 유아 다문화교육 발췌 및 재수정.

|그림 8-5| '자연탐구 영역'의 다문화교육 활동 예

출처 : 김혜숙(2023).

3) 만 5세 연령별 다문화교육 활동 사례 예시(박재옥 · 홍길희, 2020)

(다문화 요소 : ●문화이해 ▲다양성 ■협력 ★편견 ♥평등 ♦정체성)

주제	소주제	활동명	활동유형	누리과정/표준보육과정 주요 관련 요소	다문화 요소
우리 원과 친구	• 우리 원의 환경 • 우리 반의 약속 • 즐거운 하루 일과 • 나와 친구	생김새는 달라도 마음은 같아요	자유놀이 언어 영역	의사소통 사회관계	▲★
		세계의 어린이집은 어떤 모습일 까?	자유놀이 미술 영역	예술경험 자연탐구	▲●
봄과 동식물 (project) ▶ 봄	• 봄과 우리 생활 • 봄의 식물 • 봄의 동물 • 자연과 더불어 사는 우리	사계절이 있는 나라와 없는 나라	자유놀이 과학 영역	자연탐구 의사소통	▲●
		봄의 식물 모자이크하기	자유놀이 미술 영역	예술경험 자연탐구	▲
나와 가족	• 나의 몸과 마음 • 소중한 나 • 사랑하는 우리 가족 • 가족의 생활과 놀이 • 다양한 가족의 문화	이웃 나라의 다양한 결혼식 문화	대그룹활동 이야기 나누기	의사소통	▲●★
		신나는 악기 연주	자유놀이 음률 영역	예술경험 사회관계	▲●
우리 동네 (project) ▶ 목공	• 우리 동네의 모습 • 우리 동네의 생활 • 우리 동네 사람들 • 우리 동네의 전통과 문화	세계지도와 지구본을 관찰해요	자유놀이 과학 영역	자연탐구 의사소통	▲●
		5대양 6대주	자유놀이 음률 영역	예술경험 사회관계	■●
여름과 건강	• 여름철 날씨와 생활 • 여름에 만나는 동식물 • 음식과 영양 • 즐거운 운동과 휴식 • 안전하고 건강한 생활	여름처럼 항상 더운 나라는 어떨까?	자유놀이 과학 영역	자연탐구 의사소통	▲●
		물고기를 잡아요	자유놀이 쌓기 영역	신체운동 · 건강 사회관계	▲■
교통과 안전	• 궁금한 교통기관 • 편리한 교통기관 • 달라져 가는 교통기관 • 안전한 생활	수상 교통수단이 있는 이웃 나라가 있어요	대그룹활동 이야기 나누기	의사소통	▲●
		우리나라와 이웃 나라의 교통표지판을 비교해요	자유놀이 과학 영역	자연탐구 의사소통	▲●
세계 속의 우리나라	• 우리나라 사람들의 생활 • 우리나라 문화와 유산/추석 • 세계 여러 나라 사람들 • 세계 여러 나라의 생활과 문화유산	다양한 언어를 알아봐요	자유놀이 언어 영역	의사소통 사회관계	▲●
		전통음악과 춤을 즐겨요	자유놀이 음률 영역	예술경험 사회관계	▲●
가을과 자연	• 가을의 날씨와 생활 • 가을풍경 즐기기 • 가을 곡식과 열매 • 풍성한 가을 • 가을 나들이	나라를 상징하는 나무가 있어요	대그룹활동 이야기 나누기	의사소통 자연탐구	▲●
		세계의 곤충 책 만들기	자유놀이 언어 영역	의사소통 사회관계	▲●
환경과 생활 (project) ▶ 환경	• 우리가 사는 지구 • 고마운 지구 • 지구의 변화 • 지구의 보호	악기에서 찾은 날씨 이야기	자유놀이 음률 영역	예술경험 사회관계	■●
		환경 릴레이	대그룹활동 바깥놀이	자연탐구 사회관계	■●
겨울	• 동식물의 겨울나기 • 겨울철 건강과 안전 • 이웃과 함께하는 겨울 • 새해맞이와 놀이	기후에 따라 다양한 식물이 있어요	자유놀이 과학 영역	자연탐구 의사소통	▲●
		즐거운 성탄절!	대그룹활동 이야기 나누기	의사소통	▲●
편리한 생활도구	• 새해맞이 와 놀이 • 다양한 생활도구 • 생활도구로서의 미디어 • 나는 발명가 • 미래의 생활도구	다양한 새해 풍습	대그룹활동 이야기 나누기	의사소통 자연탐구 사회관계	▲●
		나는 발명가	자유놀이 과학 영역	자연탐구	▲
초등학교에 가요 (project) ▶ 초등학교	• 궁금한 초등학교 • 일학년이 되면 • 즐거웠던 어린이집 • 졸업	학교 가는 길	대그룹활동 이야기 나누기	의사소통 자연탐구 사회관계	▲●
		브뤼헐의 '아이들 놀이'	대그룹활동 신체표현	의사소통 예술경험	▲■

|그림 8-6| 만 5세 월별 다문화교육 활동계획안

만 5세 늘푸른솔반 주간교육·보육계획안

주제	편리한 생활도구	소주제	새해맞이와 놀이
목표	• 새해의 의미를 알고 새해맞이와 관련된 우리나라의 전통문화에 관심을 가지고 민속놀이를 즐기도록 함	실시기간	2019년 12월 30일~2020년 1월 3일
		다문화 관련 요소	다양성, 문화이해
안전교육	(실종 유괴의 예방방지) 내가 살고 있는 지역과 주소를 알아요		

활동 \ 요일	월(12/30)	화(31)	수(1/1)	목(29)	금(2)	두(3)
기본생활	☆ 놀이기구 안전하게 사용하기					
등원	☆ 새해인사와 덕담 나누기					
화장실 가기	☆ 옷을 바르게 입어요					
오전 자유놀이 쌓기놀이 영역	열두 띠 동물을 블록으로 만들기					
오전 자유놀이 역할놀이 영역	열두 띠 동물 되어 보기/ 친척집에 세배하러 가기					
오전 자유놀이 미술 영역	새해 달력 만들기/ 팽지 접기					
오전 자유놀이 언어 영역	(말하기·듣기) 동물속담 알아보기 (쓰기) 나의 새해 소망 기록하기 (읽기) 또박또박 읽어요					
오전 자유놀이 수·조작 영역	열두 띠 표 만들기/ 신나는 열음낚시					
오전 자유놀이 과학 영역	어떤 팽이가 잘 돌까?					
오전 자유놀이 음률 영역	'새 날씨' 가사 바꾸어 부르기					
대·소집단 활동	〈이야기 나누기〉 주말 지낸 이야기 〈새 노래〉 새 날씨	〈이야기 나누기〉 내가 하고 싶은 겨울놀이 〈미술〉 연 꾸미기	신정	〈동화〉 열두 띠 이야기	〈다문화〉 다른 나라의 새해 풍습	통합보육
바깥놀이 및 일상생활	☆ 보물을 찾아라 (대체활동) 몸으로 글사 만들기 ☆ (일상생활) 연날리기					
점심 및 휴식	☆ 전통음악 들으며 휴식 취하기					
오후 자유놀이	☆ 민속놀이 방법 책 만들기					
귀가 및 가정과의 연계	☆ 가정에서 세배하고 덕담 나누기					
통합보육 자유놀이	☆ [쌓기] 새해맞이 장소 구성하기 [미술] 케이크 접어 꾸미기					

활동명 : 다른 나라의 새해 풍습

생활주제	편리한 생활도구	대상연령	만 5세
소 주 제	새해맞이와 놀이	활동기간	1월 1주
활동형태	대그룹활동 / 이야기 나누기	다문화 요소	다양성, 문화이해

활동목표

- 다른 나라의 새해 풍습에 대해 관심을 갖는다.
- 다양한 나라의 문화를 알고 존중한다.

누리(표준보육)과정 관련 요소

- 의사소통 〉듣기와 말하기 〉자신의 경험, 느낌, 생각을 말한다.
- 사회관계 〉사회에 관심 가지기 〉다양한 문화에 관심을 가진다.
- 자연탐구 〉탐구과정 즐기기 〉주변 세계와 자연에 대해 지속적으로 호기심을 가진다.

활동자료 그림자료, 새해맞이 동영상

|그림 8-7| 만 5세 주간교육·보육 계획안

자료 첨부 여러 나라의 새해 모습 그림

출처 : 구글 이미지; 네이버 이미지 검색; 아이윌릭.

활동방법

〈도입〉

❶ 우리나라 새해 풍습에 대해 알아본다.

- 새해를 맞이하는 우리나라의 새해 풍습을 기억하나요?
- 어떤 풍습이 기억나나요?

〈전개〉

❷ 다른 나라의 새해 풍습에 대해 이야기 나눈다.

- 다른 나라에서는 새해에 무엇을 할까요?
- 다른 나라에서도 새해 인사를 할까요?
- 무엇을 하며 새해를 보낸 것 같나요?
- 다른 나라의 새해 모습에 대해 알아보도록 해요.

✱✱ 다양한 나라의 새해 풍습

- 어떤 나라의 새해 풍습이 가장 기억에 남나요?
- 네덜란드의 새해 풍습은 어땠나요?
- 네덜란드에서는 왜 수영복을 입고 차가운 바닷물에 들어갈까요?
- 멕시코 사람들은 왜 포도 12알을 먹는다고 했나요?
- 오스트리아 사람들은 새해를 맞이하며 왜 왈츠를 추는 것 같나요?

❸ 우리나라의 새해 풍습과 비교해 본다.

- 우리나라의 새해 풍습과 어떤 점이 비슷하니?
- 새해를 맞이하며 먹는 음식은 어떻게 달랐니?
- 왜 나라마다 새해를 맞이하는 모습이 다를까?

〈마무리〉

❹ 활동을 평가하는 시간을 갖는다.

- 다른 나라의 새해 풍습에 대해 알아보니 어땠나요?
- 어떤 점이 제일 재미있었나요?
- 나라마다 새해를 맞이하는 모습은 다르지만, 모두 소중한 문화라는 것을 알고 다른 나라의 풍습도 소중하게 여기는 태도를 갖도록 해요.

확장활동

- 역할 - 다른 나라의 새해 풍습
- 음률 - (오스트리아의 새해 풍습) 왈츠 곡에 맞추어 왈츠 춰 보기

활동평가

- 나라마다 풍습은 다르지만 새해의 건강과 행복을 기원하는 것은 동일하다는 것을 알 수 있었고 다른 나라의 재미있는 새해 모습에 관심을 보이고 포도알을 먹는 모습을 재미있어함. 관심을 보이는 새해 풍습을 놀이로 표현해 보는 활동으로 확장이 이루어지면 좋을 것 같음.

|그림 8-8| 만 5세 다문화활동 계획안

2. 개정 표준보육과정에 기초한 다문화교육

표준보육과정은 0~5세 영유아를 위한 국가 수준의 보육과정이며, 0~1세 보육과정, 2세 보육과정, 3~5세 보육과정(누리과정)으로 구성된다.

교육부는 「유보통합 실행계획(안)」에서 0~5세 영유아교육과정이 마련되기 이전에 「2024년 개정 표준보육과정(0~2세)」 일부 개정안을 마련하였다. 2024 개정 표준보육과정(0~2세)은 영유아 주도성과 놀이를 통한 배움을 강조하고, 현장의 다양성과 자율성을 추구하는 누리과정(3~5세)과의 연계를 강화하여, 영아가 발달단계에 따라 맞춤형으로 교육·보육을 받을 수 있도록 설계되었다.

2024 개정 표준보육과정이 추구하는 인간상은 건강한 사람, 자주적인 사람, 창의적인 사람, 감성이 풍부한 사람, 더불어 사는 사람으로 표준보육과정의 목적은 영유아가 놀이를 통해 심신의 건강과 조화로운 발달을 이루고 바른 인성과 민주 시민의 기초를 형성하는 데에 있다. 이를 실현하기 위한 0~2세 보육과정의 목표는 다음과 같다. 첫째, 자신의 소중함을 알고 건강하고 안전한 환경에서 즐겁게 생활한다. 둘째, 자신의 일을 스스로 하고자 한다. 셋째, 호기심을 가지고 탐색하며 상상력을 기른다. 넷째, 일상에서 아름다움에 관심을 가지고 감성을 기른다. 다섯째, 사람과 자연을 존중하고 소통하는 데 관심을 가진다.

1) 개정 표준보육과정에 기초한 영유아 다문화교육의 목표

2024 개정 표준보육과정에서 추구하는 인간상과 목표 및 영유아의 발달적 특징을 고려하여 표준보육과정에 기초한 영유아 다문화교육의 목표를 설정하면 다음과 같다(박재옥·홍길희, 2020).

첫째, 자신의 소중함을 알고 다양한 문화적 배경 속에서 자신을 긍정적으로 인식하도록 돕는다. 둘째, 자신의 일을 스스로 하려는 독립적인 태도를 기르고, 문화적 차이를 이해하며 협력하는 태도를 기른다. 셋째, 다양한 문화적 자료와 환경을 탐색하며 호기심을 가지고 창의적으로 표현하도록 한다. 넷째, 다양한 문화적 예술활동을 통해 문화적 다양성을 감상하고 존중하는 태도를 함양한다. 다섯째, 사람과 자연을 존중하고 다양한 문화적 배경을 가진 사람들과 소통하고 협력하는 능력을 기른다.

영유아는 발달 특성상 만 2세부터 문화의 유사성과 차이점에 대한 이해가 나타나기 시작한다. 이처럼 이 시기 영유아들이 인종적 차이를 구분하고 신체적 특징, 의상, 언어, 정치적 성향에 기초해 사람 간의 유사성과 차이점을 지각할 수 있다는 점에서 만 2세부터 다양한 문화에 대한 이해와 수용의 태도를 갖도록 하여야 한다.

2) 개정 표준보육과정 영역에 기초한 다문화교육

2024 개정 표준보육과정은 누리과정과의 연계를 강화하기 위하여 '기본생활'과 '신체운동' 영역을 '신체운동 · 건강' 영역으로 통합해 기존 6개 영역을 누리과정과 동일하게 5개 영역으로 조정하고, 0~1세, 2세로 나누어진 영역별 목표를 0~2세로 통합하였다.

개정 표준보육과정의 5개 영역에 기초하여 다문화교육 내용을 살펴보고자 한다(교육부, 2024; 김혜숙, 2015; 민성혜 외, 2011; 박재옥 · 홍길희, 2020; 조경자 외, 2017).

(1) 신체운동 · 건강 영역에서의 다문화교육

신체운동 · 건강 영역은 영아가 실내외에서 신체활동을 즐기고, 수면과 식사, 배변 등 건강한 일상을 즐겁게 경험하고, 위험한 상황이나 물건을 조심하며, 어른의 지시를 따라 안전한 생활 경험의 기초를 기르기 위한 영역이다. 신체운동 · 건강 영역에서는 영아들이 다양한 감각을 경험하면서 신체를 인식하고 대소근육의 조절력을 기르고 기본운동 능력을 기를 수 있도록 한다. 또한 건강한 생활습관을 통해 몸과 마음을 건강하게 유지하고, 안전과 위험에 대해 아는 것을 통해 안전하게 생활하는 능력을 기르도록 한다. 신체운동 · 건강 영역에서는 영아가 다양한 신체활동에 즐겁게 참여하고, 청결과 위생, 즐거운 식사, 편안한 하루 일과, 건강한 배변 습관 등을 통해 건강한 생활습관을 기르며, 일상에서 안전하게 생활하는 습관과 태도를 자연스럽게 습득하도록 한다.

다문화교육 내용은 신체운동 · 건강 영역의 내용과 연계하여 구성할 수 있다. 예를 들어, '신체활동 즐기기' 내용범주의 다문화교육 내용으로 '여러 나라의 놀이활동 경험'이나 '다양한 친구와 신체활동하기'를 제시할 수 있다. 즉, 영아들은 세계 여러 나라의 놀이에 대해 알아보고 친구들과 함께 다양한 신체활동을 해볼 수 있다. 또한 '건강하게 생활하기'의 내용범주에서, '세계 여러 나라 사람들의 음식, 의상, 예절 등을 알기'의 내용을 통해 다양한 나라의 문화를 경험해 볼 수 있다. 이때 '찾아가는 다문화수업'과 같이 학급 다문화가족 영아의 부모님을 초대하여 부모님 나라의 문화를 경험해 볼 수 있도록 결혼이주 어머니들을 통해 다문화수업을 실행할 수 있다.

<표 8-6> 신체운동 · 건강 영역 내용체계 및 다문화교육 내용

내용범주	내 용	다문화교육 내용
신체활동 즐기기	• 다양한 감각을 경험한다. • 신체와 주변을 탐색한다. • 대소근육을 조절한다. • 기본운동을 즐긴다. • 실내외 신체활동을 즐긴다.	• 사람마다 신체구조와 기능이 같음에 대해 이해하기 • 신체를 활용하여 움직이기 • 여러 사람과 함께하는 운동 • 여러 나라의 놀이활동 경험하기 • 다양한 친구와 신체활동하기
건강하게 생활하기	• 도움을 받아 몸을 깨끗이 한다. • 음식에 관심을 가진다. • 하루 일과를 편안하게 경험한다. • 건강한 배변 습관을 갖는다.	• 세계 여러 나라 사람들의 식사 예절 • 세계 여러 나라 사람들의 음식 • 세계 여러 나라 사람들의 의상 • 상황에 따른 예절 알기
안전하게 생활하기	• 안전하게 놀이하고 생활한다. • 안전한 상황에서 교통수단을 이용해 본다. • 위험하다는 말에 주의한다.	• 여러 놀이기구의 안전규칙 알기 • 세계 여러 나라의 교통규칙 • 안전한 놀이와 생활

|그림 8-9| '신체운동 · 건강 영역'의 다문화교육 활동 예

출처 : 김혜숙(2023).

(2) 의사소통 영역에서의 다문화교육

의사소통 영역은 영아가 듣고 말하기를 통해 다른 사람에게 자신의 느낌, 생각, 경험을 전달하고 다른 사람과 소통할 수 있는 기초를 기르는 영역이다. 의사소통 영역에서는 일상생활에서 반복적으로 일어나는 경험에 기초하여 영아의 말하기, 듣기 능력이 향상되도록 한다. 이 시기에는 성인과의 의사소통이 주로 이루어지며, 이때 성인은 영아의 의도를 민감하게 해석하고 시기적절하게 반응해 주는 것이 중요하다. 또한 영아들은 정서적으로 안정되고 신뢰로운 분위기에서 더 많이 의사소통을 시도하게 되므로 이러한 환경조성이 우선되어야 한다. 이와 함께 교사는 영아에게 질적으로 우수한 그림책과 친숙한 환경인쇄물을 제공하고 끼적이기를 마음껏 시도할 수 있는 환경을 구성해야 한다.

다문화교육 내용은 의사소통 영역의 내용과 연계하여 구성할 수 있다. 예를 들어, '듣기와 말하기'의 내용범주에서, 다문화교육 내용으로 '여러 나라의 인사말 하기'를 제시해 볼 수 있다. 즉, 영아들에게 '친구를 만날 때 어떻게 인사해야 하는지', '어른들을 만날 때 그리고 다른 나라 사람들을 만날 때는 어떻게 인사하는지'와 같이 다양한 사람들과 어떻게 인사하는지 말해볼 수 있다. 이때 다양한 인종의 인형을 활용하여 인형의 말을 따라 해보고 또래 친구들에게 이야기해 보거나 인형과 인사를 나누어 보는 경험을 할 수 있다.

<표 8-7> 의사소통 영역 내용체계 및 다문화교육 내용

내용범주	내 용	다문화교육 내용
듣기와 말하기	• 표정, 몸짓, 말과 주변의 소리에 주의를 기울인다. • 상대방의 이야기를 들으면서 말소리를 낸다. • 표정, 몸짓, 말소리로 의사를 표현한다.	• 여러 나라의 동화 듣기 • 다른 친구의 이야기 듣기 • 나라 이름 따라 말하기 • 여러 나라의 인사말 하기
읽기와 쓰기에 관심 가지기	• 주변의 그림과 상징에 관심을 가진다. • 끼적이기에 관심을 가진다.	• 가 보고 싶은 나라 지도에서 짚어보기 • 지도 그림 위에 끼적이기
책과 이야기 즐기기	• 책에 관심을 간진다. • 말놀이와 이야기에 재미를 느낀다.	• 세계 명작동화 읽기 • 동화를 읽고 이야기하기

|그림 8-10| '의사소통 영역'의 다문화교육 활동 예

출처 : 김혜숙(2023).

(3) 사회관계 영역에서의 다문화교육

사회관계 영역은 영아가 자신의 고유함을 알고 존중하며, 자신과 다른 사람의 욕구와 감정을 알고, 주변의 친숙한 사람과 더불어 생활하는 경험을 통해 기본적인 사회적 가치를 자연스럽게 익히도록 하는 영역이다(보건복지부, 2013). 영아기에는 자신과 다른 사람을 구분할 수 있게 되고, 자신이 좋아하는 것이 생기면서 선호에 따라 자신이 좋아하는 것을 선택하여 스스로 놀이를 하면서 자신의 고유성과 독특성을 소중하게 인식한다. 영아는 자신이 느끼는 여러 가지 긍정적 · 부정적 감정을 말과 행동으로 나타낼 수 있게 되며 다른 사람이 나타내는 여러 가지 감정에도 위로와 공감 등의 반응을 보일 수 있다. 사회관계 영역에서는 영아가 자신의 선호에 따라 좋아하는 것을 선택해 봄으로써 자신의 고유성과 소중함을 느끼고 자신의 감정을 말과 행동으로 적절하게 나타내도록 지원해 주며, 가족, 또래, 자신이 속한 집단의 구성원과 즐겁고 유쾌하게 상호작용할 수 있도록 격려해 준다.

다문화교육 내용은 사회관계 영역의 내용과 연계하여 구성할 수 있다. 예를 들어, '나를 알고 존중하기'의 내용범주에서, 다문화교육 내용으로 '나의 감정과 다른 사람의 감정을 존중하기'의 내용을 제시해 볼 수 있다. 구체적으로 영아들에게 '○○친구의 기분은 어떤 것 같아?'와 같이 다른 사람의 얼굴과 표정을 보며 감정을 이해하고 어떻게 대해야 하는지 이야기 나누어 볼 수 있다. '더불어 생활하기' 내용범주에서는 '모습은 다르지만 느끼는 감정은 비슷함을 알기'의 내용으로 제시해 볼 수 있다. 예를 들어, 『나랑 달라도 괜찮아』라는 그림책을 읽어주며, 몸이 불편한 친구에 대해 이야기를 나누어 보고 나와 다른 외모의 친구들과 친하게 지내는 방법에 대해 이야기를 나누어 볼 수 있다. 그러나 이때 영아에게 몸이 불편한 친구에 대한 편견을 가지지 않도록 주의해야 하며, 외모뿐만 아니라 피부색이 달라도 친구가 될 수 있음을 알 수 있도록 다양한 주제로 확장하여 경험해 보도록 한다.

<표 8-8> 사회관계 영역 내용체계 및 다문화교육 내용

내용범주	내 용	다문화교육 내용
나를 알고 존중하기	• 나의 고유함을 알아간다. • 나의 욕구와 감정을 표현한다. • 내가 좋아하는 것을 해본다.	• 나의 감정과 다른 사람의 감정 존중하기 • 특별한 너와 나
더불어 생활하기	• 안정적인 애착을 형성한다. • 또래에게 관심을 가진다. • 다른 사람의 감정과 행동에 관심을 가진다. • 반에서 편안하게 지낸다.	• 나의 소중함과 함께 타인의 소중함 알기 • 타인에 대해 배려와 감정 조절하기 • 모습은 다른지만 느끼는 감정은 비슷함을 알기 • 공동체 안에서 함께하며 평등함을 이해

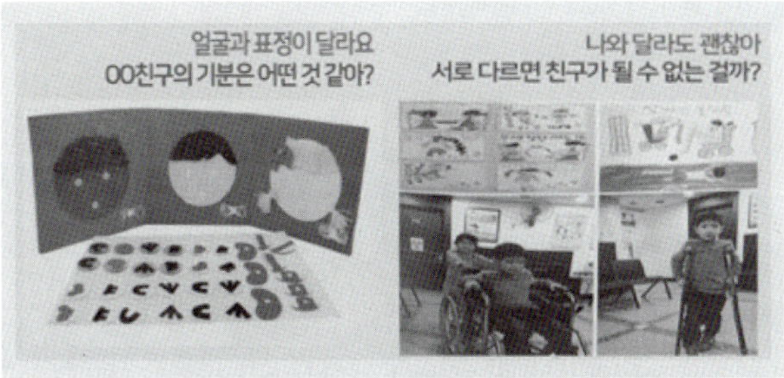

|그림 8-11| '사회관계 영역'의 다문화교육 활동 예

출처 : 김혜숙(2023).

(4) 예술경험 영역에서의 다문화교육

예술경험 영역은 주변 생활에서 예술적 요소를 탐색하고 즐기며 리듬이나 노래, 움직임, 미술활동, 모방하기를 즐기는 태도를 기르기 위한 영역이다. 예술경험 영역에서는 영아가 주변 환경에서 나는 소리, 모양이나 색 등에 주의를 주고 눈여겨보도록 하며 호기심을 가지고 탐색할 수 있도록 하며, 영아가 친근한 노래를 따라 부르고 간단한 도구를 이용하여 몸으로 표현해 보는 데 중점을 둔다.

다문화교육 내용은 예술경험 영역의 내용과 연계하여 구성할 수 있다. 예를 들어, '창의적으로 표현하기'의 내용범주에서, 다문화교육 내용으로 '다양한 재료와 방법으로 표현하기'의 내용을 제시해 볼 수 있다. 활동의 예를 들면, '○○이는 어떤 모습이 다른 친구들과 다를까(같을까)?'라는 질문을 통해 나와 친구들의 모습이 다를 수도 또는 같을 수도 있다는 것을 이야기해 보고 다양한 모양의 과자를 이용하여 친구의 얼굴을 표현해 보는 경험을 할 수 있다.

<표 8-9> 예술경험 영역 내용체계 및 다문화교육 내용과 활동 예

내용범주	내 용	다문화교육 내용
아름다움 찾아보기	• 자연과 생활에서 아름다움을 느낀다. • 예술에서 아름다움을 느낀다.	• 세계의 자연에서 아름다움의 요소 찾아보기
창의적으로 표현하기	• 소리와 리듬, 노래로 표현한다. • 움직임으로 표현한다. • 다양한 미술 재료를 경험한다. • 모방하기를 즐긴다.	• 여러 나라의 음악과 민속춤 경험하기 • 다양한 재료와 방법으로 표현하기 • 세계의 다양한 음악을 신체와 악기로 표현하기

[그림 8-12] '예술경험 영역'의 다문화교육 활동 예

출처 : 김혜숙(2023).

(5) 자연탐구 영역에서의 다문화교육

자연탐구 영역은 영아가 호기심을 가지고 다양하게 탐색하기를 즐기며 탐구하는 태도를 가지게 하고, 주변에서 경험하는 수학적 상황과 다양한 탐색을 통하여 주변 사물과 자연환경을 인식하는 능력을 기르기 위한 영역이다. 영아는 호기심을 가지고 주변 세계에 대해 다양하고 반복적인 탐색하기를 즐기며 주변의 사물과 자연세계에 대해 알고자 한다. 영아가 궁금한 것을 알아보고자 할 때 호기심을 유지하며 탐구하는 태도를 가질 수 있도록 발달 수준에 맞게 적절하게 지원하고 주변의 여러 가지 상황에서 자연스럽게 일어나는 기초적인 수학적·과학적 내용에 대해 적절하게 상호작용하여 생활 속에서 자연스럽게 경험하고 인식할 수 있도록 한다.

다문화교육 내용은 자연탐구 영역의 내용과 연계하여 구성할 수 있다. 예를 들어, '자연과 더불어 살기'의 내용범주에서, 다문화교육 내용으로 '여러 나라의 동식물 알아보기'를 제시해 볼 수 있다. 활동의 예를 들면, '○○동물은 어디에 살아요?'라는 영아의 질문에 세계 여러 나라에 살고 있는 동물들에 대해 이야기를 나누어 보고, 커다란 지도 위에 각각의 동물들을 붙여보는 활동을 해볼 수 있다. 또한 산책에서 돌아와 '○○나무의 나뭇잎 모양은 어땠어요?'라는 교사의 질문에 영아들이 탐색한 나뭇잎의 모양을 이야기해 보거나 산책하면서 가져온 나뭇잎을 관찰해 보는 경험을 할 수 있다.

<표 8-10> 자연탐구 영역 내용체계 및 다문화교육 내용

내용범주	내 용	다문화교육 내용
탐구과정 즐기기	• 주변 환경과 자연에 대해 호기심을 가진다. • 사물과 자연 탐색하기를 즐긴다.	• 기후에 따른 생활모습 알아보기 • 세계 자연현상에 관심 가지기
생활 속에서 탐구하기	• 친숙한 물체를 감각으로 탐색한다. • 일상에서 수에 관심을 가진다. • 공간과 모양을 탐색한다. • 규칙성을 경험한다.	• 여러 나라 건축물에서 도형 찾아보기 • 세계지도를 활용하여 나라의 크기 살펴보기 • 세계 여러 나라의 다양한 의상 구분하기
자연과 더불어 살기	• 주변의 동식물에 관심을 가진다. • 날씨의 변화를 느낀다.	• 여러 나라의 동식물 알아보기 • 계절의 변화에 따른 날씨 이해하기

|그림 8-13| '자연탐구 영역'의 다문화교육 활동 예

출처 : 김혜숙(2023).

2) 연령별 다문화교육 활동 사례(박재옥 · 홍길희, 2020)

(1) 만 2세 월별 활동계획안 〉 주간 활동계획안 〉 다문화교육 활동계획안

(다문화 요소 : ●문화이해 ▲다양성 ■협력 ★편견 ♥평등 ♠정체성)

주제	소주제	활동명	활동유형	누리과정/표준보육과정 주요 관련 요소	다문화 요소
어린이집이 좋아요 I	• 나는 '밝은미소반'이에요 • 엄마, 아빠와 헤어질 수 있어요 • 우리 반 선생님이에요 • 우리 반 친구들이에요	인형 안아 주기	실내 자유놀이 / 역할	예술경험 사회관계	▲
		선생님과 친구 사진에 물감을 콕콕 찍어요	실내 자유놀이 / 미술	예술경험 사회관계	▲
어린이집이 좋아요 II	• 재미있는 놀잇감이 있어요 • 내가 좋아하는 놀잇감이에요 • 편안하게 지내요 • 안전하게 놀아요	놀잇감 사진을 보고 이야기해요	실내 자유놀이 / 언어	의사소통	▲
		종이벽돌블록으로 아기침대 만들기	실내 자유놀이 / 쌓기	신체운동 예술경험	▲
봄나들이 가요	• 바깥놀이가 재미있어요 • 안전하게 바깥놀이해요 • 꽃구경은 즐거워요 • 벌레가 꿈틀꿈틀해요 • 봄나들이 가요	향기로운 봄이 왔어요	실내 자유놀이 / 감각 · 탐색	자연탐구	▲
		냄비악기 연주하기	실내 자유놀이 / 음률	예술경험 자연탐구	▲
나는요	• 나는 ○○○이에요 • 내 몸을 살펴보아요 • 나는 느껴요 • 혼자서도 잘해요	거울 보고 다양한 표정 지어 보기	실내 자유놀이 / 신체	신체운동 사회관계	▲
		내가 사는 집과 친구 사는 집을 만들어 보아요	실내 자유놀이 / 쌓기	신체운동 자연탐구	▲
재미있는 여름이에요 I	• 날씨가 더워졌어요 • 비가 많이 와요 • 깨끗하게 씻어요 • 물놀이가 재미있어요 I • 물놀이가 재미있어요 II	반짝반짝 물고기	실내 자유놀이 / 미술	자연탐구 예술경험	▲
		깨끗하게 목욕시켜요	실내 자유놀이 / 역할	예술경험 자연탐구	▲
재미있는 여름이에요 II / 나는 가족이 있어요	• 여행을 가요 I • 여행을 가요 II • 엄마가 좋아요 • 아빠가 좋아요	여행용품 짝을 찾아요	실내 자유놀이 / 감각 · 탐색	자연탐구 의사소통	▲
		노래 부르기 '닮은 곳이 있대요'	실내 자유놀이 / 음률	예술경험 신체운동	▲

주제	소주제	활동명	활동유형	누리과정/표준보육과정 주요 관련 요소	다문화 요소
나는 가족이 있어요	• 우리 가족을 흉내 내요 I • 우리 가족을 흉내 내요 II • 우리 가족을 소개해요 I • 우리 가족을 소개해요 II	립스틱 바르고 종이에 뽀뽀하기	실내 자유놀이 / 감각 · 탐색	의사소통 예술경험	▲
		사진 보며 우리 가족 소개하기	실내 자유놀이 / 언어	의사소통 사회관계	▲
알록달록 가을이에요	• 가을이에요 • 가을 나들이 • 단풍이 물들어요 • 자연물로 놀이해요 • 알록달록 색깔 나라	낙엽비가 내려요	실내 자유놀이 / 신체	신체운동 자연탐구	▲
		나무악기 연주하기	실내 자유놀이 / 음률	예술경험 신체운동	▲
동물 놀이해요	• 여러 가지 동물이 있어요 • 동물처럼 소리를 내어 보아요 • 엄마 동물 아기 동물 • 밝은미소반이 좋아하는 동물	동물 가면 쓰고 놀이하기	실내 자유놀이 / 역할	예술경험 사회관계	▲
		엄마동물 아기동물 짝짓기	실내 자유놀이 / 감각 · 탐색	사회관계 의사소통	▲
겨울과 모양을 즐겨요	• 추워요 • 따뜻하게 지내요 • 즐거운 성탄절이에요 • 여러 가지 모양이 있어요	모양얼음으로 그림 그려요	실내 자유놀이 / 미술	예술경험 자연탐구	▲
		하트 징검다리	바깥놀이	신체운동 사회관계	▲
나는 친구가 있어요 I	• 친구와 함께 모양 놀이해요 • 내 친구가 좋아요 • 친구와 함께하는 놀이가 있어요 • 우리는 5살 / 설날 • 친구와 사이좋게 지내요	모양 눈 발자국	바깥놀이	자연탐구 신체운동	▲
		내 친구 막대인형	실내 자유놀이 / 언어	의사소통 사회관계	▲
나는 친구가 있어요 II	• 형님이 되었어요 • 몸과 마음이 쑥쑥 자랐어요 • 즐거웠던 우리 반이에요 • 즐거웠던 우리 반과 헤어져요	매듭 풀기	실내 자유놀이 / 감각 · 탐색	신체운동 자연탐구	▲
		우리가 꾸민 미술관이에요	실내 자유놀이 / 미술	예술경험 의사소통	▲

|그림 8-14| 만 2세 월별 다문화교육 활동계획안

활동명 : 반짝반짝 물고기

생활주제	재미있는 여름이에요 I	대상연령	만 2세
소 주 제	날씨가 더워졌어요	활동기간	7월 1주
활동형태	자유놀이 / 미술	다문화 요소	다양성

활동목표

- 다양한 색의 셀로판지를 탐색한다.
- 손의 소근육을 사용하여 풀로 붙여 본다.

<전개>

2 셀로판지에 관심을 보이면 함께 탐색하며 상호작용을 나눈다.

- 이것이 무엇일까요?
- 알록달록 셀로판지구나.
- 만져 보면 어떤 느낌일까요?
- 무슨 색이에요?
- 바스락 바스락 소리도 나는구나.

3 물고기 모양의 색도화지에 셀로판지를 붙여 물고기를 꾸민다.

- 이 종이는 어떤 모양인가요?
- 물고기가 반짝반짝 빛나도록 여러 가지 비닐을 붙여 줄까요?
- 와! 정말 멋진 물고기네요.

<마무리>

4 완성된 물고기에 눈을 붙이거나 스티커 등을 붙여 꾸민다.

- 물고기는 어떤 색깔의 비늘을 가지고 있어요?
- 물고기를 만들어 보니 기분이 어때요?
- 재미있었나요?

확장활동

- 언어 – 물고기 끼적이기
- 감각 · 탐색 – 물고기 붙이기

활동평가

- 영아들이 셀로판지에 관심을 보였고 셀로판지의 소리와 색에 대해 흥미를 가지고 다양한 방법으로 탐색해 보는 모습을 보였음. 셀로판지를 구겨 보고 잘라 보며 셀로판지의 다양한 변화 모습을 탐색할 수 있었음. 물고기에 셀로판지를 자유롭게 붙여 보며 나만의 물고기에 관심을 가질 수 있었고, 물고기에 색연필을 사용하여 끼적이기 놀이로 소근육활동을 할 수 있었음.

[그림 8-15] 만 2세 다문화활동 계획안

CHAPTER

9

영유아 다문화교육 프로그램

오늘의 이야기

나주이화유치원, 이해와 존중을 위한 특별한 시간 "다(多)가치 다문화이해교육주간" 운영

다(多)가치 다문화이해교육주간은 학급별로 세계 여러 나라를 구성하여 각 나라의 전통음식, 의상, 음악, 놀이, 언어 등을 체험할 수 있도록 진행되었다. 이번 교육에서는 다문화가정 학부모도 함께 참여하여 "중국어 교실, 베트남 쌀국수 요리 체험" 등 유아들에게 실제적이고 생동감 있는 문화적 경험을 제공할 수 있었다. 또한 다양한 나라의 음식을 급식 메뉴로 선정하여 유아들이 미국, 중국, 일본, 프랑스, 베트남의 대표 음식을 직접 맛보며 한국의 문화뿐만 아니라 다른 나라의 문화에 대한 호기심을 높였다.

특히 이번 행사에서는 가정과 연계한 "이중언어말하기 대회"를 개최하여 부모님 나라의 언어로 자기소개하기, 노래 부르기, 숫자 세기 등을 발표하며 다문화가정 유아들이 자신의 언어 능력을 발휘하고 자신감을 키울 수 있었다.

나주이화유치원 원장 이형복은 "다(多)가치 다문화이해교육주간을 통해 아이들이 다양한 문화를 이해하고 서로의 차이를 존중하는 태도를 가질 수 있기를 바란다."며 "앞으로도 다양한 교육 프로그램 통해 글로벌 인재를 양성할 수 있도록 적극적으로 지원하겠다."고 말했다.

전남교육통 임애진 기자(2024. 11. 27). 일부 발췌.
https://www.jnedu.kr/news/articleView.html?idxno=90523

1. 영유아 다문화교육 프로그램의 이해

교육기관 내 다문화 배경을 가진 자녀들이 지속적으로 증가하면서 사회통합과 발전을 위한 다문화교육의 필요성이 강조되었다. 이에 2006년 이후 다문화 교육담론이 본격적으로 한국 사회에서 논의되면서 새롭게 재편되고 있는 국제적 환경과 질서를 이해하고 서로 다른 인종적·민족적·문화적·사회적 배경을 지닌 다양한 사람들과 더불어 살아가기 위한 다문화교육의 필요성이 제기되었고, 교육 프로그램 개발과 적용이 교육기관 안팎에서 활발히 이루어졌다(이민경·양계민, 2011). 특히 유아기는 다문화에 대한 사회적 인식을 받아들여 편견과 고정관념이 형성될 수 있는 시기라는 점에서 다문화교육이 유아기부터 실시되어야 한다(이문정, 2009; 정대현·장지영, 2009; 지성애·이은미, 2016).

1) 영유아 다문화교육 프로그램의 방향

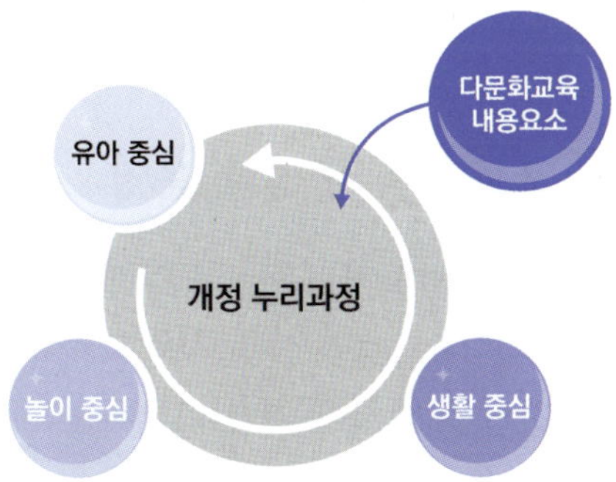

[그림 9-1] 영유아 다문화교육 방향

영유아 다문화교육 프로그램은 현행 교육과정인 개정 누리과정과 표준보육과정의 생활주제에 다문화교육 내용요소를 포함하여 일과 교육활동 속에 연계될 수 있도록 구성되어야 한다. 예를 들어, 교육과정의 주제가 '가족'이라면 다문화교육 프로그램도 주제와 연계하여 '가족'이라는 한 가지 주제로 통합하여 운영하는 것이 좋다. 이때 선정된 주제 안에 다문화적 요소인 문화, 다양성, 편견, 평등, 정체성, 협력의 요소를 포함하여 '가족'이라는 주제 안에서 '다양한 가족'이라는 소주제로 가족의 형태가 다름을 이해할 수 있도록 한다. 예를 들어, '한부모가족', '다문화가족', '조손가족', '입양가족' 등 가족의 형태는 다르지만 모두 사랑하는 가족이라는 내용으로 활동을 구성할 수 있다. 또한 개정 누리과정과 표준보육과정은 유아 중심·놀이 중심의 교육과정으로 영유아의 배움이 곧 놀이임을 명시하고 있다. 영유아들은 놀이를 통해서 자신만의 목표를 가지고 주도적으로 몰입할 수 있으므로 놀이는 교과와 흥미 영역의 경계를 넘나들면서 점차 확장되고, 학급의 영유아들은 서로 협력하여 자신들만의 독특한 놀이 세계를 구축해 간다. 이를 통해 영유아들은 자신의 노력과 성취에 대한 만족감을 느끼고 협력하는 기쁨을 만끽하며 뜨거운 우정을 경험한다(이정환·김희진, 2007). 이렇게 영유아들은 놀이를 통해 다양한 것을 경험하며 가장 잘 배울 수 있다. 그러나 놀이를 중심으로 다문화교육 프로그램을 실천하기 위해서는 교사의 다문화적인 역량이 필요하다.

교사가 이러한 역량을 갖추기 위해서는 다양한 문화를 접하고 그에 대한 관심과 이해를 높여야 한다. 나아가 다양성, 성, 인종, 장애, 연령, 가족 구성 등 편견을 보일 수 있는 여러 요소를 인식함으로써 다름을 이해하고 존중하는 태도와 실천적 능력을 키워나가야 한다.

2) 영유아 다문화교육 프로그램 구성과 운영

영유아들은 놀이를 통해 자신과 타인을 존중하는 태도를 배울 수 있다. 유아가 다양한 문화를 수용할 수 있도록 인식을 변화시키는 다문화교육은 교육과정과 연계하여 제공하는 것이 바람직하다. 이러한 점을 고려할 때 영유아를 위한 다문화교육의 출발은 영유아의 흥미를 바탕으로 일과 속에서 자유롭게 선택할 수 있는 놀이를 중심으로 이루어져야 한다. 먼저 교육과정 속에서 영유아 다문화교육이 통합되기 위해 고려되어야 할 점에 대해 살펴보면 다음과 같다(김혜숙, 2023).

첫째, 교육과정(개정 누리과정과 표준보육과정)에서의 주제에서 다문화교육의 내용을 찾아 실행할 수 있도록 구성해야 한다. 둘째, 일과 활동(대·소집단활동과 자유놀이) 중에 다문화교육이 통합될 수 있어야 한다. 셋째, 인종, 민족, 문화, 다양성 등의 다문화교육 내용요소가 포함되도록 교육내용을 통합하여 구성하여야 한다. 넷째, 다른 문화에 관한 지식과 태도를 습득할 수 있도록 구체적인 경험(실물이나 사진, 그림, 정보자료, 생활용품, 예술품 등)을 할 수 있도록 구성해야 한다. 다섯째, 영유아에게 친숙한 활동이 되도록 다양한 활용 유형으로 구성해야 한다. 여섯째, 문화는 영유아가 생활 주변에서 쉽게 경험할 수 있는 아시아 국가의 문화를 중심으로 점차 다른 문화로 확장하는 것이 적절하다. 특히 학급 내에 다문화가족 있을 경우 다문화가족 나라의 문화를 우선적으로 경험해 볼 수 있도록 한다. 일곱째, 일상생활에서 다양한 문화를 접할 수 있는 물리적 환경을 구성하고, 일과 속에서 자연스럽게 다양한 문화를 접할 수 있도록 활동을 구성해야 한다.

이러한 점을 고려하여 영유아 다문화교육의 운영방법을 제시하면 다음과 같다.

첫째, 국가 수준의 교육과정(개정 누리과정과 표준보육과정)과 연계하여 운영한다. 둘째, 영유아가 일과 속에서 자연스럽게 다양한 문화를 경험하고, 문화적 감수성을 기를 수 있도록 운영한다. 셋째, 영유아의 발달에 적합한 주제를 중심으로 교육과정의 5개 영역(신체운동 · 건강, 의사소통, 사회관계, 예술경험, 자연탐구) 속에서 다문화 요소를 포함하여 통합적으로 운영한다. 넷째, 영유아 다문화교육은 특정 주제와 영역에서의 일회성 교육이나 특별활동으로 이루어지는 것이 아니라 일과 속에서 자연스럽게 경험할 수 있도록 지속적으로 운영한다. 다섯째, 성, 신체적 특성, 종교, 가족 및 문화적 배경 등 차이에 대한 차별이 없도록 운영한다. 여섯째, 문화적 환경과 특성을 고려하여 가정과 지역사회의 협력과 참여를 바탕으로 운영한다.

2. 영유아 다문화교육 환경

1) 다문화교육 환경구성의 기본 원칙

영유아는 환경과 상호관계 속에서 역동적이고 능동적인 존재이다. 또한 영유아의 학습활동을 최대한으로 지지해 주기 위한 환경구성은 매우 중요한 과제이다. 교실은 영유아와 교사가 함께 만나는 공간으로 교실 환경은 다양한 의미를 부여하며, 특히 다문화교육을 하는 데 있어서 교실 환경이 주는 영향은 크다고 할 수 있다. 따라서 다문화교육을 위한 환경을 구성할 때는 편견적인 요소를 없애고 다양성을 고려하여 구성해야 한다. 영유아들이 생활 속에서 쉽게 접하는 교재·교구, 환경, 도서 등 다양한 환경적 자원을 통하여 여러 나라의 문화를 자연스럽게 접할 수 있도록 하는 것이 필요하다(한국보육진흥원, 2011).

영유아 다문화교육에서의 바람직한 환경구성은 교육과정 안에 통합되는 것이 우선되어야 하므로, 다른 나라의 특별한 날이나, 물건을 전시하는 것보다 영유아들의 일상생활을 반영하는 것이 더 중요하다. 자칫 다문화교육을 적용할 때 지나치게 추상적인 교육이 되거나 다른 나라에 대해 단편적인 지식만을 전달하는 교육이 될 수 있으며, 잘못할 경우 관광식 접근이 될 수 있기 때문이다(Derman-Sparks et al., 1989). 환경을 구성할 때도 각국의 특별한 행사를 소개하는 방식으로 활동을 이끌어 간다면 영유아는 이국적 차이를 단순히 즐길 뿐이며 그 안에 포함되어 있는 다양한 삶의 가치, 방식, 신념 등은 경험하기 어렵다. 그러므로 단순히 여러 나라의 문화를 소개하거나 전시하는 것에 그치지 않고 교육기관과 영유아 주변의 다문화가정과 연계하여 타문화부터 접하도록 하는 것이 우선되어야 한다. 따라서 다문화가정을 이룬 부모 나라의 문화를 우선적으로 이해할 수 있도록 가정과 연계시키고 이를 학습에서 반영할 수 있는 환경을 구성하는 것이 중요하다(교육인적자원부, 2007). 즉, 영유아들의 가정과 영유아들이 살고 있는 지역의 사회, 문화적 맥락을 고려하여 구체적이고 다양한 환경이 제공되어야 한다(최미숙 외, 2008).

2) 환경구성 시 고려할 사항

교사는 다문화교육을 위한 환경을 계획하고 구성할 때, 다문화교육에서 무엇이 우선되어야 하는지 목표를 정확하게 인식하는 것이 필요하다. 다문화교육을 위한 환경구성을 할 때 고려할 사항은 다음과 같다(한국보육진흥원, 2011; 2013).

첫째, 영유아의 발달 수준을 고려하여 환경을 구성한다. 영유아의 욕구와 흥미를 충족시킬 수 있도록 연령과 발달에 적합한 다양한 교재·교구를 비치하여 영유아들이 쉽게 문화를 경험하고 탐색할 수 있도록 구성한다. 둘째, 활동영역들이 통합될 수 있도록 환경을 구성한다. 활동이 특정한 한 영역에서만 이루어지거나 특정한 주제(세계 여러 나라 등)에 국한되어 전개되지 않고 영역 안에 통합되어 지속적으로 진행될 수 있도록 영역을 구성한다. 언어, 미술, 음률, 도서, 역할, 수, 블록 영역 등 거의 모든 영역에 자연스럽게 다문화교육을 위한 환경을 마련해 준다. 셋째, 주변 세계를 자유롭게 탐색하여 다양한 경험을 할 수 있도록 각 영역마다 충분히 자료를 마련한다. 영유아의 흥미와 욕구를 불러일으킬 수 있도록 각 흥미 영역에 다양한 문화 요소가 포함될 수 있도록 구성한다. 즉, 여러 나라의 문화에 대한 이해를 높일 수 있는 실물이나 사진, 그림, 정보자료, 생활소품, 예술품 등 다양한 교재·교구를 준비해 둔다. 넷째, 교육 자료 선정 시 다양한 삶의 모습을 제시해 줄 수 있고 고정관념이나 편견의 내용이 들어 있지 않는 교재·교구를 제공해 주도록 한다. 각 흥미 영역의 다양성을 고려한 충분한 자료를 제공해 주되 편견의 요소를 가지고 있는 자료는 없는지 살펴보아야 한다. 교육자료는 반편견과 비성차별 자료를 다양하게 준비하고, 자료 구비 시 아동 및 가족의 특성과 지역적 특성을 고려하며, 다양한 그림이나 포스터, 다양한 시각적 자료를 사용하여 실제 생활과 관련된 자료를 제공해 주어야 한다. 다섯째, 영유아가 또래 및 환경과 적극적으로 상호작용할 수 있도록 환경을 구성한다. 각 영역의 대·소집단활동이 활성화될 수 있도록 잘 정돈하여 영역별로 구분하여 구성한다. 마지막으로 영유아들의 독립심과 자발성을 촉진시킬 수 있도록 환경을 구성해야 한다. 무엇보다 교재·교구는 영유아들이 손쉽게 접할 수 있는 적합한 크기여야 하며, 성인의 도움 없이 선택하고 꺼낼 수 있도록 낮은 선반에 비치한다. 또한 정리정돈을 쉽게 할 수 있도록 다양한 소품을 둔 용기나 선반, 정리장에 국가명을 포함한 그림라벨을 붙여주어 그 나라의 문화를 이해할 수 있도록 제시하면 더욱 효과적이다.

<표 9-1>은 영유아 다문화교육을 위한 교실 환경을 점검해 볼 수 있는 다양한 놀이실 환경구성을 위한 체크리스트이다.

<표 9-1> 다양한 놀이실 환경구성을 위한 체크리스트

<table>
<tr><td rowspan="4">공간구성</td><td>• 놀이실 및 교육기관 공간이 효과적으로 구성되어 있는가?
– 놀이실 및 교육기관 공간이 다양한 목적에 따라 물리적으로 명확하게 구분되어 있는가? (조리실, 화장실, 유희실, 도서 공간 등)
– 책상, 놀이 공간 등이 영유아의 다양한 동선을 고려하여 배치되어 있는가?
– 놀이 공간이 모든 영유아의 다양한 흥미를 자극하도록 배치되어 있는가?
(예) 역할놀이 영역이 지나치게 고정관념적인 여자 영유아의 흥미 위주(분홍색, 소꿉놀이, 화장대 등)로 구성된 것은 아닌가?</td></tr>
<tr><td>• 놀이실 및 교육기관이 다양한 색으로 구성되어 있는가?
– 내가 사용하는 색이 영유아의 고정관념을 강화하지 않은가?
예 여자–분홍, 남자–파랑
– 내가 사용하는 색이 지나치게 ‘부드러움’을 강조하거나 특정 색의 사용을 지양하지는 않는가?
예 원색보다는 파스텔톤 선호, 검은색, 남색, 밤색 등 어두운 색 사용 지양 등</td></tr>
<tr><td>• 놀이실 및 교육기관이 다양한 이미지(그림 및 사진)를 포함하고 있는가?
– 내가 사용하는 그림, 사진이 고정관념을 강화하지는 않는가?
예 타민족 묘사 시 전통의상을 입고 있는 그림만을 사용
– 내가 사용하는 그림, 사진이 다양한 사회의 모습을 반영하고 있는가?
예 다양한 가족형태(한부모가정, 다문화가정, 동성부모 가정, 반려견이 있는 가정 등), 인종, 직업 등</td></tr>
<tr><td>• 놀이실 및 교육기관에 영유아의 모습이 충분히 반영되어 있는가?
– 영유아와 보호자의 사진이 전시되어 있는가?
– 영유아의 작품이 전시되어 있는가?
– 영유아의 활동사진이 전시되어 있는가?</td></tr>
<tr><td>교재 · 교구,
놀잇감</td><td>• 놀이실에 비치된 교재 · 교구, 놀잇감이 영유아의 다양한 사고를 촉진하는가?
– 놀이실에 비치된 교재 · 교구, 놀잇감의 종류가 다양한가?
– 놀이실에 비치된 교재 · 교구, 놀잇감이 다양하고 창의적인 방법으로 사용될 수 있는가?
– 놀이실에 비치된 교재 · 교구, 놀잇감이 다양한 흥미 및 발달 영역을 자극하는가?
예 대 · 소근육 사용 촉진</td></tr>
</table>

<table>
<tr><td></td><td>• 놀이실에 비치된 교재·교구, 놀잇감이 다양한 사회의 모습을 반영하고 있는가?
– 교재·교구, 놀잇감이 다양한 사람들의 모습을 반영하고 있는가?
예 다양한 인종, 민족, 직업, 가족형태, 나이, 장애, 옷차림, 생활방식 등을 반영한 인형, 교재 등
– 놀이실에 비치된 교재·교구, 놀잇감이 다양한 성역할을 반영하고 있는가?
예 요리하는 아빠, 경찰 엄마
– 놀이실에 비치된 교재·교구, 놀잇감이 편견이나 고정관념을 강화하지는 않는가?</td></tr>
<tr><td rowspan="3">도서</td><td>• 책의 내용이 영유아에게 적합한가?
– 영유아에게 적합한 단어나 문장이 사용되었는가?
– 영유아의 흥미를 자극하는 다양한 그림체와 색이 쓰였는가?
– 책의 줄거리가 잘못된 감정이나 행동을 부추기지는 않는가?
예 ‘좋아하면 괴롭혀도 된다’ 혹은 ‘사랑하면 참아야 한다’ 등과 같은 그릇된 메시지 전달</td></tr>
<tr><td>• 책의 내용이 다양한 편견이나 고정관념을 강화하지는 않는가?
– 등장인물이 인종, 민족, 문화, 성 고정관념을 강화하지는 않는가?
예 〈미운 아기 오리〉처럼 ‘못생긴’ 역할은 검은색, ‘예쁜’ 역할은 흰색으로 묘사 등
– 등장인물이 다양한 사회 구성원의 모습을 반영하고 있는가?
– 책의 줄거리가 인종, 민족, 문화, 성 고정관념을 강화하지는 않는가?
예 사회적 소수자가 측은지심을 유발하는 대상으로만 묘사</td></tr>
<tr><td>• 책의 줄거리가 차별이나 편견에 대항하는 내용을 담고 있는가?
– 영유아가 사회적 소수자에 대한 편견이나 고정관념을 깨뜨릴 수 있는 내용을 담고 있는가?
– 사회적 소수자에 해당하는 등장인물이 주체적이고 능동적인 인물로 묘사되어 있는가?</td></tr>
</table>

출처 : 김혜영·이수진(2021). 모두를 나답게 키우는 어린이집 속 다문화.

3) 영역별 환경구성 및 활동 예시

교실 환경은 영유아가 배우고, 탐색하고, 상호작용하는 공간으로 효과적인 프로그램을 실행하기 위해 필수적인 요소이며, 영유아가 프로그램에 참여하기에 앞서 처음 접하게 되는 교수 자료이자 결과물이라고 할 수 있다. 다양한 문화적 요소가 포함된 교실 환경은 영유아들이 자연스럽게 다문화를 경험하도록 돕는다. 또한 적절한 다문화적 교실 환경구성은 영유아 스스로 자료를 통한 다양한 확장활동을 참고하거나 지원하는 자료로도 중요하다(조경자 외, 2017). 특히 교실의 다양한 놀이영역별로 다문화적 요소를 포함하여 환경구성을 하는 것은 영유아가 다양한 문화를 균형 있게 경험하고, 보다 자연스럽게 다문화적 요소를 경험할 수 있다. 영유아 다문화교육을 위한 영역별 환경구성을 살펴보면 다음과 같다(김혜숙, 2023; 민성혜 외, 2011).

(1) 역할 영역

역할 영역에서는 영유아가 역할놀이를 통해 가족의 역할, 다양한 직업의 기능, 다양한 인종을 경험하며 자신의 생각이나 느낌을 재구성해 본다. 예를 들어, 아빠나 엄마의 역할을 해보거나 의사나 소방관이 되어보기도 하고 다양한 나라의 사람들 모습을 꾸미며 역할을 해볼 수 있다.

- 여러 나라의 다양한 형태의 집 모형
- 다양한 민족을 상징하는 인형
- 세계 각국의 전통의상 및 신발, 모자, 장신구
- 여러 나라의 전통음식 모형
- 각 나라의 특징을 나타낸 그림 자료 및 사진

|그림 9-2| 역할 영역의 다문화교육 환경구성 및 활동의 예

출처 : 김혜숙(2023).

(2) 언어 영역

언어 영역에서는 영유가 언어를 사용하여 자신의 감정이나 생각을 표현하거나 다양한 사회문화를 경험할 수 있는 기회를 가질 수 있다. 언어 영역은 영유아들이 방해받지 않고 안정된 분위기에서 놀이할 수 있도록 구성한다. 또한 교사는 다문화적 관점을 포함하는 다양한 교수자료를 제공하여 영유아들이 읽고, 쓰고, 말하고, 듣는 활동을 자유롭게 할 수 있도록 준비한다. 예를 들어, 다른 나라의 문자를 접할 수 있도록 벽면에 단어를 전시해 주어 우리나라의 글자와 다르지만 다른 나라도 나름의 언어가 있음을 알게 해 줄 수 있다.

- 세계 여러 나라의 그림책, 동화, 그림엽서, 잡지, 신문, 화폐
- 여러 나라 언어 글자 카드
- 여러 나라 속담, 인종, 관습, 생활 장면을 이해할 수 있는 그림이나 사진
- 여러 나라를 상징하는 다양한 인형
- 다양한 종류의 쓰기자료 및 도구

[그림 9-3] 언어 영역의 다문화교육 환경구성 및 활동의 예

출처 : 민성혜 외(2011).

(3) 음률 영역

음률 영역에서는 영유아가 다양한 악기를 다뤄보고 여러 장르의 음악에 맞추어 춤을 추거나 즐길 수 있는 영역으로 신체를 이용하여 주변의 다양한 모양이나 형태, 움직임, 자신의 생각과 느낌을 율동으로 표현할 수 있다. 음률 영역은 민족과 관습, 전통, 종교 등의 다문화적 요소와 음악적 요소를 모두 고려하는 것이 특히 중요하다. 예를 들어, 다른 나라의 음악을 감상할 수 있도록 악기 사진이나 연주 사진, 그림이 있는 노래 가사, 그림악보, 음악포스터 등 넓은 공간과 안정된 분위기를 조성해 준다.

- 여러 나라의 전래동요, 민요, 고전음악, 왈츠, 종교음악
- 다양한 장르의 음악자료, CD류, 동영상 자료
- 여러 나라의 전통악기
- 다양한 문화의 손유희, 노래, 게임
- 다양한 소리의 악기
- 여러 나라의 민족의상과 축제의상
- 세계 여러 나라의 악기 사진이나 그림, 음악 관련 책

|그림 9-4| 음률 영역의 다문화교육 환경구성 및 활동의 예

출처 : 김혜숙(2023).

(4) 미술 영역

미술 영역은 영유아들이 미술활동을 통해 우리 문화에 대한 정체성을 가지고 다양한 문화를 인정하고 존중하며 사회적 계층에 대해 개방적이고 이해적인 태도를 가질 수 있도록 다양한 미술품과 문화 유물을 감상하고, 표현해 볼 수 있는 환경이 제공되어야 한다. 예를 들어, 다양한 나라의 미술품이나 예술품을 감상할 수 있도록 전시해 주거나 다문화와 관련된 다양한 재료를 제공해 주어 영유아들이 자유롭게 선택하여 마음껏 표현할 수 있도록 준비해 준다.

- 여러 가지 색의 물감, 붓, 크레파스 등의 그리기 재료와 점토
- 다른 나라의 신문, 잡지, 폐품 등의 만들기 자료
- 여러 나라의 명화
- 여러 나라의 종이접기 책, 그림책
- 피부색이나 머리카락색이 다른 여러 사람의 사진 등
- 전통예술품 등의 감상을 위한 자료

|그림 9-5| 미술 영역의 다문화교육 환경구성 및 활동의 예

출처 : 김혜숙(2023).

(5) 쌓기 영역

쌓기 영역은 영유아가 창의적으로 구조물을 만들고, 문제를 해결하며, 사회적 상호작용을 경험하는 공간으로 다문화적 요소를 포함하여 더욱 풍부한 경험을 제공한다. 쌓기 영역에는 다양한 구성과 만들기를 위해 구성 시 참고할 수 있는 다양한 사진자료, 그림자료를 게시하여 주고, 영유아들 스스로 만든 구성물을 일정 시간 전시해 주어 다른 영유아들도 친구의 작품을 감상할 수 있도록 한다.

- 다양한 형태와 질감의 블록
- 세계 여러 나라의 건출물 모형
- 세계 여러 나라 건축물 사진 및 그림자료
- 건축 관련 그림책
- 다양한 인종과 전통 의상을 입은 인형
- 다양한 문화적 요소가 반영된 소품(각 나라의 작은 가구 모형)

[그림 9-6] 쌓기 영역의 다문화교육 환경구성 및 활동의 예

출처 : 김혜숙(2023).

(6) 수 · 조작 영역

수 · 조작 영역은 탐색과 실험을 통해 논리적 사고력과 문제해결력을 키우는 공간으로 다양한 문화적 요소가 반영된 교구와 활동을 제공하면 영유아들은 놀이 속에서 자연스럽게 세계 여러 나라의 숫자 개념, 전통 놀이, 생활 도구 등을 경험하고 문화적 다양성을 존중하는 태도를 기를 수 있다. 예를 들어, 나라마다 사용하는 숫자 체계(아라비아 숫자, 로마 숫자, 한자 숫자 등)가 있음을 알고 다양한 숫자와 기호를 탐색할 기회를 제공할 수 있다. 또한 다른 나라와 관련된 퍼즐이나 다양한 교구를 이용해 다른 나라의 문화를 접할 수 있게 할 수 있다.

- 세계 여러 나라 관련 퍼즐(국기, 지도, 의상 등)
- 세계 여러 나라의 화폐
- 세계 여러 나라의 게임
- 다양한 숫자 카드

|그림 9-7| 수 · 조작 영역의 다문화교육 환경구성 및 활동의 예

출처 : 김혜숙(2023).

(7) 과학 영역

과학 영역은 영유아들이 탐구하고 실험하며, 논리적 사고와 문제해결력을 기르는 공간으로 세계 여러 나라의 자연환경, 기후, 발명품 등을 반영한 환경을 구성하면 영유아들은 다양한 문화 속에서의 과학적 개념을 이해하고 다양한 사고방식을 존중하는 태도를 형성할 수 있다. 각 나라의 기후, 동식물, 자연현상 등을 탐색하기 위하여 과학 영역을 다문화적으로 구성하면 영유아들은 자연스럽게 세계의 다양한 과학적 접근방식과 생활 속 지혜를 경험할 수 있다. 눈금자, 거울, 자석, 돋보기, 프리즘 등의 측정도구, 바퀴와 부속품 등과 생물 관련 자료인 꽃, 야채, 나뭇잎, 열매, 씨앗, 나뭇가지, 기르는 동물과 그것의 먹이, 여러 나라의 다양한 동물 관련 자료 등 생활주제와 유아의 흥미를 고려한 자료와 실물자료를 제공한다.

- 세계지도 및 지구본
- 기후별 동식물 카드
- 세계 여러 나라의 계절 변화 사진 자료
- 자석, 돋보기, 측정도구 등
- 꽃, 야채, 나뭇잎, 열매, 나뭇가지, 기르는 동물과 그것의 먹이 등

|그림 9-8| 과학 영역의 다문화교육 환경구성 및 활동의 예

출처 : 김혜숙(2023).

<표 9-2> 영유아 발달에 적합한 다문화교육 자료

연 령	발달적 특징	교육자료
0~1세	• 주변 사람들의 유사점, 차이점 인식 • 피부색 구별	• 다양한 민족 문화가 반영된 구체적인 인형
1~2세	• 피부색을 언어로 표현 가능함	• 다양한 피부색을 표현할 수 있는 미술활동 자료 • 다양한 나라의 자동차
3~4세	• 자신과 타인의 신체 특징에 호기심 • 타인의 성, 피부, 신체구조에 관심 • 다른 사람의 특이한 문화행동 인식	• 인종, 신체, 차이를 보여주는 퍼즐, 그림책 • 다양한 민족과 문화가 반영된 구체적인 인형 • 다양한 나라의 자동차 • 다양한 성, 인종, 신체적 차이가 제시된 그림 • 다양한 인종의 여러 가지 머리모양 그림이나 사진 • 여러 인종과 다양한 성 역할에 관한 그림퍼즐
4~5세	• 자신과 가족의 문화적 정체성 인식 • 성, 연령, 사회계층, 지역, 종교, 능력, 국가 간의 차이점, 유사점에 관심 • 타인의 정체성, 생활방식, 가치관이 있음을 이해하기 시작 • 다른 사람을 놀리거나 거부하는 것이 감정을 해치는 것임을 이해함 • 다른 사람과 다른 문화에 대해 호기심을 갖고 질문함 • 생활 차이에 따른 문제해결 방법을 찾을 수 있음	• 다양한 가족구성원 관련 자료 • 여러 가지 공예품이나 작품의 복사본 • 여러 역할을 경험할 수 있는 역할 놀이 소품 • 다양한 국가의 상징 • 지구본, 지도 • 여러 역할을 경험할 수 있는 소품 • 여러 인종 집단의 종교, 음식, 의사, 가정생활에 관련된 자료

3. 영유아 다문화교육 프로그램의 실제

영유아기는 다문화에 대한 사회적 인식을 받아들이고 편견과 고정관념이 형성될 수 있는 시기로 다문화교육이 영유아기부터 실시되어야 한다는 주장에 따라 영유아를 대상으로 하는 다양한 다문화교육 프로그램들이 개발되었다(이은미, 2017). 영유아 다문화교육 프로그램은 교육기관에서 모든 영유아를 대상으로 이루어지는 다문화교육 프로그램, 다문화가족 영유아에 초점을 둔 다문화가족 영유아 지원 프로그램, 가정과 지역 연계를 고려한 영유아 다문화교육 프로그램으로 구분할 수 있다.

1) 모든 영유아를 위한 다문화교육 프로그램

다문화사회에서 유아교육의 지향점은 서로 다른 문화적 배경을 가진 유아들이 서로의 특성이나 가치를 인정하고 존중하면서 그 사회가 가지고 있는 나름대로의 공동의 목표를 달성할 수 있도록 또래 집단 속에서 서로 상호교류하고 의사소통하는 것이다(Morrison, 1998). 즉, 다른 문화를 하나의 문화로 인정하고 이를 또래 집단 속에서 놀이나 활동을 통해 다른 문화를 이해하도록 하는 것이다. 더 나아가 다문화교육이란 다양한 사회적·문화적 배경을 지닌 영유아들이 평등한 교육의 기회를 가질 수 있도록 하는 교육과정의 변화를 추구하는 노력이며, 나아가 인종과 문화의 다양성을 인정하고 확장하며, 사회의 편견이나 고정관념에 대처할 수 있는 능력을 길러주는 교육이라고 할 수 있다(하숙현, 2000).

성공적인 다문화교육을 위해서는 교사의 역할이 중요하다. 유아교사는 서로 다른 문화를 가진 영유아 개개인을 가치로운 존재로 인식하고 영유아들이 이를 학습할 수 있도록 교육의 내용을 구성할 필요가 있으며, 또한 또래 집단 속에서 서로 다른 문화가치를 인식할 수 있는 하나의 지대(zone)를 창출하고 이를 영유아들이 인식할 수 있도록 해야 한다(Bright, 1996). 따라서 영유아 다문화교육은 영유아기 때부터 비다문화 및 다문화가정 영유아들을 대상으로 다문화 통합교육이 이루어져야 한다. 이를 착안하여 개발한 '다문화보육 프로그램'을 살펴보면서 영유아 다문화교육의 실제적인 적용방법에 대해 이해하고자 한다.

(1) 다문화보육 프로그램

다문화보육 프로그램은 문화가정 유아와 비다문화가정 유아를 같은 공간에서 같은 보육과정에 의해 보육서비스를 제공한다. 나아가 모든 영유아가 동일한 가치를 인정받으며 동등한 선택의 자유를 누릴 수 있다는 것을 의미한다(한국보육진흥원, 2013). 다문화보육 프로그램은 누리과정과 연계한 다문화보육 프로그램, 생활주제와 연계한 체험활동을 통한 다문화보육 프로그램, 다문화 그림책을 활용한 다문화보육 프로그램 등으로 구분할 수 있다(김혜금 외, 2019).

① 누리과정(표준보육과정)과 연계한 다문화보육 프로그램

누리과정과 연계한 다문화보육 프로그램은 누리과정(표준보육과정)의 신체운동 · 건강 영역, 의사소통 영역, 사회관계 영역, 예술경험 영역, 자연탐구 영역 등의 내용을 반영하여야 한다.

- 다문화보육 활동의 목표 설정 시 누리과정(표준보육과정)의 관련 영역을 제시하여 다문화보육 활동을 누리과정(표준보육과정)에 기초하여 구성한다.
- 다문화보육 활동의 내용은 다문화보육의 핵심 요소를 반영할 수 있어야 한다. 즉, 다문화보육 활동을 계획할 때 문화이해, 다양성, 협력, 반편견, 정체성, 평등성 등의 핵심 요소를 반영하여 다문화보육 프로그램이 지향하는 전체적인 목적을 달성할 수 있도록 해야 한다.

② 체험활동과 연계한 다문화보육 프로그램

다른 나라의 언어, 문화, 음식 등을 체험해 보는 다문화보육 활동을 계획할 수 있다.

- 다문화 체험활동 또는 어린이집 보육계획안의 대주제(생활주제), 소주제와 연계하여 계획해야 한다.
- 다문화보육 활동은 기본적으로 다문화 핵심 요소를 포함하여 구성되어야 하는데, 다문화 핵심 요소로는 문화이해, 다양성, 반편견, 협력, 정체성, 평등성 등을 들 수 있다.
- 대주제(생활주제)별 체험활동과 연계한 다문화보육 프로그램 예시 자료는 <표 9-3>과 같다.

<표 9-3> 생활주제와 연계한 체험활동 내용 예시

<table>
<tr><th>생활주제</th><th>체험활동 내용</th><th>다문화보육 요소</th></tr>
<tr><td rowspan="2">유치원과 친구</td><td>다문화 친구 나라 옷 입어보기</td><td rowspan="2">다양성, 반편견, 문화이해</td></tr>
<tr><td>'다른 나라에서 온 친구' 역할놀이</td></tr>
<tr><td rowspan="2">나와 가족</td><td>가족 초대의 날</td><td rowspan="2">정체성, 반편견, 다양성</td></tr>
<tr><td>가훈 만들기</td></tr>
<tr><td>우리 동네</td><td>우리 동네 사람들의 직업 체험 활동</td><td>다양성, 반편견, 문화이해</td></tr>
<tr><td rowspan="3">봄 · 여름 · 가을 · 겨울</td><td>꽃씨 심기</td><td rowspan="3">평등성, 다양성, 문화이해, 반편견, 협력</td></tr>
<tr><td>세계 여러 나라 꽃 구경</td></tr>
<tr><td>다문화가정 학부모를 활용한 산타 행사</td></tr>
<tr><td>교통기관</td><td>지하철, 기차 체험활동</td><td>문화이해, 다양성</td></tr>
<tr><td rowspan="4">우리나라</td><td>문화유적 체험활동(박물관, 공원 등)</td><td rowspan="4">정체성, 문화이해</td></tr>
<tr><td>지역축제 참여</td></tr>
<tr><td>한국문화 체험(천연염색, 도자기 만들기 등)</td></tr>
<tr><td>탈춤 체험</td></tr>
<tr><td rowspan="5">세계 여러 나라</td><td>세계 여러 나라 생활용품 · 놀잇감 만들기 활동</td><td rowspan="5">문화이해, 다양성, 정체성, 반편견, 협력</td></tr>
<tr><td>다문화 독서 골든벨</td></tr>
<tr><td>세계 여러 나라 동요 대회</td></tr>
<tr><td>세계 여러 나라 춤 페스티벌</td></tr>
<tr><td>다양한 민속놀이 한마당</td></tr>
</table>

출처 : 교육부 · 국가평생교육원 · 중앙다문화교육센터(2018). 다문화 유치원 운영 도움 자료.

③ 다문화 그림책을 활용한 다문화보육 프로그램

다문화 그림책을 활용한 다문화보육 프로그램은 유아에게 언어 및 정서를 포함한 다양한 문화에 대한 관점 수용과 폭넓은 사회적 경험을 가능하게 한다.

- 교사는 어린이집의 보육계획안의 대주제(생활주제)와 소주제와 관련된 다문화 그림책을 선정하여 동화 감상이나 언어 영역에서의 다문화보육 활동을 실시할 수 있다.

- 다문화 그림책뿐 아니라 다문화 동시 등 다양한 교수자료가 개발되어 있으므로 이를 활용하여 다문화보육 활동에 적용할 수 있다.

(2) 다문화보육 프로그램 편성

다문화보육 프로그램 편성은 이전에 다문화보육 프로그램을 운영한 경우와 처음으로 다문화보육 프로그램을 운영하고자 하는 두 가지 경우로 구분할 수 있다.

- 다문화보육 프로그램을 이전에 운영했다면 이전 다문화보육 프로그램에 대한 평가를 통해 장단점을 분석하고 부족한 부분을 보완하여 편성한다.
- 처음으로 다문화보육 프로그램을 운영하고자 한다면 누리과정을 토대로 연간보육계획안의 생활주제(대주제)와 연계하여 다문화보육 활동을 편성한다.
- 다문화보육 활동에 다문화 체험활동을 포함할 수 있으나 체험 위주나 일회성 행사 위주의 다문화보육 프로그램은 지양한다.
- 나라별 의상, 국기, 국화, 요리를 알아보고 체험해 보는 활동은 피상적으로 다른 문화를 접하게 하는 활동으로 다른 문화에 대한 고정관념을 전달하는 오류를 범할 수 있다는 점을 주의한다.
- 다문화보육 프로그램은 어린이집의 연간계획안의 생활주제(대주제), 소주제와 연계성을 가지고 진행되어야 하며 지속적으로 실시한다.
- 결과중심적인 교육이 아닌 과정중심적인 프로그램으로 단편적인 소재나 활동보다는 생활주제(대주제)와 연계하여 통합적으로 운영될 수 있도록 편성한다.

① 다문화 연간보육계획안 수립

다문화보육 프로그램을 운영할 때 연간보육계획안은 일반적으로 어린이집에서 작성하는 대로 계획한다.

- 연간보육계획안에 다문화보육 활동을 소주제별로 몇 개 실시할 것인지, 그리고 다문화보육 요소 중 어느 것을 강조할 것인지 정한다. 예를 들어, 만 3세는 소주제별로 1개, 만 4세는 소주제별로 1~2개, 만 5세는 소주제별로 2~3개의 다문화보육 활동을 편성할 수 있다.

- 다문화의 요소는 다문화보육 활동의 내용에 따라 달라질 수 있으나 다양성, 평등성, 반편견, 정체성, 협력, 문화이해 등이 포함되어야 한다.
- 다문화보육 활동은 개별활동과 대・소집단활동 모두에 골고루 배치하고 활동 유형을 다양하게 적용하는 것이 바람직하다. 예를 들어, 소주제별로 1개의 다문화보육 활동을 계획하고 개별활동(음률, 역할)과 대・소집단활동(동화 감상, 이야기 나누기)으로 활동 유형을 골고루 배치한다.
- 역할 영역에서의 극놀이나 이야기 나누기, 언어 영역의 그림책 보기 등으로만 편중되는 것은 바람직하지 않다.

<표 9-4> 다문화보육을 위한 만 2세 연간계획안 예시

주제	소주제	다문화보육 활동명	활동 유형	표준보육과정 주요 관련 요소	다문화 요소
어린이집이 좋아요	우리반 선생님과 친구들이에요	○○이 어디 있니?	음률	예술경험 사회관계	디양성, 문화이해
	재미있는 놀잇감이 있어요	인형을 크기 순서대로 놓아보아요	감각・탐색	자연탐구 의사소통	다양성, 반편견
	편안하게 지내요	자장가를 들으며 자요	일상생활	기본생활 예술경험	다양성, 문화이해

<표 9-5> 다문화보육을 위한 만 3세 연간계획안 예시

주제	소주제	다문화보육 활동명	활동 유형	표준보육과정 주요 관련 요소	다문화 요소
어린이집이 좋아요	어린이집의 환경	모모가 처음 유치원에 간 날	동화	의사소통 사회관계	다양성, 문화이해
	어린이집에서의 하루	음률영역 악기를 탐색해요	음률	예술경험 자연탐구	다양성, 정체성
	어린이집에서 만난 친구	생일상을 만들어요	역할	사회관계 의사소통	다양성. 반편견
	함께 만드는 어린이집	규칙을 지켜요	이야기나누기	의사소통 신체운동・건강	문화이해, 협력

출처 : 김혜금 외(2019). 다문화보육 컨설팅 매뉴얼.

② 다문화 주간보육계획안 수립

연간보육계획안에 다문화보육 활동으로 제시했던 활동명을 주간보육계획안에 포함한다.

다음 예시는 3월 1주 주간보육계획안에 다문화보육 활동인 동화 감상 활동을 포함하여 제시하였다.

<표 9-6> 만 2세 다문화보육을 위한 주간보육계획안 예시

<table>
<tr><th colspan="2">주제</th><td colspan="2">나는 가족이 있어요</td><th>소주제</th><td colspan="2">우리 가족을 소개해요</td><th>대상</th><td>만 2세</td></tr>
<tr><th colspan="2">구분</th><th>월</th><th>화</th><th colspan="2">수</th><th>목</th><th colspan="1">금</th><th>토</th></tr>
<tr><th colspan="2">등원 및 맞이하기</th><td colspan="7">가족과 인사하며 헤어지기</td></tr>
<tr><th colspan="2">기본생활 및 안전</th><td colspan="7">선생님과 가족이 주는 약만 먹어요</td></tr>
<tr><th rowspan="3">일상생활</th><th>점심 및 간식</th><td colspan="7">식사 전 “잘 먹겠습니다”, 식사 후 “잘 먹었습니다” 인사하기</td></tr>
<tr><th>낮잠</th><td colspan="7">자장가를 들으며 자요(다문화)</td></tr>
<tr><th>기저귀갈이/배변활동</th><td colspan="7">‘쉬, 응가하고 싶어요’ 배변의사를 표현하기</td></tr>
<tr><th rowspan="6">실내자유놀이</th><th>신체</th><td colspan="7">줄 밑으로 지나가요</td></tr>
<tr><th>언어</th><td colspan="7">사진 보며 우리 가족 소개하기</td></tr>
<tr><th>감각/탐색</th><td colspan="7">우리 가족 퍼즐 맞추기</td></tr>
<tr><th>역할/쌓기</th><td colspan="7">다양한 모습의 아기 인형 돌보기</td></tr>
<tr><th>미술</th><td colspan="7">미끌미끌 로션 그림</td></tr>
<tr><th>음률</th><td colspan="7">닮은 곳이 있대요</td></tr>
<tr><th colspan="2">실외놀이</th><td colspan="3">우리집에 왜 왔니?</td><td colspan="4">공사놀이해요</td></tr>
<tr><th colspan="2">점심 및 낮잠</th><td colspan="7">즐거운 마음으로 식사에 참여해 보기</td></tr>
<tr><th colspan="2">귀가 및 가정과의 연계</th><td colspan="7">가족을 반갑게 맞이하며 안아주기
가정과의 연계 - 가족과 ‘가족 사진’ 함께 꾸미기</td></tr>
<tr><th colspan="2">비고</th><td colspan="7">다문화보육 활동인 ‘자장가를 들으며 자요’는 다른 나라의 자장가나 다문화가정 어머니가 불러주는 자장가로 대체할 수 있다. 영아이므로 다른 나라의 명칭이나 작곡가의 이름, 생김새를 알려 줄 필요는 없으며 다양한 자장가를 접하게 하는 데 의미를 둔다. 다문화가정 어머니가 들려주는 엄마 나라의 전래 자장가를 영아들에게 들려주는 것은 다른 나라의 자장가를 접할 수 있는 기회가 되고 다문화가정 영아의 경우에는 친숙한 엄마 목소리이기에 낮잠을 자는 데 도움이 될 수 있다.</td></tr>
</table>

출처 : 보건복지부(2013). 3세 누리과정에 기초한 어린이집 프로그램 1.

<표 9-7> 만 3세 다문화보육을 위한 주간보육계획안 예시

<table>
<tr><th colspan="2">주제</th><td colspan="2">어린이집과 친구</td><th>소주제</th><td>어린이집의 환경</td><th>대상</th><td>만 3세</td></tr>
<tr><th colspan="2">구분</th><th>월</th><th>화</th><th>수</th><th>목</th><th>금</th><th>토</th></tr>
<tr><th colspan="2">기본생활</th><td colspan="6">신발 벗어 제자리에 넣기</td></tr>
<tr><th colspan="2">등원</th><td colspan="6">선생님과 인사하기</td></tr>
<tr><th rowspan="6">오전 자유 선택 활동</th><th>쌓기놀이 영역</th><td colspan="2">블록으로 만든 차를 차고 어린이집에 가요</td><td colspan="4">쌓기놀이 영역의 약속을 지켜요!</td></tr>
<tr><th>역할놀이 영역</th><td colspan="3">딩동! 누구십니까?</td><td colspan="3">밀가루 반죽을 주물러요</td></tr>
<tr><th>미술 영역</th><td colspan="3">우리는 ○○반 친구</td><td colspan="3">다양한 놀잇감 찍기</td></tr>
<tr><th>언어 영역</th><td colspan="2">손인형으로 말하며 인사해요</td><td colspan="2">교실 물건 수수께끼</td><td colspan="2">반가워요</td></tr>
<tr><th>수소작/과학 영역</th><td colspan="3">조작 : 교실 안에는, 교실 밖에는</td><td colspan="3">수 : 영역과 놀잇감 짝짓기</td></tr>
<tr><th>음률 영역</th><td colspan="3">음률 영역 : 악기 탐색하기</td><td colspan="3">여러 가지 악기로 소리내요</td></tr>
<tr><th colspan="2">대 · 소집단활동</th><td>음악 : 안녕 노래로 인사해요</td><td>동화 : 모모가 처음 유치원에 간 날</td><td>이야기 나누기 : 화장실에 가고 싶어요</td><td>게임 : 놀잇감의 위치를 알아요</td><td>이야기 나누기 : 도움이 필요할 때는?</td><td></td></tr>
<tr><th colspan="2">실외활동</th><td colspan="6">폴짝 폴짝 쑥! 쑥!</td></tr>
<tr><th colspan="2">점심 및 낮잠</th><td colspan="3">즐거운 마음으로 식사에 참여해 보기</td><td colspan="3"></td></tr>
<tr><th colspan="2">오후자유선택활동</th><td>선 따라 걷기</td><td colspan="2">종이 연주회</td><td colspan="3">놀이터에서 주워온 물건 확대경으로 관찰하기</td></tr>
<tr><th colspan="2">귀가 및 가정과의 연계</th><td colspan="6">개인 소지품 확인하기</td></tr>
<tr><th colspan="2">비고</th><td colspan="4">다문화보육 활동인 '모모가 처음 유치원에 간 날'은 누구나 새로운 장소에 가면 불안하고 두려워한다는 것을 유아들이 자연스럽게 인식하는 데 초점을 둔다. 나와 다른 피부색을 지닌 유아에게 관심을 가지고 또래의 외모나 유치원은 다르지만(다양성, 문화이해) 유치원을 처음 가는 다른 인종이나 민족에 해당하는 또래가 느끼는 감정이나 경험이 유사함을 느끼는 데 도움을 줄 수 있다.</td><td colspan="2">〈참고도서〉

</td></tr>
</table>

출처 : 김혜금 외(2019). 다문화보육 컨설팅 매뉴얼.

③ 다문화보육 활동계획안 수립

다문화보육 활동계획안도 다른 활동계획안을 작성하는 방법과 같다.

- 다문화보육 활동은 다문화 요소를 포함하여 다문화가정 유아와 비다문화가정 유아가 인종, 민족, 외모, 사회적 계층 등 외관상의 모습은 다를 수 있으나 인간으로서 느끼는 감정이나 생각은 유사하다는 것을 알게 한다.
- 대주제, 소주제와 활동명이 연계되는지 살펴보고 활동명이 내용을 떠오를 수 있을 정도로 명확한 것이 좋다.
- 활동 유형과 다문화요소를 기술하고 목표를 설정한다. 목표는 구체적인 행동용어로 기술하고 누리과정 관련 요소를 제시한다.
- 활동자료를 자세히 기술하고 활동방법은 도입, 전개, 종결 형태로 기술하되 교사의 발문이 포함하도록 한다.

<표 9-8> 만 2세 다문화보육 활동계획안 예시

<table>
<tr><th>주제</th><td>어린이집이 좋아요</td><th>소주제</th><td colspan="2">편안하게 지내요</td><th>대상</th><td>만 2세</td></tr>
<tr><th>활동명</th><td colspan="3">자장가를 들으며 자요</td><th colspan="2">다문화 교육요소</th><td colspan="2">다양성, 문화이해</td></tr>
<tr><th>목표
(표준보육과정 관련요소)</th><td colspan="7">• 자장가 노래에 관심을 가진다.
예술경험>예술 감상하기>아름다움 경험하기>일상생활에서 반복되는 소리와 노래에 관심을 가진다.
• 자장가를 들으며 잔다.
기본생활>건강하게 생활하기>건강한 일상생활하기>일과에 따라 규칙적으로 잠을 잔다.</td></tr>
<tr><th colspan="6">활동방법</th><th colspan="2">자료 및 유의점</th></tr>
<tr><td colspan="6">1. 낮잠 시간에 맞춰 커튼을 치고 아늑한 분위기에서 잠을 잘 준비를 한다.
- 벌써 낮잠 시간이 되었네?
- 이제 잠잘 시간이에요.</td><td colspan="2">모차르트의 자장가 음원</td></tr>
<tr><td colspan="6">2. 모자르트의 자장가 노래를 듣는다.
- 잘 자라 우리 아가 앞뜰과 뒷동산에~
- 새들도 아가양도 다들 자는데~
- 달님은 영창으로 은구슬 금구슬 보내는 이 한 밤
- 잘 자라 우리 아가 잘 자거라</td><td colspan="2"></td></tr>
<tr><td colspan="6">3. 자장가를 들으면서 잠을 잔다.
- 코- 자자~
- 아유 ○○의 눈이 감기는구나.</td><td colspan="2"></td></tr>
</table>

<표 9-9> 만 3세 다문화보육 활동계획안 예시

<table>
<tr><th>주제</th><td>어린이집과 친구</td><th>소주제</th><td>어린이집의 환경</td><th>대상</th><td>만 3세</td></tr>
<tr><th>활동명</th><td colspan="2">모모가 처음 유치원에 간 날</td><th>다문화 교육요소</th><td colspan="2">다양성</td></tr>
<tr><th>목표
(누리과정
관련요소)</th><td colspan="5">• 동화를 집중해서 듣는다.
의사소통>듣기>동요, 동시, 동화 듣고 이해하기>동요, 동시, 동화를 다양한 방법으로 듣고 즐긴다.
• 동화를 듣고 난 느낌을 말한다.
의사소통>말하기>느낌, 생각, 경험 말하기>자신의 느낌, 경험을 말한다.</td></tr>
<tr><th>절차</th><th colspan="3">교수학습활동</th><th colspan="2">자료 및 유의점</th></tr>
<tr><th>도입</th><td colspan="3">• 동화 『모모가 처음 유치원에 간 날』을 감상한다.
– 겉표지를 보니 어떤 이야기일 것 같나요?
– 지은이는 누구인가요?
– 어디서 만들었나요?</td><td colspan="2">그림동화책 『모모가 처음 유치원에 간 날』</td></tr>
<tr><th>전개</th><td colspan="3">• 동화 내용을 회상하며 이야기 나눈다.
– 모모는 유치원(어린이집)에 처음 가게 되어 마음이 어땠나요?
– 모모가 유치원(어린이집)에서 제일 마음에 드는 놀이는 무엇이었나요?
– 모모의 엄마, 아빠는 모모를 유치원에 보내면서 어떤 마음이었나?</td><td colspan="2"></td></tr>
<tr><th>마무리</th><td colspan="3">• 동화 감상 후 평가시간을 갖는다.
– 동화를 들으니 어떤 마음이 드나요?
– 모모가 처음 유치원(어린이집)에 갔을 때 두렵고 떨렸구나. ○○도 모모처럼 유치원(어린이집)에 처음 왔을 때 두려웠구나.
– 누구나 처음 유치원(어린이집)에 오게 되면 떨리고 걱정이 되는구나.
– 유치원(어린이집)에서 어떻게 지내면 좋을까요?</td><td colspan="2"></td></tr>
<tr><th>확장활동</th><td colspan="3">• 놀잇감을 보고 어느 흥미 영역의 놀잇감인지 분류해 본다.</td><td colspan="2"></td></tr>
</table>

2) 다문화가족 영유아 교육 프로그램

최근 다문화가정이 증가하면서 취학 전 영유아에 대한 교육적 지원의 필요성이 강조되고 있으며, 이들을 위한 다양한 연구·사업이 전개되고 있다(장명림, 2010). 다문화가족 영유아를 위한 정부 부처가 추진하고 있는 다문화가족 자녀의 지원사업은 언어발달 지원사업, 이중언어 환경조성사업, 그리고 다문화유치원사업(통합/개별언어교육 프로그램)이 대표적이라고 할 수 있다. 이와 함께 다문화가족 영유아의 발달을 지원하기 위한 프로그램으로 다문화가정 영유아의 사회·정서발달 증진 프로그램(보건복지부, 2009), 다문화가정 부모와 유아를 위한 이중언어 학습지원 프로그램(장명림 외, 2010), 누리과정과 연계한 다문화가정 유아 언어교육 프로그램(국가평생교육진흥원, 2015) 등이 있다. 제시한 프로그램을 살펴보면 다음과 같다.

(1) 다문화가정 영유아 사회·정서발달 증진 프로그램(보건복지부, 2009)

본 프로그램은 2009년도 보건복지부에서 다문화가정 영유아의 사회·정서발달과 문화적 역량을 지원할 수 있는 전략 및 교육 프로그램을 개발한 것으로 '사회·정서 중재 프로그램'과 '다문화역량 강화 프로그램'으로 구성되어 있다.

다문화가정 영유아 사회·정서발달 증진 프로그램의 목적, 특징 및 구성은 다음과 같다.

- **프로그램 목적** : 다문화가정 영유아의 사회·정서발달 증진뿐 아니라 일반가정의 영유아도 향후 다문화사회에서 필요한 관용을 가진 구성원으로 건강하게 성장할 수 있도록 하는 프로그램을 개발하였다.
- **프로그램 특징**
  - 다문화가정 영유아의 정서 문제 및 친사회적 행동 특성과 문제점에 직접적으로 접근하는 해결중심 프로그램
  - 다문화가정 영유아의 정서적 안정 도모 및 사회적 기술 향상을 위하여 사회적 행동이 일어나는 환경을 반영한 맥락 타당성 프로그램
  - 3~4세 영아용, 5~6세 유아용 프로그램을 별도로 구성하여 발달단계 고려
  - 보육시설에서 다문화가정 영유아와 일반 영유아가 함께 실시할 수 있도록 표준보육과정과 통합

- 구성 및 주제
  - 다문화가정 영유아 문제행동 경감 프로그램 : 친사회성 신장 프로그램, 자기표현 프로그램, 자아존중감 증진 프로그램
  - 문화적 역량강화 프로그램 : 생활주제(우리반과 친구, 봄, 나와 가족, 동물, 여름, 탈것, 건강하고 안전한 생활, 가을, 우리의 이웃, 겨울, 우리나라와 세계 여러 나라, 많이 컸어요)
  - 보육시설 종사자 교육 프로그램 및 지도자료

폴더 4. 내가 도울 수 있는 일(총 6 slides)

(2) 다문화가정 부모와 유아를 위한 이중언어 프로그램(장명림 외, 2010)

2009년 전국 다문화가족실태조사 결과 한국 내에 다문화가족의 높은 비율을 차지하고 있는 중국과 베트남을 선정하여 이들 출신국 어머니와 그 자녀의 이중언어 학습지원을 돕기 위한 이중언어 프로그램을 개발하였다.

- 프로그램의 목적 : 다문화가정의 환경적 · 문화적 배경인 이중언어 환경을 활용하여 유아의 이중언어와 학습을 지원하는 프로그램 개발

- 프로그램 특징
  - 어머니와 유아가 바람직하게 상호작용할 수 있는 지도방법과 도움말 제공
  - 이중언어 강사(자국어와 한국어가 능숙한 다문화가정 어머니 포함)와 유아교육전공자가 함께 지도
  - 가정에서 자연스러운 이중언어 환경조성을 위해 가족지원의 중요성 및 아버지가 한국어지도자로 참여하는 방식 강조
- 프로그램 구성 및 주제
  - 프로그램 Ⅰ부 : 기본학습 활동(공통편/ 중국어본, 베트남어본)
    * 한국어 기본 → 중국어본은 중국어 및 베트남어본은 베트남어 번역 병기
    ▸ 다문화 국가에 관계없이 공통으로 적용, 기본 학습개념과 단어 제공
    ▸ 주제 : 모양, 위치, 사물, 신체, 숫자, 동물, 가족, 과일과 채소
    ▸ 흥미를 유발할 수 있는 간단한 동화나 동요, 게임 등 포함, 개념에 대한 설명 및 자녀지도에 도움이 되는 도움말과 연관된 단어 제시
    ▸ 한 주제당 각 2가지씩 활동, 그림으로 배울 수 있는 단어카드 포함
  - 프로그램 Ⅱ부 : 각 국가 문화편(중국편, 베트남편)
    * 중국편은 중국어, 베트남편은 베트남어 기본 → 한국어 번역 병기
    ▸ 어머니 나라의 문화에 대해 배울 수 있는 주제 중심으로 내용 구성
    ▸ 주제 : 가족(엄마와 아빠, 자장가, 생일), 문화(대표음식, 명절과 기념일, 국가의 상징, 의복과 장식, 놀이), 자연
    ▸ 해당 국가의 동화나 동요, 동시 등을 중심으로 전개, 유아가 흥미 있어 하는 만들기, 게임 등의 활동 제공
    ▸ 문화에서는 한국과 비교, 차이점을 알아보기 위해 한국문화 연계 제시

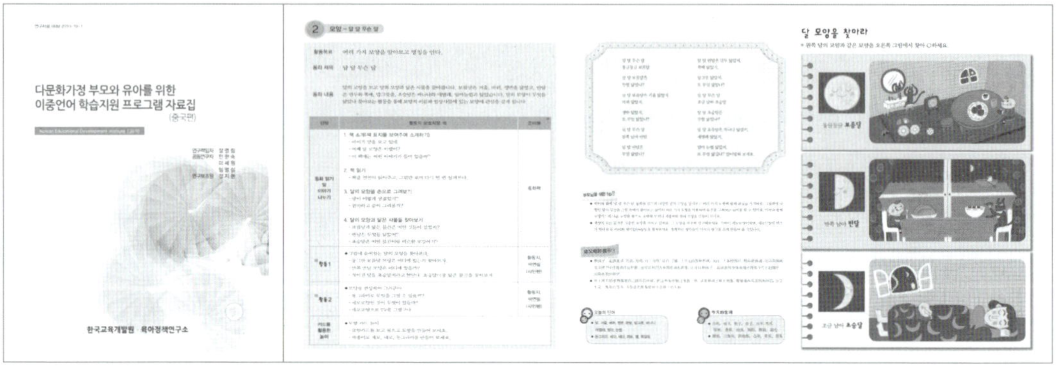

(3) (누리과정과 연계한) 다문화 유아 언어교육 프로그램(국가평생교육진흥원, 2015)

- **프로그램 목적** : 유치원에서 담임교사가 다문화가정 유아의 언어발달을 전략적 · 집중적으로 지도할 수 있도록 누리과정의 의사소통 영역 및 누리과정 교사용지도서의 언어활동과 연계된 언어교육 프로그램 개발
- **프로그램 개발 방향**
  - 누리과정 의사소통 영역의 내용을 반영한 활동목표를 제시하고, 이를 성취할 수 있는 언어활동을 개발함
  - 누리과정 교사용지도서의 활동 중 언어활동으로 연계 · 변형하는 데 효과적인 활동을 선정함(특히 자유선택활동 중 언어 영역, 대 · 소집단활동 중 이야기 나누기, 동화, 동시, 동극 중심으로 개발)
  - 누리과정 교사용지도서에 제시된 활동자료를 주로 활용하고, 그 외 기존의 교육에서 개발 · 보급한 활동자료를 활용함
  - 누리과정 교사용지도서 생활주제의 소주제별로 각 1개 활동을 개발함
  - 유아에게 언어적인 자극, 정확한 발음, 상황에 맞는 언어 구사 및 의사소통을 할 수 있는 활동을 개발함

- 프로그램 개발 지침
  - 활동 실시 방법에 대한 교사의 이해를 돕기 위하여 모든 활동은 3~5개 단계로 간략히 제시하고, 활동 장면을 잘 나타내 주는 사진을 제시함
  - 언어활동을 효과적으로 지원할 수 있는 지도전략을 활동단계에 따라 제시함(관심끌기, 사전경험, 시각적 단서, 교사 모델링, 또래 모델링, 활동 단순화, 과제 세분화, 요청하기, 반복하기, 속도 조절, 선호도 활용, 또래 도움, 역할 부여, 명명하기)
  - [교사를 위한 도움말]란에는 활동 시의 유의점이나 참고사항 및 자료 출처 등을 제시하고 교사가 쉽게 활용할 수 있도록 함
  - [가정과의 연계]란에는 해당 활동과 연계하여 가정에서 쉽게 해볼 수 있는 언어활동을 안내하고, 활동에서 중요한 핵심 어휘를 제시하여 가정에서도 사용해 보도록 함
- 프로그램 구성
  - 1부 교사용 지침서, 2부 활동자료집(총 128개 활동)으로 구성됨
  - 프로그램 적용기간은 1학기 22주(주 1회), 2학기 23주(주 1회) → 연간 45개 활동 적용
  - 프로그램 적용방식은 자유선택활동 시간 또는 개별 및 대·소집단 지도 시 활용
  - 교재구성 : 자료집(1부 교사용 지침서, 2부 활동자료집), CD 1장(자료집+부록 첨부)

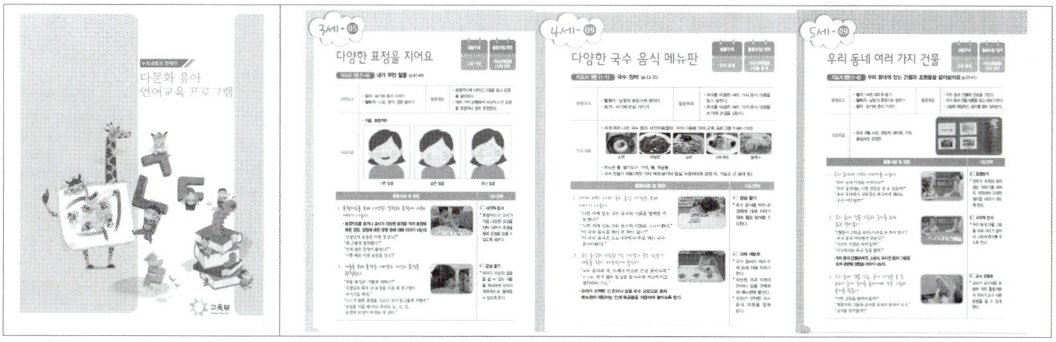

3) 가정 및 지역사회와 연계한 다문화교육 프로그램(한국보육진흥원, 2019)

(1) 다문화교육 프로그램의 가정 연계

다문화교육 프로그램은 다문화가족 영유아의 생활 및 경험과 관련되므로 가정과 연계해야 한다. 비다문화가정의 부모에게도 다문화교육 프로그램에 대한 이해를 높여야 영유아교육기관에서 실시하는 다문화교육 프로그램의 효과를 제고할 수 있다.

① 가정과 연계한 다문화교육 활동 사례

- 다문화보육 활동 가정 연계

어린이집에서 실시한 다문화보육 활동을 가정에서 연계할 수 있는 활동을 소개하고 부모가 자녀와 상호작용하는 방법을 안내한다. 다문화가정 부모들은 가정 연계 활동을 통해 자녀와의 상호작용 방법을 알게 되고 어린이집의 다문화보육 프로그램을 이해할 수 있다.

<표 9-10> 다문화보육 활동 가정 연계 방법 예시

다문화보육 활동	가정 연계 방법
활동명 : 애벌레가 몇 개 먹었지? 활동목표 ▸ 셋까지 수를 셀 수 있다. (자연탐구〉수학적 탐구하기〉수량 인식하기) ▸ 짧은 동화를 재미있게 듣는다. (의사소통〉듣기〉짧은 이야기 듣기) 활동유형(자유놀이-언어)/ 대상연령(만 2세) 활동자료(배고픈 애벌레 그림책 또는 그림동화) 활동방법 1. 영아가 그림책 표지에 관심을 보이면 이야기한다. 2. 영아가 좋아하는 그림이나 내용에 반응하면서 읽어준다. 3. 그림책의 그림을 보고 애벌레가 먹는 음식물을 세어본다.	☞ 다문화가정의 부모가 가정에서 ‘배고픈 애벌레’ 그림동화책을 읽어준다. ☞ 가정에서 간식을 먹을 때 다문화가정 부모와 자녀가 3개까지 세어보거나 그림카드의 음식물 수를 세어본다. 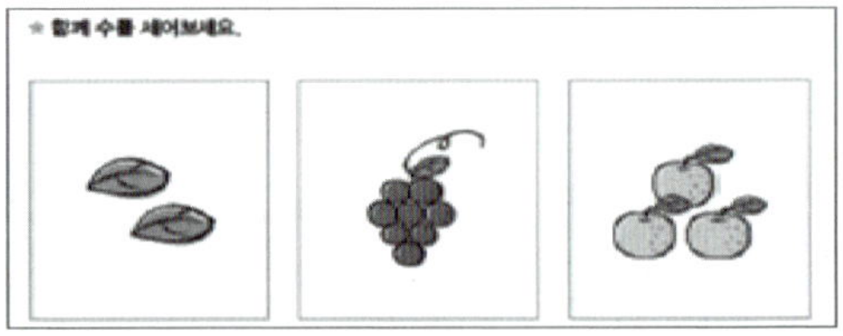 ☞ 그림동화책에 나온 여러 가지 음식물의 이름을 다문화가정 부모와 자녀가 묻고 말한다.

출처 : 임양미 · 송 정 · 김혜금 · 최명희 · 이혜선(2011). 경기도 다문화보육프로그램.

- 다문화가정 어머니의 일일교사 및 보조교사

다문화보육 프로그램 진행 시 다문화가정 어머니를 교사로 초빙하여 모국의 문화를 소개하도록 한다.

 - 다문화가정 어머니를 일일교사로 초빙하여 다른 나라의 문화를 체험하는 활동을 실시한다.
 - 다문화가정 어머니가 모국의 춤, 언어, 요리, 음악, 동화 들려주기, 전통놀이 등을 유아들이 체험해 볼 수 있도록 보조교사의 역할을 수행한다.
 - 다문화가정의 어머니가 모국의 문화를 소개하는 활동을 통해 다문화가족 영유아는 어머니 나라를 자랑스럽게 여기게 되고 긍정적인 자아개념을 형성하는 데 도움을 줄 수 있다.
 - 비다문화가정 영유아들은 다른 나라의 문화를 생생하게 체험하는 기회가 되고 다른 나라의 문화에 관심을 가질 수 있다.

- 기증 다문화 물품을 통한 다문화 체험

다문화 및 비다문화가정의 부모에게 가정에서 사용하지 않는 물건이나 의상 등을 기증받는다.

 - 기증받은 다문화 체험 물품을 역할놀이 영역에 비치하여 다문화 체험을 하게 한다.
 - 영유아들이 다양한 나라의 물건을 자연스럽게 구분하고 유사점과 차이점을 이해하게 된다.

- 다문화가정과 비다문화가정 간 짝꿍 활동

다문화가족 영유아와 비다문화가족 영유아들 간 짝꿍이 되어 활동을 하면서 서로 도움을 주고받을 수 있다.

 - 영유아들뿐 아니라 다문화가정 어머니와 비다문화 어머니를 짝꿍으로 맺어주면 다문화가정 어머니가 한국어를 학습하는 데 도움을 받을 수 있다.
 - 다문화가족 영유아와 어머니가 어린이집에서 진행되는 다양한 행사 및 교육내용을 이해하는 데 도움이 된다.

- 비다문화가정 어머니들도 다른 문화를 이해하고 소통하는 방법을 익히면서 다문화감수성을 높일 수 있다.

• 다문화가정 어머니의 통·번역사

다문화가족 영유아가 어린이집에 입학했는데, 다문화가정 어머니가 한국어로 소통하는 것이 어려울 경우 해당 국가 다문화가정 어머니에게 통역을 부탁한다.

- 가정통신문을 작성할 때 다문화가정 어머니에게 해당 언어로 번역을 부탁하여 가정통신문을 전달할 수 있다.
- 다문화가정 어머니 중에 한국어로 소통하는 능력이 우수한 어머니와 한국어 소통이 어려운 어머니를 멘토-멘티로 엮어줄 수 있다.

(2) 지역사회 연계 다문화교육 프로그램

다문화교육 프로그램을 지역사회와 연계하여 다문화 체험활동을 실시할 수 있다.

- 다문화 도서관에 방문하여 다문화 관련 동화나 동요, 동시를 접할 수 있고 다문화 박물관을 견학하거나 여러 나라 사람들이 거주하는 지역을 방문하여 우리 사회의 다문화 변화를 체험할 수 있다.
- 지역사회에 거주하는 다양한 외국인들을 초빙하여 그들의 직업에 대해 알아보고 이야기를 나누는 시간을 통해 다른 문화나 인종, 민족을 이해하는 데 도움을 줄 수 있다.

① 다문화 보육프로그램의 지역사회 연계 사례

• 다문화가족지원센터 연계

다문화보육 프로그램을 실시함에 있어 다문화가족지원센터와 연계하도록 한다.

- 어린이집에서 다문화가족지원센터에 다문화이해교육을 신청하면 강사를 어린이집에 파견하여 영유아의 발달 수준에 적합한 다문화이해교육을 실시한다.
- 다문화가족지원센터는 다문화가정을 방문해서 영유아를 대상으로 언어교육을 지원하며 다문화가정 부부상담 및 어머니 대상 한국어 교육도 실시한다.
- 다문화가족지원센터에서는 다문화가정 부모와 영유아와 함께하는 다양한 프로그램을 진행한다.

〈다문화가정 영아 이중언어발달지원 활동〉

본 활동은 영아기 자녀를 둔 다문화가정 어머니들에게 자녀의 이중언어발달을 지원하기 위한 부모 역량을 강화하고 어머니와 자녀와의 언어적 상호작용을 증진시킴으로써 모어양육 및 자녀의 이중언어발달을 지원하는 데 목적이 있다. 이러한 목적을 가지고 다문화가정 영아를 위한 이중언어발달지원 활동은 오리엔테이션(1회), 부모교육(3회), 부모-영아 놀이활동(7회), 활동 마무리(1회)의 12주차 활동을 구성하였다.

주차	범주	내용
1주차	오리엔테이션 - 활동 및 진행 방향 안내	
2주차	1차 부모교육	이중언어 사용의 중요성 이중언어 교육 놀잇감 만들기
3주차	1차 부모-영아 놀이활동	식문화 이해와 식습관 지도
4주차	2차 부모-영아 놀이활동	또래문화 이해와 또래 관계 지도
5주차	3차 부모-영아 놀이활동	인사문화 이해와 지도
6주차	4차 부모-영아 놀이활동	의생활 문화 이해와 옷 입기 지도
7주차	2차 부모교육	이중언어 사용의 중요성(아버지 역할의 중요성) 아버지와 함께 만드는 이중언어 교육 놀잇감
8주차	5차 부모-영아 놀이활동	위생청결 문화 이해와 지도
9주차	6차 부모-영아 놀이활동	배변문화 이해와 배변 지도
10주차	7차 부모-영아 놀이활동	수면문화 이해와 잠자기 지도
11주차	3차 부모교육	학령전·후기 이중언어 교육방법 이중언어 교육 놀잇감 만들기
12주차	활동 마무리 - 활동참여 소감 나누기	

출처 : 황인애·권경숙·이승숙(2021). 영아 이중언어발달지원 활동에 참여한 다문화가정 어머니의 경험 탐색.

- 지역사회의 다문화 현장 체험학습

다문화 박물관이나 다문화 어린이도서관 등의 시설을 이용하거나 안산 다문화거리, 서울시 대림동 차이나타운 등을 방문하여 다문화 체험을 할 수 있다.

<표 9-11> 지역별 다문화 도서관

지역	다문화 도서관	지역	다문화 도서관
서울시	다문화어린이도서관 '모두' 영등포다문화도서관 공존 은평구다문화도서관 바오밥나무	충청남도	성환읍다문화작은도서관 당진시핑크드림 다문화도서관 서산시다문화화작은도서관
대전시	대전다문화아동센터 도서관	충청북도	제천시오로라도서관 충주시 다문화어린이도서관 '모두' 증평다문화도서관 나눔
대구시	달서구다문화가족작은도서관 남구다문화어린이도서관	경상남도	창원어린이다문화도서관 진주YWCA다문화작은도서관단비 사천함께하는다문화도서관
부산시	사상구다문화도서관 영도구다문화어린이도서관 '모두'	경상북도	울릉군카아트도서관
광주시	광산구다문화작은도서관 지향 광산구세계다문화작은도서관	전라북도	전주시다문화어울림도서관 전주시행복한다문화어울림도서관
울산시	고맙습니다북구다문화작은도서관	전라남도	해남다문화작은도서관
경기도	수원다문화도서관 '지구별 상상' 광명다문화작은도서관 수원시경기다문화도서관 시흥다문화작은도서관 남양주시화도다문화도서관	안산다문화작은도서관 안산시다문화어린이도서관 '모두' 안산시다문화그림책작은도서관 안산시구세군다문화꿈꾸는작은도서관 화성시아시아다문화소통센터 올리볼리관 여주시다문화그림책도서관 토닥토닥	

출처 : 김혜금 외(2019). 다문화보육컨설팅 매뉴얼.

- 이야기할머니 초빙

다문화적 능력은 단순히 다른 나라의 문화를 수용하는 것뿐 아니라 우리나라 문화에 대한 정체감을 형성하는 것도 중요하다. 서울시건강가정지원센터나 한국국학진흥원에서 파견하는 이야기할머니를 초빙하여 우리나라의 전래동화 및 우리의 옛이야기를 들을 수 있다.

- 대학생 자원봉사자 멘토링

  인근 대학의 대학생 자원봉사자를 활용한다.

  - 한국어 지원이 필요한 다문화가족 영유아 및 어머니에게 한국어와 문화를 소개하고 지도하는 1:1 멘토링 지원을 할 수 있다.
  - 어린이집에서 다문화가족 영유아의 언어지도를 개별적으로 지원하기 어려운 경우 대학생 자원봉사자를 활용하여 언어지도를 제공할 수 있다.
  - 대학의 보육과나 유아교육과 학생들은 다문화가족 영유아에 대한 이해가 더 높으므로 다문화가족 영유아에게 필요한 발달적 지원을 제공할 수 있다.

제5부

다문화가족 부모상담 및 교육

CHAPTER

10 다문화가족 부모상담 및 교육

오늘의 이야기

전남도, 결혼이주여성 정착 지원…찾아가는 상담서비스 진행

다문화가족 안정적 환경조성…결혼이주여성 정착 위한 상담

전남도가 결혼이주여성 정착을 지원한다. 정주인구 및 생활인구 확대를 위해 올해 처음으로 찾아가는 상담서비스를 진행할 계획이다.

전남의 다문화가정 가구 수는 1만5666세대, 가구원 수는 5만1131명(도내 인구 2.8%)으로, 전국의 약 4.4%를 차지한다. 다문화여성은 결혼이민자와 귀화자 등을 포함해 총 1만3432명으로 계속 증가하고 있다.

전남도와 시군 가족센터에서 결혼이주여성 산모 도우미 양성교육 및 운영, 다문화 엄마학교 운영, 결혼이민자 맞춤형 취업 지원, 결혼이민자 통번역 서비스 지원 등 결혼이주여성이 지역에 안정적으로 정착하도록 프로그램을 지원한다.

또 가족센터나 시설에 직접 방문해야 하는 한계를 개선하기 위해 다문화가족 현장을 방문하는 '찾아가는 상담서비스'를 제공하여, 개인별 상담을 통해 필요한 정보를 제공하고 건의·애로사항을 수렴하여 다문화 정책에 반영할 계획이다.

국민일보 김영균 기자(2024. 4. 15). 일부 발췌.
https://www.kmib.co.kr/article/view.asp?arcid=1713078405&code=11131425&cp=nv/

1. 다문화가족 부모와의 의사소통

인간은 전 생애를 거쳐 다른 사람들과 끊임없이 관계를 맺으며 살아가게 된다. 이러한 과정에서 효과적인 의사소통은 인간관계의 중요한 요인이 된다. 즉, 인간은 의사소통을 통해 서로의 공통된 의미를 조성하고, 서로의 행동에 영향을 미침으로써 상호 협력하며 사회생활을 영위하게 되는 것으로, 의사소통은 인간의 사회적 욕구 및 인간 본능을 충족시키기 위한 수단으로 인간의 사회화 과정에 필수적이다(안옥희 외, 2018). 이에 다문화가족 부모와의 의사소통은 새로운 사회에 적응하는 과정에 있는 결혼이민자 어머니들이 안정적으로 사회생활을 영위하고 배우자 및 가족구성원들과 긍정적인 관계를 유지할 수 있는 역량을 증진하는 데 도움이 된다.

1) 문화 차이와 의사소통

개인의 의사소통은 문화를 반영하고 결정하며, 또 다른 문화를 형성하게 된다(안효자 외, 2021). 개인의 문화적 차이가 의사소통 과정에 영향을 주는 요인이 된다는 점에서 서로 다른 문화권에서 성장한 다문화가족 부모와의 의사소통에 있어 이들의 문화적 배경을 이해하는 것은 효과적인 의사소통을 위해 필수적이다.

다문화가족 부모와의 의사소통은 다문화가족 부모의 한국어에 대한 이해 부족이나 문화의 다름에 의해 어려움이 발생할 수 있다.

<대화의 어려움>

C교사 : 눈을 마주치면서 여러 번 이야기하지만, 저도 어머님의 말을 이해 못 할 때가 있어요. 마찬가지로 어머님도 분명 제대로 이해하시지 못한 것 같은데 여러 번 되묻거나 반복하시는 게 없어요. 그냥 웃으시기만 하시고.

<문화 차이로 인한 생활습관 형성에 혼돈>

유라 모 : 고향이랑 한국은 교육방법이 좀 달라요. 어떻게 가르쳐야 할지 몰라요. 다르니까 어려워요. 한국의 교육방법 배우고 싶어요.

정원 모 : 고향에서는 어린이집에 보내면 거기에서 다 알아서 해주는데 한국은 신경 쓸 게 많아요. 좀 복잡해요.

<다문화가정 어머니의 소극적, 폐쇄적 태도>

예림 모 : 저는 애기 어린이집에 잘 안 가요. 제가 외국사람 엄마라는 걸 보여주기가 싫어요. 제가 가면 다른 아이들이 우리 아이를 놀릴 거 같아요. 그래서 할 말 있으면 그냥 남편이 전화로 이야기해요.

출처 : 이정은(2015). 다문화가정 어머니와 유아교사 간의 의사소통 경험에 관한 연구.

<환대의 공간 VS 차별의 공간>

다문화가정 부모들에게 자녀가 다니는 교육기관은 자신들의 욕구를 충족시킬 수 있는 매우 중요한 공간이다.

민지 모 : 어린이집 선생님도 친절하고 따뜻한 공기도, 사람들이 웃으면서 인사하고 그게 너무 만족해요.

이처럼 부모들은 교육기관이 환대의 공간이길 원한다. 하지만 더러는 차별적 경험을 하는 공간이라고도 말한다.

준영 모 : 제가 몽골 사람인 것을 알고부터 선생님 표정이 별로 안 좋아지는 걸 보고, 학교를 안 가는 것이 아이한테 도움이 된다고 생각했어요.

출처 : 이부미(2016). 다문화가정 자녀 교육에 대한 어머니와 교사의 인식.

<답답한 의사소통: 어머니-교사 관계의 어려움>

A 어머니는 외국인 출신 어머니로서 의사소통 문화와 대인관계에서 문화 차이를 느끼며 자녀의 선생님과 원활한 대화와 관계를 만드는 것이 어렵다고 하였다.

"사실 나도 애 선생님과 관계를 좀 만들자고 호탕하게 이야기하고 싶은데 우리가 서로 사용하는 모국어가 다르기 때문에, 둘째는 눈치 문화에 대한 이해가 잘 안되어서 선생님과 이야기할 때 항상 그런 잘 안 맞는 느낌이에요. <중략> 어떻게 해야 외국인 엄마들은 선생님과 잘 맞는지 문제에요. 그리고 선생님이 어제 놀다가 다친 곳이 있으면 애가 아침 등원할 때 바로 나에게 메시지를 해요. '어머님, A가 아침에 올 때 이거 봤어요'라는 메시지 줘요. 선생님이 먼저 편해야 하는 느낌이 들어요. 처음에 선생님의 행동에 대해 좀 불쾌했어요. 점차 어쨌든 서로 소통이 안 통하니까 어쩔 수 없어요."

출처 : 트투이홍늉(2021). 영유아기 자녀를 둔 베트남 출신 결혼이주여성이 경험한 자녀 양육의 어려움 탐색.

이처럼 다문화가족 부모는 한국어 이해 부족으로 교육기관과 연계한 자녀 지도에 어려움을 겪을 수 있으며, 결혼이민자 어머니 스스로 자신의 배경으로 불이익이 생기지 않을까 하는 염려로 다른 사람과의 의사소통하는 것에 부담을 느끼는 모습을 보이기도 한다. 또한 출생에서부터 결혼 이전까지 성장한 모국의 문화와 다른 한국문화의 다름도 의사소통을 어렵게 하는 요인이 될 수 있다. 따라서 다문화가족 부모와의 의사소통은 한국문화에 적응하는 과정에서 경험하는 어려움을 이해하고, 소통하는 대상자의 문화에 대한 이해가 우선되어야 한다.

2) 문화적 이해를 통한 의사소통

<원활한 의사소통을 위한 노력>

A교사 : 다문화가정 어머님과 이야기할 때는 제스처를 최대한 크게 해서 설명드리고, 한번 말씀드려서 못 알아듣는 경우가 많으니까 쉬운 단어를 사용해서 여러 번 말씀드려요. 한국에 오신 지 좀 오래되신 분들은 집에서 아버님과 이야기도 많이 나누시니까 의사소통이 잘 되는 편인데, 어머니 혼자 계신다거나 말이 아직 안 트이신 분들은 어려워하시니까 제가 자주 반복해서 말씀드리는 편이에요.

C교사 : 저는 어머님께서 이해를 잘 못하실 때 주로 그림을 그려서 보여 드리는 편인데 그럼 더 잘 쉽게 이해하시는 것 같아요.

출처 : 이정은(2015). 다문화가정 어머니와 유아교사 간의 의사소통 경험에 관한 연구.

의사소통 과정에서 사용하는 언어 및 표정, 말투, 몸짓 등 의사소통 방법은 문화에 따라 다양한 방식으로 표현된다. 더욱이 언어가 갖는 의미도 문화권에 따라 서로 다르게 이해될 수 있어 전달되는 내용을 정확하게 이해하지 못하거나 동일한 메시지를 전달해도 수용되는 과정에서 오해가 야기될 수 있다. 따라서 다문화가족 부모와의 의사소통은 일반적인 의사소통에 비해 서로 다른 문화적 배경에 대한 이해가 요구된다. 또한 한국어 이해가 부족한 다문화가족 부모와의 의사소통을 위해 한국어 사용과 함께 다문화가족 부모의 모국어 및 표정, 말투, 몸짓, 통신문 등의 참고물 사용 등 다양하고 적극적인 방법으로 의사소통하는 노력이 필요하다.

한국보육진흥원(2019)의 '다문화 보육과정 컨설팅 매뉴얼'에서 소개하는 다문화가족 부모와의 의사소통을 위한 지원방안을 살펴보면 다음과 같다.

(1) 가정통신문

가정통신문은 가정과의 소통을 위하여 어린이집에서 활용되고 있는 자료로 가정통신문을 활용한 소통은 영유아를 이해하고 가정과 연계를 강화하는 데 도움을 준다. 특히 한국어 사용이 능숙하지 않은 다문화가족에게 제공되는 가정통신문이 효과적으로 활용되기 위해서는 다음과 같은 점을 고려해야 한다.

① 가정통신문 제공 시 고려할 점

- 주 양육자의 한국어 소통 능력 정도 파악
- 가정통신문은 필요한 내용 중심으로 간단히 작성
- 번역 서비스를 받을 수 있는 기관과의 연계 모색
- 내용을 전달할 수 있는 가족이나 이웃이 있는지 파악
- 중요한 공지의 경우 내용 확인 여부 파악

② 가정통신문 제공방법

다문화가족을 위한 가정통신문 작성은 이해가 쉽고 내용 전달이 용이하도록 구성하고 다문화가족의 한국어 사용 정도를 고려하여 작성한다.

|그림 10-1| 다문화가족의 한국어 소통 정도에 따른 가정통신문 작성
출처 : 한국보육진흥원(2019). 다문화 보육과정 컨설팅 매뉴얼.

한국어 사용이 어려운 다문화가족을 위한 가정통신문을 작성할 때는 번역을 활용하거나 그림이나 사진을 활용할 수 있다.

- 번역을 활용한 가정통신문

<표 10-1> 번역을 활용한 가정통신문 작성 방법

방 법	내 용
다문화가족지원센터 등 관련 센터나 기관의 통번역 서비스 활용	• 센터에 의뢰 시 번역 가능한 언어를 확인하고 번역 소요시간 등 확인
핵심 일정이나 준비물 등의 단어나 문장 중심 부분 번역	• 번역 사이트나 번역 앱 활용
다양한 언어로 개발된 가정통신문이나 부모교육 자료 활용	• 국가 다문화 관련 개발 자료 • 관련 센터 자료실 다문화 관련 자료

출처 : 한국보육진흥원(2019). 다문화 보육과정 컨설팅 매뉴얼.

- 그림을 활용한 가정통신문

<표 10-2> 그림 활용 가정통신문의 예

가정통신문
[준비물 안내] • 아래 준비물을 어린이집으로 보내주세요. • 모든 물건에는 이름(name)을 써주세요.
 물티슈 실내화 색연필 물통 개인수건 치약치솔

출처 : 한국보육진흥원(2019). 다문화 보육과정 컨설팅 매뉴얼.

- 온라인을 활용한 가정통신문

  온라인을 활용한 다문화가정 가정통신문은 주요 내용을 빠르게 전달할 수 있으며 사진이나 영상, 링크 등의 다양한 자료를 함께 전송할 수 있어 내용을 이해하는 데 도움을 줄 수 있다. 또한 일부 지자체를 중심으로 다국어 안내장 서비스가 이루어질 수 있도록 개발된 앱 또는 문자 서비스 등을 통하여 다문화가정 부모에게 알림장, 식단, 교육정보 등 어린이집 생활과 관련된 정보를 다양한 언어로 번역하여 제공하고 있다.

(2) 알림장

알림장은 일대일로 다문화가족 부모님과 소통할 수 있으며 가정의 상황과 영유아에 대해 정확히 이해하고 관찰과 평가 등을 통해 영유아의 전반적인 생활 상태를 전할 수 있다. 한국어에 대한 이해가 부족한 다문화가족 부모를 위한 알림장 활용은 다음과 같은 점을 고려해야 한다.

① 알림장 활용 시 고려할 점

– 학기 초 알림장의 중요성을 강조하고 매일 확인하도록 안내

– 알림장 이용하는 방법을 구체적으로 안내

– 온라인이나 수첩 형식의 알림장 등 다문화가정 부모에 맞는 알림장 선택
– 다문화가정 부모의 한국어 소통 정도 파악

② 알림장 제공방법

- 지면을 활용한 알림장

  한국어가 익숙하지 않은 다문화가족 부모에게 알림장을 작성하는 경우, 주 양육자의 한국어 소통 능력 정도에 따라 알림장을 작성한다. 가능한 한 알림장의 문장을 간결하게 작성하고 필요에 따라 사전에 약속한 그림이나 기호로 알림장을 작성한다. 필요에 따라 단어나 짧은 문장은 번역하여 기록하며, 필요시 다문화가정 영유아를 위한 알림장 양식을 제작하여 활용한다.

- 온라인을 활용한 알림장

  온라인 알림장은 사진이나 동영상을 첨부하거나 관련 내용을 번역하여 보낼 수 있어 중요한 전달사항이나 알림 등을 알림장을 통해 빠르게 전달할 수 있다. 특히 알림장이나 공지사항의 내용을 번역하여 보낼 수 있는 기능이 있는 경우 다문화가정에서 쉽게 활용하여 소통할 수 있다. 또한 온라인 알림장의 경우 주 양육자 외에도 가정 내 한국어 소통이 잘되는 가족에게도 보낼 수 있어 원활한 소통이 가능해진다.

2. 다문화가족 부모상담

다문화가족 부모상담은 다문화에 대한 이해와 다문화가족이 갖는 다문화적 역동성을 이해하여 진행되어야 한다. 다문화가족을 대상으로 하는 상담의 효과를 높이기 위해서는 상담자와 내담자가 문화적 배경, 가치관, 생활양식에 대한 차이를 인식하고 문화적 유연성에 따른 특성을 이해하여 상담에 적용해야 한다(한재희, 2016).

다문화가족은 결혼이민자와 한국인으로 이루어진 가족, 귀화자와 한국인으로 이루어진 가족을 의미하는 것으로 가족 내에 결혼이민자나 귀화자가 존재한다면, 그 가족을 다문화가족이라 할 수 있다(여성가족부, 2019). 우리나라의 다문화가구는 한국인과 혼인한 외국 국적자 및

혼인귀화자를 의미하는 결혼이민자 가구가 전체 다문화가구의 82.4%, 혼인귀화 외의 방법으로 한국 국적을 취득한 귀화자 가구가 17.6%의 분포를 보인다(여성가족부, 2022b). 따라서 효과적인 다문화가족 부모상담을 위해서는 전체 다문화가구의 특성에 대한 이해가 필요할 것이며, 우리나라 다문화가구의 대다수를 차지하고 있는 결혼이민자 부모의 다양한 문화를 수용하고 다문화가족이 놓인 상황을 이해함으로써 다문화가족 부모가 합리적인 결정을 내릴 수 있도록 지원하는 부모상담이 이루어져야 할 것이다.

1) 다문화가족 부모상담의 목적

다문화가족 부모상담은 자녀가 다니는 교육기관의 교사와 부모가 영유아의 가정에서의 생활과 교육기관에서의 생활을 공유하며 궁극적으로 영유아의 건강한 발달을 돕기 위한 것이다. 다문화가족 부모상담의 목적을 구체적으로 살펴보면 자녀의 문제행동 해결과 부모조력으로 구분하여 살펴볼 수 있다(한국보육진흥원, 2013).

(1) 자녀 문제행동 해결 및 개선

영유아기 자녀의 문제해결은 영유아 스스로 문제해결이 어려운 부분이 있기 때문에 부모상담을 통해 자녀의 문제를 해결하거나 개선할 수 있다. 다문화가족 부모는 문화 차이 및 한국생활의 적응과정에서 자녀 문제행동에 대한 이해와 대처에 어려움이 있을 수 있다. 이러한 다문화가족 부모의 상황을 이해하고 부모상담을 통해 자녀의 문제행동을 해결하고 개선할 수 있도록 지원해야 한다.

(2) 부모조력

다문화가족 부모가 자녀의 문제행동이나 부모와 다른 문화에 적응하는 과정에서 느낄 수 있는 심리적 중압감을 감소시키고 안정감을 가질 수 있도록 지원한다. 다문화가족 부모들은 다양한 정보를 습득할 수 있는 지원체계가 부족하므로 부모상담을 통해 필요한 정보 제공 및 부모역할 등을 안내하여 부모로서 중심을 잃지 않도록 지원한다.

첫째, 자녀의 문제행동 해결 및 개선의 위한 자녀 문제행동에 대한 정보 얻기

둘째, 문제행동 개선을 위한 구체적인 기술 획득 및 훈련

셋째, 부모 자신을 사랑하는 마음을 갖도록 자기 상황에 대한 인식하게 하기
넷째, 부모의 조력을 통한 자녀 문제행동의 해결 및 예방

2) 다문화가족 부모상담을 위한 기본 자세

다문화가족 부모상담에서 부모와 협력적인 관계를 맺고 상담의 효율을 높이기 위해 상담자가 갖추어야 할 기본 자세가 있다(교육과학기술부 · 중앙다문화교육센터, 2013).

(1) 다문화가족 부모의 인구통계학적 실태를 파악한다

다문화가족 부모상담을 위해서는 다문화가족에 대한 인구통계학적 실태를 알고 있어야 한다. 이러한 실태 파악은 다문화가족의 수는 어느 정도인지, 해당 지역에서 다문화 부모를 만날 기회가 어느 정도인지, 어떤 사전지식이 필요한지 등에 대한 아이디어를 얻는 데 도움이 된다.

2021 전국 다문화가족 실태조사에 따르면 우리나라 다문화가구는 총 346,017가구로, 2018년 306,995가구에 비해 증가한 것으로 나타났다. 다문화가구가 거주하는 지역을 살펴보면 수도권(서울 · 경기 · 인천) 거주가 56.1%로 2018년(55.6%)에 비해 증가한 수치이며, 동 지역 거주자(76.8%)가 읍면 지역 거주자(23.2%)에 비해 3배 이상 많은 것으로 나타났다(여성가족부, 2022).

다문화가구 중 자녀를 중심으로 한 다문화가구 구성은 <표 10-3>과 같다. 내용을 살펴보면, 결혼이민자 가구는 부모와 자녀로 구성된 가구(37.9%)를 포함하여 자녀를 포함하고 있는 가구 구성이 55.4%를 차지하는 것으로 나타났으며, 이에 비해 기타 귀화자 가구는 부모와 자녀로 구성된 가구(24.3%)를 포함하여 자녀를 포함하고 있는 가구 구성이 41.7%로 나타나 가구 유형에 따라 차이를 보이는 것으로 나타났다. 또한 거주 지역별로 살펴보면, 동부는 본인과 자녀로 구성된 가구 및 배우자와 자녀로 구성된 가구와 같이 한부모가족 비율(11.5%)이 높게 나타났으며, 읍면부는 부모와 자녀 및 배우자의 부모형제로 구성된 전통적인 대가족 비율(12.2%)이 더 높은 것으로 확인된다.

상담을 진행하는 교사는 교육기관이 위치한 지역에 거주하고 있는 다문화가족과 자녀의 분포를 파악하고 다문화가족 부모와 자녀와의 만남을 준비하도록 한다. 또한 다문화가족 부모와

상담을 진행하는 과정에서 다문화가족의 문화에 대한 이해를 바탕으로 상담이 필요한 상황에 대한 다양한 정보를 수집하여 효과적인 상담이 이루어질 수 있도록 한다.

<표 10-3> 다문화가구의 가구 구성 (단위 : %, 가구)

		본인 + 자녀	배우자 + 자녀	본인	부부+ 자녀+ 배우자 부모 형제	부부+ 자녀+ 본인 부모 형제	부부+ 배우자 부모 형제	부부+ 본인 부모 형제	부부 + 자녀	부부	기타	합계
전체(2021)		3.1 (10,584)	7.8 (26,921)	8.3 (28,552)	5.1 (17,664)	1.5 (5,280)	1.9 (6,431)	0.3 (915)	35.3 (122,875)	30.0 (103,661)	6.7 (23,133)	100.0 (346,017)
다문화 가구 유형	결혼 이민자	2.8	7.5	5.3	5.7	1.5	2.1	0.2	37.9	31.6	5.4	100.0
	기타 귀화자	4.1	9.3	22.2	2.5	1.5	0.6	0.4	24.3	22.3	12.8	100.0
거주 지역	동부	3.3	8.2	9.5	3.0	1.4	1.4	0.3	35.0	31.7	6.2	100.0
	읍면부	2.2	6.5	4.0	12.2	1.8	3.4	0.2	37.1	24.3	8.5	100.0

출처 : 여성가족부(2022). 2021년 전국다문화가족 실태조사 '다문화가구의 가구구성' 재구성.

(2) 문제의 원인이 문화 차이에서 오는 것인지, 개인적인 문제인지를 구분한다

다문화가족 부모는 가구유형에 따라 부모 중 한 명 또는 부모 모두가 다른 나라에서 성장한 배경을 갖는다. 따라서 다문화가족 부모와 상담을 진행할 때, 상담을 통해 지원하고 해결해야 할 문제들이 문화 차이에서 발생한 문제인지, 부모 또는 자녀의 개인적 요인에 의한 문제인지를 구분하여 접근하여야 한다.

① 문화 차이로 인한 문제

베트남 출신인 어머니는 자녀의 식사지도 시 한국과 다른 식사문화로 어려움을 느끼게 된다고 한다. 베트남에서는 밥그릇을 들고 돌아다니며 먹거나 오랜 시간 동안 음식을 먹는 것에 대해 크게 문제로 생각하지 않지만 한국에서는 제자리에 가만히 앉아서 밥을 먹게 하는 것에서 차이를 느끼게 된다고 하였다. 식사지도뿐 아니라, 기저귀 훈련 시기도 한국에 비해 훨씬 빠르게 이루어진다고 하면서 베트남 조카는 생후 6개월경부터 기저귀 떼기를 시작한다고 하였다.

출처 : 황인애 · 권경숙 · 이승숙(2021). 영아 이중언어발달지원 활동에 참여한 다문화가정 어머니의 경험 탐색.

이처럼 문화 차이로 인한 문제는 성장배경과 문화의 차이로 인해 동일한 사건을 서로 다른 판단기준으로 해석하여 발생하는 문제이다. 문화 차이로 인한 문제는 서로의 문화를 이해할 수 있도록 충분한 정보를 제공하고 서로의 문화를 존중하면서 협력적으로 해결할 수 있도록 지원한다.

② 개인적인 요인으로 인한 문제

쓰레기 더미 속에서 남매를 학대한 다문화가정 부부

다문화가정인 A씨 부부는 7살과 9살 남매를 양육하면서 집 안 청소를 제대로 하지 않거나 식사 등을 제대로 주지 않은 채 내버려 둔 혐의를 받고 있다. (중략) 경찰은 아동복지법상 아동방임 혐의로 A(43)씨 부부를 불구속 입건했다.

노컷뉴스 광주CBS 김한영 기자(2020. 7. 14).
https://www.nocutnews.co.kr/news/5377861

문화적 차이에서 오는 문제에서는 절대적인 옳고 그름이 있다고 볼 수 없다. 그러나 개인의 행동으로 인해 남에게 심각한 해를 입힌다면, 또한 다양한 관점에서 생각해 보아도 변화되어야 할 행동이라면 개인적인 요인으로 인한 문제로 보아야 할 것이다. 이러한 문제는 문제의 경중에 따른 개인의 책임을 묻고 개인의 변화를 시도하도록 지도해야 한다.

(3) 다문화가족 상담자의 일반적 자세를 갖추도록 한다

다문화가족 부모상담에서 교사에 대한 부모의 신뢰는 자녀 문제 및 부모 관련 문제를 마음 놓고 의논할 수 있고 주도적인 부모역할을 행하는 데도 도움이 될 수 있다는 점에서 중요하다. 다문화가정 내담자를 대하는 일반적 자세가 잘 갖추어진 상담자에게 부모는 신뢰를 보이고 중요한 문제를 의논하고자 할 것이다.

① **수용능력** : 상담자는 자신의 문화적 특징을 유지하면서도 내담자의 세계관을 수용할 수 있어야 한다. 내담자가 자신과 다른 사고방식을 보일 경우에도 긍정적 태도로 수용하며, 내담자의 좋은 점을 찾아내는 열린 자세가 필요하다.

② **사회, 문화, 역사에 대한 관심** : 개인과 상황에 영향을 주는 역사적, 사회적, 종교적, 정치·경제적 영향을 인식하고 개인의 행동이 사회의 영향을 받을 수 있다는 것을 살펴야 한다. 다문화가족 부모와 자녀가 소수자로서 자신의 잠재력을 발휘하기 어려울 수도 있음을 인지하고 다문화가정 부모의 문제 속에도 인종과 민족, 사회경제적 배경에 의한 차별, 억압이 있을 수 있음을 민감하게 파악한다.

③ **융통성, 유연성** : 다문화가족 부모 개인의 삶의 상황에 융통성 있게 반응할 수 있어야 한다. 다문화가족 부모의 상황이 다르고 그에 따라 상담 내용과 방식이 달라질 수 있으므로 획일화된 방식으로 상담이론을 적용하는 것을 피하도록 한다.

④ **차이점과 유사점 모두의 가치 발견** : 다문화가족 부모는 각자의 고유한 특성을 가지며, 출신 국가에 따라 공유하는 특성도 보일 수 있다. 따라서 다문화가정 부모의 상담자는 다문화가족 부모가 갖는 차이점과 유사점, 독특성과 공통성의 가치를 인정한다.

⑤ **선입견 배제** : 다문화가족에 대한 상담자의 생각이 편견이나 고정관념에서 비롯된 것임을 알게 되었을 때, 잘못된 가설이나 정보를 버릴 수 있는 자세를 가져야 한다.

⑥ **타문화에 대한 관심과 지식** : 다른 사람들의 역사적 전통에 대한 가치를 탐구하면서 자신의 전통에 적용해 보는 자세를 갖는다.

⑦ **일상의 의미 통찰** : 다문화가족 상담자는 이전에 인식하지 못했던 새로운 영역을 발견하려는 호기심이 필요하다. 다른 사람들의 일상이나 상담을 통해 새롭게 발견되는 것에 기대를 갖고 그 의미를 통찰할 수 있어야 한다.

(4) 다문화가족 상담의 효과를 높이기 위해 노력한다

다문화가족 부모상담의 효과를 높이기 위해 구체적인 상담 기술들을 개발할 필요가 있다(교육과학기술부·중앙다문화교육센터, 2013; 여성가족부, 2010).

① 상담과정에서 발생할 수 있는 언어적 장벽을 해결하는 방안을 마련한다. 이를 위해 통역자 또는 통역 서비스를 활용하거나 행동적 기법이나 매체 등을 사용하여 언어에 의존하는 것을 줄이는 방안을 마련한다.

다문화가족지원포털 다누리 / 다문화가족지원센터 통역·번역 서비스

- 지원내용 : 베트남어, 중국어, 영어, 타갈로그어, 몽골어, 태국어, 러시아어, 인도네시아어, 캄보디아어, 일본어, 네팔어 등 센터별 1~4개 언어로 통역·번역 서비스 지원
- 이용대상 : 다문화가족, 다문화가족을 직간접적으로 지원하는 개인 또는 기관
- 비용 : 무료

출처 : https://www.liveinkorea.kr/portal/KOR/page/contents.do

② 다문화가족 부모상담에서는 부모가 가진 문화적 배경이나 문제 등을 구체적으로 이해할 수 있도록 좀 더 구조화된 기법이나 질문을 사용한다.

예 '아이들이 밥을 먹지 않겠다고 떼를 쓸 때 베트남 부모님들은 주로 어떻게 하시나요?'

예 '중국에서는 어머니와 아버지가 자녀 양육이나 가사 분담 등을 어떻게 하시나요?'

예 '부모님이 모국에서 학교에 다니실 때 선생님들은 주로 어떻게 훈육하셨나요?'

③ 문화적으로 다른 다문화가족 부모상담에서는 정서적인 측면에 초점을 두기보다는 좀 더 구조적이고 지시적인 접근을 사용하고 이러한 접근을 적용할 수 있는 기술들을 익히도록 한다.

④ 내담자의 개인적 행동과 감정에 관련된 것뿐 아니라 내담자의 행동과 상황에 영향을 주는 단체나 조직에 대한 개입전략을 포함한다.

⑤ 다문화가족의 문화에 대한 지식을 얻기 위해 다른 문화적 배경을 가진 사람들과 접촉할 필요가 있다.

⑥ 종교지도자, 집안의 가장, 내담자가 인정하는 도움을 주는 자원 등의 공동체에서 조력자로 활동하는 사람들의 의견을 존중한다.

(5) 다문화가족 부모의 고충을 이해한다

다문화가족 부모들은 결혼기대의 차이 및 문화적 차이로 인한 부부 또는 기타 가족 간 갈등, 가족생활주기에 따른 자녀 교육 등의 문제, 가족소득수준에 따른 문제, 우울과 불안 등의 심리·정서적 문제 등 다양한 어려움을 느끼게 된다(조은숙 외, 2015). 다문화가족의 결혼이민자, 귀화자들이 배우자와 겪게 되는 갈등요인은 성격 차이, 자녀 교육 또는 행동문제, 생활비 등 경제문제, 언어소통의 어려움 등으로 나타났다.

다문화가족 부모는 비다문화가족 부모와 다른 교육관을 가질 수 있으며, 한국의 학교문화에 대한 이해 부족, 문화적·심리적 위축으로 인해 자녀 교육에 대한 적극적 참여가 부족할 수 있다. 또한 자녀 양육과 관련한 문제뿐 아니라 사회문화적 적응, 부부 및 기타 가족과의 관계 및 경제적 어려움 등의 다양한 문제를 가질 수 있음을 이해하고 상담을 진행하는 것이 필요하다.

(단위 : %)

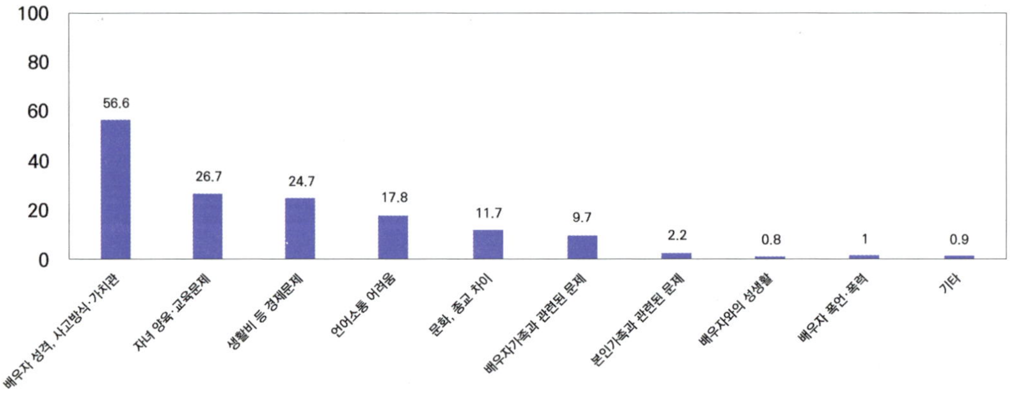

[그림 10-2] 결혼이민자·귀화자의 지난 1년간 배우자와의 갈등 이유(1+2순위)

출처 : 여성가족부(2022). 2021년 전국다문화가족 실태조사 '결혼이민자·귀화자의 지난 1년간 배우자의 갈등' 재구성.

(6) 다문화가족 부모의 개인 특징을 깊이 있게 이해한다

다문화가족 부모상담에서 비다문화가족과 다른 다문화가정이라는 상황은 상담과정에 영향을 미치게 된다. 이러한 특수한 상황 이외에도 상담 대상인 부모의 성격이나 가정 내에서의 위치, 출신국 및 출신국에서의 사회·경제적 지위, 자녀 교육에 대한 아버지의 관심도 등도 상담에 영향을 미치는 요인이 되므로 다문화가족 부모의 개인 특징에 대한 이해가 필요하다.

① 다문화가족 부모 내담자의 성격

개인의 성격은 직면하게 되는 상황에 대응할 때의 행동, 정서, 인지적 적응기제에 영향을 미치게 되므로 다문화가정 부모상담에서도 내담자의 성격 특성을 파악하는 것이 도움이 된다.

다문화가족 부모에게 성격검사를 진행하는 것은 오해의 가능성이 있을 뿐 아니라 표준화된 도구를 준비하는 것도 어려운 부분이 있다. 따라서 부모에게 직접 심리검사를 실시하지 않더라도 Costa와 Macare(1992)의 '성격의 5요인 검사'(교육과학기술부 · 중앙다문화교육센터, 2013 재인용)에서 소개하는 성격요인별 특성에 내담자의 언어와 행동을 비교하면 내담자의 성격을 이해하는 데 도움이 될 수 있다. 성격의 5요인 검사 하위요인별 설명은 <표 10−4>와 같다.

<표 10-4> 성격의 5요인 검사(Big 5 검사) 하위요인별 설명

성격요인	설 명	성격요인	설 명
신경증 (Neuroticism)	• 부모의 불안, 분노/적개심, 우울, 자의식, 충동성이 강하고 스트레스가 생기면 여러 가지 부적응 행동을 하는 경향을 말한다. • 신경증적 성향이 강할수록 부모를 도울 때, 친절하게 경청하며 상담자 자신은 안정된 태도를 보이도록 한다.	개방성 (Openness)	• 자신에게 일어나는 여러 가지 체험, 자신과 다른 감정/사고/행동을 주저없이 받아들이는 정도를 말하며, 자신과 다른 생각, 견해에도 귀 기울일 줄 아는 성향이다. • 개방성이 강한 부모에게는 솔직한 내용을 전하기가 수월할 수 있다.
외향성 (Extroversion)	• 다른 사람들에게 얼마나 따뜻하게 대하는지, 사람 만나는 것, 남 앞에서 자신의 생각을 이야기하는 것을 편안하게 생각하고, 활동적이며 긍정적인 성향을 말한다. • 부모가 충분히 외향적이면 상담을 진행하기 훨씬 수월하다.	친화성 (Agreeableness)	• 믿음직하고 솔직하고 겸손하며, 남을 배려하는 정도를 말한다. • 친화성이 강한 부모는 교사의 말 또한 신뢰하고, 교사의 부탁을 잘 이행하려고 생각하기 때문에, 부모의 친화성이 강할수록 교사의 마음은 편안할 수 있다.
		성실성 (Conscientiousness)	• 질서를 존중하고, 사리를 분별하는 것으로 보이면서도 자신이 할 일을 잘 찾아서 해내려 하며, 질서를 추구하고 자제할 줄 아는 특성을 갖는다. • 성실성이 강한 부모를 만나면 상담자가 자녀문제를 좀 더 편안한 마음으로 의논할 수 있다.

출처 : 교육과학기술부 · 중앙다문화교육센터(2013). 교사를 위한 다문화 부모 상담 길라잡이.

② 가족관계와 가족 내 부모의 위치

다문화가족의 가족형태 및 구성원 간의 관계, 가족 내 외국출신 부모의 위치에 따라 다문화가정 부모가 어떻게 자녀를 지도할지에 대한 밑그림을 그릴 수 있다. 부부중심의 가족관계이면서 부부 사이가 친밀하다면 자녀의 문제해결에 부모가 큰 역할을 할 수 있을 것이다. 또한 가족 내에서 엄마의 권한이 많이 작용한다면 어머니와 상담하는 것이 효과적일 것이며, 만약 그렇지 않은 상황이라면 가족 내에서 힘 있는 구성원을 어머니와 함께 상담에 참여하도록 하는 것이 상담의 효과를 높이는 데 도움이 될 수 있다.

③ 아버지의 자녀 교육 관심도

자녀 양육은 부모 공통의 역할이므로 다문화가족 부모상담에서도 아버지의 적극적인 참여가 필요하다. 아버지가 자녀 교육에 관심이 많거나 상담에 지속적으로 참여할 경우 문제해결에 긍정적인 영향을 미칠 수 있다. 따라서 아버지가 교육기관 및 상담에 적극적으로 참여할 수 있도록 격려하여 자녀문제에 대한 아버지의 관심이 유지될 수 있도록 한다.

④ 다문화가족 부모의 출신국과 출신국에서의 사회적 지위

다문화가족 부모의 출신국과 출신국에서의 사회·경제·문화적 수준에 따라 부모의 한국사회에 대한 인식과 경험은 차이가 있을 수 있다. 따라서 상담을 진행하는 교사는 부모의 출신국과 상관없이 부모를 만날 때 경청하는 자세를 갖고 부모의 출신국 문화를 존중하는 태도를 보이도록 한다. 또한 출신국에서의 다문화가족 부모의 교육수준이나 가정의 사회·경제적 배경에 따라 개인의 특성이 다를 수 있음을 이해한다.

다문화가족 부모 상담과정에서 부모의 행동을 예측하거나 부모에 대한 기대를 설정할 때, 부모가 갖는 개인적 특성에 따른 현실적 문제를 다각적으로 고려하는 것이 필요하다.

3) 다문화가족 부모상담 기술

다문화가족 부모상담은 일반가정의 부모상담과 마찬가지로 교사와 부모 간에 개별적이고 밀접한 만남을 통해 부모는 교육기관에서의 자녀의 행동이나 발달상황 등을 이해하게 되고 교사는 가정생활의 다양한 측면을 알게 되는 기회를 가지며 자녀의 성장을 위한 보다 효과적

인 양육 태도와 지원방안을 모색하는 데 도움이 된다. 부모상담을 진행하는 교사는 상담의 효과를 높이기 위한 유용한 상담기술을 숙지하고 다문화가족 부모의 상황 및 요구에 맞게 적용하는 것이 필요하다(교육과학기술부 · 중앙다문화교육센터, 2013; 김명연, 2014).

(1) 상담의 구조화

상담 소요시간, 상담의 목적, 비밀보장 등의 내용을 안내하여 부모가 상담과정에 대해 가질 수 있는 모호함이나 불안감을 줄일 수 있도록 한다.

(2) 상담자의 자기 표현기술

상담자는 내담자를 향해 적절한 시선 접촉을 하고 자연스럽고 편안한 경청 자세를 유지하면서 내담자에게 주의를 기울이고 있음을 언어적 · 비언어적으로 표현한다. 또한 따뜻한 목소리 톤, 어조, 적당한 대화 속도 등으로 자신을 표현한다.

(3) 내담자의 표현을 격려하는 기술

상담자는 개방적 질문을 통해 내담자인 부모들이 적극적으로 자기 개방을 할 수 있도록 한다. 또한 '아 그렇군요'와 '대단하시네요'와 같이 동조하는 모습을 보이며 내담자를 격려하거나 '~속상하셨겠군요', '~미안한 마음을 느끼셨겠어요'와 같이 내담자가 느꼈을 감정을 반영해 주고 내담자가 말한 내용을 재진술해 주어 내담자로 하여금 자신이 말한 내용에 대해 주의를 기울일 수 있도록 격려한다.

(4) 의사소통의 질을 높이기 위한 기술

상담자와 내담자의 원활한 의사소통은 내담자로 하여금 감정, 생각, 기대, 처한 상황 등을 상담자와 나누고 내담자의 감정 변화까지 일으킬 수 있으므로 중요하다.

① 공감

공감은 상담자가 내담자의 감정과 거의 같은 수준으로 이해하는 것으로 다문화가족 부모의 입장에서 바라보고 해결방안을 찾으려고 노력하는 것이 필요하다. 상담자의 공감적 태도는 내담자로 하여금 자신이 이해받는다는 느낌을 갖게 되고 상담자를 보다 신뢰하게 되어 다문화가족 부모상담이 더욱 깊이 있게 이루어질 수 있도록 한다.

② 존중

존중은 상대방을 전적으로 믿고 신뢰하는 것으로, 행동결과에 따라 가치를 정하는 것이 아니라, 사람의 존재 자체를 인정해 주는 것이다. 존중을 받은 내담자는 상대방으로부터 인정받은 조건을 채우기 위해 노력하면서 기존의 습관이나 행동을 수정하게 되며 자신을 소중한 존재로 바라보는 자세를 가지게 된다.

③ 순수성

순수성은 상담자가 상담과정에서 경험하는 순간순간의 감정이나 태도를 진솔하게 인정하고 개방하는 것으로 일치성, 즉시성과 동일한 의미를 가진다. 내담자의 순수성은 상담과정에서 상대와 동일시하며 친밀감을 가질 수 있는 기회가 될 수 있다. 상담자는 순수성을 유지하면서도 내담자의 성장을 촉진하기 위해 높은 수준의 자각, 자기수용, 인간에 대한 애정을 갖추는 것이 중요하다.

④ 진실성

상담자와 내담자의 신뢰로운 관계는 상담의 질을 높일 수 있게 된다. 상담자는 상담과정에서 언어적 메시지와 함께 표정, 눈빛 등의 비언어적 메시지를 전달하게 된다. 상담자가 내담자의 감정이나 행동 등을 자신의 기준으로 평가하게 되었을 때, 언어적 메시지와 상반된 비언어적 메시지를 보내게 되는 것에 주의가 필요하다. 따라서 상담자는 내담자의 행동 등을 평가하려 하기보다는 있는 그대로 받아들이는 진실된 모습을 보이는 것이 필요하다.

(5) 내담자의 실행력을 높이기 위한 기술 : 역할연습

역할연습은 상담자와 내담자가 현실 속의 여러 인물을 연기하며, 현실 장면을 상담 장면에서 실행해 보는 기법이다. 다문화가족 부모에게 필요한 자녀 지도방법 등을 의논하여 역할연습을 해보는 것은 실제적으로 자녀를 지도하는 데 있어 시행착오를 줄이고 안정적으로 지도할 수 있다는 점에서 효과적인 방법이라 할 수 있다.

4) 다문화가족 부모상담 사례

다문화가족 부모상담은 자녀의 교육기관에서의 생활 전반에 대한 안내를 포함하여 자녀의 생활지도 및 문제행동 지도, 바람직한 자녀 양육방법 안내 등의 내용으로 진행된다는 점에서 일반가정 부모상담과 크게 다르지 않다. 그러나 다문화가족 부모상담은 다문화가족 부모들이 갖는 어려움이나 각 가정의 문화적 특성을 이해하고, 다문화적 요소들을 고려하여 진행할 필요가 있다.

다문화가족 부모상담을 하는 경우 부모가 느끼는 어려움이나 자녀의 문제행동의 원인을 분석하고 부모의 대처방안을 구체적으로 이야기해 주어야 하며, 전문적 도움이 필요하다면 전문가 및 전문기관 연계를 적극 조치해야 한다(한국보육진흥원, 2013). 다문화가족 부모상담은 각 가정의 상황에 따라 다르게 접근할 수 있으나 일반적으로 다문화가족 부모들이 경험할 수 있는 어려움을 중심으로 한 상담 내용을 살펴보면 다음과 같다(한국보육진흥원, 2011).

(1) 자녀발달에 대한 정보가 부족한 경우

> 대부분의 아이들이 12개월이면 걷는다고 들은 현빈이 엄마는 현빈이가 12개월인데도 걷지 않는다고 걱정이 많다.
> "우리 어머니는 내가 젖이 좋지 않아서 그런 것이라고 해요." 하였다.

〈원인분석〉

영유아 발달 특징에 대한 이해가 부족한 편으로 볼 수 있다. 생후 5개월에 뒤집기를 한다거나 12개월에 걷는다는 것은 절대적인 것이 아니며 평균적인 발달을 의미하는 것이다. 아이들마다 개별적인 차이가 있으므로 어떤 아이는 10개월에 걷기도 하고 어떤 아이는 14개월에 걷기도 한다. 만약 신체발달에 있어서 특별한 지체 이유가 없다면 단지 12개월에 걷지 않는다고 해서 문제가 되는 상황이 아니다.

〈지도방안〉

- 현빈이 어머니에게 0세 출생에서 3세 정도에 이르기까지의 신체발달의 단계와 발달특징을 안내하면서 아이들마다 발달의 개별적인 차이가 있으며 대체로 어느 정도의 기간적인

편차가 있는지에 대해서 소개한다.

- 교사는 현빈이에 대해 지속적으로 관찰하면서 혹시 신체발달에 문제가 생기는 것은 아닌지를 체크하는 것도 중요하다.
- 정상적인 발달에 대해 지도해야 할 의무뿐 아니라 발달상의 문제를 조기에 발견하여 적절한 지도교육을 받을 수 있도록 하는 것은 교사의 의무이다.

(2) 자녀와의 상호작용의 중요성을 모르는 경우

소영이 엄마는 교사에게 소영이가 자기를 좋아하지 않는다고 이야기했다. 교사가 "왜 어머니를 좋아하지 않겠어요?"라고 말하자 소영이 엄마는 자기를 보면 소영이가 슬슬 눈치를 본다고 이야기하였다.
그런 이야기를 하고 있는데 소영이가 보육실에 들어왔다.
소영이 어머니는 "아냐, 나가."라고 이야기하였고 소영이는 그 이야기를 듣자마자 나가버렸다.
교사가 "소영이가 놀랐겠어요."라고 이야기하자 소영이 엄마는 왜 그렇게 이야기하냐는 표정을 지었다.
교사는 "아, 어머니, 소영이가 보육실에 들어오면 우선 반겨주시고 쓰다듬어도 주시고, 지금은 선생님과 이야기 중이니 조금만 기다려줄래? 뭐 그렇게 이야기하셨더라면 더 좋았을 것 같아요."라고 하였다.
소영이 어머니는 자기가 한국말이 서투른 데다가 원래 그렇게 말을 많이 하는 사람이 아니라고 하였다.

〈원인분석〉

이주여성의 경우 한국말이 서투르다 보니 거의 단답식으로 자녀들과 이야기하거나, 길게 설명을 하는 데 어려움이 있어 자녀가 위험에 빠지거나 다칠 것 같은 상황에서 무조건 "안 돼."라고 이야기하는 경우가 많다. 또한 상호작용은 반드시 언어적으로 해야 한다고 이해하는 것도 한 원인이 된다. 특히 영유아기의 자녀를 둔 경우 모든 상호작용이 언어적으로 이루어지는 것이 아니고 오히려 비언어적 상호작용이 여러 가지 내용을 전달하기에는 더 좋을 수 있다.

〈지도방안〉

- 자녀에 대해 민감하고 반응적으로 상호작용하는 것의 중요성을 안내하고 필요하면 상황에 따른 예를 들어 설명한다.
- 우선 자녀가 보이는 모든 신호들을 수용하고 그 의미를 적절하게 해석해 주며 그에 근거해 반응해 주도록 한다.

(3) 자녀 양육에 대해 가족구성원 간 협의가 이루어지지 않는 경우

정빈이 엄마는 정빈이가 자기 말만 안 듣는다고 이야기하였다. 집에서는 누구보다 정빈이 할머니가 양육에 대한 책임을 가지고 있었고 모든 양육에 대한 결정을 한다고 하였다. 정빈이 엄마는 정빈이와 관련하여 어떤 결정권도 없고 이를 정빈이도 안다고 하였다. 그래서 정빈이에게 무슨 이야기를 하든지, 정빈이는 듣지도 않고 어떤 때는 할머니한테 가서 '엄마가 이러이러했다'고 이르기까지 한다고 하였다.

〈원인분석〉

종종 결혼이주여성이 양육을 하는 것에 대해 확대가족의 구성원들이 신뢰하지 못하는 경우가 발견된다. 특히 이주여성이 한국말을 잘 못하거나 한국문화에 적응하지 못하였다고 여겨지면 더욱 그러하다. 아들이 오랫동안 결혼을 못하다가 결혼을 하여 늦게 손자를 보게 된 할머니들의 경우 종종 양육에 대한 모든 책임 및 결정권을 가지는 경우들이 있다.

〈지도방안〉

- 양육을 누가 주로 하느냐보다 출생 후 양육자와 정서적 애착관계를 형성하는 것이 신뢰로운 인간관계를 구축해 가는 데 중요하다는 점에서 주 양육자로서의 어머니 역할을 중요하게 인식하도록 한다.
- 무엇보다 가족 간에 자녀 양육에 대해 합의가 이루어지지 않는다면 자녀는 자신이 원하는 것을 얻기 위해 이러한 구성을 부정적으로 사용하게 되고 일관된 훈육 및 양육은 이루어지기 어렵게 된다.
- 교사는 가족구성원들로 하여금 합의된, 그리고 일관된 양육방식을 공유하도록 권하고 주 양육자인 어머니를 통해 이러한 것들이 자녀에게 전달되도록 지도한다.

(4) 한국말이 제한적이어서 생기는 부모자녀 관계 문제

벌써 한국에 이주해 온 지 10여 년이 지났지만 수란이 엄마는 유독 한국말을 배우는 것이 어려운 것 같다. 오히려 겉모습은 결혼이주여성인지 아닌지 구분이 안 될 정도임에도 불구하고 발음이나 어휘 사용이 원활하지 않아서 어려움을 겪고 있다.
수란이 엄마가 최근 들어 가장 어려워하는 부분은 수란이와의 관계이다. 수란이는 엄마에게 "말도 못하면서."라고 무시하기 일쑤이고 이러한 말들이 수란이 엄마에게 상처가 되어서 수란이 엄마가 오히려 수란이의 눈치를 보는 경우까지 생긴다.

〈원인분석〉

수란이가 엄마에게 "말도 못하면서."라고 이야기하였기 때문에 쉽게 생각하면 언어의 문제라고 생각할 수 있다. 그러나 자녀가 어머니에게 이렇게 이야기한다는 것은 이미 출생 이후부터 맺어온 관계에서 긍정적이고 안정적인 관계를 형성하지 못하였다고 볼 수 있다. 언어적인 상호작용뿐 아니라 비언어적인 표현을 자주 하도록 안내하고 함께 언어를 배우는 상황으로 지도하는 것이 좋다.

〈지도방안〉

- 다문화가족 어머니와 자녀가 함께 언어를 배우는 활동을 소개한다.
  예 자녀와 녹화된 동화를 듣고 역할놀이 활동 제안
- 비언어적으로 상호작용할 수 있는 부모자녀 관계 증진 활동을 소개한다.
  예 요리, 게임 등 자녀와 함께할 수 있는 활동 제안

(5) 자녀에게 과도하게 몰입하는 경우

승찬이 엄마는 승찬이를 너무 예뻐하는 결혼이주여성이다. 그런데 너무 예뻐하다 못해 과도하게 몰입하는 경향을 보였다. 예를 들어, 승찬이를 어린이집에 데리고 올 때 승찬이 가방을 들어주는 것은 물론이고 신발을 벗겨주고 신발장에 넣어주고는 쉽게 가지 못하고 보육실 창문에 기대어 서서 승찬이가 노는 것을 한참 보곤 하였다.

교사가 다른 아이들과 수업하는 데 방해가 될 수 있다고 이야기하면 미안해하며 집으로 돌아 갔지만 다음 날도, 그 다음 날도 쉽게 가지 못하기는 마찬가지였다.
그러던 어느 날, 엄마가 보고 있는데 승찬이와 친구들 사이에 싸움이 벌어졌다. 승찬이 엄마는 급기야 교사가 아이들과 갈등을 해결하기 위해 이야기하고 있는 상황에 불쑥 보육실로 들어와서 승찬에게 "괜찮아?", "엄마가 미안해." 등의 이야기를 하였다.

〈원인분석〉

한국에 입국한 결혼이주여성들 중 딱히 마음 붙일 곳이 없는 이주여성들은 자녀에게 모든 마음을 쏟는 경우들이 많이 있다. 더구나 결혼이주여성들은 자녀가 자기를 잘 따라주는 것에서 자존감을 찾고 그 자녀로 인해 생활의 활력을 얻을 정도로 자녀에게 몰입하게 된다.

〈지도방안〉

- 다문화가족 어머니의 마음을 이해하고 어머니가 자녀에게 가지는 관심을 우선 인정해 준다.
  예 "예쁘지요?", "집에서는 어떤 놀이를 하고 놀아요?"
- 어머니의 관심을 다소 분산시키기 위하여 놀잇감을 만드는 것을 도와 달라고 청할 수도 있고 "오늘은 집에 일찍 가셔서 승찬이 좋아하는 간식 만들어 주세요."라고 권하는 등 자녀에 대한 마음을 다른 방법으로 표현해 보도록 안내한다.

3. 다문화가족 부모교육

가정은 자녀의 성장과 발달에 중요한 영향을 미치는 환경이다. 특히 가족구성원 중에서 자녀와 밀접하게 접촉하는 부모는 자녀를 교육하고 양육하면서 부모의 가치, 신념, 특성 등을 전달하게 된다는 점에서 자녀의 발달에 미치는 부모의 영향력은 더욱 크다고 할 수 있다. 부모가 어떻게 가정환경을 마련하고 자녀와 어떻게 상호작용하는지에 따라 자녀의 건강한 성장에 영향을 미치게 된다는 점에서 각 가정이 갖는 특성을 고려한 부모역할 지원이 필요할 것이다.

1) 다문화가족 부모교육의 필요성

2021년 전국다문화가족 실태조사(여성가족부, 2022)에 의하면 다문화가족은 여러 가지 어려움에 직면하고 있는 것으로 조사되었으며, 특히 영유아기 자녀를 둔 다문화가족 부모들의 대부분은 자녀 양육과 관련하여 어려움을 느끼는 것으로 나타났다. 만 5세 이하 자녀를 둔 다문화가족 부모들이 경험하는 어려움은 '자녀에게 한국어를 직접 가르치기 어려움', '바쁘거나 아플 때 자녀를 돌봐줄 사람을 찾기 어려움', '자녀 양육에 대한 배우자, 가족과 의견 차이', '어린이집, 유치원, 학교에 대해 잘 모름' 등의 순으로 나타났다. 특히 자녀에게 한국어를 직접 가르치기 어렵다는 응답은 2018년에 비해 소폭 증가한 것으로 나타나 영유아기 자녀 양육 단계에서 한국어를 직접 가르칠 수 없는 결혼이민자·귀화자의 어려움이 여전히 지속되는 것으로 볼 수 있다. 또한 자녀 양육에 대한 배우자나 가족과의 의견 차이로 어려움을 겪는다는 응답은 2015년, 2018년, 2021년 조사에서 꾸준히 증가하고 있어 이주민의 입장에서 쉽게 해소되지 않는 어려움임을 알 수 있다.

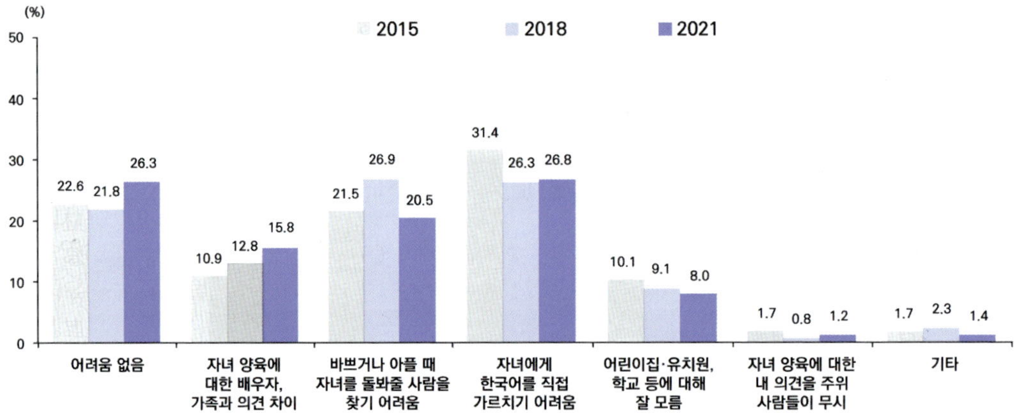

[그림 10-3] 결혼이민자·귀화자의 만 5세 이하 자녀의 부모로서 가장 어려운 점(2015, 2018, 2021)
출처 : 여성가족부(2022). 2021년 전국다문화가족 실태조사.

이와 같이 다문화가족 부모들이 경험하는 어려움은 건강한 가정환경 및 바람직한 양육에도 부정적인 영향을 미칠 수 있다는 점에서 다문화가정 부모의 어려움을 이해하고 지원할 수 있는 부모교육을 마련해야 할 것이다.

다문화가족의 어려움을 부모와 자녀 관점으로 구분하여 살펴보면 다음과 같다.

(1) 다문화가족 부모의 어려움

① 문화 차이로 인한 어려움

다문화가족의 부모들은 결혼을 통해 한국의 가족생활 및 한국문화에 적응하면서 자신이 자란 곳의 언어, 음식을 비롯하여 삶의 방식의 많은 부분을 바꾸어야 하는 과제에 직면하게 된다. 특히 별다른 지원체계 없이 홀로 낯선 곳에서 적응하는 과정은 다문화가족 부모들에게 스트레스의 요인이 될 수 있다.

문화적응과정에서의 스트레스는 정신건강상의 문제를 유발하고 자녀 양육 문제와 가족불화의 원인이 된다(정명희, 2010). 반면 다문화가정 부모의 사회문화적응은 정서적 안정을 가져오고 양육효능감을 높여 자녀 양육에 유의한 영향을 미치게 되며(김미영, 2016), 결혼이주여성에 대한 사회적 지지는 자녀 양육스트레스를 낮추고 애정적 양육 태도를 갖는 데 긍정적으로 작용한다(김혜미, 2010). 따라서 다문화가정 부모의 문화적응을 내용으로 하는 부모교육 및 다양한 사회적 지원이 마련되어야 할 것이다.

2021년 전국다문화가족 실태조사(여성가족부, 2022)에 의하면 다문화가족의 결혼이민자 및 귀화자들은 부부간 문화적 차이를 경험하는 것으로 나타났다. 그 내용을 살펴보면, 결혼이민자 및 귀화자들은 부부간 '식습관', '의사소통 방식', '자녀 양육과 교육방식', '가족행사와 가족의례' 등에서 부부간 문화 차이를 경험하고 있음을 볼 수 있다. 또한 문화적 차이를 경험하는 정도는 다문화가구유형을 비롯하여 성별, 혼인 기간, 부부간 연령 차이, 출신 국적 및 국내 거주기간 등에 따라 차이를 보이는 것으로 나타났다. 이에 다문화가족 부모의 부부간 문화적 차이에서 오는 어려움을 이해하고 지원하기 위해서는 다문화가족이 갖는 다양한 배경에 대한 이해가 우선될 필요가 있다.

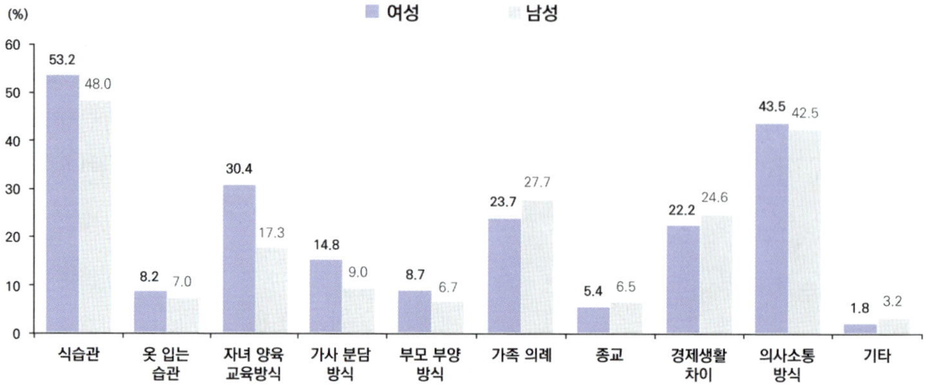

|그림 10-4| 결혼이민자 · 귀화자의 문화적 차이 유형(복수응답)

출처 : 여성가족부(2022). 2021년 전국다문화가족 실태조사.

② 의사소통(언어소통)의 어려움

언어는 가족의 가치관과 기대치를 전달하고, 애정과 보살핌을 표현하며, 규율제공 및 세상의 경험을 공유하는 데 의사소통의 주요 수단이다. 특히 자녀 양육에 있어 부모와 자녀 관계 내의 모든 복잡성을 표현할 수 있다(박은정 외, 2021)는 점에서 다문화가족 부모의 언어 사용의 어려움에 관심을 가질 필요가 있다.

2020년 이민자 체류실태 및 고용조사 결과(통계청 · 법무부, 2020)에 의하면 이민자들은 한국생활에서의 어려움으로 언어문제를 가장 크게 경험하는 것으로 나타났으며, 그 밖에 외국인 또는 귀화자인지에 따라 자녀 양육과 교육 관련 문제, 외로움 등의 순으로 어려움을 느끼는 것으로 나타났다. 이처럼 한국에서 생활하는 이민자들은 공통적으로 의사소통의 어려움을 경험하는 것으로 이해할 수 있으며, 의사소통의 어려움으로 발생할 수 있는 상황에 대한 이해가 필요하다.

더욱이 결혼이주여성이나 귀화자로 구성된 다문화가족 부모는 결혼을 통해 한국에 정착하게 된 경우가 많고 한국으로 이주하기 전에 한국어를 배울 기회가 부족하여 언어소통에 어려움을 갖게 된다. 이러한 언어소통의 문제는 서로의 감정을 정확히 전달할 수 없기 때문에 가족과 대화를 기피하게 되며, 스스로 고립되어 결혼생활 및 사회생활을 어렵게 만들어 간다(이은경, 2013). 다문화가족 부모들의 한국어 소통의 어려움은 양육스트레스를 높이고 자녀의 교육에 스스로 할 수 있는 역할이 없는 무능한 어머니라고 생각하면서 자존감을 저하시킨다(김수연, 2010; 홍은미, 2014). 반면 다문화가족 부모가 자신의 한국어 능력을 높게 평가하는 것이 양육효능감 및 부모역할만족도에 긍정적인 영향을 미친다(양정우, 2018)는 점에서 다문화가족구성원 간에 서로의 언어로 소통할 수 있도록 인식을 개선하고 방법을 모색할 수 있는 교육지원이 필요할 것이다.

(단위 : %)

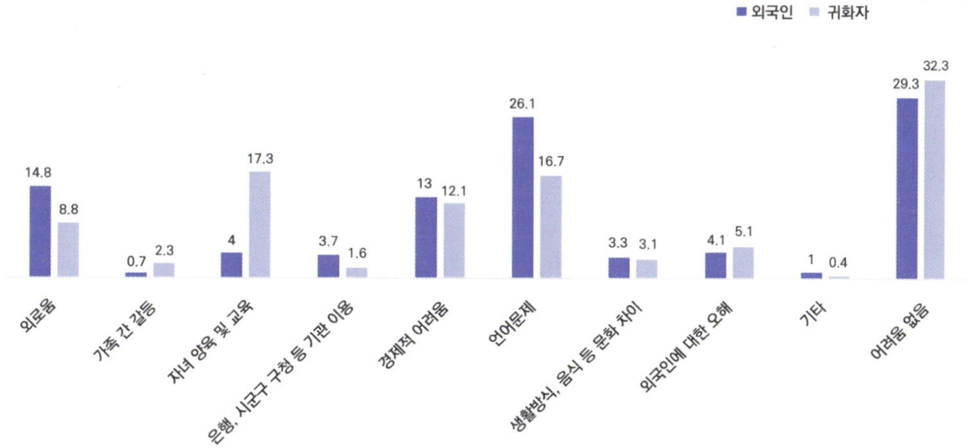

|그림 10-5| 외국국적 이주민과 귀화허가자의 한국생활에서 어려운 사항(1순위)

출처 : 통계청 · 법무부(2020). 보도자료 : 2020년 이민자체류실태 및 고용조사 결과.

③ 부모역할 수행의 어려움

부모는 자녀를 양육하면서 의식주와 관련한 일상적 지원을 비롯하여 함께 놀이하고 교육하며 자녀가 긍정적인 자아개념을 갖고 건강하게 성장하기를 기대한다. 이러한 부모의 기대는 다문화가족 부모도 다르지 않다. 그러나 다문화가족 부모는 결혼하면서 바로 자녀를 출산하게 되어 부모됨에 대한 정체성이 충분히 확립되지 않은 상태에서 부모가 되는 경우가 종종 있으며, 비다문화가족 부모와 달리 자녀 양육과 관련된 정보를 얻는 데 제약이 있어 부모역할에 대한 학습기회가 상대적으로 부족하다(한국보육진흥원, 2013). 특히 다문화가족 부모들이 낯선 문화에 적응해야 하는 과정이나 서툰 한국어로 소통해야 하는 과정에서 경험하는 어려움은 부모역할에 대한 자신감을 낮추고 자녀 양육에 대한 스트레스를 높이는 결과를 가져온다. 따라서 다문화가족 부모가 경험하는 부모역할의 어려움을 이해하고 부모역할에 대한 자신감을 높일 수 있는 지원이 필요하다.

다문화가족의 결혼이민자 및 귀화자 부모가 느끼는 양육효능감을 살펴보면, 자녀와의 관계에서 생기는 문제를 다루는 것, 자녀가 무엇을 힘들어하는지를 잘 아는 것에 대한 정서적·관계적 차원의 효능감이 좀 더 높은 데 비해, 좋은 부모가 되기 위한 지식과 방법에 대한 효능감은 남성과 여성 모두에서 다소 떨어지는 것으로 나타나 부모역할에 대한 학습기회 제공이 요구된다. 이와 관련하여 다문화가족 부모들은 가장 필요한 양육지원으로 부모교육을 제일 우선으로 꼽아 자녀의 발달에 관한 지식 등을 배울 수 있는 부모교육에 대한 욕구가 높다고 할 수 있다(박원순 외, 2019). 따라서 다문화가족 부모가 경험하는 부모역할의 어려움을 이해하고 부모역할에 대한 자신감을 높일 수 있는 다문화가족 부모교육이 필요하다.

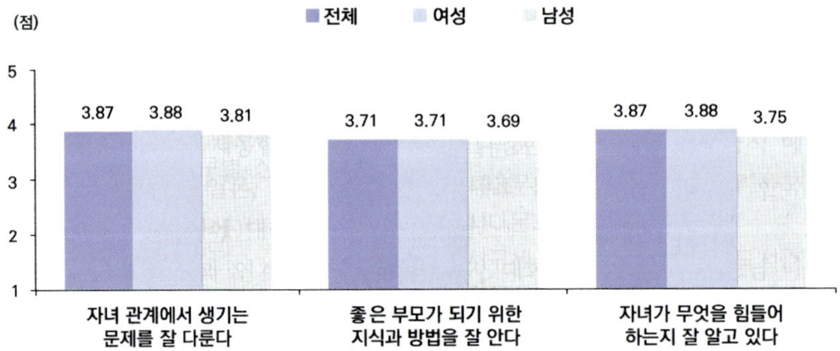

주 : 전혀 그렇지 않다=1점, 별로 그렇지 않다=2점, 보통이다=3점, 대체로 그렇다=4점, 매우 그렇다=5점

|그림 10-6| 결혼이민자·귀화자의 양육효능감 : 성별

출처 : 여성가족부(2022). 2021년 전국다문화가족 실태조사.

(2) 다문화가족 자녀의 어려움

① 언어소통의 어려움

언어는 주변 세계로부터의 다양한 정보를 이해하고 자신의 느낌, 생각을 전달하고 공유하는 수단으로 개인의 인지 및 사회・정서발달에 직간접적인 영향을 미치게 된다. 따라서 영유아기에 언어적 소통 경험의 질은 매우 중요하다.

다문화가족의 결혼이민자・귀화자 부모들은 가정에서 모국어 사용을 격려받지 못하는 경우가 많아 서툰 한국어로 자녀와 소통하게 된다. 이는 자녀와 긴밀하게 접촉하며 신뢰적인 관계를 맺어야 하는 부모−자녀 관계를 어렵게 하며 자녀의 발달에도 부정적인 영향을 미칠 수 있다. 다문화가족 자녀들은 특히 말을 배우는 시기인 영유아기에 한국어가 미숙한 다른 나라 출신의 부모와 생활하면서 언어발달이 늦어지고 또래와의 의사소통 제한, 학습부진을 비롯한 부적응 현상을 보일 수 있다(왕귀위, 2012). 특히 가정에서 자녀 양육의 대부분을 담당하고 학습을 지원하는 다문화가족 어머니들의 서툰 한국어 사용은 자녀의 학습지도를 어렵게 하는 요인이 된다. 또한 한국어에 대한 이해 및 표현 부족은 자녀의 또래 관계나 학교에서의 생활지도를 어렵게 하여 자녀가 지나치게 소극적이거나 과잉행동을 보이는 등 자녀의 사회적 발달을 저해하는 요인이 될 수 있다(이수정, 2016; 조성영, 2016).

② 정체성 혼란

부모의 출생 나라가 서로 다른 다문화가족 자녀들은 부모의 서로 다른 가치관이나 문화 차이로 정체성 혼란을 겪게 된다. 다문화가족 자녀들의 정체성 문제는 부모로부터 받게 되는 정체성 갈등으로부터 친구, 기타 사회적 관계로부터 오는 정체성 갈등으로 확대된다. 특히 다문화가족 자녀들은 부모의 일관되지 않은 서툰 한국어 사용과 모국어 사용, 무조건적으로 한국인으로 인정받고 융화되어야 한다는 부모의 강요, 부모의 무관심 등으로 상처받고 정체성 또한 흔들리게 된다(황규희, 2015). 이와 같이 정체성은 성장하면서 개인의 특성 및 다양한 영향요인에 의해 형성된다는 점에서 다문화가족 자녀의 정체성에 대한 관심이 필요하다.

또한 다문화가족 자녀들은 서로 다른 부모로부터 국가적・문화적으로 다중정체성을 갖게 되며, 자신의 다문화적 특성이나 능력 등의 문화적 자본을 활용하면서 적극적이고 긍정적인 정체성을 만들어 가는 것은 다문화가족 자녀에게 있어 강점으로 작용할 수 있다(김혜전, 2017).

따라서 다문화가족 자녀들이 서로 다른 부모의 문화 경험을 혼란 없이 받아들이고 건강하게 성장할 수 있도록 부모의 인식 개선과 다양한 사회적 지원이 제공되어야 한다.

③ 편견과 차별

다문화가족 자녀들은 가정을 벗어나 유치원이나 어린이집, 초등학교 등의 교육기관에 들어가면서 '다문화가정 자녀'라는 범주로 묶이며 자신들의 '다름', '차이'를 깨닫게 되고 다문화가정에 대한 편견과 차별을 경험한다(최대희, 2018).

다문화가족 자녀들이 경험한 편견 대상을 조사한 결과(여성가족부, 2022)에 의하면 다문화가족 자녀들은 선생님, 친척, 이웃으로부터 차별받은 경험에 비해 친구로부터 차별받은 경험이 더 많은 것으로 나타났다.

[그림 10-7] 다문화가족 자녀를 차별한 사람(2018, 2021)

출처 : 여성가족부(2022). 2021년 전국다문화가족 실태조사.

또래 집단은 또래 구성원들에게 모델 및 강화자, 상담가의 역할을 하며 준거집단으로 자신의 외모, 능력을 평가하는 판단의 기준이 된다. 또한 사회적 지지의 역할과 사회화 등의 기능을 하며 발달 전반에 중요한 영향을 미친다(김미연, 2018). 따라서 다문화가족 자녀들이 또래와 안정적으로 관계 맺고 소통할 수 있는 기회를 갖는 것이 중요하다. 또한 다문화가족 자녀들은 또래로부터의 편견이나 사회적 시선을 경험하며 남들과 다른 가정환경, 다문화가정이라는 자체에 대해 스스로 거부감, 수치심, 소외감을 느끼고 스스로를 위축시키기도 한다(조민식, 2012).

이에 다문화가족에 대한 사회의 배려와 관심이 오히려 다문화가족 자녀들에게 하나의 낙인이 되고 사회적 편견을 받게 될 수 있다는 점을 인식할 필요가 있다.

2) 다문화가족 부모교육의 목표 및 내용

부모는 자녀를 양육하면서 자녀가 올바른 가치관을 갖고 건강하게 성장하기를 기대한다. 이는 다문화가족 부모나 비다문화가족 부모 모두에게 적용되는 것으로 다문화가족 부모를 위한 부모교육 또한 비다문화가족 부모를 대상으로 하는 부모교육과 다르지 않다. 그러나 다문화가족 부모는 새로운 문화에 적응해야 하는 부담과 어려움, 능숙하지 못한 한국어로 소통해야 하는 어려움, 사회적 편견, 자녀 양육에 필요한 정보를 제대로 제공받지 못하는 어려움, 문화적 차이 및 소통의 어려움으로 인한 부모역할에 대한 자신감 상실 등의 어려움을 경험하게 된다. 따라서 다문화가족 부모교육은 일반적인 자녀 양육 외에 다문화가족의 특수성을 반영할 필요가 있다.

(1) 다문화가족 부모교육의 목표

부모교육의 궁극적인 목적은 효과적으로 부모역할을 수행하도록 지원하는 것이라고 할 수 있다. 따라서 다문화가족 부모들이 자녀의 발달단계에 따른 특징을 이해하고 자녀의 발달을 지원할 수 있는 양육기술을 습득하여 부모역할에 대한 자신감을 갖도록 지원한다(김남희, 2016; 김은하, 2011; 방혜경, 2014; 서지영, 2019; 이은경, 2013; 한서연, 2012). 이에 따른 다문화가족 부모교육의 목표는 다음과 같다.

첫째, 부모가 자녀의 올바른 정체성 형성을 도울 수 있도록 지원한다. 다문화가족의 특성상 여러 문화를 동시에 경험하면서 자신의 개별적·사회적 정체성 형성에 혼란스러워할 수 있다는 점에서 자녀가 한국인으로서의 정체성과 다른 문화인으로서 정체성 간의 균형을 잡을 수 있도록 도움을 주고 교육할 수 있도록 부모를 지원한다.

둘째, 다문화가족 자녀가 또래 및 지역사회에서 문화적 편견이나 배타적 태도를 경험할 수 있음을 인식하고 자녀의 적응을 위한 사회적 기술을 안내할 수 있도록 지원하며, 부모 스스로도 다른 사람들과 긴밀한 협력 관계를 형성하고 서로를 인정할 수 있는 개방적 자세를 가질 수 있도록 지원한다(한국보육진흥원, 2013).

셋째, 다문화가족 부와 모 간의 문화적 차이를 이해하여 서로의 수용의 폭을 넓힐 수 있도록 지원한다. 다문화가족 부부간 문화적 차이는 생활방식이나 양육방식에 갈등을 초래하고 자녀에게도 부정적으로 작용할 수 있다는 점에서 다문화가족 부부가 문화적 균형감을 가질 수 있도록 지원한다.

넷째, 자녀 양육에 대한 정보와 기술을 습득하여 부모역량을 키울 수 있도록 지원한다.

(2) 다문화가족 부모교육의 내용

다문화가족 부모교육 내용은 설정한 부모교육의 목표가 달성될 수 있도록 계획한다. 다문화가족의 특성을 반영하고 일반적인 부모역량 강화를 목표로 수행된 다문화가족 부모교육의 내용을 살펴보면 <표 10-5>와 같다.

<표 10-5> 다문화가족 부모교육의 주제 및 내용

연구자	주제 및 내용
김은하 (2011)	• 유아기 자녀의 성장발달에 따른 부모역할 • 유아기 자녀의 정신건강문제, 문제행동과 대처방법 및 훈육방법 • 효과적인 의사소통(들어주기/의사전달) • 한국교육제도와 지역서비스 활용
한서연 (2012)	• 양육효능감 : 어머니의 자아강화–자아인식, 자신감 갖기, 양육스트레스 해소 • 역할만족감 : 부모・자녀 상호작용–자녀와의 대화, 놀이 • 양육정보 습득–연령별 발달이해, 발달 촉진하기 • 양육행동 : 부모의 양육행동–생활습관 기르기, 바람직한 환경 마련하기 • 부모의 양육지도–자녀의 행동 이해와 수용, 수정하기
이은경 (2013)	• 부모로서의 자기관리 능력 : 긍정적 자기인식 갖기, 가족관계에서의 자아존중감 느끼기, 부모역할 이해하기 • 자녀와의 의사소통 능력 : 자녀의 성장발달 이해하기, 자녀의 성격유형 이해와 소통 능력 익히기, 놀이를 통한 자녀와의 상호작용 방법 익히기 • 자녀의 교육문제 해결 능력 : 창의적 인재교육 이해하기, 학교문화의 적응능력 익히기 • 생태 문화적 공감과 소통 능력 : 음악활동을 통한 대인관계 기술 익히기, 지역사회 소통을 위한 이웃관계 중요성 이해하기, 부모역할에서 소통과 공감능력 익히기, 문화적응의 실제 감각 익히기

방혜경 (2014)	• 자기인식과 자존감 높이기 • 소중한 우리가족, 아내·자녀와의 친밀한 관계 개선 • 다문화가정에서의 아버지 역할 • 베트남 문화이해 • 영아기 아버지의 양육참여 • 영아기 자녀와 상호작용 • 유아기 자녀의 언어교육 • 아빠가 읽어주는 그림책	• 아빠와 함께하는 놀이 • 자녀와의 올바른 훈육법 • 올바른 식생활 습관 • 유아의 지능에 대한 이해 • 자녀의 문제행동 지도법 • 자녀 바르게 키우기 • 자녀 교육 정보 이해 • 자녀와 대화하기 • 부부의 친밀감 확인하기 • 행복한 우리 가족
김남희 (2016)	• 조기중재의 이해 • 태내기·신생아기·영유아기 발달 • 애착, 초기관계형성 및 증진활동 • 언어발달 이해 및 발달을 위한 활동	• 기질의 이해 및 기질에 따른 양육지도 • 주의문제에 대한 이해 및 가정지원 활동 • 발달 지연의 이해 및 가정지원 활동 • 부모의 양육역량 강화
서지영 (2019)	• 자기이해 : 엄마가 된 후 달라진 점, 나의 양육 태도, 나는 어떤 엄마인가 • 자녀이해 : 자녀의 기질 확인, 적합한 양육방법 및 규칙, 자녀행동특성과 수정방법, 유아의 다양한 발달특성과 바람직한 양육환경, 자녀의 습관 기르기, 칭찬 • 관계증진 : 반영적 경청, 공감적 이해, 실천을 위한 교육과 역할극 연습 양육행동유형 확인, 자녀훈육지침, 나-전달법 이해, 역할극연습 칭찬과 격려, 자녀 행동 통제방법, 역할극 연습 • 자존감 강화 : 자존감 증진 활동 *모바일프로그램 : 유아기 자녀의 연령별 발달이해, 건강증진, 건강문제관리	

*2010년 이후 수행된 선행연구에서 선별하여 다문화가족 부모교육 내용을 재정리함.

다문화가족 부모교육에서 공통적으로 다룰 수 있는 내용을 살펴보면 다음과 같다(한국보육진흥원, 2013).

- **자녀에 대한 긍정적 태도 형성** : 자녀에 대한 긍정적인 태도와 가치를 갖게 하고 자녀의 행동에 대해 올바르게 판단할 수 있도록 한다.
- **부모역할 수행에 필요한 지식 제공** : 아동발달, 부모-자녀 관계에 대한 지식, 자녀의 발달 상황이나 기질 등 자녀의 특성을 이해하고 적절하게 지도할 수 있도록 양육행동 등에 대한 지식을 제공한다.

- **상호작용 기술과 양육기술 훈련** : 부모-자녀가 서로에 대한 감정을 적절히 표현할 수 있는 의사소통 기법이나 감정표현 기술 등 부모-자녀 관계를 강화할 수 있는 양육기술을 익힐 수 있도록 지원한다.
- **부모의 자기이해 및 통찰** : 부모의 자기이해 및 통찰은 양육 태도 형성이나 자녀발달에 영향을 미친다. 다문화가족 부모 스스로 자신의 문제가 자녀 관계나 부모역할 수행에 영향을 미치고 있지는 않은지 인지하고, 다문화에 대한 이해와 수용 정도를 정확하게 인식할 수 있는 기회를 제공한다.

제 6 부

특수한 요구를 가진 다문화가족과 영유아

CHAPTER

11 특수한 요구를 가진 다문화 가족과 영유아에 대한 이해

오늘의 이야기

[세상읽기] 다문화가정 장애아동의 현실과 사회적 노력

김경열 영산대학교 사회복지학과 교수

국가 간의 교류가 활발해지면서 다양한 인종, 민족, 종교적 특성을 가진 국가들이 많이 나타나고 있다. 우리나라 역시 결혼과 취업 그리고 교육 등의 이유로 외국인들이 활발하게 국내에서 활동하면서 점점 다문화사회로 진입하고 있다.

대통령 자문 빈부격차차별시정위원회(2006년)는 대부분의 다문화가정 아동은 언어발달 지체 및 문화 부적응으로 학교생활에서 수업에 대한 이해도가 낮으며 지나치게 소극적이거나 폭력적이고 주의력결핍 과잉행동장애(ADHD)를 보이는 정서장애까지 나타나고 있음에 주목해 다문화 배경이면서 장애를 가지고 있는 학생들을 주목하기 시작했다. 교육부가 2020년 발표한 '교육통계분석자료'에 의하면 장애아동이 있는 다문화가정은 교육·의료영역에서 이중적 어려움과 더 심각한 사회적 편견과 차별을 경험하고 있는 것으로 나타났다.

아동기에 정서적 안정감이 제대로 형성되지 않아 나타나는 아동의 부적응 행동은 심각한 사회문제로 발전할 수 있다. 다시 말해 다문화가정 아동의 심리적 고통, 집단괴롭힘, 정체성의 혼란 및 소외감 경험 등 심리적 문제들은 자살이나 문제행동 등 극단적인 문제로 발전할 가능성이 높기 때문에 이에 대한 해결 방안을 서둘러 제시해야 한다. 그러나 정부는 다문화가정을 위한 정책과 지원을 지속해서 확대하고 있지만 장애아동 또는 장애위험아동을 양육하는 다문화가정을 위한 지원을 그들의 필요를 충족시키기에 충분히 제공하지 못하고 있다. 왜 다문화가정에서 등록장애인의 수가 증가하는지에 대한 원인을 분석하고 대안을 마련하는 데 민첩해야 한다.

국민일보 정자연 기자(2024. 2. 14). 일부 발췌.
https://www.kyeonggi.com/article/20240213580093

1. 다문화 배경을 가진 한부모가족 및 영유아의 특성과 지원

1) 다문화 배경을 가진 한부모가족 및 영유아 특성

한부모가족은 부모의 이혼, 사망, 별거 등으로 부모 중 한 명의 부재가 발생하여 아버지나 어머니 중 한 사람이 부모의 역할을 수행하는 가족을 말하며, 최근 들어 다문화 배경의 한부모가족은 증가하고 있는 추세이다. 다문화 배경 한부모는 가족해체라는 심리적 어려움과 더불어 자녀의 양육을 혼자서 감당해야 한다는 부담감을 안고 살아가게 된다. 특히 다문화가족 한부모 결혼이민자나 귀화자의 경우 도움을 요청하거나 어려움을 해결하기 위한 의논 대상조차도 없다는 비율이 높은 것으로 나타났다(여성가족부, 2018). 이는 다문화 배경을 가진 한부모가족과 자녀의 건강한 성장을 돕기 위한 국가적 관심과 정책적 지원이 필요하다는 것을 의미한다. 이에 본 절에서는 다문화 배경을 가진 한부모가족과 영유아 특성 및 지원방안을 알아보고자 한다.

(1) 다문화가족 결혼, 이혼 및 출산 현황

2023년 다문화 인구동태 통계 결과(통계청, 2024)에 따르면 다문화 혼인은 20,431건으로 전년 대비 17.2% 증가하였다. 전체 결혼에서 다문화 결혼이 차지하는 비중은 2008년 11.2%를 정점으로 2016년도에 7.7%였다가 2023년 10.6%를 차지함으로써 결혼을 통한 다문화가족이 재증가하고 있음을 알 수 있다. 또한 다문화 결혼의 유형은 한국인 남편과 외국인 아내의 결합으로 이뤄진 경우가 69.8%로 가장 많았고, 남편과 아내의 연령차가 열 살 이상 차이가 나는 경우가 38.1%로 나타났다. 이를 통해 볼 때 우리나라 다문화가족은 결혼이민자 어머니와 한국인 아버지로 구성된 가족이 많은 수를 차지하고 있음을 알 수 있다.

한편 다문화가족 이혼은 8,158건으로 전체 이혼 건수 중 8.8%로 전년 대비 0.4% 증가한 것으로 나타나 다문화가족 이혼은 소폭으로 증가하고 있는 추세임을 알 수 있다. 다문화 이혼의 유형은 외국인 아내 48.5%, 귀화자 34.8%, 외국인 남편 16.6%로 나타나 다문화 한부모 모자 가정이 많을 것으로 예측된다. 다문화가족 중 이혼을 한 부부의 평균 결혼생활 기간은 10.1년이며, 외국인 및 귀화자 아내의 출신 국적 비중은 중국이 32.1%로 가장 많았으며, 베트남(26.4%), 태국(4.7%) 순으로 나타났다(통계청, 2024).

|그림 11-1| 다문화 이혼 추이

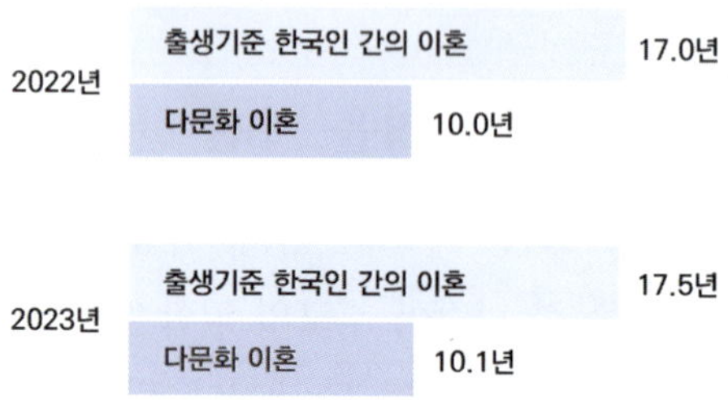

|그림 11-2| 결혼생활 지속기간

출처 : 통계청(2024). 2023년 다문화 인구동태 통계.

다문화가족의 이혼·별거 사유는 '성격 차이－경제문제－학대·폭력'인데 2015년, 2018년에 이어 2021년 조사에서도 나타나는 패턴이며, 특히 학대·폭력으로 인한 이혼·별거 응답률은 2015년 이후 지속적인 증가세(5.6% → 8.6% → 8.8%)가 이어지고 있다(여성가족부, 2022). 이러한 다문화가족 해체로 인한 결혼이민여성의 증가는 심각한 사회적 문제로 이어질 것이다. 그러므로 이혼이나 별거, 사별 등으로 한부모가 된 결혼이민자 어머니가 고국으로 돌아가지 않고 한국에서 자녀를 양육할 수 있도록 다각적인 지원방안이 마련되어야 할 것이다.

다문화가족 출생아는 12,150명이며, 이는 전체 출생아 중 5.3%의 비중으로 전년 대비 0.3% 증가한 수치이다(통계청, 2024). 다문화 출생의 유형은 외국인 모가 59.3%로 가장 많은 비율을 차지하였으며, 외국인 부 21.9%, 귀화자 18.8% 순으로 나타났다.

(2) 다문화 배경을 가진 한부모가족과 영유아 특성

다문화가족의 여성 결혼이민자는 상대적으로 어린 나이에 연령이 많은 남편과 결혼하는 경우가 많고, 한국문화에 충분히 적응하지 못한 상태에서 결혼이 이루어진다는 특성이 있다. 이러한 특성으로 여성 결혼이민자가 이혼하게 될 경우 경제적·심리적·정서적 등의 문제와 한부모 모자 가정 여성으로서의 완전하지 않은 체류자격, 사회적 네트워크, 공적 지지 결함 등의 많은 어려움으로 자녀 양육에서 안정적인 상태를 보여주지 못한다(어경준, 2021). 또한 관계의 단절과 고립, 새로운 적응의 심리·사회적 어려움, 국적취득 문제, 언어와 문화적 차이, 사회적 편견 등 어려움을 경험하기가 쉽다(이현주, 2013). 다문화 배경의 한부모가족과 영유아의 특성을 살펴보면 다음과 같다.

① 다문화 한부모 모자 가족 특성

다문화 한부모들은 가족해체 이후 상실감과 새로운 삶에 대한 자립이라는 이중적 과제를 수행해야 하는 부담감과 한국 사회 내 사회적 관계에 대한 한계가 가중되는 상황에 더하여 한부모 결혼이민여성이라는 특수한 위치에 있는 이들을 별도로 명시하지 않은 다문화가족지원법, 한부모가족지원법과 같은 법과 제도 및 경제적 배려에서 제외되어 심리적으로 어려움이 가중될 것이라는 특성이 있다(최수안 · 김영순, 2021). 다문화 배경을 가진 한부모가족의 특성을 '다문화 배경을 지닌 한부모 육아지원 방안'(육아정책연구소, 2017) 보고서에 근거하여 살펴보면 다음과 같다.

첫째, 다문화 한부모가족은 배우자가 있는 다문화가족에 비해 생활 여건, 자녀 양육, 한국 생활 적응에 취약한 것으로 나타났다. 구체적으로 다문화 한부모가족일수록 가구소득이 낮을 가능성이 높았으며, 특히 국적이 없고 사별일 경우 가구소득이 낮은 것으로 나타났다. 또한 다문화 한부모가족의 경우 건강 상태, 정신건강 등이 좋지 못한 것으로 나타났고, 배우자가 있는 가족에 비해 아프더라도 병원에 가지 못한 비율이 높았으며, 전반적인 생활 만족도도 낮았다.

둘째, 자녀 양육과 관련하여 다문화 한부모 모자 가족은 자녀와의 의사소통에서 어려움을 겪고 있는 경우가 많았으며, 부모역할에 대한 자신감도 떨어지는 것으로 나타났다. 다문화 한부모가족, 특히 이혼이나 별거로 인한 한부모가족은 다른 학부모들과 대화하기 어렵고 정보를 얻거나 학부모 모임에도 참여하는 것이 어렵다고 많이 응답하였다. 이는 다문화 한부모 결혼이주민 어머니가 사회적으로 고립되고 있으며, 자녀 양육과 교육에 대한 정보 접근에도 한계를 가질 수 있음을 의미한다.

셋째, 초등학교 이상 자녀를 둔 다문화 한부모가족의 경우에는 자녀 교육에 대한 경제적 지원의 어려움을 호소하는 비율이 높은 것으로 나타났다. 한부모가족을 이루게 된 후, 과거에 비해 힘들어진 점은 경제적으로 더 힘들어졌다는 응답이 39.4%로 가장 많았으며, 전 배우자로부터 양육비 지급은 받고 있지 않다고 응답한 사례가 77.3%나 될 뿐만 아니라 이혼 다문화가족을 위해 가장 필요한 정책은 경제적 지원이라는 조사 결과(배옥현, 2019)에 의하면 다문화 한부모가족의 경제적 어려움이 상당할 것으로 예측된다.

넷째, 한국 생활 적응에 대해서도 다문화 한부모가족은 경제적 어려움을 많이 표현하였고, 친밀한 관계에 의한 사회적 지원 부분도 배우자가 있는 가구에 비해 취약한 것으로 나타나, 취업 교육 및 일자리 소개 등의 요구가 높다는 특성이 있다.

이와 같이 다문화 한부모 모자 가족의 특성은 경제적 문제, 사회적 소외, 자녀 양육의 문제 등 전반적으로 생활과 관련한 어려움에서 찾을 수 있으며, 그 어려움은 가족의 특수성에 따라 다양하게 나타남을 알 수 있다.

② 다문화 한부모 부자 가족 특성

다문화 한부모 모자 가정은 한국어와 한국문화가 낯선 이주여성이 많은 수를 차지하며 혼자 생계와 자녀 양육 모두를 책임지며 부모역할을 모두 담당해야 하는 한부모로서 이중고를 경험한다(오혜정, 2017). 한편 한국인 아버지가 외국인 배우자와 결혼한 후 이별이나 사별로 자녀를 홀로 키우는 다문화 한부모 부자 가정은 아버지 혼자 경제활동을 하며 자녀를 양육해야 하므로 양육 공백이 발생하기 쉽다는 특성이 있다. 또한 어머니가 외국 출신이어서 자녀가 모국 문화와 단절되거나 한국어 사용에서 어려움을 가질 수 있으며, 심리적 불안을 겪을 가능성도 높을 것이다. 그러나 다문화 한부모 부자 가정에 대한 지원과 특성에 대한 관심은 미비하여 이에 대한 조사나 연구 또한 부족한 실정이다. 따라서 한부모 부자 가족 생활 실태조사를 기반으로 다문화 한부모 부자 가족 특성(김영란, 2016)을 알아보고자 한다.

첫째, 한부모 부자 가족은 양부모 가족에 비해 경제적 상황이 좋지 않으나, 모자 가족에 비해서는 높은 수준이며 자산 역시 상대적으로 더 많은 것으로 나타났다.

둘째, 한부모 부자 가족은 다른 가족유형에 비해 자녀와의 대화 단절을 자녀 양육의 어려움으로 느끼고 있었으며, 미취학 자녀와 초등학생의 돌봄은 보육시설이나 어린이집을 이용하는 경우가 많았다.

셋째, 한부모 부자 가족의 사회적 지지망은 모자 가족에 비해 낮은 것으로 나타났는데, 부자 가족은 소득기준상 정책지원 자격을 갖지 못하거나 지원제도에 대한 정보를 알아보려고도 하지 않았기 때문으로 취약계층을 위한 사회적 지지망에 대한 정보 제공이 필요하다.

넷째, 한부모 부자 가족의 남성 한부모는 현실적 변화를 수용하는 과정에서 우울증 등의 심리적 어려움을 경험하는 것으로 나타났다. 즉, 자녀를 홀로 책임져야 하는 경제적 부양과 자녀 양육자 역할에 대한 부담감 등으로 인해 심리·정서적 문제를 가진다는 것이다.

③ 다문화 한부모가족 영유아 특성

다문화 한부모가족의 자녀는 자신의 의지와는 상관없이 부모의 이혼으로 인한 최대 피해자로서 '다문화가족'이라는 소외와 '한부모가정'이라는 이중의 아픈 상처를 갖고 살아가게 된다. 이들은 부모의 이혼으로 불안정한 환경에 놓이게 되고 여러 측면에서 좋지 않은 영향을 받을 수 있으며(김기화·양성은, 2015), 한국어가 미숙한 결혼이민자 어머니와 살았을 경우 한국어 습득이 지연되거나 학습부진의 문제를 초래할 수도 있다. 또한 다문화 한부모가족의 자녀들은 아버지의 부재를 인식하게 되면서 결핍으로 인한 공포, 정서적 공허함을 가지거나 공허함이나 욕구 해소를 결혼이민자 어머니에게 의존하는 성향으로 표현되기도 한다(어경준, 2021).

결론적으로 다문화 한부모가족의 부모와 자녀는 다문화가족과 한부모가족의 특성을 동시에 지닌 가구형태로, 다양한 사회·문화적 특성이 존재함을 알 수 있다. 따라서 이들에게 적절한 맞춤형 지원 정책 마련과 다문화와 한부모가족에 대한 사회적 인식 개선이 필요하다. 무엇보다도 다문화가족과 한부모가족을 위한 통합적 지원체계가 마련되어야 할 필요가 있다.

2) 다문화 배경을 가진 한부모가족 및 영유아 지원방안

다문화 배경을 가진 한부모가족은 '다문화'와 '한부모'가족의 특성을 모두 지니며 경제적 어려움과 사회적 편견, 양육 부담, 법적 문제 등의 복합적인 어려움을 겪는다. 따라서 이들을 위한 지원은 통합적으로 이루어져야 하며 결혼이민자 어머니의 문화적 특수성에 적합한 맞춤형 지원이 필요하다. 이에 다문화 배경을 지닌 한부모 지원은 다양한 측면에서 이루어지고 있으며, 이에 대한 내용을 살펴보면 다음과 같다(육아정책연구소, 2017).

첫째, 한부모가족법에서는 국가와 지방자치단체는 한부모가족의 복지 증진과 한부모가족의 자립과 생활 향상을 위하여 노력해야 할 책임이 있음을 규정하고 있다. 둘째, 다문화 한부모가족은 가장의 급작스러운 사망으로 인해 한부모가정이 되는 경우가 많다는 점을 고려하여 남은

가족들이 심리적 충격을 해결할 수 있는 심리적 지원이 필요하다. 또한 한부모가족이 소송 등에 휘말려 법과 관련된 도움이 필요한 상황에 처할 때 한부모가족 무료 법률구조 서비스를 이용할 수 있는 체제를 마련하고 있다. 셋째, 저소득 다문화 한부모의 경제적 어려움은 공공부조와 한부모가족을 위한 복지급여를 통해 지원하고 있으며, 자립 의지를 가진 다문화 한부모에게 여성 새로 일하기 센터, 취업 성공 패키지 등과 연계한 직업훈련과 일자리 연계가 지원되고 있다. 넷째, 다문화 한부모가족의 가장 큰 어려움은 주거 문제로 저소득 다문화 한부모가족일 경우 한부모가족복지시설뿐만 아니라 주거비 지원을 받아 입주할 수 있는 기회가 점차 많아지고 임대주택과 관련된 불합리한 규정 개선도 이루어졌다. 다섯째, 한부모가족의 자녀 양육을 지원하기 위한 서비스로 긴급한 상황에서 일시 돌봄, 가사활동 지원, 정서 지원 등 전반적인 생활 도움 서비스를 제공하고 있으며, 종일제와 시간제 아이돌보미서비스, 드림스타트, 지역아동센터 등이 있다.

이와 같은 정책적 지원을 바탕으로 다문화 배경을 가진 한부모가족 및 영유아 지원을 위한 방안은 다음과 같이 정리할 수 있다.

첫째, 다문화 배경을 가진 한부모가족이 가지는 가장 큰 어려움은 경제적 어려움이다. 따라서 다문화가족 결혼이주민 어머니가 영유아기 자녀를 양육하는 데 소요되는 비용을 현실화하여 지원해야 한다. 또한 다문화 한부모 결혼이주민 어머니의 경제 능력 강화를 위한 취업 교육 및 직업 훈련 프로그램을 운영하거나 맞춤형 일자리를 연결해 주어야 한다. 무엇보다도 국적 취득 전 한부모 결혼이민자 어머니들이 안정적인 경제활동을 할 수 있는 방안이 우선적으로 마련되어 한부모 결혼이민자 어머니들이 마음 편하게 자녀를 양육할 수 있어야 한다. 둘째, 다문화 한부모가족의 영유아 양육과 교육, 정서 지원에 대한 전문적인 지원 서비스를 제공해야 한다. 즉, 자녀와의 정서적 교류나 양육방식, 교육에 대한 정보를 제공하고 필요 서비스를 지원하며, 한부모가족이 경험하는 정서적 결핍을 지원하는 가족 대상 교육과 사회적 시스템이 마련되어야 한다는 것이다. 또한 다문화 한부모가족의 영유아가 정체성 혼란을 겪지 않도록 심리상담 체제를 마련하거나 또래 관계 형성을 위한 다양한 프로그램을 운영함으로써 '다문화'와 '한부모'라는 이중고 속에서도 정서적으로 안정감을 가질 수 있도록 지원하여야 한다. 셋째, 다문화 한부모가족에 대한 사회적 인식을 개선하고 이들을 통합적으로 지원할 수 있는 네트워크가 구축되어야 한다. 구체적으로 다문화 한부모 결혼이민자 여성들에 대한 편견이나 자녀들에게 안타까운 시선을 주기보다는 훌륭하게 키울 수 있다는 긍정적인 시선으로 사회적 인식이 변화되어야 한다. 넷째, 다문화 한부모를 지원하기 위한 한부모가족지원사업에서는 한부모가정지원 생활코디네이터, 다문화가족지원센터에서는 다문화사례관리사와 다문화생활지도사, 그리고 결혼이민자 멘토링까지 여러 서비스를 제공하고 있지만 다문화 한부모가족의 특성을 고려하는 서비스 체계는 미비한 상태이다(육아정책연구소, 2017). 따라서 각기 다른 이러한 서비스를 다문화 한부모가족 특성에 맞게 연계하여 지원할 수 있는 전달체계가 마련되어야 한다. 다섯째, 다문화 한부모가족에 대한 정부의 다양한 지원과 정책이 마련되어 있음에도 불구하고 실제로 한부모 결혼이주여성이 한부모로 지원받는 것은 힘든 일이라는 조사 결과(어경준, 2021)는 다문화 한부모가족 복지제도의 확대와 활성화 및 법적·제도적 지원 강화가 필요함을 의미한다. 즉, 현재의 정책과 제도가 다문화 한부모가족을 위해 잘 운용되고 있는지를 살피고, 부족하거나 추가가 필요한 경우 서비스 확대를 모색하여 보다 적극적으로 지원될 수 있는 방안이 마련되어야 한다는 것이다. 특히 사회적 지지망에 대한 정보가 약한 한부모 부자 가족의 특성을 볼 때 다문화 한부모가족 지원 정책과 제도에 대한 홍보와 찾아가는 서비스 마련 등의 실질적인 방안이 필요하다.

결론적으로 다문화 한부모가족의 어머니나 아버지는 자녀를 양육하면서 다양한 문제에 직면하지만, 정부의 실질적인 지원 정책이 마련될 경우 안정적인 생활을 영위할 수 있다. 따라서 다문화 한부모가족을 위한 경제적 지원, 교육 및 심리 지원, 법적 보호, 사회적 인식 개선 등의 다각적인 접근이 필요하며, 이를 통해 다문화 한부모가족과 영유아가 우리 사회에서 건강하게 정착할 수 있도록 도울 수 있을 것이다.

이러한 측면에서 경상북도는 다문화 한부모가족의 요구 조사 결과를 바탕으로 9개의 추진 과제와 13개 세부 과제의 다문화 한부모가족 지원 정책 방향과 과제를 도출하였으며, 이에 대한 내용은 |그림 11-3|과 같다.

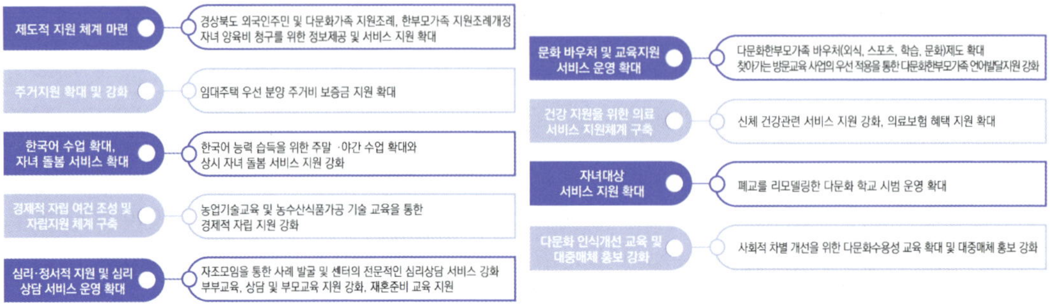

|그림 11-3| 경상북도 다문화 한부모가족 지원을 위한 정책 방향 및 과제

출처 : 배옥현(2019). 경상북도 다문화 한부모가족 지원방안 연구.

2. 다문화 배경을 가진 장애 영유아 가족 및 영유아의 특성과 지원

장애를 가진 영유아는 신체적 · 인지적 · 정서적 · 사회적 발달에서 일반 또래 유아와 차이를 보인다. 즉, 신체적 장애나 발달 지연, 감각 장애(청각 · 시각), 자폐 스펙트럼 장애(ASD), 지적 장애 및 정서 · 행동 장애 등의 장애를 가질 경우 일반 영유아와는 다른 발달 특성을 보인다는 것이다. 특히나 다문화 배경의 영유아는 '장애'와 '다문화'라는 이중적 특성으로 인해 일반 다문화가족이나 일반 장애아 가족과는 다른 특성을 가질 수 있다. 이에 본 절에서는 장애를 가진 다문화가족과 영유아 특성 및 이들을 위한 지원방안을 알아보고자 한다.

1) 다문화 배경을 가진 장애 영유아 가족 및 영유아의 특성

(1) 다문화 배경을 가진 장애 영유아 가족 특성

2021년 전국다문화가족 실태조사(2022)에 의하면 다문화가족 내 등록장애인이 있는 다문화 가구는 7.3%로 2015년 6.4%, 2018년 5.8%에 비해 높게 나타났다. 결혼이민자 가구에서는 7.2%, 기타 귀화자에서는 8.1%로 기타 귀화자 가구에서 등록장애인 가구 비율이 좀 더 높고, 지역규모별로는 읍 · 면부에서의 등록장애인 가구 비율이 가장 높게 나타났으며, 가구소득이 낮을수록 등록장애인 가구 비율 또한 높아지는 것으로 나타났다(여성가족부, 2022). 이러한 다문화가족 장애아동의 증가는 다문화가족 장애아를 위한 지원과 정책에 좀 더 많은 관심을 기울여야 함을 의미한다. 무엇보다 다문화가족 영유아의 장애와 장애 위험 요소를 조기에 파악하고 개입하는 것은 이후의 더 큰 문제를 예방하는 중요한 과정이다. 이를 위해 먼저 다문화가족 결혼이민자 어머니들이 장애 영유아를 양육하면서 어떤 경험을 하는지를 알아보고자 한다. 다문화가족 결혼이민자 어머니들의 장애아동 양육 경험은 다음과 같다(김경열, 2022).

첫째, 다문화가족 장애아동을 키우는 어머니들은 장애아동 출산에 대한 죄책감과 다문화인과 장애인에 대한 부정적인 시선 등과 같은 사회에 대한 불편으로 어려움을 가지고 있었다. 따라서 어머니들은 다문화가정에서 장애아동을 양육하는 부모로서 국가와 지방자치단체로부터 보다 많은 관심과 지원을 기대하였다.

둘째, 장애아동을 양육하는 다문화가족 어머니들은 사회에서 느끼는 불편함을 학교에서도 느낄 때 커다란 좌절감을 가지게 된다고 하였다. 이에 장애아동을 양육하는 다문화가족 결혼이민자 어머니들은 학교에서 한국어 교육을 강화하고 특수교사의 다문화교육역량이 증진되기를 원하였으며, 다양한 학생들의 수준과 특성을 고려한 교육이 이루어지기를 희망하였다.

이처럼 장애아를 양육하는 다문화가정의 부모는 일반적인 가정의 부모보다 더 많은 신체적·정서적·경제적 부담을 가지는 경우가 많다. 이에 장애아 양육 가정의 특성을 기반으로 다문화가족의 장애 영유아와 가족의 특성을 구체적으로 살펴보고자 한다.

① '다문화'와 '장애'라는 이중의 고충

우리나라에서 장애 자녀를 둔 다문화가정들은 사회적 적응이나 학교 교육과정에서 '다문화가정'이라는 점과 '자녀의 장애'라는 이중적인 특성으로 인하여 한층 더 심각한 사회적 편견과 차별 및 소외를 경험하고 있다(김기홍, 2012). 장애 자녀를 지닌 부모들은 일반가정보다 양육스트레스가 높고 심리적 소진을 겪을 가능성이 크며(박미경, 2017), 이로 인해 부모의 심리적 건강과 가족관계에도 영향을 받을 수 있다. 즉, 다문화가족 결혼이주민인 부모는 문화와 언어적 차이로 인한 어려움에 더해 장애를 가진 자녀의 양육이라는 이중, 삼중의 고를 느끼며 영유아를 양육할 가능성이 있는 것이다.

그때는 아무것도 없는 상태에서 내가 혼자 어떻게 키우는가 싶더라고요. 정말 별생각을. 정말 고아원까지도 가보고 설마 거기다 버릴 순 없더라고요. 내가 못 키우니까요. 내가 혼자 키우기에 막막하니까 언어도 모르지, 남편은 신경 안 쓰지... (참여자 2)

아이가 아파도 엄마인 내가 혼자 다 하고 의사 만나 혼자 이야기하고 내가 다 해요. 물어볼 사람 없어요. 혼자 결정하고 괴로웠어요. 왜 이런 장애아들의 부모일까. 앞으로 어떻게 살까 생각이 너무 많아서. 위로받고 싶은 사람도 없고 도와줄 사람도 없고. (참여자 5)

출처 : 한국장애인개발원(2018). 다문화가정의 장애아동 가족을 위한 지원 방안 연구.

② 장애 자녀 치료로 인한 경제적 부담

장애에 따라 차이가 있겠지만 장애아를 둔 다문화가정은 치료비, 특수교육 비용, 의료비 등으로 인해 일반가정보다 경제적 부담이 클 수 있다. 장애아동 양육은 진단과 치료비, 특수교육비 등으로 부모들에게 추가적인 부담을 줄 가능성이 있다. 또한 장애 자녀 양육을 위해 가족이 부담해야 하는 비용이 증가하여 부모 중 한 명이 경제활동을 중단하고 자녀를 돌봐야 하는 상황도 발생할 수 있어 가족관계의 불안정도 초래할 수 있다. 또한 결혼이민자 어머니의 능숙하지 못한 한국어로 인해 장애에 대한 정보 수집이 어렵고, 의사소통의 한계로 장애와 관련한 치료 서비스나 특수교육 서비스 등의 이용이 제한되어 경제적 부담이 가중될 수 있다.

주민센터에 갔어요. 한국말밖에 모르는 사회복지사를 붙들고 눈물 콧물로 하소연했어요. 돌 전에는 장애등록을 할 수도 없고 복지카드 발급도 받을 수 없다고 했어요. 아이에게 빨리 치료를 받게 해주고 싶어 언어는 통하지 않지만, 주민센터 선생님을 힘들게 해서라도 매달렸어요. 그리고 그곳에서 ○○복지관을 소개해 줬어요. 거기서 약도를 출력해 줬고 물어봐 가며 복지관을 찾아갔어요. 지도 하나 들고 찾아갔지요. (참여자 2)

재활치료가 너무나 비싸요. 약 60만 원 정도. 애 혼자서 100만 원 넘게 써야 하니까 너무 힘들었어요. 문제는 아빠도 (아이의 장애를) 인정 안 하고, 너무 어리니까. 누구도 나를 믿어주는 사람도 없고 그래도 계속할 거예요. 정말 예전보다 나아지고 있어요. (참여자 1)

출처 : 한국장애인개발원(2018). 다문화가정의 장애아동 가족을 위한 지원 방안 연구.

③ 무능감과 죄책감 속의 양육

장애 자녀를 양육하는 다문화가족 결혼이주민 어머니는 자신의 부주의와 무지, 욕심으로 자녀가 장애를 갖게 되거나 장애가 심해졌다는 미안함과 죄책감을 가지고 자녀를 양육하는 것으로 나타났다(한국장애인개발원, 2018). 이러한 다문화가족 부모가 가지는 죄책감은 장애를 키우는 일반가정의 부모들도 가지는 특성이지만, 한국어와 한국문화에 익숙하지 않은 다문화가족 결혼이주민 부모들은 장애에 대한 무지로 인하여 장애를 조기에 발견하는 데 어려울 뿐 아니라 장애 자녀 양육에 대한 지식이나 정보, 장애아 지원 서비스 등에 대한 접근이 제한되어 보다 더 큰 죄책감을 가지게 될 것이다.

> 제가 너무 몰랐어요. 왜 뒤집기를 못하는지, 왜 걸음마를 못하는지, 왜 말을 못하는지가 이해되지 않았어요. 아이가 발달이 늦으면 이상하다 생각하고 얼른 병원에 가야 하는데 그것을 몰랐어요. 제일 미안한 거는 아이가 갑자기 열이 났는데 제가 병원에 가지 않아서 아이가 열 경기를 했어요. 지금도 계속 경기 약을 먹고 있어요. (참여자 B와의 면담)
>
> 어떻게, 어디서 치료를 받아야 할지, 어떤 치료를 해줘야 하는지 좋다는 것을 알지 못했어요. 언어치료, 인지치료 이런 것 아무것도 몰랐어요. 아이에게 너무 미안해요. (참여자 A의 반성적 저널)

출처 : 주성희 · 한경임(2017). 장애아동을 둔 다문화가정 어머니의 삶.

④ 사회적 고립 가능성

장애아를 둔 다문화가족의 부모는 사회적 고립을 경험할 가능성이 높다. 일반적으로 장애아 양육에 대한 부담과 시간적 제약으로 인해 친구나 지역사회와의 교류가 줄어들며, 부모 자신이 사회적 활동에 참여하는 기회가 감소할 수 있기 때문이다(김지연, 2017). 또한 장애에 대한 사회적 편견으로 인해 가족이 차별을 경험하거나, 자녀의 장애를 가족 외의 타인에게 알리는 것에 대해 부담감을 느낄 수도 있다. 이러한 이유로 다문화가정의 부모는 자녀의 장애를 조기에 발견하고 장애인으로 등록하는 것에도 어려움을 나타낸다(경기복지재단, 2021).

> 우리 아이가 발달이 늦다고만 생각을 했지, 장애아동이라고는 생각을 안 했어요. 남편과 시누이가 아이가 발달이 늦는 것을 보고 장애 등급을 받아야겠다고 말했어요. 그때 저는 우리 아이가 장애아동이라는 것을 알게 되었어요. 처음에 저는 받아들이기가 너무 힘들었어요. (참여자 B와 아이 사진 보며 면담)
>
> 병원에서 장애라고 얘기해도 그게 치료받으면 낫는 것이구나 생각했어요. 장애가 평생 이렇게 가는 것인지 그런 생각을 못했어요. (중략) 애가 둘 다 장애가 있으니까 시댁 식구들은 아이가 장애 가진 것을 꼭 내 탓으로 생각하는 것 같이 말해요. (참여자 D와 면담)

출처 : 주성희 · 한경임(2017). 장애아동을 둔 다문화가정 어머니의 삶.

⑤ 가족 간의 역할 변화 가능성

장애아를 둔 가족에서는 부모뿐만 아니라 형제자매도 역할 변화를 경험한다는 점에서 장애 영유아를 양육하는 다문화가족은 가족 간 역할 변화를 경험할 가능성을 가진다. 장애아의 형제자매는 부모의 관심이 장애아에게 집중됨에 따라 상대적으로 소외감을 느끼거나, 조기에 책임감을 갖게 되는 경우가 많다(교육부, 2023)고 하는데, 이러한 상황이 지속될 경우 형제자매의 정서적 발달에도 영향을 미칠 수 있으며, 부모와의 관계에서도 갈등이 발생할 가능성이 있다고 한다.

이상과 같이 장애 영유아가 있는 다문화가족은 서비스 제공자와 수혜자 간의 의사소통의 한계, 장애 진단 및 서비스에 대한 정보 부족, 적절한 치료나 재활 서비스 지원 등 다양한 측면에서 어려움을 나타내고 있다(강은영 외, 2020; 이춘영 · 이재욱, 2023). 특히 다문화가정의 여성 결혼이민자는 한국어와 한국문화에 대한 교육을 받지 못한 상황에서 결혼하여 장애 자녀를 양육함으로써 더 큰 어려움에 처할 수 있음을 이해하여야 한다.

(2) 다문화 배경을 가진 장애 영유아 발달 특성

장애 영유아가 적절한 지원을 받지 못할 경우 학습뿐만 아니라 사회적 참여와 자립 능력 발달에도 제한이 생길 수 있다. 다문화가족의 장애 영유아는 일반적인 다문화유아와 비교할 때 더욱 복합적인 어려움을 겪을 수 있다. 왜냐하면 다문화가족 장애 영유아는 언어적 · 문화적 차이뿐만 아니라 장애로 인한 발달적 지원이 추가로 필요하기 때문이다. 따라서 먼저 다문화 배경을 가진 장애 영유아 특성을 이해해야 한다. 이에 대한 내용은 다음과 같다.

① 다문화가족 장애 영유아의 인지발달 특성

일반적으로 장애 영유아는 학습 속도와 방법이 또래와 다를 수 있으며, 특히 인지적 장애가 있는 경우 정보 처리, 기억력, 문제해결 능력 등에 어려움을 겪을 수 있다. 특히나 다문화가정에서 성장하는 장애아동은 언어적·문화적 배경이 일반가정의 장애아동과 다를 수 있으므로 인지발달에도 독특한 특성이 나타날 수 있다. 특히, 언어 환경의 차이와 가정 내 문화적 요소가 아동의 사고방식과 학습 과정에 영향을 미칠 수 있다(김지연, 2017). 다문화가족 장애 영유아의 인지발달 특성은 다음과 같다.

첫째, 이중언어 환경이 다문화가족 장애 영유아의 인지발달에 영향을 미칠 것이다. 다문화가족 장애 영유아는 가정에서 결혼이민자 부모의 모국어와 한국어를 동시에 접할 가능성이 크다. 다문화가족의 이중언어 환경이 긍정적으로 작용하면 메타인지 능력과 문제해결 능력이 향상될 수 있다. 그러나 두 언어 사용으로 인하여 언어적 발달이 지연되는 경우, 사물에 대한 개념 형성이나 논리적 사고가 어려울 수 있다. 특히 의사소통에 장애를 가진 경우에 이중언어 환경이 영유아의 언어 이해 및 표현에 부담을 줄 수 있다.

둘째, 다문화가족의 사회경제적 수준과 학습기회 부족이 다문화가족 장애 영유아의 인지발달에 영향을 미칠 것이다. 또한 가정과 부모의 사회경제적 지위는 의료서비스 이용 및 교육 기회에도 영향을 미칠 것이다. 이는 다문화가족의 장애 영유아에게도 적용될 수 있으며, 다문화가정의 경제적 어려움과 부모의 소통 부족으로 인해 장애에 대한 조기 진단과 개입이 지연될 가능성을 가질 수 있음을 의미한다.

셋째, 다문화가족의 문화적 차이에 따른 학습 방식의 차이가 다문화가족 영유아의 인지발달에 영향을 미칠 것이다. 다문화가족 부모가 자신의 문화적 배경으로 한국 교육 시스템에 대한 이해가 부족하게 되면, 장애를 가진 자녀에게 적절하게 학습을 지원하는 데 어려움을 겪을 수 있으며, 이러한 부모의 어려움은 다문화가족 영유아의 발달지체를 더욱 심화시키는 원인이 될 수 있다. 이처럼 인지적 성장에 필요한 자극이 충분하지 않을 경우, 아동의 학습 동기와 수행에 부정적인 영향을 미치게 된다(교육부, 2023). 이는 자칫 다문화가족 결혼이주민 부모가 가진 학습경험이 영유아의 인지발달을 저해하는 결과로 이어질 수 있다는 것이다.

② 다문화가족 장애 영유아의 언어 및 의사소통 발달 특성

다문화가족 결혼이주민 부모의 자녀 양육스트레스의 주요인은 언어문제로서 자신의 미숙한 한국어로 인해 영유아 언어발달 지원에서 많은 어려움을 겪고 있으며, 자녀와의 소통에도 어려움을 가진다. 장애를 가진 영유아의 언어 및 의사소통 발달의 특성을 알아보면 다음과 같다.

첫째, 일반적으로 다문화가족의 영유아는 가정 내에서 부모의 모국어와 한국어를 함께 접하는 이중언어 환경에서 성장하는 경우가 많다. 이러한 환경은 다문화가족 영유아의 언어발달에 긍정적인 영향을 미칠 수도 있지만, 언어입력의 일관성 부족이나 부모의 한국어 구사 능력 차이에 따라 언어발달 지연이 발생할 위험도 존재한다(김지연, 2017). 이는 다문화가족 영유아의 언어발달 지체는 후천적인 영향에 의해 영향을 받을 가능성이 있음을 의미하는 것이다. 따라서 다문화가족 장애 영유아의 언어발달 지체의 근원적인 원인에 대한 분석을 신중히 하여 교육적으로 접근해야 한다.

둘째, 장애를 가진 다문화가족 영유아의 경우 의사소통 발달에서 더욱 복합적인 어려움을 경험할 수 있다. 다문화가정 장애아동과 부모와의 대화 시간 조사(한국장애인개발원, 2018)에 따르면 아버지와 2시간 이상 대화하는 경우는 9.3%, 어머니와는 11.6%로 나타나 다문화 일반아동 가족에 비해 상대적으로 대화 시간이 적은 것으로 나타났다. 또한 언어 사용 현황 조사에서도 장애 다문화가정 아동은 38.8%가 '매우 잘한다'고 응답한 반면, 일반 다문화가정 아동은 80.3%가 '매우 잘한다'고 응답함으로써 다문화가정 장애아동의 한국어 사용도 일반 다문화가정 아동보다 낮음을 알 수 있다. 가정 내에서도 장애 영유아가 효과적으로 언어적 상호작용이 제한받을 경우 사회적 의사소통 기술 습득은 더욱 지연될 수 있다. 이러한 지연은 다문화가족 장애 영유아가 또래와 상호작용하는 데 더 큰 어려움으로 작용할 수 있다. 따라서 유치원이나 어린이집에서는 다문화가족 장애 영유아의 원활한 소통을 지원하기 위한 보완대체 의사소통(AAC) 시스템을 사용하여 장애 영유아의 소통을 지원하거나 언어치료 등의 서비스를 연계하여 제공해 주어야 한다.

셋째, 다문화가정 중 장애가 있는 아동은 내국인의 장애아동보다 대부분 언어발달이 늦다는 전문가들의 소견이 많으며, 다문화가족의 영유아기 언어발달 지연은 아이들의 인지 및 학습 발달 지연을 초래할 가능성이 높아 복합적인 장애를 가지고 있는 아동도 있다(한국장애인개발원, 2018). 특히 다문화가정의 경우 부모가 한국어보다 모국어를 더 많이 사용하는 경우가 있어, 장애 영유아가 의사소통 치료나 교육을 받을 때 언어적 혼란을 겪을 가능성이 크다(교육부, 2023). 따라서 다문화가정 장애 영유아의 언어 및 의사소통 발달을 효과적으로 지원하기 위해서는 가정과 교육기관 간의 협력이 필수적이며, 다국어 기반의 의사소통 지원 및 맞춤형 언어치료가 함께 이루어져야 한다.

③ 다문화가족 장애 영유아의 사회정서발달 특성

다문화가족 장애 영유아는 다문화적 가정 배경과 장애라는 이중적인 어려움을 가진다. 따라서 다문화가족 장애 영유아는 일반 다문화가족 영유아와 비교할 때 사회정서발달에서 독특한 특성을 보일 것이다. 일반 장애아 사회정서발달 특성에 근거한 다문화가족 장애아의 사회정서발달 특성은 다음과 같다.

첫째, 다문화가족 장애 영유아는 또래 및 성인과의 상호작용을 어려워할 것이다. 일반적으로 장애를 가진 영유아는 또래 및 성인과의 상호작용에서 어려움을 겪을 수 있기 때문이다. 특히 자폐 스펙트럼 장애(ASD) 같은 장애를 가진 영유아의 경우 사회적 단서(예 눈 맞춤, 얼굴 표정, 몸짓 언어)를 이해하는 데 어려움이 있으며, 의사소통 지연으로 인해 사회적 관계를 형성하는 데 어려움이 있다(김영석, 2020). 또한 지적 장애 아동은 또래와의 놀이 참여가 제한되거나, 협력 활동에서 소극적인 태도를 보이는 경향이 있다(이정화, 2019). 이러한 일반 장애아의 특성은 다문화가족 장애 영유아도 가지는 유사한 특성으로 이해하여야 한다. 또한 다문화가정 장애아동은 학교 공부에 흥미가 없고 친구들과 잘 어울리지 못해서 학교생활에 적응을 잘하지 못한다(한국장애인개발원, 2018). 따라서 조기 개입과 사회적 기술 훈련으로 다문화가족 장애 영유아가 심리적으로 건강하게 성장하도록 지원하여야 한다.

둘째, 다문화가족의 장애 영유아는 정서 조절을 어려워할 것이다. 일반적으로 장애를 가진 영유아는 사회적 기술이 부족하거나 정서 조절에서 어려움을 가지며, 자기감정을 인식하고 표현하는 능력이 일반아동보다 미숙할 수 있기 때문이다. 발달 지연이 있는 아동의 경우 말이 늦고 발음이 부정확한 경우가 많아(나보연, 2021), 좌절감이나 분노를 효과적으로 조절하지 못해 공격적 행동이나 회피 행동을 보일 가능성이 높다. 더욱이 다문화가족의 경우 부모 중 한 명이 결혼이주민으로 외국인일 가능성이 높아서 가정 내 언어적·문화적 차이가 존재할 수 있으며, 이는 유아의 정서적 조절과 사회적 기술 습득에도 영향을 미칠 수 있다. 즉, 한국문화와 다른 문화적 차이가 다문화가정 영유아의 사회적 기술 차이를 가져오게 됨으로써 다문화가정 영유아의 자기조절에 부정적인 영향을 주고, 이는 다시 다문화가족 영유아의 심리적 위축과 소극적 모습, 분노 등과 같은 행동으로 이어질 수 있다는 것이다.

2) 다문화 배경을 가진 장애 영유아 가족 및 영유아 지원방안

다문화 배경을 가진 장애 영유아의 가족과 영유아는 문화적·언어적 차이와 장애로 인해 복합적인 어려움, 부모의 한국어 능력 부족, 교육 및 의료서비스 접근의 제한 등으로 어려움을 겪을 가능성이 있다. 따라서 이들을 효과적으로 지원하기 위해서는 다각적인 접근이 필요하다. 이에 정부에서는 다문화가족을 대상으로 하는 정책과 지원을 지속적으로 확대하고 있으나, 장애아동이나 장애 위험 아동을 양육하는 다문화가정의 경우, 필요에 적합한 서비스를 제공받지 못하고 있는 것 또한 현실이다(한국장애인개발원, 2018). 다문화 배경을 가진 장애 영유아와 그 가족을 위한 지원방안을 살펴보면 다음과 같다.

첫째, 언어 및 의사소통 지원이 선행되어야 한다. 다문화가정 장애아동을 가르치는 특수교사의 경험을 살펴본 연구에 의하면, 다문화가정 장애아동의 교육을 원활하게 하기 위해서는 어머니의 언어능력이 선행되어야 하며, 다문화가정 아동의 장애를 진단할 때 명확한 기준과 대체할 만한 보완 도구 및 전문가의 지원체계가 구축되기를 원하는 것으로 나타났다(김경열, 2022). 한국문화와 한국어에 능숙하지 못한 채 어머니가 된 다문화가족 결혼이민자 어머니가 장애 자녀 양육과 교육에 필요한 보다 더 많은 정보와 지식을 습득해야 하지만 부족한 한국어 능력으로 인하여 제한을 받는 경우가 많을 것이다. 또한 장애 자녀를 어린이집이나 유치원에 보내면서 교사와 긴밀한 협조체제를 가져야 하지만 언어적 제한으로 인하여 소통의 어려움을 가지게 되어 결혼이민자 어머니는 물론 교사도 다문화가족 장애 영유아 교육을 부담스러워할 것이다. 따라서 다문화가족 장애 영유아 성장을 효율적으로 지원하기 위해서는 장애 부모의 원활한 소통을 지원하기 위해 한국어 교육을 강화하고 교사와의 소통 체제를 마련해 주는 것이 선행되어야 한다.

둘째, 다문화가족 영유아의 장애를 조기에 발견하고 조기에 중재할 수 있는 시스템이 마련되어야 한다. 이를 위해 다문화가족 부모가 영유아의 장애를 조기에 인식할 수 있도록 다국어로 이루어진 안내자료 제공 및 다문화가족지원센터와 연계한 부모교육을 임신기부터 확대해야 한다. 이에 2024년 교육부에서는 특수교육 운영계획에서 학생 중심의 특수교육 전달체계 내실화라는 방향성을 두고 '장애 영유아 교육지원 확대'를 목표로 장애 영유아 조기 발견과 맞춤형 지원에 대한 연속적이고 종합적인 접근을 위해 영유아 단계에서부터 체계적인 특수교육 지원을 강화할 것을 제시하고 있다. 또한 장애 위험 영유아를 대상으로 특수교육 진단, 평가를 받을 수 있도록 지원하고, 장애 위험 자녀를 양육하는 보호자에게 양육 자료를 개발하고 보급할 것을 목표로 하고 있는데(교육부, 2024), 이러한 계획이 다문화가족에게도 적용될 수 있는 방안이 마련되어야 한다.

강성리와 조현근(2025)은 국제 협약들은 다문화가정, 특히 다문화 장애아동을 포함한 모든 아동이 평등한 권리를 누릴 수 있도록 보장해야 한다는 공통된 메시지를 전달하지만 국내 법령과 정책에서 미흡한 부분이 있음을 지적하면서 국제 기준에 부합하는 법적·제도적 개선의 필요성을 다문화가족 장애아를 위한 방안으로 제시하였다. 이를 살펴보면 다음과 같다.

첫째, 현재 다문화가정 장애아동에 대한 법적 정의와 지원 제공을 위한 근거가 모호하므로 다문화가정 장애아동에 대한 법적 정의를 명확히 하고, 이들의 특수성을 반영한 지원방안 마련이 필요할 것이다. 즉, 다문화가정 장애아동에 대한 법적 정의와 지원 근거를 명확히 하기 위해, 「다문화가족지원법」, 「초·중등교육법 시행령」, 「청소년복지지원법」, 「장애인 등에 대한 특수교육법」, 「장애아동복지지원법」, 「장애인복지법」 등 법률 간 연계성 강화를 통한 법적·제도적 개선이 이루져야 한다.

둘째, 다문화가정 장애아동 현황을 정확히 파악하기 위한 실태조사 및 관련 연구 수행이 요구된다. 현재 3년마다 실시되는 다문화가족 실태조사에는 장애인 가구원을 '등록된 장애인'으로 한정하고 있어 공교육권 안에 포함되어 있지만 국적을 취득하지 못한 가정 중 장애가 있는 아동은 조사 대상에서 제외될 수밖에 없다. 즉, 현재 증가하고 있는 외국인 근로자와 중도입국 자녀를 포함하여 다문화가정 장애아동에 대한 조사를 통해 특수교육적 요구를 구체적으로 파악할 수 있는 방향을 모색해야 할 것이다.

셋째, 다문화가족 정책에서는 장애인 관련 사업을 확대해야 할 필요가 있으며, 장애인 교육 정책에서는 다문화가족이나 이주 배경 아동의 지원을 포함해야 할 필요가 있다. 또한 특수교육 분야에서는 문화적 다양성을 고려한 특수교육 요구 아동으로서 특수교육대상자 개념을 확대해 가야 할 필요가 있다.

넷째, 정부에서 추진하고 있는 장애아동 지원 종합대책(2022~2025) 4개년 계획의 '장애 위험 영유아의 발달을 지원하기 위한 교사, 학부모, 전문가 협력에 대한 정책'에서도 다문화가정의 장애 위험 영유아 선별 및 지원을 위한 논의가 함께 포함되어야 할 필요가 있다.

결과적으로, 다문화가족 장애 영유아의 원활한 성장과 발달을 위해서는 다문화가족과 유아의 특성을 고려한 맞춤형 지원이 필수적이며, 문화적 이해를 바탕으로 한 교육적·정서적 지원이 함께 이루어져야 한다. 무엇보다도 다문화가족 영유아의 장애 진전을 예방하도록 조기 발견, 중재, 교육과 의료 등의 개입이 조기에 이루어질 수 있는 정책과 서비스가 필요하며, 이를 위해 다문화가족, 지역사회기관, 교육기관, 정부가 함께 협력해야 한다.

다음은 교육부에서 수립한 2021년 장애아동 지원 종합대책에 대한 내용이다. 본 종합대책에 다문화가족 장애 영유아를 위한 내용을 구분하여 제시하지는 않았지만, 우리나라 장애아동 지원방안 방향성 이해 제고로 참조할 수 있을 것이다.

장애아동 지원 종합대책

2021. 5. 12.(수) 배포

1 **양질의 교육·보육 서비스 제공을 위해 부처 간 협조체계를 강화한다.**

○ 유치원·어린이집 특수교사 부족 문제 해소를 위해 교육부·보건복지부 합동으로 특수교사 실태조사를 실시하는 등, 장애아동이 의무교육 권리를 온전히 보장받도록 노력*한다.

* ▲어린이집 특수교사 처우 개선 및 유인책 마련 ▲장애 영유아를 위한 보육교사 자격 강화 ▲특수교사가 없는 유치원 등에 대한 순회교육 확대 등

○ 어린이집 재원 중인 장애아동도 특수교육 진단·평가를 받을 수 있도록, 어린이집과 부모에게 적극적으로 안내한다.

○ 장애아동이 적령기에 초등학교에 입학할 수 있도록 육아종합지원센터와 특수교육지원센터의 협업을 강화한다.

2 **장애 조기발견과 치료·재활 서비스에 대한 국가책임을 강화한다.**

○ 영유아 건강검진 수검률 제고*와 문진표 개선**을 통해 일상생활에서 장애를 조기에 발견할 수 있는 체계를 강화한다.

* 영유아 건강검진 정보 및 위기아동 조기발견 시스템 연계를 통해 미수검자 안내 강화

** 검진항목 횟수 확대, 검사항목 세분화 등 개선(2021. 4. 1. 시행)

○ 장애 발견 시 의료·보육기관, 부모가 체계적으로 대응할 수 있도록 지침(매뉴얼)을 마련하고, 부모 대상 상담 및 정보제공을 강화한다.

○ 또한 거주 지역에서 전문 재활치료를 받을 수 있도록 권역별 공공 어린이 재활병원*을 건립하고, 발달재활서비스 지원 개선** 및 서비스 품질 향상을 위해 지속적으로 노력한다.

* 재활병원 2개소(경남·충남), 센터 8개소(강원·충북·경북·전남·전북) 등

** 제공영역, 지원금액, 사용처 등(서비스 개선 정책 연구 실시 예정, 2021. 5.~)

3 **모든 아동들이 문화·체육·놀이를 즐길 수 있는 환경을 조성한다.**

○ 휠체어 그네 등 놀이기구 안전인증·설치기준을 마련하고, 그 설치를 활성화하기 위해 교육청·지자체와 협조체계를 구축한다.

○ 장애아동 관련 시설에 예술 강사와 장애인 생활체육 지도사를 파견하여 문화·체육 활동을 지원한다.

4 **돌봄·양육에 대한 공공서비스를 강화하여 부모의 양육부담을 경감한다.**

○ 돌봄 공백 해소를 위해 장애아가족 양육지원 서비스* 개선방안을 마련하고, 돌봄종사자 교육 등을 통해 양질의 서비스를 제공한다.

* 18세 미만 중증 장애아동 중, 기준 중위소득 120% 이하 가정에 장애아 돌보미 파견

○ 장애인 가족지원사업(현재 98개 수행기관 운영 중)* 활성화를 위한 기반을 조성하고, 장애아가족 대상 휴식 · 상담 지원을 강화한다.

* 장애아동 가족 대상 문화 · 여가 프로그램, 부모교육 · 상담 및 자조모임 결성 지원 등 지원

5 **장애아동별 맞춤형 서비스 제공을 위해 통합지원체계를 구축한다.**

○ 장애의 조기발견 홍보와 교육 · 돌봄 · 복지 · 의료 서비스 연계를 위해 지역장애아동지원센터 설치 · 운영 방안을 마련한다.

○ 장애아동 및 부모지원 관련 누리집을 개편하고, 장애아동 지원 서비스 정보를 수요자 관점에서 맞춤형으로 안내*한다.

* 개인 · 가구별 소득 · 재산 분석을 통해 맞춤형으로 복지서비스를 안내하는 '복지멤버십' 도입(2021. 9. 부터 단계적 도입)하여 장애아동에게도 맞춤형 정보 제공

○ 실효성 있는 정책 추진을 위해, 관계부처 합동으로 장애아동 전반에 대한 실태조사 등 종합통계 작성방안을 모색한다.

참고문헌

강금화(2010). 5세 다문화가정 아동과 일반가정 아동의 언어, 읽기, 음운인식 능력에 관한 연구. **언어치료연구**, 19(1), 143-158.

강성리 · 조현근(2025). 다문화 가정 장애아동 특수교육지원을 위한 국제협약 기준과 국내법 고찰. **지체 · 중복 · 건강장애연구**, 68(1), 247-262.

강신주(2007). **장자, 차이를 횡단하는 즐거움**. 서울 : 그란비.

강은영 · 이춘영 · 이재욱(2023). 다문화가족 장애아동의 사회적 지원 방안 연구. **사회복지연구**, 54(2), 101-125.

견주연 · 하은실 · 정계숙(2012). 유아 교실 내 다문화교육 수행에 대한 교사 인식 및 실제. **아동학회지**, 33(3), 177-197.

경기복지재단(2021). **경기도 다문화 장애아동 복지욕구조사 연구**. 경기 : 경기복지재단.

경북여성정책개발원(2019). **경상북도 다문화한부모가족 지원방안 연구**. 경북 : 경북여성정책개발원.

고 은(2010). 다문화가정 아동의 언어교육지원 체계 구축을 위한 모형 제안. **교육의 이론과 실천**, 15(2), 1-24.

고보선 · 성지현(2019). 유아의 사회적 위축과 유아교육기관 적응의 관계 : 교사-유아 관계 및 어머니의 자녀 또래 관계 관리전략의 조절효과. **한국심리학회지 : 발달**, 32(1), 45-67.

관계기관합동(2023). 제4차 다문화가족정책 기본계획(안). 관계기관합동.

교육과학기술부(2009a). (종일반 특성화 교육과정 운영을 위한) 유아 세계시민교육 : 활동자료. 서울 : 교육과학기술부.

____________(2011). 2011년 다문화교육 강좌 개설 지원사업 워크숍. 교육과학기술부 한국 연구재단.

교육과학기술부 · 중앙다문화교육센터(2013). **교사를 위한 다문화 부모 상담 길라잡이**. 국가평생교육진흥원.

교육부(1999). 유아를 위한 세계 이해교육 활동 지도 자료. 서울 : 교육부.

______(2019). 2019년 다문화교육지원계획. 세종 : 교육부.

______(2021). 장애아동 지원 종합대책. 세종 : 교육부.

______(2023). 출발선 평등을 위한 2023 다문화교육 지원 계획안. 세종 : 교육부.

______(2024). 2024 개정 표준보육과정[0~2세]. 교육부고시 제2024-23호.

______(2024). 2024년 교육기본통계. 세종 : 교육부.

______(2024). 2024년도 특수교육운영계획. 세종 : 교육부.

교육부・국가평생교육진흥원・중앙다문화교육센터(2018). 다문화유치원 운영 도움자료. 서울 : 국가평생교육진흥원.

교육부・보건복지부(2019). 2019 개정 누리과정 해설서. 세종 : 교육부.

교육인적자원부(2007). 유아를 위한 세계이해 및 다문화활동자료. 서울 : 교육인적자원부.

구정화・박윤경・설규주(2010). **다문화교육의 이해와 실천**. 서울 : 동문사.

구효진・최진선(2007). 농어촌 다문화가정 유아의 인지적 특성에 관한 연구. **열린유아교육연구**, 12(6), 43−67.

국가평생교육진흥원(2015). **(누리과정과 연계한) 다문화 유아 언어교육 프로그램**. 서울 : 국가평생교육진흥원.

권경숙(2013). 다문화가정 어머니들의 영아 양육에 대한 문화기술적 연구. **유아교육연구**, 34(1), 29−58.

______(2020). 다문화가정 자녀 이중언어 사용에 대한 영유아교사들의 이해와 지원. **한국유아교육 연구**, 21(4), 67−92.

권미지(2010). 다문화가정 아동과 일반아동 간 음운처리에 관한 메타언어능력의 비교 분석. 대구대학교 대학원 박사학위논문.

권순희(2009). 이중언어교육의 필요성과 정책 제안. **국어교육학연구**, 34, 57−115.

권하정・이기용(2015). 예비유아교사의 다문화 경험이 다문화 태도에 미치는 영향 : 다문화인식 의 매개효과를 중심으로. **한국교원교육연구**, 32(4), 263−283.

권형례(2010). 다문화가정 유아교육에 대한 실태 분석: 대전시 유아교육기관을 중심으로. 고려 대학교 행정대학원 석사학위논문.

김갑성(2006). 한국 내 다문화가정의 자녀교육 실태조사 연구. 서울교육대학교 대학원 석사학위논문.

김경식・권민석・김원영・박명희・박형진・서봉언・윤미정・이현철(2022). **다문화사회와 다문화교육** (제3판). 서울 : 신정.

김경열(2022). 다문화가족 장애아동의 부모 양육경험과 교사 교육경험에 관한 연구. 조선대학교 대학원 박사학위논문.

김광혁(2011). 다문화가정 아동의 발달. **사회과학논총**, 26(2), 59−75.

김기화・양성은(2015). 다문화 한부모가족 자녀의 심리적 적응과정 연구. **다문화가족연구**, 5(2), 23−45.

김기홍(2012). 한일 다문화가정 장애자녀의 양육 및 교육에 대한 일본인 어머니들의 인식 및지원 요구. **특수아동교육연구**, 14(3), 79−111.

김낙홍(2008). 예비교사를 위한 다문화교육의 지식적 기반과 교수방안에 관한 고찰. **유아교육・보육행정연구**, 12(1), 215−240.

김남국(2005). 다문화 시대의 시민: 한국사회에 대한 시론. **국제정치총론**, 45(4), 97−121.

김남희(2016). 부모지원프로그램이 다문화가정 어머니의 양육 특성 및 심리적 특성에 미치는 효과. 울산대학교 대학원 석사학위논문.

김다소미(2021). 다문화가정 어머니의 기본생활습관 지도에 대한 어려움과 요구. 성신여자대학교 교육대학원 석사학위논문.

김도영(2015). 사회경제적 지위가 건강 수준 및 의료서비스 이용에 미치는 영향에 관한 연구. **인문사회과학연구**, 16(4), 329-369.

김명연(2014). 유치원 교사의 부모상담 능력 향상을 위한 단기 교육 프로그램의 개발 및 효과. 단국대학교 대학원 박사학위논문.

김미연(2018). 또래집단 유아들의 거부아에 대한 수용변화 탐색. 중앙대학교 교육대학원 석사학위논문.

김미영(2016). 결혼이주여서의 사회문화적응과 정서적 유능감이 자녀 양육태도와 양육효능감에 미치는 영향. 단국대학교 대학원 석사학위논문.

김상림 · 안효진 · 이시자(2011). 유아 다문화교육 관련 연구동향 분석 : 국내학술지를 중심으로. **한국보육학회지**, 11(2), 147-171.

김선미(2000). 다문화 교육의 개념과 사회과 적용에 따른 문제. **사회과교육연구**, 4, 64-81.

김선화(2018). 유아교사의 다문화 인식 및 태도와 다문화교수효능감에 관한 연구. 전주대학교 교육대학원 석사학위논문.

김선희(2015). 유아교사의 다문화 교육태도가 다문화 가정 유아의 유아교육기관 적응에 미치는 영향 : 다문화 교수효능감의 매개효과. **유아교육학논집**, 19(6), 199-220.

김수연(2010). 다문화가정의 사회적응 실태분석과 정부지원정책 방안 : 국제결혼 이주여성을 중심으로. 경기대학교 대학원 박사학위논문.

김영란(2016). 한부모 부자 가족 생활 실태 조사 연구. **가족복지연구**, 21(1), 78-102.

김영미(2009). 한국 다문화사회의 초기 형성기 : 경제적 필요와 사회적 변화. **지역사회**, 61, 74-78.

김영숙(2018). 다문화가정의 언어 환경과 유아의 언어 발달 연구. 한국언어학회.

김영순 · 김선정(2020). **한국 다문화 사회의 교육과 복지실천**. 서울 : 집문당.

김영옥(1998). 반편견 교육을 위한 유아교육과정, 반편견 교육과정을 통한 인간 교육. **한국어린이육영회**, 65-74.

______(2002). **유아를 위한 다문화교육-반편견, 세계 이해 교육의 현장 적용**. 경기 : 정민사.

김영옥 · 서 현 · 박형신 · 정상녀 · 윤경선 · 박미자 · 이나영(2010). **유아다문화교육의 이론과 실제**. 서울 : 학지사.

김영춘 · 이미나(2022). 이주민 가정 남편의 결혼생활 경험에 대한 사례 연구. **아시아태평양융합연구교류논문지**, 8(9), 263-276.

김영혜(2018). 결혼이주여성의 건강문제와 정책과제. 경기도가족여성연구원「이슈분석」제122호(18-26). (재)경기도가족여성연구원.

김영희(2015). 다문화가정 영유아 발달지원 경험에 관한 질적 사례연구. 동신대학교 대학원 박사학위논문.

김윤영・조일동(2016). 결혼이주여성들의 문화차이에 다른 의료경험 : 경기도 안산시 원곡동 주민들의 사례를 중심으로. 다문화와 평화, 10(2), 69-94.

김은경(2022). 부모의 양육특성이 영유아 발달에 미치는 영향. 0, 1, 2세 비교 중심으로. 건국대학교 행정대학원 석사학위논문.

김은나(2020). 예비유아교사 대상 세계시민교육 모형 개발 및 적용. 경북대학교 대학원 박사학 위논문.

김은하(2011). 유아기 자녀를 둔 다문화가정 어머니를 위한 부모교육이 양육스트레스와 양육효능감에 미치는 효과. 부산대학교 대학원 석사학위논문.

김자희(2013). 만 3세 초롱반 다문화가정 유아의 언어활동 개선을 위한 실행연구. 성신여자대학교 교육대학원 석사학위논문.

김정미(2004). 어머니의 반응성 상호작용 특성이 발달장애 아동의 포괄적 발달행동에 미치는 긍정적 효과. 한국심리학회지 : 발달, 17(3), 25-41.

______(2012). 다문화가정 영유아 발달 위험군 조기선별 검사 개발 연구. 유아특수교육연구, 12(4), 105-123.

김정숙(2012). 프랑스의 '상호문화주의'에 대한 소고. 한국언어문화학, 9(2), 75-92.

김정신・박인숙(2013). 유아교사의 다문화교육 관련변인들 간의 관계 구조분석. 유라시아연구, 10(2). 62-85.

김주희(2022).「2019 개정 누리과정」에 기초한 유아 다문화교육에 대한 교사의 인식 및 요구도 조사. 광주교육대학교 교육대학원 석사학위논문.

김지연(2017). 다문화가정과 일반 가정의 부모 문해행동과 유아의 출현적 문해행동 간의 관계. 연세대학교 대학원 석사학위논문.

김창복・김혜원(2015). 언어의 다양성과 이중언어 사용 유아의 언어발달을 사회문화적 관점으로 이해하기. 어린이미디어연구, 14(4), 113-129.

김판희・이춘옥(2009). 유아용 다문화에 대한 인식 척도의 신뢰도 및 타당도 분석. 아동교육, 18(4), 131-142.

김현자(2010). 일반적 배경에 따른 다문화가정 유아의 유치원 적응. 영유아교육연구, 13, 83-100.

김혜금・노성향・최현정(2019). 다문화 보육과정 컨설팅 매뉴얼. 서울 : 한국보육진흥원.

김혜련(2013). 다문화가족의 건강문제와 정책과제. 한국보건사회연구원 발간자료.

김혜련・여지영・정진주・백소혜(2012). 다문화가족 여성과 아동의 건강실태 및 건강서비스 지원방안 연구. 한국보건사회연구원 연구보고서(2012-10).

김혜련・황나미(2008). 국제결혼 이주여성의 생식건강 실태와 정책과제. 서울 : 한국보건사회연구원.

김혜미(2010). 결혼이주여성의 양육태도에 영향을 미치는 심리사회적 특성에 관한 연구. 대구대학교 대학원 석사학위논문.

김혜숙(2013). 교재교구를 통한 다문화교육의 통합적 적용. 경기 : 공동체.

______(2020). 누리과정과 연계된 유아 다문화교육 프로그램. 서울 : 창지사.

______(2023). 놀이중심 유아 다문화교육. 경기 : 양서원.

김혜영・이수진(2021). 모두를 나답게 키우는 어린이집 속 다문화. 서울 : 한국보육진흥원.

김혜전(2016). 베트남 결혼이민여성 유아기 자녀의 다중정체성에 관한 질적연구. 이화여자대학교 대학원 박사학위논문.

김혜전(2021). 유아 대상 다문화교육 프로그램 효과에 대한 메타분석. 학습자중심교과교육연구, 21(13), 911-925.

김화수・이은경(2010). 취학전 다문화가정 아동의 언어발달 특성. 특수교육저널 : 이론과 실천, 11(3), 209-226.

나 현・전경숙(2017). 결혼이주여성의 임신・출산 지원서비스 이용 및 요구도 관련 요인. 보건의료산업학회지, 11(4), 77-88.

나보연(2021). 발달지연 아동에 대한 영아반 교사의 보육경험. 서울대학교 대학원 석사학위논문.

나카지마 카즈코(2012). 이중 언어와 다언어의 교육. (이미숙・조선영・장근수・송은미・황영희 공역). 서울 : 한글파크. (원본발간일 2010년)

남북하나재단(2021). 2020 탈북 청소년 실태조사. 북한 이탈주민지원재단(남북하나재단).

노보람(2024). 결혼이민자 어머니의 문화적응스트레스가 아동의 자아개념 발달에 미치는 영향 : 양육효능감과 부모지지의 이중매개효과. 열린유아교육연구, 29(5), 211-233.

도미진・김주후(2011). 다문화 가정 유아의 학교 준비도 수준과 어머니의 양육태도 사이의 관계. 유아교육보육행정연구, 15(3), 29-48.

모경환(2009). 다문화 교사교육의 현황과 과제. 한국교원교육연구, 26(4), 245-270.

문영경(2014). 어머니-유아의 정서적 가용성과 유아의 유아교육기관 적응 : 유아 의도적 통제의 매개효과 검증. 한국생활과학회지, 23(1), 15-29.

민성혜・김혜숙・강복정(2011). 다문화 보육의 이해와 적용. 서울 : 한국보육진흥원.

민성혜・임양미・김경은・이은희・김혜숙(2014). 취약보육 다문화보육프로그램 1, 2. 서울 : 보건복지부.

박경태(2008). 소수자와 한국사회. 서울 : 후마니타스.

박대식 · 마상진(2012). 농어촌 다문화가족의 사회적응 실태와 과제. 한국농촌경제연구원 농정포커스, 7호. 2012년 1월 18일 발행.

박명희 · 김경식(2012). 다문화교육 강좌를 통한 예비교사들의 다문화 역량 변화. 다문화교육연구, 5(1), 155-176.

박미경(2007). 교사를 통해 본 다문화가정 유아의 특성 및 교사의 어려움-결혼이민자 가정을 중심으로. 이화여자대학교 대학원 석사학위논문.

______(2017). 장애자녀를 둔 부모의 양육스트레스와 배우자지지, 부부갈등, 자기효능감이 결혼만족도에 미치는 자기효과와 상대방효과. 경성대학교 대학원 박사학위논문.

박순영 · 이종인 · 김희경(2007). 가정환경특성이 만 3세 유아의 성장발육에 미치는 영향. 한국아동복지학회지, 24, 91-119.

박신규 · 이성희(2015). 다문화가족의 영유아 양육환경과 발달상태에 관한 연구-전라북도 다문화 영유아교육지원방안을 위한-. 열린유아교육연구, 20(1), 159-187.

박아름 · 황상심(2022). 다문화유아 이중언어에 대한 유아교사의 인식. 언어치료연구, 31(3), 109-120.

박원순 · 구자연 · 김보미 · 임다희(2019). 이주배경 가족의 육아실태와 지원방안. 육아정책연구소.

박윤경 · 성경희 · 조영달(2008). 초 · 중등교사의 문화다양성과 다문화가정 학생에 대한 태도. 시민교육연구, 40(3), 1-28.

박은정 · 문무경 · 윤지연 · 임동선 · Weng-Feng Lai(2021). 다문화 영유아의 이중언어 발달을 위한 부모 역량강화 지원 방안. 서울 : 육아정책연구소.

박은정 · 박창현 · 조혜주(2020). 다문화 영유아 어린이집 보육 실태 및 개선방안. 연구보고 2020-05. 서울 : 육아정책연구소.

박은혜(2009). 유아 다문화교육의 방향. 다문화와 평화, 3(1), 37-60.

박재옥 · 홍길희(2020). 유아 다문화교육. 서울 : 창지사.

박정은(2007). 다문화사회에서 생각하는 모어교육(개정판). 서울 : 일지사.

박준성 · 최영진 · 정태연(2015). 다문화가정 초등학생의 학교생활적응에 관한 질적연구. 한국심리학회지 : 문화 및 사회문제, 21(4), 719-738.

박지훈(2020). 부모의 한국어 능력이 자녀의 언어 습득에 미치는 영향. 다문화교육연구.

박찬옥 · 김영중 · 황혜경 · 엄정례 · 조경서(2006). 유아사회교육. 경기 : 정민사.

박찬옥 · 이예숙(2010). 유치원 교육활동 지도서에 나타난 다문화 교육내용 및 방법 분석. 유아교육학논집, 14(6), 383-403.

박찬옥 · 지성애 · 김미경 · 이부미 · 채영란 · 김현경 · 김순자(2013). 유아 다문화교육. 서울 : 창지사.

박찬옥・황지영(2017). 다문화가정 유아의 어린이집 교실적응을 위한 실행연구. 다문화콘텐츠연구, 24, 141－195.

박현선・이체원・노연희・이상균(2012). 다문화가정의 이중언어・이중문화적 양육환경이 자녀 발달에 미치는 영향 : 어머니 양육참여의 매개 효과를 중심으로. 사회복지연구, 43(1), 365－388.

박형신・김정주・안정숙(2012). 다문화가정 유아의 개인적, 사회・문화적 환경 변인에 따른 국악능력의 특성 분석. 유아교육연구, 32(2), 5－28.

박혜림・한승규(2010). 다문화가정 자녀를 위한 이중언어교육 선호도 조사. 언어사실과관점, 26, 197－225.

방혜경(2014). 소집단 부모교육에 참여한 베트남 이민자가정 아버지들의 영유아기 자녀양육 어려움 및 변화과정. 성신여자대학교 대학원 박사학위논문.

배옥현(2019). 이혼 다문화가족의 경제적 어려움과 정책적 지원 필요성. 사회복지정책연구, 46(3), 55－77.

백인경・우민정(2014). 유아다문화교육을 위한 교사용 교재에 수록된 다문화활동 분석. 유아교육학논집, 18(6), 383－402.

보건복지부(2009). 다문화가정 영유아 사회정서 발달 증진 프로그램 개발. 서울 : 보건복지부.

_________(2013). 3세 누리과정에 기초한 어린이집 프로그램1. 서울 : 보건복지부.

_________(2013). 제3차 표준보육과정.

_________(2024). 2023년 12월 말 기준 보육통계. 세종 : 보건복지부.

봉진영(2011). 다문화가정 어머니의 자녀양육과 교사의 교육경험에 대한 탐구. 성신여자대학교대학원 박사학위논문.

서종남(2010). 다문화교육 : 이론과 실제. 서울 : 학지사.

서지영(2019). 결혼이주 베트남 여성을 위한 자녀 양육 통합프로그램의 개발 및 효과. 아주대학교 대학원 박사학위논문.

설규주(2004). 세계 시민사회의 대두와 다문화주의적 시민교육의 방향. 사회과교육, 43(4), 31－54.

설동훈・김윤태・김현미・윤홍식・이혜경・임경택・정기선・주영수・한건수(2005). 국제결혼 이주여성 실태조사 및 보건・복지 지원 정책방안. 서울 : 보건복지부.

성미영・장문수・장영은・김성석・이한나(2020). 다문화가정 유아의 한국어 교육을 위한 모바일 학습 시스템 개발. 다문화와 평화, 14(1), 113－133.

손현미・손영실・제민지(2017). 영유아 자녀를 둔 결혼이주여성의 온라인 건강정보 요구 분석. 문화예술교육연구, 12(6), 69－90.

송미경(2019). 유아교사의 다문화감수성과 다문화역량의 관계에서 다문화교수효능감의 매개효과. 방송통신대학교 대학원 석사학위논문.

송지은 · 임정하(2023). 아동기 자녀를 둔 결혼이민자 가정의 양육행동 관련 특성에 관한 고찰. **한국가족관계학회지**, 28(2), 97-124.

신미주(2008). 환경중심 언어중재가 다문화가정 발달지체 유아의 요구하기 표현언어에 미치는 효과. 단국대학교 대학원 석사학위논문.

신순식 · 김태선 · 신은정(2010). **유아교육기관 교사를 위한 다문화교육의 이론과 실제**. 경기 : 공동체.

신재흡(2024). **다양성 · 소통 · 상호작용 · 결속 시대의 다문화 교육**. 서울 : 동문사.

신현경(2009). 유아기에 적합한 다문화교육. **다문화콘텐츠연구**, 7, 81-97.

안소연(2022). 유아교사의 다문화가정 언어발달지연 유아지도 경험에 관한 질적연구. 단국대학교 특수교육대학원 석사학위논문.

안소현 · 이병인 · 배성현(2023). 유아교사의 다문화가정 언어발달지연 유아지도경험에 관한 질적 연구. **특수교육연구**, 23(2), 23-53.

안영혜(2014). 5세 유아의 초등학교 생활적응 프로그램이 학교준비도에 미치는 영향. **한국영유아보육학**, 87, 51-82.

안옥희 · 최혜정 · 하태희 · 장은실 · 김희영(2021). **다문화사회와 건강**(제2판). 서울 : 학지사메디컬.

안옥희 · 최혜정 · 황윤영 · 이경숙(2018). **다문화사회와 건강**. 서울 : 청담미디어 · (주)학지사.

안지은(2021). 영유아교사의 다문화인식, 다문화수용성, 다문화교수효능감 및 다문화교육역량 간의 관계. 한국침례신학대학교 대학원 석사학위논문.

안효자 · 이영내 · 권윤희 · 김면자 · 김미진 · 김효정 · 박수인 · 박정화 · 송민선 · 송지현 · 양수정 · 양지원 · 유시연 · 조금이(2021). **인간관계와 의사소통**(제4판). 경기 : 수문사.

양옥승(2008). **유아교육과정 탐구**. 서울 : 학지사.

______(2010). 유아 다문화교육 : 다문화주의의 의미와 적용. **유아교육연구**, 30(4), 305-219.

양옥승 · 김지현 · 최경애 · 이옥주 · 이혜원(2014). **유아다문화교육**. 경기 : 공동체.

양정우(2018). 결혼이주여성의 양육효능감이 부모역할만족도에 미치는 영향. 동국대학교 대학원 석사학위논문.

어경준(2021). 결혼이민여성의 이혼 후 자녀 양육과 사회적 적응. **한국가족사회학회지**, 35(2), 112-134.

여성가족부(2010). 다문화가족 방문상담사 매뉴얼. 서울 : 여성가족부.

_________(2018). 2018년 다문화가족 실태조사. 서울 : 여성가족부.

_________(2018). 제3차 다문화가족정책 기본계획안. 서울 : 여성가족부.

_________(2019). 2018년 전국다문화가족실태조사 연구. 서울 : 여성가족부 다문화가족과.

________(2022). 2021년 국민 다문화수용성 조사. 서울 : 여성가족부.

________(2022). 2021년 전국다문화가족 실태조사. 서울 : 여성가족부.

________(2022). 보도자료 '다문화가족 자녀의 43.9%가 청소년...학령기에 맞춤형 지원 필요성 커져-「2021년 전국 다문화가족 실태조사」 결과-'. 2022. 6. 28.(화) 배포.

________(2024). 정책브리핑 2024년 다문화 아동청소년 지원 강화한다. 2024. 1. 16.(화) 배포.

오소정 · 김영태 · 김영란(2009). 서울 및 경기지역 다문화가정 아동의 언어특성과 관련변인에 대한 기초연구. **특수교육**, 8(1), 137-161.

오연주(2018). 다문화가정 초등학생 자녀의 학교적응에 있어 다문화가족지원센터의 역할. **문화교류연구**, 7(3), 79-99.

오유미(2014). 유치원교사의 다문화역량 강화를 위한 교육프로그램 개발 및 효과 분석. 인천대학교 대학원 박사학위논문.

오재연(2012). **다문화가정 유아의 유아교육기관 초기 적응프로그램 개발 및 효과**. 서울 : 한국연구재단.

오혜정(2017). 다문화 한부모 가정의 양육환경과 사회적 지원 연구. **아동복지연구**, 19(4), 45-69.

왕귀위(2012). 다문화가정 자녀교육의 문제와 지원방안. 전북대학교 대학원 석사학위논문.

우원목(2013). 다문화가정 자녀 대상 이중언어교육의 발전방안. 상명대학교 대학원 석사학위논문.

우희정(2015). 문화적응스트레스 및 정서조절이 다문화가정 아동의 우울/불안에 미치는 영향. **한국지역사회생활과학지**, 26(3), 551-563.

원숙연 · 문정희(2016). 다문화 역량의 다차원성과 영향요인. **지방정부연구**, 19(4), 143-165.

원준희(2014). 예비유아교사의 다문화인식과 다문화교육 신념의 관계. 강원대학교 대학원 석사학위논문.

원진숙 · 김정원 · 이인재 · 남호엽 · 박상철(2018). **학교 다문화교육론**. 서울 : 사회평론아카데미.

유네스코 한국위원회(1998). **세계문화읽기**. 서울 : 심지

유승애(2009). 4, 5, 6세 다문화가정 유아의 언어발달 실태. 건국대학교 대학원 석사학위논문.

유준호 외(2020). 2020 교육(누리)과정 연계 다문화교육 수업 도움자료. 서울 : 국가평생교육진흥원.

________(2021). 2021 교육(누리)과정 연계 다문화교육 수업 도움자료. 서울 : 국가평생교육진흥원.

육아정책연구소(2011). 다문화가족 아동의 사회정서발달 연구보고서. 서울 : 육아정책연구소.

____________(2017). 다문화 배경을 지닌 한부모 육아지원 방안 연구. 서울 : 육아정책연구소.

____________(2019). 2015 전국보육실태조사. 서울 : 육아정책연구소.

윤민종(2018). 유아 교육 기관 효과 : 어린이집 경험이 유아의 언어발달에 미치는 효과. **한국교육**, 45(4), 61-83.

윤지원(2015). 여성결혼이민자의 건강상태에 영향을 미치는 요인 : 「2012년 전국다문화가족실태조사」를 중심으로. 중앙대학교 대학원 석사학위논문.

이금진 · 송준만(2008). 소집단 부모참여프로그램이 어머니와 발달지체 영유아의 상호작용행동 및 영유아의 언어능력에 미치는 영향. **특수교육학연구**, 42(4), 1-25.

이기숙 · 이경미 · 강경화(2001). 요리활동을 통한 다문화교육. **교과교육학연구**, 5(2), 21-39.

이도영 · 노기옥 · 유수영 · 윤채민 · 이진우 · 정은정(2024). **문화다양성의 이해와 실천**. 서울 : 사이플러스.

이문정(2009). 유아의 인종에 대한 인식. **생태유아교육연구**, 8(3), 175-190.

이민경 · 양계민(2011). 다문화 교육 프로그램 효과성 분석을 통한 다문화 교육 방향성 고찰. **현대사회와 다문화**, 1(2), 176-199.

이민정(2021). 다문화가정의 언어 지원을 위한 교육 프로그램 개발. 교육정책연구소.

이부미(2016). 다문화가정 부모들의 목소리 : 자녀양육 경험과 정체성 형성을 중심으로. **유아교육학논집**, 20(2), 397-418.

이선애 · 백인경 · 이로미(2021). **누리과정을 중심으로 한 유아다문화교육의 이론과 실제**. 경기 : 정민사.

이선애 · 최현정(2016). 다문화가정 어머니의 양육스트레스, 양육효능감이 양육행동에 미치는 영향. **미래유아교육학회지**, 17(3), 71-105.

이선우 · 박현선 · 이채원 · 이경숙(2013). 다문화 가정 유아의 심리사회적변인 특성 : 언어발달, 인지발달, 사회성, 모-아 상호작용. **영유아아동정신건강연구**, 8(6), 27-56.

이성희(2013). 언어발달 활성화를 위한 방안. 제4회 다문화가족 2세 지원세미나 자료집(pp. 5-16). 전북 : 남원시 다문화가족지원센터.

이수민 · 양난미 · 이아라(2021). 다문화 청소년이 학교에서 경험하는 차별에 대한 현상학적 연구. **한국콘텐츠학회논문지**, 21(5), 776-793.

이수정(2016). 다문화가정 자녀 교육에 대한 어머니와 교사의 인식. 전남대학교 대학원 석사학위논문.

이순형 · 권미경 · 최인화 · 김미정 · 김혜라 · 권윤정(2011). **유아다문화교육**. 경기 : 교문사.

이승숙(2015). 이중언어 교육지원 과정에 참여한 중국 결혼이민자가정 어머니와 자녀의 어려움 및 요구. 성신여자대학교 대학원 박사학위논문.

______(2019). 중국 결혼이민자가정 유아의 초기 이중언어 경험에 관한 연구. **유아교육연구**, 39(2), 153-178.

이승숙 · 곽승주(2012). 다문화가정 유아의 이중언어 경험 탐색 : 어머니 모국어 발달 지원을 중심으로. **유아교육학논집**, 17(4), 349-378.

이연서 · 윤갑정 · 견주연(2012). 유아다문화교육의 의미 탐색 및 실제적 제언 : 석 · 박사학위논문을 중심으로. **유아교육연구**, 32(3), 117-140.

이용승(2016). 다문화수용성 제고, 왜 그리고 어떻게 해야 하는가?. **현대사회와 다문화**, 6(1), 1-26.

이은경(2013). 다문화가정 어머니의 부모역량강화 프로그램 개발 및 적용. 중앙대학교 대학원 박사학위 논문.

이은경・김화수(2011). 다문화가정 영유아의 언어발달 양상. **특수교육재활과학연구**, 50(4), 183－201.

이은경・오성숙(2012). 어머니의 언어사용 환경에 따른 다문화가정 유아의 언어양상. **열린유아교육연구**, 17(4), 177－205.

이은미(2017). 통합적표상 접근의 유아 다문화교육프로그램 개발 및 적용. 중앙대학교 대학원 박사학위 논문.

이은숙・박형신(2016). 다문화가정 아버지의 양육스트레스와 거부적 양육태도와의 관계에서 스트레스 대처수준과 사회적 지원의 조절효과. **생태유아교육**, 15(4), 71－92.

이인경・유선경(2020). **부산지역 이주노동자 인권 현안과 정책 제언을 위한 연구**. 부산 : 부산연구원.

이정례(2015). 유아교사의 다문화민감성과 다문화역량 간의 관계. 경인교육대학교 교육대학원석사학위 논문.

이정미(2018). 은유와 자서전적 분석을 통한 유아교사의 다문화교육인식 연구. 경인교육대학교교육전문대학원 석사학위논문.

이정은(2015). 다문화가정 어머니와 유아교사 간의 의사소통 경험에 관한 연구. 광주교육대학교 교육대학원 석사학위논문.

이정화(2019). 장애아동의 또래 관계와 사회성 발달 연구. **특수교육학회지**, 37(1), 98－122.

이정환・김희진(2007). **영유아 교육의 교수 학습 방법**. 서울 : 파란마음.

이지영(2012). 다문화가정 어머니의 문화적응 스트레스와 부모 스트레스가 자녀의 부적응에 미치는 영향 : 가족기능의 조절효과를 중심으로. **한국가족복지학**, 17(2), 105－125.

이춘영・이재욱(2023). 보육 교직원의 다문화 가정 장애 위험 영유아 지원 경험에 대한 근거이론 탐구. **유아특수교육연구**, 23(4), 149－181.

이현주(2013). 다문화 한부모가족의 사회적 적응 과정 연구. **한국사회복지학회지**, 64(1), 88－109.

이혜련・이귀옥(2006). 이중언어 경험과 선택적주의능력 관계. **아동학회지**, 27(4), 55－64.

임양미・송 정・김혜금・최명희・이혜선(2011). 경기도 다문화보육프로그램. 경기도가족여성연구원.

장명림(2010). **다문화가정 부모와 유아를 위한 이중언어 학습지원 프로그램 자료집**. 연구자료 2010－19－2. 서울 : 한국교육개발원, 육아정책연구소.

장명림・장예솔・이세원(2011). **다문화가정 부모와 유아를 위한 이중언어 프로그램 시범적용 및 모니터링**(연구보고서 2011－04－2). 서울 : 한국교육개발원・육아정책연구소.

장명림・장혜진・권미경・한영숙(2011). **육아지원기관에서의 다문화가정 영유아 지원방안**. 연구보고 2011－14. 서울 : 육아정책연구소.

장영은 · 성미영 · 장문수 · 김성석 · 임아름(2019). 다문화가정 아동의 언어 관련 학술연구 동향 및 내용 분석. **다문화와 평화**, 13(3), 40-63.

장영희(1997). 유아를 위한 다문화 교육의 개념 및 교수방법에 대한 이론적 고찰. **성신연구논문집**, 35, 395-314.

장원순(2009). 한국사회에 적합한 다문화교사교육과정에 관한 연구. **사회과교육**, 48(1), 57-79.

장인실(2006). 미국 다문화교육과 교육과정. **교육과정연구**, 26(4), 27-53.

장인실 · 모경화 · 김윤주 · 박철희 · 임은미 · 조현희 · 함승환(2022). **다문화교육**. 서울 : 학지사.

장한업(2014). **다문화가족 자녀의 이중언어 교육**. 한국다문화학회 · 한국 건강가정진흥원 공동주관 심포지엄, 사회통합을 위한 다문화 정책의 방향, 31-51. 서울 : 서울대학교 호암교수회관 컨벤션센터 무궁화홀.

______(2014). **이제는 상호문화교육이다.-다문화사회의 교육적 대안-**. 경기 : 교육과학사.

정경화(2004). 어머니의 양육태도와 유아의 친사회적행동 및 인기도의 관계. 충남대학교 교육대학원 석사학위논문.

정대현 · 장지영(2009). 다문화 교육에 대한 유아교사의 신념과 실제. **유아교육학논집**, 13(1), 309-328.

정명수(2008). 유아를 위한 다문화 교육 프로그램의 구성과 적용 효과에 관한 연구. 경기대학교 대학원 박사학위논문.

정명희(2010). 결혼이주여성의 임파워먼트 변인에 관한 연구. 평택대학교 대학원 박사학위논문.

정민자 · 윤선아(2014). 다문화가정의 모의 특성과 가정환경변인이 유아 언어능력에 미치는 영향. **한국영유아보육학**, 84, 259-282.

정은정(2019). 유아교육기관에서 다문화가정유아를 교육하는 교사의 어려움 및 요구. 중앙대학교 교육대학원 석사학위논문.

정은희(2004). 농촌지역 국제결혼 가정 아동의 언어 발달과 언어 환경. **언어치료연구**, 13(3), 33-52.

정의철(2020). **다문화사회와 이주민 건강**. 서울 : 집문당.

정정희(2006). 농촌지역 결혼 이주 여성 자녀의 보육시설 적응. 대구 · 경북 RHRD연구보고서. 대구경북연구원.

정창용 · 조미영(2015). 유아교육기관에서의 부모교육에 대한 다문화가정 어머니의 담론분석. **유아교육 · 보육복지연구**, 19(3), 293-323.

조경자, 안지숙, 조은미(2017). **유아교사를 위한 다문화교육의 이해**. 경기 : 정민사.

조미영(2021). 보육교사가 경험한 다문화가정 영유아 보육의 어려움. 울산대학교 대학원 석사학위논문.

조미영 · 주영은(2013). 다문화가정 부모의 결혼의 의미와 자녀 양육의 실제. **한국보육학회지**, 13(3), 19-43.

조민식(2012). 다문화가정 자녀의 사회적 차별문제. 중앙대학교 문화콘텐츠기술연구원. 중앙대학교 문화콘텐츠기술연구원 학술대회, 12(5), 3-17.

조성연・이정희・천희영・심미경・황혜정・나종혜(2006). 아동발달의 이해. 서울 : 신정.

조성영(2016). 농촌 다문화가정 부모의 양육경험과 자녀의 성장과정 탐색. 공주교육대학교 교육대학원 석사학위논문.

조연순(1996). 세계교육(Globla Education)프로그램의 비교분석-미국, 동남아시아, 한국을 중심으로. 경희대학교 대학원 석사학위논문.

조영달(2006). 다문화교육에 대한 유아교사의 인식. 덕성여자대학교 대학원 석사학위논문.

조용환(2002). 문화인류학적 관점에서의 문화의 이해. 서울 : 학문사.

조은숙・김민경・최연실(2015). 다문화가족 상담 인력 양성과정 개발을 위한 기초 연구-다문화가족 대상 상담 업무 현황과 종사 인력의 교육 요구도를 중심으로-. 가족과 가족치료, 23(1), 89-113.

주성희・한경임(2017). 장애아동을 둔 다문화가정 어머니의 삶. 특수아동교육연구, 19(2), 243-268.

지성애・이은미(2016). 유아 다문화교육에 대한 교사의 인식 및 실태 분석. 유아교육학논집, 20(1), 5-33.

채덕희・강경화(2021). 국내 결혼이주여성의 주관적 건강상태에 영향을 미치는 요인. 한국보건간호학회지, 35(2), 224-238.

채영란・박희숙(2009). 유아교사의 다문화교육에 대한 인식과 실태에 관한 연구. 한국생활과학지, 18(3), 571-581.

채정란(1999). 다문화 교육의 관점에서 본 우리나라와 다른 나라 생활주제 분석. 한국교원대학교 대학원 석사학위논문.

채현주・김 수(2011). 어머니 역할 실습교육이 어머니됨에 미치는 효과. 여성건강간호학회지, 17(1), 52-63.

최대희(2018). '사회적 소수자'로서 다문화가정 자녀에 대한 차별과 인종주의. 전남대학교 글로벌디아스포라연구소. 전남대학교 세계한상문화연구단 국내학술회의, 2018(6), 53-67.

최미숙・김경숙・윤현숙(2008). 다문화교육활동이 유아의 반편견 인식 및 다른 문화에 대한 태도에 미치는 영향. 아동교육, 17(2), 65-79.

최수안・김영순(2021). 다문화 한부모가족의 법적・제도적 지원 실태와 개선 방향. 사회과학연구, 28(3), 67-89.

최안복(2009). 통합적 다문화 교육 프로그램이 유아의 인식 및 태도에 미치는 영향. 국민대학교 대학원 박사학위논문.

최양미 · 김보현(2020). 다문화가정 유아의 발달수준에 따른 유아교육기관 부적응 행동 분석 및 함의. 다문화와 평화, 14(3), 48–72.

최윤경 · 양미선 · 도남희 · 박혜원 · 이진숙 · 정윤정 · 이보람(2011). 다문화가족 영유아 발달 실태 및 맞춤형 지원 방안. 육아정책연구소.

최재은(2012). 다문화가정과 일반가정 유아의 자아개념과 보육시설적응 비교. 충주대학교 대학원 석사학위논문.

최정아(2015). 예비교사들의 나눔경험을 통한 국제이해 차원의 다문화교육 실행연구 : 다문화인식 변화를 중심으로. 다문화교육연구, 8(3), 79–108.

최현정(2011). 유아교사를 위한 다문화교육 연수 프로그램 구성 및 적용 효과. 중앙대학교 대학원 박사학위논문.

최혜영(2015). 다문화가정과 일반가정 유아와 아동을 대상으로 한 다문화교육 프로그램의 효과에 관한 메타분석. 한국가족자원경영학회지, 19(3), 1–16.

통계청(2020). 2019년 다문화 인구동태 통계. 통계청 보도자료.

______(2022). 이민자 체류실태 및 고용조사. 대전 : 통계청.

______(2024). 2023년 다문화 인구동태 통계. 대전 : 통계청.

통계청 · 법무부(2020). 보도자료: 2020년 이민자체류실태 및 고용조사 결과.

통일부(2021). 북한 이탈주민 정착지원 실무편람. 서울 : 통일부 정착지원과.

트투이홍늉(2021). 영유아기 자녀를 둔 베트남 출신 결혼이주여성이 경험한 자녀양육의 어려움 탐색. 중앙대학교 대학원 석사학위논문.

하숙현(2000). 다문화 교육에 대한 부모의 인식 및 양육실제 연구조사. 성균관대학교 교육대학원 석사학위논문.

하혜숙(2011). 다문화가정 학생에 대한 교사의 편견 분석 연구. 상담학연구, 12(6), 2065–2083.

한건수(2006). 농촌지역 결혼이민자 여성의 가족생활과 갈등 및 적응. 한국문화인류학, 39(1), 195–243.

한국건강가정진흥원(2011). 두근두근 첫등교(다문화가족 예비학부모를 위한 학교생활가이드북). 서울 : 한국건강가정진흥원.

__________________(2025). 건강가족센터 주요 사업 소개.

한국교육개발원(2022). 2022년 교육기본통계조사. 서울 : 한국교육개발원.

한국교육과정평가원(2008). 다문화 교육을 위한 교수 · 학습 지원 방안 연구–2. 사회과 교수 · 학습 프로그램 개발을 중심으로. 연구보고, RRI 2008–5.

한국보육진흥원(2011). 다문화 보육의 이해와 적용. 서울 : 한국보육진흥원.

______________(2013). 보육교직원을 위한 다문화보육 직무교육과정. 서울 : 한국보육진흥원.

____________(2019). 다문화 보육과정 컨설팅 매뉴얼. 서울 : 한국보육진흥원.

한국장애인개발원(2018). 다문화가정의 장애아동 가족을 위한 지원 방안 연구. 서울 : 한국장애인개발원.

한서연(2012). 다문화가정 자녀양육을 위한 부모교육 프로그램 개발. 중앙대학교 대학원 박사학위논문.

한석실(2007). 다문화 시대 유아교사교육의 방향모색, 미래유아교육학회지, 14, 29－53.

한수희・이희영・이지경(2021). 유아의 교육기관 적응에 대한 유아 자기조절력과 부모의 긍정적 양육태도 및 교사－유아 상호작용의 상대적 영향력. 인문사회과학연구, 22(1), 499－524.

한재희(2016). 한국적 다문화 상담. 서울 : 학지사.

행정안전부(2023). 2022년 외국인주민 현황 조사.

홍은미(2014). 사회적 지지의 원천 및 만족도가 결혼이주여성의 양육스트레스에 미치는 영향. 평택대학교 대학원 박사학위논문.

홍종명(2012). 다문화 이중언어 교육을 위한 탐색적 연구 : 결혼이민자 모국어 사용 양상을 중심으로. 국제지역연구, 16(3), 279－302.

황갑진(2016). 한국 다문화사회의 특성에 관한 연구. 사회과교육연구, 23(2), 49－65.

황규희(2015). 한국사회 다문화가정 자녀의 자아 정체성에 관한 연구. 부산외국어대학교 대학원 석사학위논문.

황매향・하혜숙・강지현・여태철(2014). 다문화가정 아동의 사회성 발달. 초등상담연구, 13(1), 71－96.

황보명(2003). 놀이중심의 집단 언어중재 프로그램이 언어장애 아동의 언어능력에 미치는 영향. 동서정신과학, 6(2), 227－245.

황상심(2011). 다문화아동의 언어발달 특성. 경기 : 예담.

황인애・권경숙・이승숙(2021). 영아 이중언어발달지원 활동에 참여한 다문화가정 어머니의 경험탐색. 인문사회21, 12(2), 2129－2144.

황정미(2009). 이주의 여성화 현상과 한국 내 결혼 이주에 대한 이론적 고찰. 페미니즘연구, 9(2), 1－37.

______(2010). 한국인의 다문화수용성 분석 : 새로운 성원권의 정치학 관점에서. 아세아연구, 53(4), 152－184.

황진영(2012). 한국 다문화 사회의 이중언어 교육 연구. 전남 : 전남대학교 출판부.

황현주(2020). 다문화 가정 아동 관련하여 교육기관 교사의 향후 방향성에 관한 연구. 한국동서정신과학회지, 23(1), 111－124.

황혜신・황혜정(2000). 이중언어(한국어－영어)를 하는 아동의 언어능력발달에 관한 연구. 아동학회지, 21(4), 69－79.

Anderson, R.(1999). Inpact of first language loss on grammar in a bilingual child. *Communication Disorders Quaterlty, 21*(1), 4－16.

Baker, C.(2006). 이중언어 교육 길라잡이. (정부연 역). 서울 : 넥서스. (원본발간일 1995년).

________(2010). 이중언어 교육 가이드. (정부연 역). 서울 : 넥서스. (원본발간일 1995년).

________(2014). 이중언어의 기초와 교육. (연준흠・김주은 공역). 서울 : 박이정. (원본발간일 2011년).

Baker, G. C.(1994). *Planning and Organizing for Multicultural Instruction.* Addison－Wesley.

Banks, J. A.(2006). Approaches to multicultural curriculum reform. In J. Banks & Banks(Eds.), *Multucaultural Education : Issues and perspectives*(6th ed., pp. 247－270). Needham Heights, MA : Allyn & Bacon.

__________(2010). 다문화교육 입문. (모경환 외 공역). 서울 : 아카데미프레스. (원본발간일 2008년).

Banks, J. A., & Bank, C. A. M.(Eds.)(2001). *Multiculral education : Issues and perspectives*(4th ed). New York, NY : John Wiley & Sons, Inc.

Berk. L. E.(2015). 아동발달(제9판). (이종숙・신은수・안선희・이경옥 공역). 서울 : 시그마프레스. (원본발간일 2013년).

Berry, J. W., Poortinga, Y. H., Segall, M. H., & Dasen, P. R.(1992). *Culture and psychology : People around the world.* Thomson Brooks/Cole.

Bradshaw, W.(2013). A framework for providing culturally responsive early intervention services. *Young Exceptional Children, 16*(3), 3－15.

Bright, M.(1996). *Diversity in the classroom.* New York and London : Columbia University.

Cummins, J.(1991). Interdependence of first and second language proficiency in bilingual children. In E. Bialystok(Ed.), *Language processing in bilingual children*(pp. 70－89). New York : cambridge University Press.

Derman－Sparks, L., & The A. B. C. Take Force(1989). *Anti－bias Curriculum : Tools for Empowering Young Children.* Washington, D. C. : NAEYC.

________________________________(1999). 반편견 교육과정 : 어린이에게 대응능력을 길러주는 도구. (이경우・이은화 공역). 서울 : 창지사. (원본발간일 1989년).

Duncan, G. J., & Brooks－Gunn, J.(2000). Family proverty, welfare reform, and child development. *Child Development, 71*(1), 188－196.

Fewell, R. R., & Deutscher, B.(2002). Contributions of receptive vocabulary and maternal style : Variables to later verbal ability and reading in low birth weight children. *Topics in Early Childhood Special Education, 22,* 181－190.

Gathercole, V. C.(2002). Monolingual and Bilingual Acquisition : Learning Different Treatments of That−Trace Phenomena in English and Spanish, In K. K. Oller(Ed.). *Language and literacy in bilingual children.* Clevedon, UK : Books.

Gollnick, D. M., & Chinn, P. C.(2009). *Multicultural education in a pluralistic society.* Upper Saddle River, NJ : Pearson Prentice Hall.

Hanvey, R. G.(1976). *An attainable global perspective.* Denver, CO : The Center for Teaching International Relations. The University of Denver.

Jones, E., & Derman−Sparks, L.(1992). Meeting the challenge of diversity. *Young Children, 7,* 12−18.

Kail, R. V.(2016), 아동과 발달(제7판). (권민균・김정민・최형성 공역). 서울 : 시그마프레스. (원본발간일 2015년).

Keats, D.(1997). *Cultural identity and its significance in contemporary society.* New York, NY : Routledge.

Kim, J., & Mahoney, G.(2004). The Effects of Mother's Style of Interaction on Children' Engagement. *Topics in Early Childhood Special Education, 24,* 31−38.

Magunson, K., Meyers, M., Ruhm, C., & Waldfogel, J.(2004). Inequality in preschool education and school readiness. *American Educational Research Journal, 4*(1), 115−157.

Mercer, R. T.(2004). Becoming a mother versus maternal role attainment. *Journal of Nursing Scholarship, 36,* 226−232.

Morrison, G. S.(1997). *Early Childhood Education Today*(7th ed.). N. J. : Prentice Hall.

Nieto, S.(1992). *Affirming diversity. The sociopolitical context of multicultural education.* NY : Longman.

Park, M., & Holloway, S. D.(2018). Parental involvement in preschool : Predictors and the relation to school readiness. *Early Childhood Research Quarterly, 42,* 77-88.

Seefeldt, C.(2005). *Social studies for the preschool/ primary child.* New Jersey : Pearson Merrill Prentice Hall.

Sleeter, C. E., & Grant, C. A.(1987). An analysis of multicultural education in United States. *Harvard Educational Review, 57*(4), 421−445.

________________(1999). *Making choice for multicultural education : Five appoaches to race, class, and gender.* Upper Saddle River, NJ : Prentice−Hall, Inc.

Spanierman, L. B., Oh, E., Heppner, P. P., Neville, H. A., Mobley, M., Wright, C. V., Dillon, F. R., & Navarro, R.(2011). *The multicultural competency scale : Development and initial validation.* Urban education.

Sroufe, A. L.(1996). *Emotional development : The organization of emotional life in the early years.* New York : Cambridge University Press.

Tye, K.(1999). *Global education A worldwide movement.* CA : Interdependence Press.

Ukpokodu, N.(1999). Multiculturalism vs. globalism. *Social Education, 63*(5), 289−300.

UNESCO(1974). The recommendation concerning education for international understanding cooper−ation and peace and education relating to human rights and fundamental freedom.

_______(2009). Intercultural dialogue for social cohesion and sustainable development. UNESCO.

_______(2015). Global citizenship education : Topics and learning objectives. Paris : UNESCO.

나이스 대국민 학부모서비스 홈페이지 https://parents.neis.go.kr

다문화가족지원포털 다누리 홈페이지 https://liveinkorea.kr/portal/KOR/main/main.do

다문화교육포털 홈페이지 https://www.edu4mc.or.kr

다음백과(2025). https://search.daum.net 2025년 1월 20일 인출.

세계가치관조사협회(2021). 세계 가치관 조사(2017−2021). https://www.worldvaluessurvey.org/ 2025년 1월 25일 인출.

위키백과(2025). https://www.wikipedia.org 2025년 1월 20일 인출.

저/자/약/력

■ **권경숙**
성신여자대학교 대학원 유아교육학과 석사, 박사
열린부모교육학회 학술이사
성신여자대학교 교육대학원 유아교육전공교수

■ **이승숙**
성신여자대학교 대학원 유아교육학과 석사, 박사
성신여자대학교 교육대학원 외래교수
경희대학교 교육대학원 외래교수
고려사이버대학교 아동학과 외래교수
인천재능대학교 유아교육과 겸임교수
모아누리교육연구소 대표

■ **황인애**
이화여자대학교 교육대학원 유아교육학과 석사
성신여자대학교 대학원 유아교육학과 박사
성신여자대학교 교육대학원 유아교육전공교수

영유아 다문화교육의 이해와 실천

|공저자| 권경숙 · 이승숙 · 황인애

|1판 1쇄| 발행 2024년 12월 31일

|발행인| 김 동 훈
|발행처| 공 동 체

|주소| 경기도 고양시 일산동구 호수로 358-39, 동문타워 I 905호(백석동)
|전화| 031) 814-3000(대표)
|팩스| 031) 814-3100
|홈페이지| https://www.compub.co.kr
|전자우편| compub@naver.com
|출판등록| 2005년 10월 6일
|등록번호| 제396-2005-36호

|ISBN| 979-11-6725-864-9
정가 23,000원